高职高专

税收实务

SHUISHOUSHIWU

主　编　陆建军

副主编　陈建春　施　刚
　　　　金锡鸽　祁金祥
　　　　朱鸿祥

·第2版·

经济管理出版社
ECONOMY & MANAGEMENT PUBLISHING HOUSE

图书在版编目(CIP)数据

税收实务/陆建军主编 . —2 版 . —北京:经济管理
出版社,2010.5
ISBN 978—7—5096—0978—1

Ⅰ.①税⋯　Ⅱ.①陆⋯　Ⅲ.①税收管理—中国—
高等学校:技术学校—教材　Ⅳ.①F812.423

中国版本图书馆 CIP 数据核字(2010)第 081399 号

出版发行:**经济管理出版社**

北京市海淀区北蜂窝 8 号中雅大厦 11 层
电话:(010)51915602　　　邮编:100038

印刷:世界知识印刷厂　　　　　经销:新华书店

组稿编辑:胡翠平　　　　　　责任编辑:魏晨红
技术编辑:杨国强　　　　　　责任校对:超　凡　曹　平

787mm×1092mm/16　　　27 印张　　　630 千字
2010 年 6 月第 2 版　　　　2010 年 6 月第 2 次印刷
印数:5001—10000 册　　　　定价:45.00 元
书号:ISBN 978—7—5096—0978—1

前　言

随着我国社会主义市场经济的不断深入发展和税收法制的完善，纳税问题成为政府、企业和社会公众越来越关注的焦点之一，对人们的社会经济活动和社会经济运行产生着越来越重要的影响。对企业而言，纳税工作的重要性不言而喻。一切税收活动必须符合法定的方式，税法必须对税收活动予以严格约束与规范，尤其在实践中更要求征税主体依法行政和纳税主体依法纳税。从某种意义上说，对税法的严格遵守，往往更多地取决于对其认识和理解的程度。纳税又具有很强的操作性和实践性。由此可见，税收知识在高职教育经济与管理类人才培养课程体系中处于重要的地位。

2008年7月我们组织了高职教育中具有丰富教学经验与实践经验的教师，编写了《税收实务》。自出版以来受到读者的欢迎，其间我国税收法规尤其是新的增值税、消费税、营业税、所得税实施细则发生了很多变化。本教材的修订以国家最新的税收法律法规、新企业会计准则体系为依据，在内容体系上作了较大调整，分为上篇《纳税基础》和下篇《税收筹划》。上篇《纳税基础》税法的相关知识是学习和掌握纳税筹划方法与技巧的基础，以现行税种为中心，按照税款的计算—账务处理—纳税申报表的填报及填制方法的流程进行了说明和编排，与实际工作情况一致。增加了耕地占用税、车辆购置税、纳税检查与账务调整及各税种税务会计的权重。下篇《税收筹划》是在了解各税种的基本规定和特点的基础上，介绍了纳税筹划的相关知识、纳税筹划案例。结合具体案例来介绍各税种的纳税筹划技巧和方法。在此基础上，再结合不同行业通过一些大型综合案例的分析使读者对企业纳税筹划的整体操作有较全面的了解。每个纳税人都应依照法律规定及时、足额地缴纳税款。依法纳税是每个纳税人的法定义务，同时，纳税筹划也是纳税人的一项基本权利。纳税人可以根据税收法规的要求，通过对经营业务的合理安排，合法地降低纳税成本，以获得最大的经济效益。

全书案例、技能训练、资格考试训练等方面的内容翔实，着力提升高职学生的岗位竞争能力，能为学生后续的职业发展打下基础。书中重点突出了流转税（增值税、消费税、营业税）、所得税（企业所得税、个人所得税）。为巩固所学内容，每章之后设计了必要的练习题，并在书后附了习题答案，以供参考；部分税种后还附列了阅读材料，可以对相关章节内容起到补充作用，力求简明、易懂、体系完整、便于教学。若有新的税收法规的具体变动，应以新法规为准。

本书为江苏省教育科学"十一五"规划课题《学习共同体理念下高职学生关键

能力培养模式探索与研究》（课题号 D/2008/01/161）；江苏省高职教育研究会重点课题《高职院校开放式创新人才培养模式研究与实践》（课题号 2007－28－1）阶段成果。

　　本教材在编写过程中参阅了大量近年来出版的税法类专著、教材，有关学校的老师对这本教材提出了不少有见地的建议，借此机会向他们致以谢意！同时，编者所任教的各班级的同学以及用书单位的相关人员，在探讨问题的过程中给我们不少启发并提供了很多鲜活的案例，在此对他们一并表示感谢。

　　本教材由陆建军任主编，陈建春、施刚、金锡鸽、祁金祥、朱鸿祥任副主编。参编人员及分工如下：陆建军编写一、二、五、十六、十八、十九、二十章；陈建春编写十二、十三、十五章；施刚编写第三、四、十七章；金锡鸽编写第九、十四章；祁金祥编写第六、七、八章；朱鸿祥编写第十、十一章。全书由陆建军审订修改定稿。

　　本教材是为高职院校会计、税务、贸易、市场营销等经济与管理类专业培养技术应用型人才，针对税法课程的教学需要而编写的，也可作为企业初级会计人员、管理人员的学习用书使用。

　　为了进一步理解和掌握本教材的内容，我们于 2009 年 1 月编写的《税法实务学习训练与解析》一书，也按此结构和内容进行了调整修订，对提高学生分析处理社会经济活动中的涉税问题及思考能力，增强实践操作技能，是极有帮助的。

　　尽管在编写中我们作了努力，但因学识水平有限，时间较紧，加之税制仍在不断完善，仍难免有疏漏和不足之处，希望读者赐教，E-mail：nt123a @ ya-hoo. com. cn，我们不胜感激。

编者

2010 年 4 月

目 录

下篇　税收筹划

上 篇
纳税基础

第一章 概 述

第一节 税收概述

一、税收的概念与特征

1. 税收的概念

税收是国家为了实现其职能，凭借政治权力，按照法律规定的标准和程序，参与社会产品或国民收入分配，强制、无偿地取得财政收入的一种分配形式。它是人类社会经济发展到一定历史阶段的产物。

税收的基本含义要从四个方面去理解：

（1）税收是国家取得财政收入的一种基本形式。当代世界的绝大多数国家，财政收入的最主要形式都是税收，可以说，税收在世界各国的经济生活中扮演着越来越重要的控制手段的角色。

（2）国家征税的目的在于履行其公共职能。在社会活动的两种不同形式中，公共事务区别于私人事务，具有非排他性和非竞争性的特点；在社会需要的两个部分中，公共需要区别于私人需要，具有主体的集合性和客体的不可分性的特点；而国家和代表国家行使职能的政府作为履行公共职能的机构，其征税的根本目的在于执行公共事务、满足公共需要。一方面，税收体现了国家存在的经济形式和基础；另一方面，在国家职能中，满足公共需要的物质基础部分只能靠税收，而不能靠类似私人主体的利润、规费等形式加以补偿。

（3）国家征税凭借的是政治权力而非财产权力，是一种超经济的分配，体现了政治权力凌驾于财产权力之上的经济关系。税收的实现是具有强制性的，它是凭借国家的政治权力征收，而不是凭借生产资料所有权而得到的；税收的实现受到法律的保护，是依法征收的。

（4）税收是借助于法律形式进行的。首先，法律体现国家意志，它能在经济问题上通过对纳税义务人征税使其统一起来；其次，法律具有权威的强制性和普遍的适用性，能为国家、个人和社会组织所共同接受；最后，法律具有公正性，使税收活动具有预先规定的特征，体现税收法律主义，易于征管。

2. 税收的形式特征

税收具有强制性、无偿性和固定性三个特征。

（1）强制性。即税收的法律性，是指纳税义务的形成与履行的法定约束性，对居民和社会组织来说，税收是一种非自愿的、强制的缴纳形式，一切有纳税义务的人都必须依法纳税，否则就要受到法律的制裁。税收具有强制性的原因是社会利益与个人利益在主客体上存在矛盾，为了维护整体利益，必须预先以法律手段来实施国家职能所要求的公共产品的价值补偿。首先，税收的强制性直接来自国家政治权力的强制性；其次，税收的强制性是提供公共物品的必要手段；最后，税收的强制性体现国家的意志和法律的特征。

税收的强制性是指税收这种分配形式是以国家政治权力为依托的，表现为国家以社会管理者的身份，通过颁布法律、法规等形式对税收加以规定，任何单位和个人都必须遵守，否则就要受到法律的制裁。强制不意味着强迫，它指的是国家以社会管理者的身份，以法律为后盾来征税。

（2）无偿性。无偿性是指税收针对具体纳税义务人而言没有直接返还性，国家也不会为此支付任何等额报酬，与税收对人民群众整体利益的"取之于民，用之于民"的整体返还性不是一个角度。

税收的收取具有无偿性，它不是直接地返还给具体的某一个纳税义务人，即国家征税后既不需要偿还也不需要向纳税义务人付出任何代价，不像商品交换一样实行等价交换。列宁说："所谓赋税，就是国家不付任何报酬向居民取得东西。"

（3）固定性。税收的固定性是指税收是一种普遍的、经常的收入形式，是按照法律事先规定的标准连续征收和缴纳的。首先，在内容上，税收具有一定的制度性与普遍认可的税收原则；其次，在形式上，税法体系统一、完整、严密；最后，在确定方式上，税收是法定机构按法定程序与标准制定、颁布和实施的。国家在征税之前以法律的形式预先规定了征税对象、征收比例或数额和征收方法等，使税收具有相对的稳定性。

税收的三个形式特征是互相联系、缺一不可的。税收的强制性决定了征收的无偿性，而强制性和无偿性又决定和要求征收的固定性，税收的特征使税收区别于其他财政收入形式，如上缴利润、国债收入、规费收入、罚没收入等。税收的特征是不同社会形态下税收的共性，集中体现了税收的权威性。

二、税收的作用

1. 税收是国家组织财政收入的主要形式和工具

由于税收具有强制性、无偿性和固定性的形式特征，同时税收的来源十分广泛，因而在筹集财政资金、实现财政收入和保证财政收入的稳定性等方面起着重要的作用。

（1）组织财政收入是税收的基本作用。税收是随着国家的产生而产生的，是为了满足国家实现其职能的物质需要而产生的。从税收产生之日起，为国家行使职能而组织财政收入，就成了它的第一职能。国家通过税收，可以把分散在各部门的国民收入集中起来，以满足国家实现其职能的物质需要。

（2）税收是国家财政收入的重要支柱。目前在我国，税收已占国家财政收入的
95％以上，在日本占91％，在英国占96％，在美国占98％，由此可见，税收在各种不
同制度的国家都普遍存在，并且在国家财政收入中都占有重要地位。所以，当前更应该
强化和重视税收在组织财政收入方面的作用。

（3）税收可以使财政收入得到切实保证。税收具有强制性的特征，它是国家凭借政
治权力，依靠法律预先规定的标准而取得的收入，这样便可以减少或避免拖欠和偷漏税
行为的发生。另外，无论企业是盈利还是亏损都必须依法纳税，这样，税款有相当大的
部分就可以不受企业经营成果好坏的影响。

2. 税收是国家对经济实行宏观调控的重要经济杠杆之一

政府可以通过制定符合国家宏观经济政策的税法，以法律形式确定国家与纳税义务
人之间的利益分配关系，调节收入分配水平，调整产业结构，实现资源的优化配置，公
平纳税义务人的税收负担，促进平等竞争，为市场经济的发展创造良好的条件。

（1）税收具有调节经济的职能。这种职能是指国家通过征税，改变不同纳税义务
人、不同经济部门在国民收入中所占的比重以及不同产品的盈利水平，从而对经济的发
展产生某种影响的功能。国家的一些政策，一些政治、经济目的，就是通过这种调节职
能的发挥来实现的。我们说税收是一种经济杠杆，一般就是指税收的这种调节经济的职
能。税收调节经济职能的主要内容是调节资源配置、调节收入分配和调节经济总量。

（2）税收调节经济活动的具体做法。国家通过征收耕地占用税的税收政策，加强了
对耕地的管理；通过减征企业所得税（低税率）的税收政策，促进了高新技术企业技术
创新和科技技术水平的提高；通过免征和减征（减税）企业所得税，支持国家重点扶持
的公共基础设施项目。总之，国家可以运用税收这一手段，通过对纳税义务人、征收对
象、税率的确定和具体的税收征管办法，达到促进生产发展、技术进步、社会稳定，促
进国民经济持续、快速、健康发展的目的。

3. 税收可以维护国家经济权益，促进对外经济交往

在国际经济交往中，充分运用国家的税收管辖权，在平等互利的基础上，适应国际
经济组织所规定的基本原则，利用国际税收协定等规范性手段，加强同各国、各地区的
经济交流与合作，不断扩大和发展引进外资、技术的规模、形式和渠道，建立和完善涉
外税收制度，在维护国家权益的同时发展国家间的经济技术合作关系。

4. 税收为国家及企业管理提供经济信息，对各项经济活动实行监督

税收涉及国民经济的各个方面，税收收入的结构可以反映国民经济状况及其发展趋
势。同时，税收深入到企业经济核算的各个环节，可以监督经营单位和个人依法经营，
加强经济核算，提高经营管理水平。同时通过税务检查，严肃查处各种违法行为，为国
民经济的健康发展创造一个良好、稳定的经济秩序。

三、税收法律关系

税收法律关系是国家征税与纳税义务人纳税过程中发生的利益分配关系，是因税收

征收管理而发生的特定的权利义务关系，税收法律关系在总体上与其他法律关系一样，由权利主体、权利客体和法律关系三方面内容构成，但在三方面的内涵上，税收法律关系则具有特殊性。

1. 权利主体

权利主体即税收法律关系中享有权利和承担义务的当事人。在我国法律关系中，权利主体一方是代表国家行使征税职责的税务机关，包括国家各级税务机关、海关和财政机关；另一方是履行纳税义务的当事人。

在税收法律关系中权利主体双方法律地位平等，只是因为主体双方是行政管理者与被管理者的关系，所以双方的权利与义务不对等，这是税收法律关系的一个重要特征。我国采取属地兼属人的原则确定，包括法人、自然人和其他组织，在华的外国企业、组织、外籍人、无国籍人以及在华虽然没有机构、场所但有来源于中国境内所得的外国企业或组织。

2. 权利客体

指税收法律关系主体的权利、义务所共同指向的对象，即征税对象。如流转税法律关系客体是流转额；所得税法律关系客体是所得额；财产税法律关系客体是财产额等。

税收法律关系的客体也是国家利用税收杠杆调整和控制的目标。国家扩大或缩小征税范围，调整征税对象，以达到限制或鼓励国民经济中某些产业、行业发展的目的。

3. 法律关系

即权利主体所享有的权利和所应承担的义务，是税收法律关系中最实质的东西，是税法的灵魂。它具体规定了权利主体可以有什么行为，不可以有什么行为，若违反了这些规定，须承担相应的法律责任。

税务机关的权利主要表现在依法进行征税、进行税务检查以及对违章者进行处罚；其义务主要是向纳税义务人宣传、辅导税法，及时把征收的税款解缴国库，依法受理纳税义务人对税收争议的申诉等。

纳税义务人的权利主要有多缴税款申请退还权、延期纳税权、依法申请减免税权、申请税务行政复议和提起诉讼权等；其义务是按照税法规定办理税务登记、按期纳税申报、接受税务检查、依法缴纳税款等。

第二节　税收制度概述

一、税收制度的概念

所谓税收制度一般是指国家通过立法程序规定的各种税收法令和征收管理办法的总称。它是国家向纳税单位和个人征税的法律依据和工作规程，规定了国家和纳税人之间的征纳关系。税收制度有广义和狭义之分。狭义的税收制度是指各税种的基本法律制度，体现了税收的征纳关系；广义的税收制度是指税收基本法规、税收征收管理制度以及国家机关之间因税收管理而发生的各种关系。这里主要是指狭义的税收制度。税收制度的核心是税法。

二、我国税法体系

我国税法体系基本上由以下六个层次构成：

1. 全国人民代表大会及其常委会制定的税收法律

我国税收法律的立法权由全国人民代表大会及其常委会行使，其他任何机关都没有制定税收法律的权力。在现行税法中，如《企业所得税法》、《个人所得税法》、《税收征收管理法》等都是税收法律。

2. 全国人民代表大会及其常委会授权立法

授权立法是指全国人民代表大会及其常委会根据需要授权国务院制定某些具有法律效力的暂行规定或者条例。国务院经授权立法所制定的规定或条例等，具有国家法律的性质和地位，它的法律效力高于行政法规，在立法程序上还需要报全国人大常委会备案。

3. 国务院制定的税收行政法规

国务院作为最高权力机关的执行机关，是最高的国家行政机关，拥有广泛的行政立法权。行政法规作为一种法律形式，在中国法律形式中处于低于宪法、法律和高于地方法规、部门规章、地方规章的地位，也是在全国范围内普遍适用的。国务院发布的《企业所得税实施细则》、《税收征收管理法实施细则》等，都是税收行政法规。

4. 地方人民代表大会及其常委会制定的税收地方性法规

根据《地方各级人民代表大会和地方各级人民政府组织法》的规定，省、自治区、直辖市的人民代表大会以及省、自治区的人民政府所在地的市和经国务院批准的较大的市的人民代表大会有制定地方性法规的权力。由于我国在税收立法上坚持的是"统一税法"的原则，因而地方权力机关制定税收地方法规不是无限制的，而是要严格按照税收法律的授权行事。

5. 国务院税务主管部门制定的税收部门规章

有权制定税收部门规章的税务主管机关是财政部、国家税务总局。其制定规章的范围包括：以有关税收法律、法规的解释，税收征收管理的具体规定、办法等。税收部门规章在全国范围内具有普遍适用效力，但不得与税收法律、行政法规相抵触。例如，财政部颁发的《增值税暂行条例实施细则》、国家税务总局颁发的《税务代理试行办法》等都属于税收部门规章。

6. 地方政府制定的税收地方规章

地方政府制定的税收规章，都必须在税收法律、法规明确授权的前提下进行，并且不得与税收法律、行政法规相抵触。没有税收法律、法规的授权，地方政府是无权自定税收规章的，凡越权自定的税收规章没有法律效力。例如，国务院发布实施的城市维护建设税、车船税、房产税等地方税种暂行条例，都规定省、自治区、直辖市人民政府可根据条例制定实施细则。

三、税收制度的构成要素

税收制度会因地区和时间的差别而有所不同。由于各国的政治、经济条件不同，因此，各国的税收制度也不相同，具体征收管理办法更是千差万别。就单个国家或地区而言，由于不同时期的政治经济形势变化，其税收制度也会有所变化，甚至会发生根本性变革。尽管各国税收制度的结构和体系存在差异，但其基本构成要素是大致相同的，这些基本构成要素包括：纳税人、征税对象、税率、纳税环节、纳税期限、减免税和违章处理等。

1. 纳税人

纳税人是纳税义务人的简称，是税法规定的直接负有纳税义务的单位和个人，又称纳税主体。纳税人包括自然人和法人。所谓自然人，是指依法在民事上享有权利、承担义务的人，包括本国公民和居住在本国的外国公民。所谓法人，是指依法成立并能以自己的名义独立参与民事活动，享有民事权利和承担民事义务的社会组织。

与纳税人相关联的一个概念是负税人。一般认为，纳税人是税法上规定的纳税主体；负税人是从经济角度而言，实际承担了税负的主体。纳税人与负税人之间的关系取决于税收负担能否转嫁。若税收负担能转嫁，纳税人与负税人分离；若税收负担不能转嫁，纳税人与负税人合一。

与纳税人相关联的另一个概念是扣缴义务人。扣缴义务人是税法上规定的负有扣缴税收义务的单位和个人。扣缴义务人直接负有税款的扣缴义务，应当按照规定代扣税款，并按期、足额地缴库。对不履行扣缴义务的，除限令其缴纳所应扣的税款外，还要加收滞纳金或罚金。

2. 征税对象

征税对象又称课税对象或征税客体，是指对什么东西征税，即国家征税的标的物。每一种税一般都有其特定的征税对象。因此，征税对象是一种税区别另一种税的主要标志，每一种税名称的由来以及各种税在性质上的差别，也主要取决于不同的征税对象。

征税对象可以从质和量两方面进行具体化。其质的具体化是征税范围和税目，量的具体化是计税依据。

征税范围是指税法规定的征税对象的具体内容范围，是国家征税的界限，凡列入征税范围的都要征税。税目是指税法上规定应征税的具体项目，是征税对象的具体化。税目体现了征税的广度，反映了各税种具体的征税范围。计税依据是指计算应纳税额所依据的标准。一般地，从价计算的税收以计税金额为计税依据，从量计算的税收以征税对象的重量、容积、体积、面积、数量为计税依据。

与课税对象相关联的是税源。课税对象解决对什么征税的问题，税源则是税收收入的最终出处。税源与课税对象关系密切，但仍有差异，课税对象表明对什么征税，而税源主要表明税收收入的来源。有的税种的课税对象与税源是一致的，例如，所得税的课税对象和税源皆为纳税人的所得；有的课税对象与税源是不一致的，例如，财产税的课税对象是纳税人所拥有或支配的财产，而税源则可能是纳税人的收入。税源最终反映了纳税人的负担能力。

3. 税率

税率是指税额与征税对象数量之间的比例。税率的基本形式一般有比例税率、累进税率和定额税率三种。

（1）比例税率。比例税率是指对同一征税对象或同一税目，不论数额大小只规定一个征税百分比的税率。在具体运用时，比例税率可以细分为统一比例税率、行业比例税率、产品比例税率、地方差别比例税率、幅度比例税率等。

（2）累进税率。累进税率是指税率随着征税对象数额的增大而提高的一种税率制度。它将征税对象数额按大小划分成若干等级，对每个等级由低到高规定相应的税率，征税对象数额越大税率越高，征税对象数额越小税率越低。累进税率因计算方法和累进依据不同又可分为全额累进税率、超额累进税率和超率累进税率等。其中使用时间较长和应用较多的是超额累进税率。

全额累进税率是指按征税对象的绝对数额划分征税级距，纳税人的征税对象的全部数额都按与之相适应的级距税率计征的一种累进税率。

超额累进税率是指征税对象的绝对数额划分征税级距，纳税人的征税对象的全部数额中符合不同级距部分的数额，分别按与之相适应的各级税率计征的一种累进税率。超额累进税率对每个等级分别规定相应的税率，分别计算税额，各级税额之和则为应纳税额。即一定数量的征税对象可以同时按几个等级的税率计征，当征税对象数额超过某一等级时，仅就超过部分按高一级税率计算税额。

超率累进税率是以征税对象数额的相对率为累进依据，按累进方式计算和确定适用税率。

（3）定额税率。定额税率是税率的一种特殊形式，它是指按征税对象的一定计量单位规定固定税额，而不是规定征收比例的一种税率制度。定额税率一般使用于从量计征的税种，具体运用时，又可分为地区差别定额税率、幅度定额税率和分类分级定额税率等形式。

此外，税率的几种特殊形式还有附加与加成。附加是地方附加的简称，是地方政府在正税之外附加征收的一部分税款。加成是加成征税的简称，是对特定纳税人的一种加税措施，加一成即增加税额的10%，其余以此类推。

4. 纳税环节

所谓纳税环节，一般是指在商品流转过程中应该缴纳税款的环节。商品从生产到消费，中间往往要经过许多环节，如工业品要经过工厂生产、商业采购、商业批发和零售等环节。在上述商品流转环节中，可以选定一个或几个环节缴纳税款。具体确定在哪个环节纳税，关系到税制结构和整个税收体系的布局，关系到对商品生产、流通是否有利，影响到物价的变化，关系到税款能否及时足额地入库，国家财政收入能否得到保证，关系到地区间对税款收入的分配，也关系到是否便利纳税人缴纳税款等诸多方面。

5. 纳税期限

所谓纳税期限，是指纳税人发生纳税义务后，向国家缴纳税款的法定期限。各种税收都需要明确规定缴纳税款的期限，这是由税收的固定性决定的，也是税收收入及时性的体现。纳税期限如何确定，首先，应根据国民经济各部门生产经营的特点和不同的征税对象来确定；其次，应根据纳税人缴纳税款的数额多少来确定；最后，应根据纳税义务发生的特殊性和加强税收征管的要求来确定。从我国现行各税种看，纳税期限有按年征收、按季征收、按月征收、按天征收和按次征收等多种。

6. 减免税

减免税是对某些纳税人或征税对象给予鼓励和照顾的一种特殊规定。减税是指对应纳税额少征一部分税款；免税是指对应纳税额全部免征。减免税是一种特殊的调节手段，必须严格按照税法规定的范围和权限办事，任何单位和部门不得任意扩大范围和超越权限擅自减税、免税。

减免税的形式包括税基式减免、税率式减免和税额式减免。

税基式减免是通过直接缩小计税依据的方式实现的减税、免税，具体包括起征点、免征额、项目扣除、跨期结转等。起征点是指税法规定的征税对象开始征税的数额起点，即征税对象数额未达到起征点的不征税，达到或超过起征点的就其全部数额征税。免征额是指税法规定的在征税对象全部数额中免予征税的数额，即不论纳税人收入大小，只对减去一定数额后的余额征税。项目扣除是指征税对象总额先扣除某些项目的金额后，以其余额为计税依据计算应纳税额。跨期结转是指将某些费用及损失向后或者向前结转，抵消其一部分收益，以缩小税基，实现减免税。

税率式减免是通过直接降低税率的方式来实现的减税、免税，具体包括重新确定税率、选用其他税率和规定零税率。

税额式减免是指通过直接减少应纳税额的方式来实现的减免税，具体包括全部免征、减半征收、核定减征率、核定减征额。

7. 违章处理

违章处理是指税务机关对纳税人违反税法的行为采取的处罚性措施。这种处罚是税制中不可缺少的要素，是税收强制性的形式特征在税收制度上的体现。

税务违章行为主要包括：违反税收征收管理法。即未按规定办理税务登记、纳税申报、建立保存账簿、提供纳税资料和拒绝接受税务机关监督检查等行为；欠税，即纳税人因故超过税务机关核定的纳税期限，少缴或未缴税款；偷税，即纳税人使用欺骗、隐瞒等手段逃避纳税；抗税，即纳税人公然拒绝履行国家税法规定的纳税义务；骗税，即纳税人利用假报出口等欺骗手段，骗取国家出口退税款的违法行为。

对上述违章行为的处理措施：①征收滞纳金。即税务机关对欠税纳税人所征收的一种处罚金。②处以税务罚款。即对纳税人违章行为所处以的一种经济制裁。③税收保全措施。④追究刑事责任。对违反税收法规，偷税抗税情节严重，触犯刑法的纳税人，除按税收法规补税并按刑法规定处以罚款外，对直接责任人员，应移送司法机关追究刑事责任。⑤税务复议与诉讼。税法规定，纳税人与税务机关在纳税或违章处理等问题上发生争议时，纳税人可以向上一级税务机关申请复议，也可向人民法院提起诉讼。

四、税收的分类

税收的分类标准和方法很多。我国对税收的分类通常有以下几种主要方法：

（一）以征税对象为标准的分类

按征税对象的不同进行分类是最常见的一种税收分类方法。按征税对象分类，可将全部税收划分为流转税类、所得税类、财产税类、资源税类和行为税类五种类型。

1. 流转税类

流转税类是以商品生产、商品流通和劳动服务的流转额为征税对象的一类税收。

流转额包括两种：一是商品流转额，即商品交易的金额或数量；二是非商品流转额，即各种劳务收入或服务性业务收入的金额。流转税类以商品流转额或非商品流转额为计税依据，在生产经营及销售环节征收，收入不受成本费用变化的影响，而对价格变化较为敏感。我国现行的增值税、消费税、营业税、关税等属于流转税类。

2. 所得税类

所得税类也称收益税类，是以纳税人的各种收益额为征税对象的一类税收。

所得税类属于终端税种，它体现了量能负担的原则，即所得多的多征，所得少的少征，无所得的不征。该税类目前已经成为世界各国税收制度中的主要税种。所得税类的特点是：征税对象不是一般收入，而是总收入减除准予扣除项目后的余额，即应纳税所得额，征税数额受成本、费用、利润高低的影响较大。对纳税人的应纳税所得额征税，便于调节国家与纳税人之间的利益分配关系，能使国家、企业、个人三者的利益分配关系很好地结合起来。我国现行的企业所得税、个人所得税等属于所得税类。

3. 财产税类

财产税类是以纳税人拥有的财产数量或财产价值为征税对象的一类税收。其特点是：税收负担与财产价值、数量关系密切，体现调节财富、合理分配等原则。我国现行的房产税、契税、车船税等属于财产税类。

4. 资源税类

资源税类是以自然资源和某些社会资源为征税对象的一类税收。其特点是：税负高低与资源级差收益水平关系密切，征税范围的选择比较灵活。我国现行资源税、城镇土地使用税和耕地占用税等属于这类税收。

5. 行为税类

行为税类也称特定行为目的税类，它是国家为了实现某种特定目的，以纳税人的某些特定行为为征税对象的一类税收。其特点是：征税的选择性较为明显，税种较多，具有较强的时效性。我国现行的印花税、车辆购置税、城市维护建设税、土地增值税等都属于行为税类。

（二）以计税依据为标准的分类

按照计税依据标准的不同对税收进行分类，分为从价税、从量税和复合税。

1. 从价税

从价税是指以征税对象的价值或价格为计税依据征收的一种税，一般采用比例税率和累计税率，如我国的增值税、营业税、个人所得税等都采取从价计征形式。

2. 从量税

从量税是指以征税对象的实物量作为计税依据征收的一种税，一般采用定额税率，我国的资源税、耕地占用税、城镇土地使用税等采取从量计征形式。

3. 复合税

复合税是指对征税对象采取从价和从量相结合的复合计税方法征收的一种税，如对卷烟、白酒征收的消费税，采取从价和从量相结合的复合计税方法。

（三）以税收收入的归属权不同为标准的分类

按照税收的征收权限和收入支配权限进行分类，分为中央税、地方税和中央地方共享税。

中央税包括：消费税（含进口环节海关代征的部分）、车辆购置税、关税、海关代征的进口环节增值税等。

地方税包括：城镇土地使用税、耕地占用税、土地增值税、房产税、城市房地产税、车船税、车船使用牌照税、契税、屠宰税、筵席税、农牧业税。

中央地方共享税主要包括：

（1）增值税（不含进口环节由海关代征的部分）：地方政府分享25%，中央政府分享75%。

（2）营业税：铁道部、各银行总行、各保险总公司集中缴纳的部分归中央政府，其余部分归地方政府。

（3）企业所得税：铁道部、各银行总行及海洋石油企业缴纳的部分归中央政府，其余部分中央与地方政府按比例分享。

（4）个人所得税：除储蓄存款利息所得的个人所得税外，其余部分的分享比例与企业所得税相同。

（5）资源税：海洋石油企业缴纳的部分归中央政府，其余部分归地方政府。

（6）城市维护建设税：铁道部、各银行总行、各保险总公司集中缴纳的部分归中央政府，其余部分归地方政府。

（7）印花税：证券交易中印花税收入的94%归中央政府，其余6%和其他印花税收入归地方政府。

五、税收基本程序（详见第十九章内容）

在税收征管法中规范了纳税人纳税要经过的程序，包括税务登记、账证设置、缴纳税款、税务争议的行政复议和诉讼以及法律责任等。

1. 税务登记

税务登记是税务机关对纳税人的生产、经营活动进行登记，并据此对纳税义务人实施税务管理的一系列法定制度的总称。凡是具有法律、法规规定的应税收入、应税财产或应税行为的各类纳税人，均应当依照《税务登记管理办法》的有关规定办理税务登记；扣缴义务人应当在发生扣缴义务时到税务机关申报登记，领取扣缴税款凭证。因此，办理税务登记时纳税人必须履行的首要环节，包括开业税务登记、变更税务登记、注销税务登记和停业、复业税务登记四种。

2. 账证设置

凭证、账簿管理是对纳税人生产经营活动，包括销售货物、提供劳务、购置财产等发生的财务活动的书面证明所进行的管理。凭证、账簿管理是税务登记之后纳税活动的重要环节，包括发票的使用和管理、凭证及账簿的设置和管理。

3. 缴纳税款

纳税义务人在办理了税务登记，建立了相应的账证之后，当发生应税行为时，一是按照程序，按期足额纳税；二是了解并维护作为一个纳税人的权利，不放弃应得的利益。纳税义务人首先要办理纳税申报，纳税申报是纳税义务人在发生纳税义务后，按照税法或税务机关的期限和内容向主管税务机关提交有关纳税事项书面报告的法律行为，是纳税人履行纳税义务、界定纳税人法律责任的主要依据。税务机关和纳税人在税法规定的纳税期限内可以依据具体情况采用不同税款征收方式和缴纳税款。

4. 税务争议的行政复议和诉讼

纳税义务人在纳税的过程中与税务机关发生纳税争议时，针对不同的情形可采取行政复议和行政诉讼。

税务行政复议是指当事人（纳税人、扣缴义务人、纳税担保人）不服税务机关及其工作人员做出的税务具体行政行为，依法向上一级税务机关提出申请，复议机关经审理对原税务机关具体行政行为依法做出维持、变更、撤销等决定的活动。税务行政诉讼是指公民、法人和其他组织认为税务机关及其工作人员的具体税务行政行为违法或不当，侵犯了其合法利益，依法向人民法院提起诉讼，由人民法院对具体税务行政行为的合法性和适当性进行审理并做出裁决的司法活动。税务行政诉讼的受案范围与税务行政复议的受案范围基本一致。

5. 法律责任

违反税收法律的当事人应承担相应的法律责任，《征管法》和《刑法》的有关条文对此做出了规定。纳税人违反法律需承担的法律责任包括行政责任和刑事责任两方面。如未按规定申报税务登记、设置和保管账簿、安装使用税控系统等违反税务管理的行为，由税务机关限期整改，可处 2000 元以下的罚款；情节严重的，处以 2000 元以上 1 万元以下的罚款。《征管法》规定，纳税人未按照税法规定的期限办理纳税申报和报送纳税资料的，扣缴义务人未按照税法规定和期限向税务机关报送代扣代缴、代收代缴报告表和有关资料的，由税务机关责令限期改正，并可处以 2000 元以下的罚款；情节严重的，可处以 2000 元以上 1 万元以下的罚款等。

第三节　税务会计概述

一、税务会计的概念

税务会计以提供税务信息为目标。采用记录、计算、检查等专门方法，特别是通过设置各税种的明细账、编制纳税申报表，连续、系统地反映应交税款、未交税款、退税款等内容，目的在于为纳税人、税务机关及其他有关方面提供税务信息。具体包括以下几方面：

1. 为国家税务机关提供税收方面的信息

税收是现代国家财政收入的主要来源，是国家正常运转的经济基础，也是宏观调控的重要手段。税务会计是以现行税法为依据，结合财务会计方法为国家预算的编制、经济政策的制定提供所需的税收收入总量、增长速度及结构等方面的信息。此外，税务会计又为查账收税款提供查证、核算依据。所以税务会计是提供税务信息的一种专门方法。

2. 为纳税人提供纳税信息

纳税人应按照国家税法规定正确地计算税款并及时足额地缴纳入库。税务会计利用专门的方法可以为纳税人提供税款计算依据、应纳税款、税款缴纳情况等方面的信息。

3. 为纳税人进行科学税务筹划提供有用信息

税务会计除了像财务会计那样为投资人、债权、经营者服务外，还有一个特殊的服务领域，那就是税收筹划领域。在不违反财务会计核算原则规定和基本方法的前提下，应考虑选择减轻企业税负的纳税法案，尤其是在企业经营的各个环节上做到事先预测并选择出企业税负最轻的决策方案，为纳税人进行科学的税收筹划提供信息。

二、税务会计的核算对象

税务会计核算对象是指税务会计所要核算和监督的内容，是纳税人在其生产经营过程中可用货币表现的与税收相关的经济活动。如纳税人应纳税款的形成、计算和缴纳等涉税方面的经济活动。具体包括以下内容：

1. 商品销售及经营收入

税务会计核算对象是指企业在生产经营活动中销售商品或提供劳务所取得的各种收入。在商品销售阶段，由于货款结算方式的不同，加之出现视同销售等业务时，其销售收入的确认时间是不同的，其涉税业务时间也是不等的，所以导致计算增值税、营业税等流转税及所得税等收益税的依据会有所区别。因而，生产经营收入核算是否全面、真实完整，关系到税款计算的准确与否和能否及时足额上缴国库的问题。

2. 产品生产成本及有关费用、损失

企业在生产经营过程中耗费的料、工、费等，随着产品生产的完工而转入产品成本中或作为费用加以核算。此外还有可能受到市场变化、意外灾害等原因造成的损失。有些成本、费用和损失按照税法的规定是可以作为企业所得税扣除项目予以扣除的，也有不准许扣除的项目。因此，生产经营成本费用及损失的核算是否以税收法律法规为依据，关系到应纳税所得额的计算正确与否，从而关系到所得税计算和缴纳的正确性。

3. 收益分配

收益是企业在一定会计期间内实现的经营成果，也是企业一定时期的经营所得。由于税法与会计准则间的差异，导致财务会计核算的会计利润与税法上规定的应纳税所得额间产生了差异。因此，在收益分配时，税法规定企业必须以上缴所得税的形式在企业与国家之间进行分配，因此，税务会计必须保证经营成果计算正确，以保证所得税的正确计缴，而且，当企业财务会计核算的经营成果与按税法要求核算的结果不一致时，税务会计必须按照税法规定的要求及时调整财务会计核算的结果。

4. 税款的计算与纳税申报

税款计算的正确与否，直接涉及国家能否足额地收缴税款和企业正确、及时、准确地缴纳税款。因此，税款的计算和纳税申报是税务会计的重点内容之一。纳税人必须严格按照税收法规的要求，准确计算应缴税额，并且依法将计提的税款及时上缴国库。在缴纳税款时，纳税人必须按法定的程序编制纳税申报表，填制税收缴款书，经税务征收机关审核无误后及时缴纳。

5. 缴纳罚金和税收减免

税务机关对纳税人因违反税收法规和因超过规定期限缴纳税款的加征罚款和滞纳金。罚款和滞纳金的计算和缴纳不可避免地影响到企业税收资金运转，因而正确计算、缴纳罚金是税务会计必不可少的内容之一。此外，由于税收减免也会引起税收资金运转的变化，因而正确计算监督税收减免也是税务会计的重要内容。

6. 应税财产和应税行为

应税财产是指企业在某一时点上占用或支配的需要纳税的财产数量和价值，包括不动产、有形资产、无形资产等，如房产税、契税等，应税行为是指税法规定的企业应纳税的特定行为，如订立合同、开立账簿缴纳的印花税等。应税财产和应税行为在会计核算过程中应按税法规定执行，并及时在税务会计中予以反映。

三、税务会计的职能

税务会计的职能指税务会计本身所固有的职责和功能。税务会计的主要职能包括以下几个方面：

（1）核算职能。税务会计依据税法，对纳税人在生产经营的不同阶段所发生的应纳税款进行确认、计量、计算，并通过纳税申报、缴纳税款等核算程序，连续、全面、系统地反映纳税人的税务活动过程和结果。

（2）监督职能。监督职能是对税务活动的合法性进行监督，目的是为了正确处理国家与纳税人之间的税收利益关系。税收是一种分配形式，造成了国家与纳税人之间的经济利益冲突，两者是矛盾对立统一的两个侧面。税务会计既要维护国家利益，在税务活动中严格执行税务法的规定，及时发现并纠正不符合税法规定的行为，也要维护纳税人的合法利益，在税务活动中严格执行税法的规定，及时发现并纠正不符合税法规定的行为，也要维护纳税人的合法权益，对税务机关在执法中存在的问题提出建议，对税务人员营私舞弊行为有权进行检举或控告。

（3）提供税务咨询的职能，由于目前我国税务制度和会计制度处于重大变革阶段，为了体现税收与会计制度的原则和目标以及适应市场经济发展变化的新情况，税务与会计制度的具体政策规定越来越丰富，两者的差异也越来越大，从而使得纳税人的涉税关系越来越复杂。精通税收法规的税务会计可以为纳税人提供税务咨询服务，从而有助于纳税人增强诚信纳税意识，树立良好的纳税信用，避免或减少涉税风险。

四、税务会计的特点

税务会计与会计类的其他学科相比，主要有以下特点：

（1）税务导向性。以税收法规为准绳，确认、计量、记录和报告企业的税务信息，是税务会计的首要特性，也是税务会计区别于财务会计、管理会计的主要标志。如对资产的计价、收入的确认、成本的核算和费用的扣除等，会计准则和税法规定不一致时，税务会计以税法规定为依据进行会计处理，以确保企业依法纳税。

（2）税务筹划性。税务筹划是纳税人在法律规定允许的范围内，通过对经营、投资、理财活动的事先安排和策划，尽可能地降低纳税成本，以求实现资金、成本和利润最佳效果的一种理财行为。税务会计不仅仅是反映、监督纳税人的税务资金运动，而且可以根据充分、可靠的税务信息，结合纳税人自身的特点，筹划纳税人的经营方式和纳税方式，实现纳税人不多缴税、减轻税负的目的。

（3）"财"、"税"核算方法同一性。税务会计运用财务会计的专门方法进行核算。由于税务会计是从财务会计中分离出来的，是财务会计中的税务部分，是税法在会计核算中的运用处理，因此，税务会计的核算方法与财务会计的核算方法是相同的。具体包括设置会计科目和账户、复式记账、填制和审核会计凭证、登记账簿、成本核算、财产清查、编制会计表等。但在我国目前的会计制度下，税务会计并不需要在财务会计的会计账表之外再单独设置一套会计账表，而是在会计核算基础上对税法与财务会计制度的差异进行纳税调整；也不需要专设税务会计机构。

（4）信息专一性。税务会计反映和监督的是纳税人的税务资金运动过程，所提供的是纳税人税务活动信息，与纳税活动无关的经济活动不予反映。

五、税务会计的基本前提和应遵循的基本制度

（一）税务会计的基本前提

税务会计以财务会计为基础，财务会计的基本前提有些也适用于税务会计，如会计

分期、货币计量等。但由于税务会计有自己的特点，其基本前提也有其特殊性。

1. 纳税主体

纳税主体是指税务会计为之服务的、按税法规定直接负有纳税义务并能够独立承担纳税义务的单位和个人，包括自然人和法人。纳税主体概念限定了税务会计为之服务的范围，税务会计就在这一范围内核算应缴税款和向税务部门申报纳税。纳税主体和会计主体有密切的联系，但不一定等同。会计主体是财务会计为之服务的特定单位或组织。一般企业既是财务会计主体，也是纳税主体。但有时两者有区别。在我国某些行业，如铁路、银行，由铁道部、各总行集中纳税，则铁道部、各总行是纳税的主体，其基层单位是会计主体，但不是纳税主体。又如，由母、子公司组成的控股公司，在编制合并会计报表时，被视为一个独立的会计主体，控股公司在编制合并会计报表时，被视为一个独立的会计主体，而在纳税时，控股公司内的母、子公司各自缴纳自己的税款，它们都是独立的纳税主体。

2. 持续经营

持续经营的前提意味着该纳税主体将在未来无限长的时间里继续经营下去，并实现其现在的承诺，如预期所得税在将来要继续缴纳。这是所得税税款递延、亏损前溯或后转以及暂时性差异能够存在，并且能够使用资产负债表债务法进行所得税跨期摊配的基础所在。

3. 货币的时间价值

货币的拥有者因放弃对货币的使用权并根据其时间的长短所获得的报酬，就是货币的时间价值。这一基本前提实际上已体现在税收立法、税收征管上，各个税种都明确纳税义务的确认原则、纳税期限和缴税期限，以保证国家的利益不受损害。纳税人也同样为维护自身利益而进行税务筹划，尽量推迟纳税。货币时间价值也为所得税会计中采用资产负债表债务法进行纳税调整奠定了基础。

4. 纳税会计期间

纳税会计期间亦称年度，是指纳税人按照税法规定选定的纳税年度。为了保证在税法规定的纳税期限内及时、足额地缴纳税款，在持续经营前提下，把纳税人持续经营期间的纳税义务活动人为地等距离划分为一定期间，据以及时计算、申报、缴纳税款，结算账目，编制报告，及时披露税务活动信息。我国税法规定的纳税会计期间是自公历1月1日至12月31日。

（二）税务会计应遵循的基本制度

为了顺利履行税务会计职能，税务会计工作必须遵循以下的制度规定：

1. 会计准则等法规制度

对于《会计法》、《企业会计准则》等法规制度，与其他专业会计一样，税务会计也必须遵照执行。只有当会计准则与税收规定有差别时，才按税收的规定执行。

2. 纳税申报制度

纳税申报制度，是企业履行纳税义务的法定程序，按规定向税务机关申报缴纳应缴税款的制度。企业税务会计应根据各税种的不同要求真实反映纳税申报的内容。

3. 减免税、退税与延期纳税的制度

企业可按照税收规定，申请减税、免税、退税和延期纳税。按照税务机关的具体规定办理书面申报和报批手续，应附送有关报表，以供税务机关审查。批准前，企业仍应申报纳税，减免税到期后，企业应主动恢复纳税。

4. 企业纳税自查制度

企业纳税自查，是企业自身监督本单位履行纳税义务，防止和纠正错计税、少缴税、欠税的一种手段。企业内部对账务、票证、经营、核算、纳税情况等进行自行检查，以避免应税方面的疏漏给企业造成不应有的损失。

六、税务会计的核算方法

税务会计核算方法是对企业缴纳税款的形成、计算和缴纳过程的经济业务进行连续、完整、系统的记录和计算，提供纳税信息所应用的方法。主要包括设置会计科目和账户，复式记账，填制、审核税务会计凭证，登记账簿，填制缴纳申报表等。目前我国尚未建立完整独立的税务会计核算制度，其会计核算方面的有关规定分散在各种具体的税收法规之中，税务会计的核算是按会计准则的规定，设置"应交税费"等相关科目对企业税务资金运动进行反映。由于核算方法基本与财务会计相同，在此仅介绍税务会计科目设置和税务会计凭证，缴纳申报表则在本书各税种中介绍。

（一）税务会计科目设置

（1）设置"应交税费"会计科目。该科目属于负债类会计科目，除印花税、关税及耕地占用税等不需预缴的税种外，其余各税种的应缴、预缴、已缴税款业务，均通过"应交税费"科目进行核算，是我国目前会计核算中唯一能较全面地反映税务资金运动的会计科目。该科目按税种及特殊业务事项设置明细账进行明细核算。

（2）设置"所得税费用"、"递延所得税资产"、"递延所得税负债"科目。这三个科目分别用于核算所得税费用和暂时性差异对所得税的影响。

（3）设置"营业税金及附加"科目。该科目核算企业经营活动发生的营业税、消费税、城市维护建设税、资源税和教育费附加等相关税费。

（4）设置"以前年度损益调整"科目。该科目核算企业本年度发生的调整以前年度损益的事项，以及本年度发现的重要前期差错更正涉及调整以前年度损益的事项。由于以前年度损益调整增加或减少的所得税，通过本科目核算。

（5）设置"营业外收入"科目和"营业外支出"科目。"营业外收入"科目核算企业实际收到即征即退、先征后退、先征税后返还的增值税或直接减免的增值税，以及出售无形资产应缴纳的营业税；"营业外支出"科目核算出售无形资产相关的营业税。

（6）设置"其他应收款——应收出口退税款"科目。该科目核算企业销售出口货物后，按规定向税务机关办理"免、抵、退"税申报，所计算出的应退税额和实际收到的出口货物的应退税额。

（7）因违反税法规定而应缴纳的各种罚款、滞纳金等，按照财务会计制度计入"营业外支出"科目，但在计算应纳税所得额时，不得抵扣所得额，应作相应调整。

企业计提或计缴税金时，应分别税种计入有关科目。为便于了解，以下按税种涉及的一般会计科目列表作一总结（见表1－1），有关业务的具体运用将在本书后续章节详细说明。

表1－1　各税种涉及会计科目表

会计科目	计入科目税种
营业税金及附加	消费税、营业税、出口关税、资源税、土地增值税、城市维护建设税、教育费附加、与投资性房地产相关的房产税和城镇土地使用税
所得税费用 递延所得税资产 递延所得税负债	所得税
管理费用	印花税、房产税、城镇土地使用税、车船税
在建工程	耕地占用税
固定资产	契税、车辆购置税
固定资产清理	营业税、土地增值税

（二）税务会计凭证

税务会计凭证是记载纳税人有关税务活动具有法律效力并据以登记账簿的书面文件。税务会计凭证种类繁多，大致可分为以下几类：

1. 应征凭证

应征凭证是税务机关用以核定纳税人应缴税金发生情况的证明，也是税务会计核算应征税金的原始凭证。应征凭证包括纳税申报表、代扣代缴税费报告表、定额税款通知书、应缴税款核算书、预缴税款通知单、审计决定书和财政监督检查处理决定书。

2. 减免凭证

减免凭证是税务机关按税法规定的内容和程序准予纳税人减税、免税并由税务机关填制的，用以确定实际减免税款的一种原始凭证。减免凭证包括载有减免税款的纳税申报表、抵顶欠税的减免税批准文件、办理减免退库的收入退还书、载有减免退税的提退清单。

3. 征缴凭证

征缴凭证是税务机关向纳税人征收税款时使用的完税证明，也是纳税人实际上缴税金的原始会计凭证。它包括：税收缴款书、出口货物税收专用缴款书、税收完税证、代扣代缴税款凭证、税收罚款收据、印花税票及印花税票销售凭证、税收收入退还书、出口货物完税分割单、纳税保证金收据、车船税标志等。

4. 特种会计凭证

增值税专用发票是税务会计的特种会计凭证，它不仅是纳税人经济活动的重要商业凭证，也是记载销货方纳税义务和购货方抵扣税款的合法凭证。

> **纳税提示：**
>
> 1. 纳税人财务会计业务处理办法是与有关税收规定相抵触的，按照国务院或者国务院财政、税务主管部门有关税收的规定计算纳税。
>
> 2. 当会计准则、会计制度在收益、费用和损失的确认、计量标准等方面与税法不一致时，其处理原则为：企业在会计核算时应当按照会计制度及相关准则的规定对各项会计要素进行确认、计量、记录和报告，如果在确认、计量、记录、报告中出现与税法不一致情况时，不得调整会计账簿记录和会计报表相关项目的金额。
>
> 3. 财务会计遵循的是权责发生制原则，而税务会计则是权责发生制与收付实现制并用。

七、税务会计与财务会计的关系

税务会计与财务会计都属于专业会计，两者存在着必然的联系，由于各自核算对象和服务领域不一致，两者间也存在着一定的区别。

1. 税务会计与财务会计的联系

（1）税务会计是企业财务会计的一个特殊领域。税务会计是社会经济发展到一定历史阶段的必然产物，它是在完善的税收制度和财务会计制度条件下，为了满足社会发展的需要，而从财务会计中分离出来的，是企业财务会计的一个特殊领域。

（2）财务会计是税务会计的基础。税务会计作为从财务会计中分离出来的一门专业会计，无论是核算方法，还是核算程序都是以财务会计为基础的。税务会计在核算中仍然运用会计学的理论和核算方法，进行连续、系统、全面的核算和监督。在企业实务中不要求单独建立账套进行核算，而是和企业财务会计一起只设一套完整的会计账表（纳税报表除外），平时只按会计准则等会计规章制度进行核算，在计税和纳税时可依现行税法等做调整，所以财务会计是税务会计的基础。

2. 税务会计与财务会计的区别

（1）目标不同。财务会计的主要目标是向政府管理部门、股东、经营者、债权人以及其他相关的报表资料使用者，及时、准确、完整地提供企业财务状况、经营成果和现金流量变动等信息，以便更好地为企业会计信息使用者服务。税务会计的目标是使纳税人向税务部门及有关信息使用者提供真实、准确的纳税信息，依法计算缴纳税额，履行纳税人的纳税义务。

（2）业务处理依据不同。财务会计核算以会计准则为依据，讲求会计信息的客观真实、公允完整；税务会计则是依据税收法规进行会计处理，以保证足额、及时地缴纳税款。在税法与会计准则不一致时，税务会计以税法为准绳，在财务会计资料基础上进行相应的调整。

（3）核算基础不同。企业财务会计是以权责发生制为核算基础的，目的在于正确计算企业收益；税务会计是以收付实现制和权责发生制结合作为核算基础的，这是因为税务会计不仅要遵循一般会计原则，更要严格按照税法的要求进行涉税业务的处理。

（4）核算范围不同。企业财务会计以企业日常经营管理活动为主，核算企业生产经营过程中能以货币计量的全部经济事项，且不论其是否与税务活动有关。而税务会计只核算与税务活动有关的经济事项，如有关税款的计算、核算、申报、解缴、减免等与税务活动相关的事项。而税务会计上核算的这些内容在财务会计上则不进行核算，只是做一般性说明而已。

复习思考题

1. 税收有哪些形式特征？
2. 税收有哪些基本要素？
3. 简述比例税率、累进税率和定额税率的含义。
4. 起征点与免征额有何异同？
5. 简述税务会计的特点及应遵循的基本制度。
6. 简述税务会计与财务会计的关系。

练习题

一、单项选择题

1. 税收"三性"特征不含下列哪一个特征？（　　　）
   A. 强制性　　　　　B. 公平性　　　　　C. 无偿性　　　　　D. 固定性
2. 下列各项中，属于税收法律关系客体的是（　　　）。
   A. 征税人　　　　　B. 课税对象　　　　C. 纳税人　　　　　D. 纳税义务
3. 区别不同类型税种的主要标志是（　　　）。
   A. 税率　　　　　　B. 纳税人　　　　　C. 征税对象　　　　D. 纳税期限
4. 税务会计以（　　　）为准绳。
   A. 会计制度　　　　B. 会计准则　　　　C. 国家税收法律制度　D. 财务会计

二、多项选择题

1. 纳税义务人的权利主要有（　　　）。
   A. 多缴税款申请退还权　　　　　　B. 延期纳税权
   C. 依法申请减免税权　　　　　　　D. 申请复议和提起诉讼权
2. 下列各项中，构成税法的三个最基本的要素包括（　　　）。
   A. 纳税义务人　　B. 税率　　　　　　C. 征税对象　　　　D. 税目

第二章 增值税

第一节 增值税概述

一、增值税的概念和特点

增值税是以商品或劳务价值中的增值额为课税对象的一种税，它是我国商品课税体系中的主体税种。

对增值税的理解要从增值额入手。所谓增值额，是指纳税人在其生产经营活动中新创造的价值或商品的附加值。一般来说，增值额相当于商品价值（c＋v＋m），扣除生产经营过程中消耗掉的生产资料的转移价值（c）之后的余额，即由劳动者所创造的新价值（v＋m）。由于商品从生产到消费要经过多个环节，每一环节都可能增加新的价值。因此，增值额既可以从个别生产经营环节来考察，也可以从商品生产流通的全过程来考察。

从个别生产经营环节考察，增值额表现为某个生产经营企业的商品销售额或经营收入额扣除为生产经营所消耗用的生产资料价值后的余额。

从商品生产流通的全过程考察，一个商品进入消费时的最终销售额等于该商品从生产到消费全过程中各个经营环节的增值额之和。增值额与销售额的关系见下例。

设某种商品的最终销售额为 100 元，其分环节的售价与增值额如表 2－1 所示。

表 2－1　某商品增值额与销售额的关系

	销售额	增值额
原材料生产环节	20 元	20 元
产成品生产环节	60 元	40 元
商品批发环节	90 元	30 元
商品零售环节	150 元	60 元
合　计		150 元

从此例看，该商品的最终销售额（150元）恰好等于四个环节的增值额之和（20＋40＋30＋60），这说明一个商品的最终销售额是由以前各个环节的增值额组成的。

上述增值额的概念只是理论意义上的阐释。从世界各国实行增值税的实践来看，由于各国都是根据本国的具体情况对生产资料转移价值的扣除作出不同的规定，有的国家法定抵扣内容基本上等于当期生产资料转移价值，有的国家法定抵扣内容小于或大于当期生产资料转移价值，由此形成增值额在理论上与实践中的差异。

增值税具有以下特点：

（1）增值税是能够避免重复课征的税。因为增值税只对商品或劳务在本环节增加的价值征收，而对以前环节已征税价值不再课征，所以，能够完全排除传统的商品课税所存在的重复征税的弊端。

（2）增值税是"中性"税。增值税对商品的增值额征税，而与该商品在生产流通过程中所经历的交易次数多少无关。也就是说，商品不论经历过多少道生产或流通环节，都不会影响某一具体环节的纳税人的税收负担和商品的整体税负。这表明增值税消除了税负不平的因素，对企业选择生产经营形式没有任何影响，对资源配置无干扰作用。就这点而言，增值税是一种"中性"的税收。

（3）增值税采用价外税形式。即增值税税金是在商品或劳务的价格之外，税款是按不含税价格计算的。增值税要保持其"中性"立场，只能采取价外税。这样才能消除税收对市场价格形成的制约，使价格真正反映市场供求的变化，保证市场机制配置资源作用的发挥。

（4）增值税是多环节征收的税。商品每经过一个流转环节，就要征一次税。增值税像链条一样，环环相扣，体现了商品课税从生产到消费全过程的连续性和完整性。

二、增值税的类型

世界各国实行的增值税，都是根据税款抵扣的原理，结合本国经济发展的具体情况加以制定的，因此存在着较大的差异。若从不同角度进行比较，可以把它们划为不同的类别。

增值税的主要特征就是计税时允许扣除购入商品及劳务的已纳税金。对于购入流动资产的已纳税金世界各国均允许扣除。而对于购入固定资产的已纳税金不同国家则有不同的处理方式，由此分为消费型增值税、收入型增值税和生产型增值税。

（1）消费型增值税是指课税时，允许将购入固定资产的已纳税金在购入当期全部抵扣。从国民经济整体看，增值额相当于全部消费品的价值，所以称为消费型增值税。这种增值税因抵扣彻底，故具有抑制消费、刺激投资、促进资本形成和经济增长的作用。目前我国实行的增值税就属于这种类型。

（2）收入型增值税是指课税时，允许把购入固定资产的已纳税金按折旧比例和使用年限分期抵扣。从国民经济整体看，增值额相当于国民收入，所以称为收入型增值税。这种增值税对经济增长呈中性作用。

（3）生产型增值税是指课税时，不允许扣除购入固定资产的已纳税金。从国民经济整体看，增值额相当于国民生产总值，即国民收入加折旧额之和，所以称为生产型增值税。这种增值税在一定程度上仍带有重复征税的问题，不利于鼓励投资，不利于资本有机构成较高的高新技术产业的发展。

三、增值税的作用

（一）实行增值税可以适应建立社会主义市场经济体系的需要，起到公平税负、鼓励竞争的作用

只有税负公平、负担合理，才能有利于企业在同等条件下开展竞争。增值税较好地体现了公平税负的原则，主要在于：一是同一产品的税收负担是相等的，即不论企业是全能型还是非全能型，不论其生产结构和流通环节发生如何变化，它们的税收负担是一致的；二是由于增值税以增值额作为课税对象，而商品的盈利是构成增值额的主要因素之一，因此，增值税的税收负担同纳税人的负担能力是基本相适应的。

（二）实行增值税有利于促进生产向专业化和协作化方向发展

由于增值税将多环节征税的普遍性与按增值额征税的合理性有机地结合起来，有效地克服了传统流转税按全额计税造成全能企业税负轻而协作企业和专业化程度高的企业税负重的弊端，消除了对商品价值的重复征税，有利于生产向专业化和协作化方向发展。

（三）实行增值税有利于促进国家对外贸易的发展

从出口方面看，在按销售全额征税的情况下，同一种商品因生产结构或流通环节的不同，所负担的税款是不同的。当这种商品最终出口时，它在各个环节共缴纳了多少税款很难计算清楚，所以一般只能退还该商品最后一个环节的税款，退税不够彻底，不利于鼓励出口。而增值税是按增值额征税，各环节增值税税额之和等于按商品最终销售额计算的总体税负，因而，可以在商品出口时把各环节已纳税款如数退还给企业，使出口商品实行彻底退税，以完全不含税价格进入国际市场，从而提高其竞争能力。

从进口方面看，在按销售全额征税的情况下，同种商品若是国内生产的，则要承担多环节的重复课征；若是国外进口的，仅在进口环节征一次税，这就造成国内商品税负高于进口同种商品税负，使国内商品在市场竞争中处于不利地位。实行增值税后，国内商品税负则与进口商品税负一致，既体现税负对等的原则，又有利于维护国家经济权益和国内生产。

（四）实行增值税有利于保证国家财政收入的普遍、及时和稳定增长

增值税是对传统商品课税制的重大改革，但不是对原税制的全面否定。它在克服了重复征税弊端的同时，仍保留了原税制的优点，即确保财政收入的普遍、及时和稳定。增值税的普遍性在于一切从事生产经营活动的纳税人，只要在其生产经营中

产生增值额，就要相应缴纳税金；同时，一个商品不论在生产经营中经历多少环节，每个环节都应按各自的增值额分别纳税。增值税的及时性在于它虽然以增值额为课税对象，但在征收上却是随商品销售额的实现而计征入库的。增值税的稳定性在于它是一种与企业创造的国民收入密切联系的税种，其税率一经确定，就把国家从国民收入中收取的比例确定下来。只要国民收入增长，税收也会相应上升，从而保证财政收入的稳定增长。

第二节　增值税基本法律内容

一、增值税的纳税人

凡在中华人民共和国境内销售货物或者提供加工、修理修配劳务，以及进口货物的单位和个人，为增值税的纳税义务人。

"单位"是指一切从事销售或进口货物、提供应税劳务的单位。包括国有企业、集体企业、私有企业、股份制企业、外商投资企业和外国企业、其他企业和行政单位、事业单位、军事单位、社会团体及其他单位。

"个人"是指从事货物销售或进口、提供应税劳务的个人，包括个体经营者和其他个人。

另外，企业租赁或承包给他人经营的，以承租人或承包人为纳税义务人。境外的单位或个人在境内销售应税劳务而在境内未设有经营机构的，其应纳税款以代理人为扣缴义务人；没有代理人的，以购买人为扣缴义务人。

为了严格增值税的征收管理，《增值税暂行条例》将纳税人划分为一般纳税人和小规模纳税人。

二、增值税小规模纳税人的认定

小规模纳税人的认定标准为：①从事货物生产或提供应税劳务的纳税人，以及以从事货物生产或提供应税劳务为主，并兼营货物批发或零售的纳税人，年应征增值税销售额（以下简称应税销售额）在50万元以下（含本数）的；②从事上述规定以外的纳税人年应税销售额在80万元以下（含本数）的；③年应税销售额超过小规模纳税人标准的其他个人按小规模纳税人纳税；④非企业性单位、不经常发生应税行为的企业可选择按小规模纳税人纳税。

以从事货物生产或者提供应税劳务为主，是指纳税人的年货物生产或者提供应税劳务的销售额占年应税销售额的比重在50%以上。

三、增值税的征税范围

《增值税暂行条例》规定，在中华人民共和国境内销售货物或提供加工、修理修配劳务以及进口货物都属于增值税的征税范围。

（一）销售货物

货物，是指有形动产，包括电力、热力、气体在内。销售货物，是指有偿转让货物的所有权。有偿是指从购买方取得货币、货物或其他经济利益。

（二）提供加工、修理修配劳务

提供加工、修理修配劳务，是指有偿提供加工、修理修配劳务。但单位或个体工商户聘用的员工为本单位或雇主提供加工、修理修配劳务，不包括在内。

加工，是指受托加工货物，即委托方提供原料及主要材料，受托方按照委托方的要求制造货物并收取加工费的业务。

修理修配，是指受托对损伤和丧失功能的货物进行修复，使其恢复原状和功能的业务。

（三）增值税视同销售行为

单位和个体工商户的下列行为，视同销售货物：

（1）将货物交付其他单位或者个人代销。

（2）销售代销货物。

（3）设有两个以上机构并实行统一核算的纳税人，将货物从一个机构移送其他机构用于销售，但相关机构设在同一县（市）的除外。

（4）将自产或者委托加工的货物用于非增值税应税项目。

（5）将自产、委托加工的货物用于集体福利或者个人消费。

（6）将自产、委托加工或者购进的货物作为投资，提供给其他单位或者个体工商户。

（7）将自产、委托加工或者购进的货物分配给股东或者投资者。

（8）将自产、委托加工或者购进的货物无偿赠送其他单位或者个人。

（四）混合销售行为征税范围的确定

一项销售行为如果既涉及货物又涉及非增值税应税劳务，为混合销售行为。非增值税应税劳务，是指属于应缴营业税的交通运输业、建筑业、金融保险业、邮电通信业、文化体育业、娱乐业、服务业税目征收范围的劳务。需要指出的是，出现混合销售行为涉及的货物及非应税劳务只是针对一项销售行为而言，也就是说，非应税劳务是为了直接销售一批货物而提供的，两者之间是紧密相联的从属关系。例如，商场销售商品并提供送货上门服务，在商品价格中既包括商品本身的售价，还包括不单独计价的运送费。

税法规定：从事货物的生产、批发或者零售的企业、企业性单位和个体工商户的混合销售行为，视为销售货物，应当缴纳增值税；其他单位和个人的混合销售行为，视为销售非增值税应税劳务，不缴纳增值税。上述所称从事货物的生产、批发或者零售的企业、企业性单位和个体工商户，包括以从事货物的生产、批发或者零售为主，并兼营非增值税应税劳务的单位和个体工商户在内。

纳税提示：

纳税人的下列混合销售行为，应当分别核算货物的销售额和非增值税应税劳务的营业额，并根据其销售货物的销售额计算缴纳增值税，非增值税应税劳务的营业额不缴纳增值税；未分别核算的，由主管税务机关核定其货物的销售额：

（1）销售自产货物并同时提供建筑业劳务的行为。

（2）财政部、国家税务总局规定的其他情形。

【例题1】下列各项中，属于增值税混合销售行为的是（ ）。

A. 建材商店在销售建材的同时又为其他客户提供装饰服务

B. 汽车建造公司在生产销售汽车的同时又为客户提供修理服务

C. 塑钢门窗销售商店在销售产品的同时又为客户提供安装服务

D. 电信局为客户提供电话安装服务的同时又销售所安装的电话机

【答案】C

【解析】A 业务对象不同，所以属于对两个客户的业务行为，不属于混合销售行为；B 由于业务发生的时间不同，所以不属于混合销售行为；C 由于业务对象是同一的，业务时间是同时发生的，属于增值税的混合销售行为；D 由于主营业务是营业税的征税对象，所以属于营业税的混合销售行为。

【例题2】某彩电厂向本市一新落成的宾馆销售客房用的 21 寸彩电 770 台，含税价 3000 元/台。由本企业车队运送该批彩电取得运输收入 30000 元。

【答案】销项税额＝770×3000÷（1+17%）×17%（销货）＋30000÷（1+17%）×17%（运费）＝340000（元）

（五）兼营非增值税应税项目征税范围的确定

兼营非增值税应税项目是指增值税纳税人在从事应税货物销售或提供应税劳务的同时，还从事非增值税应税项目（即营业税的各项应税项目），而且从事非增值税应税项目与其从事应税货物销售或提供应税劳务并无直接的联系和从属关系。例如：某建筑装饰材料商店，一方面批发、零售货物，另一方面对外承揽属于应纳营业税的安装、装饰业务，这样该商店就发生了兼营非应税劳务的行为。

> **纳税提示：**
>
> 　　兼营非增值税应税项目的，应分别核算货物或者应税劳务的销售额和非增值税应税项目的营业额；未分别核算的，由主管税务机关核定货物或者应税劳务的销售额。

　　【例题3】 某建筑装饰材料商店为增值税一般纳税人，并兼营装修业务和工具出租业务。在某一纳税期内，该商店购进商品，取得增值税专用发票上注明的价款是200000元，税款34000元；销售商品取得销售收入价税合计333450元，装修业务收入65200元，租赁业务收入3800元。商店分别核算货物销售额和非应税劳务营业额。

　　请计算该商店当期应纳营业税税额和增值税税额（装修业务营业税税率为3％，租赁业务营业税税率为5％）。

　　【答案】 ①应纳营业税额＝65200×3％＋3800×5％＝2146（元）

　　②增值税进项税额＝200000×17％＝34000（元）

　　③不含税销售额＝333450÷（1＋17％）＝285000（元）

　　④增值税销项税额＝285000×17％＝48450（元）

　　⑤应纳增值税额＝48450－34000＝14450（元）

　　【解析】 兼营包括两种情况：一是不同税种、不同业务，也应分别核算，分别税种征收，否则应一并征收增值税；二是同一税种，兼营不同税率货物，分别核算，分别适用税率征收，否则就高不就低。

四、增值税的税率与征收率

　　增值税一般纳税人计算销项税额采用两档税率：基本税率17％、低税率13％。

　　（1）基本税率17％。增值税一般纳税人销售或者进口货物，提供加工、修理修配劳务，除适用低税率的应税商品和销售个别旧货适用征收率外，税率一律为17％。

　　（2）低税率13％。增值税一般纳税人销售或者进口下列货物，按低税率13％计征增值税。

　　①粮食、食用植物油。

　　②自来水、暖气、冷气、热水、煤气、石油液化气、天然气、沼气、居民用煤炭制品。

　　③图书、报纸、杂志。

　　④饲料、化肥、农药、农机、农膜。

　　⑤国务院规定的其他货物。

　　（3）零税率。零税率的适用范围只限于出口货物，包括两类：一是报关出境货物，二是输往海关管理的保税工厂、保税仓库和保税区的货物。税率为零的含义是，这种商品虽然属于应税范围，但实际上并不负担任何税款。零税率不等同于免税。根据增值税的计税公式：销项税额－进项税额＝应付税额。如采用零税率，则销项税额为零，再减去进项税额，应付税额必为负数，这意味着不但不必缴税，反而可以退税。而免税规定，只是应付税额为零，进项税额不能退回。采用零税率的意义在于鼓励出口，促进对外贸易的发展；同时，避免对出口商品的重复征税。

（4）适用税率的特殊规定。由于纳税人的生产经营方式多种多样，因此，在确定适用税率时有以下规定：

纳税人兼营不同税率的货物或者应税劳务，应当分别核算不同税率货物或者应税劳务的销售额。未分别核算销售额的，从高适用 17％税率。

（5）增值税征收率。小规模纳税人的增值税征收率为 3％。

五、增值税的减免优惠规定

我国现行增值税的减免优惠主要包括以下内容：

1. 税法明确列举的免税项目

主要包括：

（1）农业生产者销售的自产农产品。

（2）避孕药品和用具。

（3）古旧图书。

（4）直接用于科学研究、科学试验和教学的进口仪器、设备。

（5）外国政府、国际组织无偿援助的进口物资和设备。

（6）由残疾人的组织直接进口供残疾人专用的物品。

（7）销售的自己使用过的物品。

除前款规定外，增值税的免税、减税项目由国务院规定。任何地区、部门均不得规定免税、减税项目。

纳税人兼营免税、减税项目的，应当分别核算免税、减税项目的销售额；未分别核算销售额的，不得免税、减税。

2. 其他减免税的有关规定

（1）除中国人民银行和商务部批准从事融资租赁以外的其他单位融资租赁业务，所有权转让的，征收增值税，所有权未转让的，不征收增值税。

（2）转让企业产权涉及的应税货物的转让，不征收增值税。

（3）对从事热力、电力、燃气、自来水等公用事业的增值税纳税人收取的一次性费用，凡与货物的销售数量有直接关系的，征收增值税；凡与货物的销售数量无直接关系的，不征收增值税。

（4）纳税人代有关行政管理部门收取的费用，凡同时符合以下条件的，不属于价外费用，不征收增值税：

①经国务院、国务院有关部门或省级政府批准。

②开具经财政部门批准使用的行政事业收费专用票据。

③所收款项全额上缴财政或虽不上缴财政但由政府部门监管，专款专用。

（5）纳税人销售货物的同时代办保险而向购买方收取的保险费，以及从事汽车销售的纳税人向购买方收取的代购买方缴纳的车辆购置税、牌照费，不作为价外费用征收增值税。

（6）纳税人销售软件产品并随同销售一并收取的软件安装费、维护费、培训费等收入，应按照增值税混合销售的有关规定征收增值税，并可享受软件产品增值税即征即退政策。对软件产品交付使用后，按期或按次收取的维护、技术服务费、培训费等不征收增值税。

纳税人受托开发软件产品，著作权属于受托方的征收增值税，著作权属于委托方或属于双方共同拥有的不征收增值税。

除上述规定外，增值税的减免项目由国务院规定。任何地区、部门都不得规定减免税项目。

第三节　增值税的计算

一、一般纳税人应纳税额的计算

一般纳税人销售货物或者提供应税劳务，其应纳税额采用税款抵扣法。基本计算公式为：

应纳税额＝当期销项税额－当期进项税额

当期销项税额小于当期进项税额不足抵扣时，其不足部分可以结转下期继续抵扣。

（一）销项税额的计算

所谓销项税额，是指纳税人销售货物或者提供劳务，按照销售额适用税率计算并向购买方收取的增值税税额。其计算公式为：

销项税额＝不含税销售额×税率

一般纳税人销售货物或应税劳务采用销售额和销项税额合并定价方法的，要将不含税的计税销售额从合并价格中分离出来，即要将含税销售额换算成不含税销售额。其换算公式为：

不含税销售额＝含税销售额÷（1＋税率）

公式中的税率为销售的货物或者应税劳务按条例规定所适用的税率。

由公式可见，销项税额的计算取决于不含税销售额和税率两个因素。其中税率是固定的、统一的，关键是不含税销售额（计税销售额）的确定，它是增值税的计税基础。关于不含税销售额有以下系列规定。

1. 一般销售方式下的销售额

销售额是指纳税人销售货物或应税劳务向购买方收取的全部价款和价外费用，但不包括收取的销项税额。

价外费用是指销货方在销售价格之外，向购买方收取的各项费用，包括手续费、补贴、基金、集资费、返还利润、奖励费、违约金、滞纳金、延期付款利息、赔偿金、代收款项、代垫款项、包装费、包装物租金、储备费、优质费、运输装卸费以及其他各种性质的价外收费。但下列项目不包括在内：

（1）受托加工应征消费税的消费品所代收代缴的消费税。

（2）同时符合以下条件的代垫运输费用：

①承运部门的运输费用发票开具给购买方的。

②纳税人将该项发票转交给购买方的。

（3）同时符合以下条件代为收取的政府性基金或者行政事业性收费：

①由国务院或者财政部批准设立的政府性基金，由国务院或者省级人民政府及其财政、价格主管部门批准设立的行政事业性收费。

②收取时开具省级以上财政部门印制的财政票据。

③所收款项全额上缴财政。

（4）销售货物的同时代办保险等而向购买方收取的保险费，以及向购买方收取的代购买方缴纳的车辆购置税、车辆牌照费。

纳税提示：

向购买方收取的价外费用和逾期包装物押金，应视为含税收入，征税时应换算为不含税收入再并入销售额。

---

2. 特殊方式下的销售额

在销售活动中，为了达到促销的目的，有多种销售方式。不同销售方式下，销售者取得的销售额会有所不同。对不同销售方式下如何确定其计税销售额，税法分别作了以下规定：

（1）采取折扣、折让方式下的销售额。折扣销售（商业折扣）是指销货方在销售货物或应税劳务时，为鼓励购买方多买而给予的价格优惠。税法规定：①如果销售额和折扣额在同一张发票上分别注明的，可以按折扣后的销售额征收增值税。②如果将折扣额另开发票，不论其在财务上如何处理，均不得从销售额中减除折扣额。

销售折扣（现金折扣）。为鼓励及早付款给予购货方的一种折扣优待。如：2/10、1/20、N/30。销售折扣不得从销售额中减除。①销售折让：是指货物售出后，是由于品种、质量等原因购货方未予退货，但销货方需给予购货方的一种价格折让。对销售折让可以折让后的货款为销售额。

（2）以旧换新方式下的销售额。以旧换新是指纳税人在销售自己的货物时，有偿收回旧货物的行为。税法规定，纳税人采取以旧换新方式销售货物的（金银首饰除外），应按新货物的同期销售价格确定销售额，不得扣减旧货物的收购价格。

【例题 4】某工业企业当月销售货物销售额为 300 万元。另以折扣方式销售货物，销售额为 80 万元，另开红字发票折扣 8 万元，销售的货物已发出。

【答案】销项税额＝（300＋80）×17％＝64.6（万元）

【解析】折扣销售仅限于价格折扣，不包括实物折扣，实物折扣要按"视同销售货物"处理。

【例题 5】某商场批发一批货物，不含税销售额为 20 万元，因对方提前 10 天付款，所以按合同规定给予 5％的折扣，只收 19 万元。

【答案】销项税额＝20×17％＝3.4（万元）

【例题 6】某计算机公司，采取以旧换新方式，销售计算机 100 台，每台计算机不含税售价 9000 元，收购旧型号计算机不含税折价 2500 元。

【答案】销项税额＝100×9000×17％＝15300（元）

（3）还本销售方式下的销售额。还本销售是指纳税人在销售货物后，到一定期限由销售方一次或分次退还给购货方全部或部分价款。这实际上是以提供货物换取资金的使用权，到期还本不付息的一种融资方法。税法规定，纳税人采取还本销售方式销售货物，不得从销售额中减除还本支出。

（4）以物易物方式下的销售额。以物易物是指购销双方不是以货币结算，而是以同等价款的货物相互结算，实现货物购销的一种方式。税法规定，以货易货双方都应作正常的购销处理，以各自发出的货物核算销售额并计算销项税额，以各自收到的货物核算购货额并计算进项税额。

【例题 7】某彩电厂（增值税一般纳税人）采取以物易物方式向显像管厂提供 21 寸彩电 2000 台，每台售价 2000 元（含税价）。显像管厂向彩电厂提供显像管 4000 台。双方均已收到货物，并商定不再开票进行货币结算。

【答案】彩电厂的销项税额＝2000×2000÷（1＋17％）×17％＝581200（元）

（5）包装物出租、出借方式下的销售额。

①纳税人为销售货物而出租出借包装物收取的押金，单独记账核算的，不并入销售额征税。

②对因逾期未收回包装物而不再退还的押金，应并入销售额，按所包装货物的适用税率征税。其中，"逾期"是指按合同约定实际逾期或以 1 年为期限，对收取 1 年以上的押金，无论是否退还均并入销售额征税。

纳税提示：

税法规定，对销售除啤酒、黄酒外的其他酒类产品而收取的包装物押金，无论是否返还以及会计上如何核算，均应并入当期销售额征税。

③包装物押金不应混同于包装物租金，包装物租金作为价外费用并入销售额计算销项税额。啤酒、黄酒收取的押金按上述一般规定处理。

（6）混合销售和兼营销售方式下的销售额。对混合销售行为和兼营的非应税劳务，按税法规定应征收增值税的，其销售额分别为货物与非应税劳务的销售额的合计，货物或者应税劳务与非应税劳务的销售额的合计。

（7）对视同销售货物行为以及价格明显偏低情况下的销售额。纳税人销售货物或者应税劳务的价格明显偏低并且无正当理由的，或者有视同销售货物行为而无销售额的，主管税务机关有权按下列顺序确定其销售额：

①按纳税人最近时期同类货物的平均销售价格确定。

②按其他纳税人最近时期同类货物的平均销售价格确定。

③按组成计税价格确定。组成计税价格的公式为：

组成计税价格＝成本×（1＋成本利润率）

如果属于应征消费税的货物，其组成计税价格中应加计消费税税额。

组成计税价格＝成本×（1＋成本利润率）＋消费税税额

公式中的成本是指销售自产货物的为实际生产成本，销售外购货物的为实际采购成本。公式中的成本利润率由国家税务总局确定为 10％。但属于从价定率征收消费税的货物，为消费税有关法规确定的成本利润率。

【例题 8】某钢厂，将成本价为 16 万元的钢材，用于对外投资，假设成本利润率为10％，求其增值税的销项税额。

【答案】销项税额＝16×（1＋10％）×17％＝2.992（万元）

（二）进项税额的计算

所谓进项税额，纳税人购进货物或者接受应税劳务（以下简称购进货物或者应税劳务）支付或者负担的增值税额，为进项税额。

为了正确抵扣进项税额，税法做出具体规定，下列进项税额准予从销项税额中抵扣：

（1）从销售方取得的增值税专用发票上注明的增值税额。

（2）从海关取得的海关进口增值税专用缴款书上注明的增值税额。

（3）购进农产品，除取得增值税专用发票或者海关进口增值税专用缴款书外，按照农产品收购发票或者销售发票上注明的农产品买价和 13％的扣除率计算的进项税额。

其计算公式为：

准予抵扣的进项税额＝买价×扣除率

其中，买价包括纳税人购进农产品在农产品收购发票或者销售发票上注明的价款和按规定缴纳的烟叶税。

（4）购进或者销售货物以及在生产经营过程中支付运输费用的，按照运输费用结算单据上注明的运输费用金额和 7％的扣除率计算的进项税额。其计算公式为：

准予抵扣的进项税额＝运输费用金额×扣除率

运输费用金额，是指运输费用结算单据上注明的运输费用（包括铁路临管线及铁路专线运输费用）、建设基金，不包括装卸费、保险费等其他杂费。

纳税提示：

1. 准予抵扣的项目和扣除率的调整，由国务院决定。

2. 纳税人购进货物或者应税劳务，取得的增值税扣税凭证不符合法律、行政法规或者国务院税务主管部门有关规定的，其进项税额不得从销项税额中抵扣。

增值税扣税凭证，是指增值税专用发票、海关进口增值税专用缴款书、农产品收购发票和农产品销售发票以及运输费用结算单据。

3. 混合销售行为依照规定应当缴纳增值税的，该混合销售行为所涉及的非增值税应税劳务所用购进货物的进项税额，符合规定的，准予从销项税额中抵扣。

【例题9】某商场为增值税一般纳税人，2009年10月发生以下购销业务：

（1）购入服装两批，合同上注明均开具增值税专用发票。两张专用发票上注明的货款分别为20万元和36万元，进项税额分别为3.4万元和6.12万元，其中第一批货款20万元未取得专用发票。另外，先后购进这两批货物时已分别支付两笔运费0.26万元（无发票）和4万元（取得承运单位开具的普通发票）。

（2）批发销售服装一批，取得不含税销售额18万元，采用委托银行收款方式结算，货已发出并办妥托收手续，货款尚未收回。

（3）零售各种服装，取得含税销售额38万元，同时将零售价为1.78万元的服装作为礼品赠送给了顾客。

（4）采取以旧换新方式销售家用电脑20台，每台零售价6500元，另支付顾客每台旧电脑收购款500元。

要求：计算该商场2009年10月应缴纳的增值税。

【答案】

（1）进项税额＝6.12＋4×7％＝6.12＋0.28＝6.4（万元）

（2）销项税额＝18×17％＋［（38＋1.78）÷（1＋17％）］×17％＋［（20×0.65）÷（1＋17％）］×17％＝3.06＋5.78＋1.89＝10.73（万元）

（3）应缴纳的增值税＝10.73－6.4＝4.33（万元）

二、下列项目的进项税额不得从销项税额中抵扣

（1）用于非增值税应税项目、免征增值税项目、集体福利或者个人消费的购进货物或者应税劳务。

购进货物，不包括既用于增值税应税项目（不含免征增值税项目）也用于非增值税应税项目、免征增值税（以下简称免税）项目、集体福利或者个人消费的固定资产。

固定资产，是指使用期限超过 12 个月的机器、机械、运输工具以及其他与生产经营有关的设备、工具、器具等。个人消费包括纳税人的交际应酬消费。

非增值税应税项目，是指提供非增值税应税劳务、转让无形资产、销售不动产和不动产在建工程。

不动产是指不能移动或者移动后会引起性质、形状改变的财产，包括建筑物、构筑物和其他土地附着物。

纳税人新建、改建、扩建、修缮、装饰不动产，均属于不动产在建工程。

（2）非正常损失的购进货物及相关的应税劳务。

（3）非正常损失的在产品、产成品所耗用的购进货物或者应税劳务。

（4）国务院财政、税务主管部门规定的纳税人自用消费品。

（5）本条第（1）项至第（4）项规定的货物的运输费用和销售免税货物的运输费用。

非正常损失，是指因管理不善造成被盗、丢失、霉烂变质的损失。

纳税人自用的应征消费税的摩托车、汽车、游艇，其进项税额不得从销项税额中抵扣。

三、一般纳税人应纳税额的计算

一般纳税人销售货物或者提供应税劳务，应纳税额为当期销项税额抵扣当期进项税额后的余额。应纳税额的计算公式为：

应纳税额＝当期销项税额－当期进项税额

为正确运用计税公式，还需要掌握相关税务调整规定：

（一）计算应纳税额的时间限定

1. 计算销项税额的时间限定

（1）直接收款方式，收到销售额或取得索取销售凭据的当天。

（2）托收承付和委托收款方式，发出货物并办妥托收手续的当天。

（3）视同销售货物的行为，为货物移送的当天。

2. 防伪税控专用发票进项税额抵扣的时间限定

按照规定，自 2010 年 1 月 1 日起，增值税一般纳税人取得防伪税控系统开具的增值税专用发票，抵扣的进项税额按以下规定处理：

（1）增值税一般纳税人申请抵扣的防伪税控系统开具的增值税专用发票，必须自该专用发票开具之日起 180 日内到税务机关认证，否则不予抵扣进项税额。

（2）增值税一般纳税人认证通过的防伪税控系统开具的增值税专用发票，应在认证通过的次月按照增值税有关规定核算当期进项税额并申报抵扣，否则不予抵扣进项税额。

3. 海关完税凭证进项税额抵扣的时间限定

增值税一般纳税人进口货物，取得的 2010 年 1 月 1 日以后开具的海关完税凭证，应当在开具之日起 180 天内到税务机关认证，否则不予抵扣进项税额。

（二）进项税额不足抵扣的处理

一般纳税人当期销项税额小于进项税额时，当期进项税额不足抵扣的部分可以结转下期继续抵扣。

（三）扣减发生期进项税额的规定

（1）当期购进，事先未确定用于非生产经营的可在当期销项税额中抵扣。

（2）已抵扣进项税额的购进货物或者应税劳务，发生进项税额不得从销项税额中抵扣规定的情形的（免税项目、非增值税应税劳务除外），应当将该项购进货物或者应税劳务的进项税额从当期的进项税额中扣减；无法确定该项进项税额的，按当期实际成本计算应扣减的进项税额。

（3）无法确定进项税额的，按"进价＋运费＋保费＋其他有关费用"和适用税率计算应扣减的进项税（国内购进按"进价＋运费"）。

一般纳税人兼营免税项目或者非增值税应税劳务而无法划分不得抵扣的进项税额的，按下列公式计算不得抵扣的进项税额：

不得抵扣的进项税额＝当月无法划分的全部进项税额×当月免税项目销售额、非增值税应税劳务营业额合计÷当月全部销售额、营业额合计

（四）销货退回或折让的税务处理

（1）一般纳税人因销货退回或折让而退还给买方的增值税额，应从发生退回或折让当期的销项税额中扣减。

（2）因进货退出或折让而收回的增值税额，应从发生进货退出或折让当期的进项税额中扣减。

【例题 10】某商场 5 月份，因质量问题，顾客退回 4 月份零售的空调，退款 0.585 万元。与厂方联系，将此空调退回厂家，并提供了税务局开具的退货证明单，收回退货款及税金 0.468 万元。

【答案】冲当期销项税额＝0.585÷（1＋17%）×17%＝0.085（万元）

冲当期进项税额＝0.468÷（1＋17%）×17%＝0.068（万元）

（五）向供货方取得返还收入的税务处理

自 2004 年 7 月 1 日起，对商业企业向供货方收取的与商品销售量、销售额挂钩（如以一定比例、金额、数量计算）的各种返还收入，均应按照平销返利行为的有关规定冲减当期增值税进项税额。应冲减进项税额的计算公式调整为：

当期应冲减进项税额＝当期取得的返还资金÷（1＋所购货物适用增值税税率）×所购货物适用增值税税率

商业企业向供货方收取的各种返还收入，一律不得开具增值税专用发票。

【例题 11】某商场（增值税一般纳税人）与其供货企业达成协议，按销售量挂钩进

行平销返利。2006 年 5 月向供货方购进商品取得税控增值税专用发票，注明税额 120 万元、进项税额 20.4 万元并通过主管税务机关认证，当月按平价全部销售，月末供货方向该商场支付返利 4.8 万元。下列该项业务的处理符合有关规定的有（　　）。

A. 商场应按 120 万元计算销项税额

B. 商场应按 124.8 万元计算销项税额

C. 商场当月应抵扣的进项税额为 20.4 万元

D. 商场当月应抵扣的进项税额为 19.7 万元

【答案】AD

【解析】返利收入应冲减进项税额，冲减后进项税额为 20.4－4.8÷（1+17%）× 17%=19.7（万元）

（六）一般纳税人注销时进项税额的处理

一般纳税人注销或取消辅导期一般纳税人资格，转为小规模纳税人时，其存货不作进项税额转出处理，其留抵税额也不予以退税。

（七）一般纳税人应纳增值税额计算举例

【例题 12】A 电子设备生产企业（下称 A 企业）与 B 商贸公司（下称 B 公司）均为增值税一般纳税人，2010 年 12 月份有关经营业务如下：

（1）A 企业从 B 公司购进生产用原材料和零部件，取得 B 公司开具的增值税专用发票，注明货款 180 万元、增值税 30.6 万元，货物已验收入库，货款和税款未付。

（2）B 公司从 A 企业购电脑 600 台，每台不含税单价 0.45 万元，取得 A 企业开具的增值税专用发票，注明货款 270 万元、增值税 45.9 万元。B 公司以销货款抵顶应付 A 企业的货款和税款后，实付购货款 90 万元、增值税 15.3 万元。

（3）A 企业为 B 公司制作大型电子显示屏，开具了普通发票，取得含税销售额 9.36 万元、调试费收入 2.34 万元。制作过程中委托 C 公司进行专业加工，支付加工费 2 万元、增值税 0.34 万元，取得 C 公司增值税专用发票。

（4）B 公司从农民手中购进免税农产品，收购凭证上注明支付收购货款 30 万元，支付运输公司的运输费 3 万元，取得普通发票。入库后，将收购的农产品 40% 作为职工福利消费，60% 零售给消费者并取得含税收入 35.03 万元。

（5）B 公司销售电脑和其他物品取得含税销售额 298.35 万元，均开具普通发票。

要求：

（1）计算 A 企业 2010 年 12 月份应缴纳的增值税。

（2）计算 B 公司 2010 年 12 月份应缴纳的增值税。

【答案】（1）A 企业：

①从 B 公司购买生产用原料和零部件，取得专用发票，货物已验收入库。其进项税额为 30.6 万元（货款和税款未付）。

②销售电脑的增值税销项税额=600×0.45×17%=45.9（万元）

③制作显示屏销售给 B 公司，其增值税销项税额=（9.36+2.34）÷（1+17%）×

17%＝1.7（万元）；由于其委托 C 公司进行专业加工，所以购进应税劳务发生进项税（受托方缴纳的增值税）0.34 万元，取得专用发票，可以抵扣。

当期进项税额＝30.6＋0.34＝30.94（万元）

应缴纳的增值税＝45.9＋1.7－30.94＝16.66（万元）

（2）B 公司：

①销售材料的增值税销项税额＝180×17%＝30.6（万元）

②购电脑 600 台，取得专用发票，其进项税额＝45.9（万元）

③购进大型电子显示屏，取得普通发票，不得抵扣进项税额。

④从农民手中购进免税农产品，可抵扣的进项税额＝30×13%＋3×7%＝4.11（万元）；入库后，用于职工福利的 40% 应作进项税额转出，转出税额＝4.11×40%＝1.644（万元），另外 60% 的销售收入（含税）为 35.03 万元。

销售农产品销项税额＝35.03÷（1＋13%）×13%＝4.03（万元）

⑤销售电脑和其他物品的增值税销项税额＝298.35÷（1＋17%）×17%＝43.35（万元）

销项税额＝30.6＋4.03＋43.35＝77.98（万元）

进项税额＝45.9＋4.11－1.644＝48.366（万元）

应缴纳的增值税＝77.98－48.366＝29.614（万元）

四、小规模纳税人应纳税额的计算

1. 小规模纳税人应纳税额的计算

小规模纳税人销售货物或者应税劳务，按照销售额和规定的征收率计算，不得抵扣进项税额，按照销售额和条例规定的 3% 的征收率计算应纳税额，计算公式为：

应纳税额＝销售额×征收率

小规模纳税人的销售额与一般纳税人的销售额规定一致。在具体计算时，注意两点：

（1）小规模纳税人销售货物或应税劳务采用销售额和应纳税额合并定价方法的，其不含税销售额按下列公式计算：

不含税销售额＝含税销售额÷（1＋征收率）

（2）小规模纳税人因销货退回或折让退还给购买方的销售额，应从发生销货退回或折让当期的销售额中扣减。

【例题 13】某零售商店为增值税小规模纳税人，某经营月份取得零售收入总额 15.45 万元。计算该商店当月应缴纳的增值税税额。

【答案】①当月取得的不含税销售额＝15.45÷（1＋3%）＝15（万元）

②当月应缴纳的增值税＝15×3%＝0.45（万元）

2. 关于购置税控收款机的税款抵扣的计算

自 2004 年 12 月 1 日起，增值税小规模纳税人购置税控收款机，经主管税务机关审核批准后，可凭购进税控收款机取得的增值税专用发票，按照发票上注明的增值税税额，抵免当期应纳增值税。或者按照购进税控收款机取得的普通发票上注明的价款，依下列公式计算可抵免税额：

可抵免税额＝价款÷（1＋17％）×17％

当期应纳税额不足抵免的，未抵免部分可在下期继续抵免。

五、进口货物应纳税额的计算

（一）进口货物征税的范围及纳税人

1. 进口货物征税的范围

一般来说，进入我国境内的货物，都必须向我国海关申报进口，并办理有关报关手续。只要是报关进口的应税货物，均应按照规定缴纳进口环节增值税。

2. 进口货物的纳税人

进口货物的纳税人包括：

（1）进口货物的收货人。

（2）办理进口报关手续的单位和个人。

（3）对于委托代理进口应征增值税的货物，一般由进口代理者代缴进口环节增值税。纳税后，由代理者将已纳税款和进口货物价款费用等与委托方结算，由委托者承担已纳税款。

（二）进口货物应纳税额的计算

纳税人进口货物，按照组成计税价格和条例规定的税率计算应纳税额，不得抵扣任何税额。组成计税价格和应纳税额的计算公式为：

组成计税价格＝关税完税价格＋关税＋消费税

应纳税额＝组成计税价格×税率

一般贸易以海关审定的成交价格为基础的到岸价格为完税价格。

【例题14】四川某进出口公司2010年8月进口120辆小轿车，双方议定以境外口岸离岸价格成交。每辆离岸价格为6.5万元，到我国口岸每辆的运费为1万元，共支付保险费2.7万元。该公司当月销出其中的110辆，每辆价格（含增值税价格）为23.4万元。已知小轿车关税税率为110％，消费税税率为5％，请计算该公司当月应缴纳的关税、消费税和增值税。

【答案】（1）应缴纳的关税＝（7.5×120＋2.7）×110％＝992.97（万元）

（2）应缴纳的消费税＝［（7.5×120＋2.7）＋992.97］÷（1−5％）×5％
　　　　　　　　＝99.77（万元）

（3）当期进口应缴纳的增值税＝［（7.5×120＋2.7）＋992.97＋99.77］×17％
　　　　　　　　＝339.225（万元）

（4）当期销项税额＝110×23.4÷（1＋17％）×17％＝374（万元）

（5）当期应缴纳的增值税＝374−339.225＝34.775（万元）

（三）进口货物的征收管理

（1）纳税义务发生时间：报关进口的当天。

（2）纳税地点：报关地海关。

（3）纳税期限：自海关填发税款缴纳书之日起 15 日内缴纳税款。

进口货物的增值税由海关代征。

六、出口货物退（免）税的计算

（一）出口退（免）税是指对出口货物实行出口退税或免税的政策

我国的出口货物税收政策分为以下三种形式：

1. 出口免税并退税

出口免税是指对货物在出口环节免征销项税额，但不退还国内生产和流通环节已缴纳的增值税；出口退税是指对出口货物免征销项税额，并退还在出口前实际承担的税收负担，按规定的退税率计算后予以退还。

2. 出口免税不退税

出口免税同上。出口不退税是指出口货物在前一生产、销售或进口环节是免税的，故出口时本身并不含税，也无须退税。

3. 出口不免税也不退税

出口不免税是指对国家限制或禁止出口的某些货物的出口环节视同内销环节，照常征税；出口不退税是指对这些货物出口不退还出口前其所承担的税款。适用这个政策的主要是：税法列举限制或禁止出口的货物，如天然牛黄、麝香、铜及铜基合金、白银等。

（二）出口货物退（免）税的适用范围

我国对出口货物区别不同情况分别实行出口退税、出口免税和出口不退税也不免税等三种不同的出口退免税政策。

1. 出口退税的适用范围

目前，可以享受出口退税的企业主要涉及：

（1）生产企业自营出口或委托外贸企业代理出口的自产货物。

（2）有出口经营权的外贸企业收购后直接出口或委托其他外贸企业代理出口的货物。

根据国务院颁发的《出口货物退（免）税管理办法》规定，可以退（免）税的出口货物一般应具备四个条件：第一，必须是属于增值税征税范围的货物；第二，必须是报关离境的货物；第三，必须是在财务上作销售处理的货物；第四，必须是出口收汇并已核销的货物。

（3）特准退税的货物。主要涉及以下几种情况：第一，对外承包工程公司运出境外用于对外承包项目的货物。第二，对外承接修理修配业务的企业用于对外修理修配的货物。第三，外轮供应公司、远洋运输供应公司销售给外轮、远洋国轮而收取外汇的货物。第四，企业在国内采购并运往境外作为在国外投资的货物。第五，外贸企业从小规模纳税人购进并持普通发票但特准退税的出口货物，包括抽纱、工艺品、香料油、山货、草柳竹藤制品、渔网渔具、松香、五倍子、生漆、鬃尾、山羊板皮和纸制品。

2. 出口免税的适用范围

出口货物适用免税的范围主要为：

（1）属于生产企业的小规模纳税人自营出口或委托外贸企业代理出口的自产货物。

（2）外贸企业从小规模纳税人购进并持普通发票的货物出口。

（3）外贸企业直接购进国家规定的免税货物，包括免税农产品出口。

（4）来料加工复出口的货物。

（5）避孕药品或用具、古旧图书。

（6）计划内出口卷烟。

（7）军品以及军队系统企业出口军需工厂生产或军需部门调拨的货物。

出口享受免征增值税的货物，其进项税额不能从内销货物的销项税额中抵扣，应计入产品成本处理。

3. 出口不免税也不退税的适用范围

主要为：国家计划外原油；援外出口物资；国家禁止出口的货物，包括天然牛黄、麝香、铜及铜基合金、白银等货物；商贸企业出口货物。

（三）出口货物的退税率

出口货物的退税率，是出口货物的实际退税额与退税计税依据的比例。它是出口退税的中心环节，体现着某一类货物在一定时期税收的实际征收水平。退税率的高低影响和刺激对外贸易，影响和刺激国民经济发展的速度，也关系到国家、出口企业的经济利益。我国的出口退税率曾几经调整。

（四）出口货物退税的计算

出口货物只有在适用既免税又退税的政策时，才会涉及如何计算退税的问题。我国目前大致有三种退税计算方法。

1. "免、抵、退"法

本方法主要适用于自营出口或委托外贸企业代理出口自产货物的生产企业。该办法中的"免"税，是指对生产企业出口的自产货物，免征本企业生产销售环节增值税；"抵"税，是指生产企业出口自产货物所耗用的原材料、零部件、燃料、动力等所含应予退还的进项税额，抵顶内销货物的应纳税额；"退"税是指生产企业出口的自产货物在当月内应抵顶的进项税额大于应纳税额时，对未抵顶完的部分予以退税。

具体计算步骤如下：

（1）计算免抵退税不得免征和抵扣税额。

当期免抵退税不得免征和抵扣税额＝当期出口货物离岸价格×外汇人民币牌价×（出口货物征税率－出口货物退税率）－免抵退税不得免征和抵扣税额抵减额

其中，免抵退税不得免征和抵扣税额抵减额＝免税购进原材料价格×（出口货物征税率－出口货物退税率）

（2）计算当期应纳税额。

当期应纳税额＝当期内销货物的销项税额－（当期进项税额－免抵退税不得免征和抵扣税额）－上期留抵税额

（3）计算免抵退税额。

免抵退税额＝出口货物离岸价格×外汇人民币牌价×出口货物退税率－免抵退税额抵减额

其中，免抵退税额抵减额＝免税购进原材料价格×出口货物退税率

注：免税购进原材料包括国内购进免税原材料和进料加工免税进口料件。

进料加工免税进口料件的组成计税价格＝货物到岸价＋海关实征关税和消费税

（4）计算当期应退税额和免抵税额。

A. 如果当期期末留抵税额（应纳税额为负数且绝对值）≤当期免抵退税额，则：

当期应退税额＝当期期末留抵税额（应纳税额为负数时的绝对值）

当期免抵税额＝当期免抵退税额－当期应退税额

B. 如果当期期末留抵税额（应纳税额为负数且绝对值）＞当期免抵退税额，则：

当期应退税额＝当期免抵退税额

当期免抵税额＝0

结转下期抵扣的进项税额＝当期期末留抵税额－当期应退税额

当期期末留抵税额根据当期《增值税纳税申报表》中"期末留抵税额"确定。

【例题15】某适用"免、抵、退"办法有进出口经营权的生产企业，2010 年 1 月，内销货物的销售额为 820 万元，出口货物的离岸价格为 150 万美元（汇率 1∶8.2），当期购进的各种货物中允许抵扣的进项税额为 320 万元人民币，另有购货的运输发票两张，一张是购进机器设备的运输发票，运费为 0.2 万元，另一张是购进原材料的运费发票，运费为 0.4 万元，含公路建设基金 0.1 万元。已知该企业销售货物适用的增值税税率为 17％，适用的退税税率为 15％，上期未扣完的进项税额为 23 万元。根据上述资料计算该企业 1 月份应纳和应退的增值税额。

【答案】（1）免征出口环节的增值税。

（2）当期免抵退税不得免征和抵扣税额＝150×8.2×（17％－15％）
　　　　　　　　　　　　　　　　　　＝24.6（万元）

（3）当期应缴纳的增值税＝820×17％－（320＋0.4×7％＋0.2×7％－24.6）－23
　　　　　　　　　　　　　　＝－179.042（万元）

（4）当期免抵退税额＝150×8.2×15％＝184.5（万元）

因为 184.5＞179.042，所以当期的退税额为 179.042 万元。

当期免抵税额＝184.5－179.042＝5.458（万元）

2. 先征后退法

本方法适用于自营出口或委托外贸企业代理出口自产货物的生产企业。其基本做法是：生产企业无论产品内销还是外销，先按税法规定的税率计算当期应纳税额，然后由

主管出口退税的税务机关在国家出口退税计划内按照规定的退税率审批退税。其计算公式为：

当期应纳税额＝当期内销货物的销项税额＋出口货物离岸价×外汇人民币牌价×法定税率－当期全部进项税额

当期应退税额＝当期出口货物离岸价×外汇人民币牌价×退税率

3. 以进定退法

本方法主要适用于收购货物出口的外（工）贸企业。分以下几种情况处理：

（1）外贸及实行外贸企业财务制度的工贸企业收购货物出口，其出口销售环节的增值税免征；其收购货物时支付给销售方的增值税税款，在货物出口后，按收购金额与退税率计算退税额，退还给外贸企业。征、退税之差计入企业成本。

当期应退税额＝当期外贸收购不含税增值税购进金额×退税率

（2）外贸企业收购小规模纳税人货物出口，根据取得的不同发票分别计算应退税额。

第一，凡从小规模纳税人购进特准退税的持普通发票的出口货物，同样实行销售出口货物的收入免税，并退还出口货物进项税额的办法。在确定应退税额的计税依据时，应将发票所列的合并定价的销售额换算成不含税销售额。其应退税额计算公式为：

应退税额＝普通发票所列含税销售额÷（1＋征收率）×6％或5％

第二，凡从小规模纳税人购进税务机关代开增值税专用发票的出口货物，按以下公式计算退税：

应退税额＝增值税专用发票注明的金额×6％或5％

（3）外贸企业委托生产企业加工收回后报关出口的货物，按购进国内原辅材料的增值税专用发票上注明的进项税额，依原辅材料的退税率计算原辅材料应退税额。支付的加工费，凭受托方开具货物的退税率，计算加工费的应退税额。

应退税额＝购进国内原辅材料的进项金额×原辅材料适用的退税率＋加工费×货物适用的退税率

（五）出口货物退（免）税的管理

（1）自2003年1月1日起，生产企业申报的出口额与"口岸电子支付系统"的出口额进行核对。

（2）出口企业未在规定期限内申报出口货物的处理。

①外贸企业自货物报关出口之日（以出口货物报关单〈出口退税专用〉上注明的出口日期为准）起90日内未向主管税务机关退税部门申报出口退税的货物，除另有规定者和确有特殊原因，经地市以上税务机关批准者外，企业须向主管税务机关征税部门进行纳税申报并计提销项税额。上述货物属于应税消费品的，还须按消费税有关规定进行申报。

②外贸企业对上述货物按下列公式计提销项税额或计算应纳税额。

a. 一般纳税人销项税额的计算公式。

销项税额＝（出口货物离岸价格×外汇人民币牌价）÷（1＋法定增值税税率）×

法定增值税税率

　　b. 小规模纳税人应纳税额的计算公式。

　　应纳税额＝（出口货物离岸价格×外汇人民币牌价）÷（1＋征收率）×征收率

　　③对以进料加工贸易方式出口的未在规定期限内申报出口退税的货物，出口企业须按照复出口货物的离岸价格与所耗用进口料件的差额计提销项税额或计算应纳税额。

　　（3）新发生出口业务原则上自发生首笔出口业务之日起12个月内发生的应退税额，不实行按月退税，采取结转下月继续抵顶其内销货物应纳税额。

　　（4）企业办理出口退免税应提供的单证（见表2－2、表2－3）。

表2－2　生产企业办理出口退免税应提供的单证

行次	凭证名称		凭证来源	提供的时限
1	生产企业自营（委托）出口货物免、抵、退税申报表		由申报企业填制	企业申报退税时提供
2	发票	增值税专用发票（抵扣联）	由供货企业开具或税务所代开	
		普通发票	由供货企业（小规模纳税人）开具	
		出口销售发票	由供货企业开具	
3	出口货物报关单（出口退税专用）		海关核准并加盖验讫章	
4	出口收汇核销单（出口退税专用）		由外汇管理部门核准开具	
5	销售明细账		由申报企业记载、保管	查账时提供
6	代理出口货物证明		由受托方税务机关签发	有委托业务时提供
7	中远期结汇证明		由当地外贸主管部门签发	有中远期外汇业务时提供
8	上述凭证生成的计算机上报盘		由申报企业录入	申报时提供

表2－3　一般外贸企业办理出口退免税应提供的单证

行次	凭证名称		凭证来源	提供的时限
1	出口货物退税申报表		由申报企业填报	企业申报退税时提供
2	出口货物进货凭证申报表			
3	发票	增值税专用发票（抵扣联）	由供货企业开具或税务所代开	
		出口销售发票	由供货企业自制	
4	增值税　消费税	"税收（出口货物）专用缴款书"或"分割单"	征税的税务机关开具后，由供货方按章纳税	
5	出口货物报关单（出口退税专用）		海关核准并加盖验讫章	
6	出口收汇核销单（出口退税专用）		由外汇管理部门核准开具	
7	销售明细账		由申报企业记载、保管	查账时提供
8	代理出口货物证明		由受托方税务机关签发	有委托业务时提供
9	中远期结汇证明		由当地外贸主管部门签发	有中远期收汇业务时提供
10	上述凭证生成的计算机上报盘		由申报企业录入	申报时提供

（5）违章处理。

①出口商有下列行为之一的，由税务机关责令限期改正，可以处以 2000 元以下的罚款；情节严重的，处以 2000 元以上 10000 元以下的罚款。

a. 未按规定办理出口货物退（免）税认定、变更或注销认定手续的。

b. 未按规定设置、使用和保管有关出口货物退（免）税账簿、凭证、资料的。

②出口商拒绝税务机关检查或拒绝提供有关出口货物退（免）税账簿、凭证、资料的，由税务机关责令改正，可以处以 10000 元以下的罚款；情节严重的，处以 10000 元以上 50000 元以下的罚款。

③对骗取国家出口退税款的出口商，经省级以上（含本级）国家税务局批准，可以停止其六个月以上的出口退税权。在出口退税权停止期间自营、委托和代理出口的货物，一律不予办理退（免）税。

第四节　增值税的账务处理

一、会计科目的设置

（一）一般纳税人增值税核算的会计账户设置

增值税实行"价外计税"的办法，即以不含增值税的价格为计税依据。同时根据增值税专用发票注明税额实行税款抵扣制度，按购进扣税法的原则计算应纳税额。因此，货物和应税劳务的价款、税款应分别核算。

根据现行规定，一般纳税人应在"应交税费"科目下设置"应交增值税"和"未交增值税"两个二级科目。

1. "应交税费——应交增值税"科目

"应交税费——应交增值税"科目的借方发生额，反映企业购进货物或接受应税劳务所支付的进项税额、实际已缴纳的增值税以及月末转入"未交增值税"明细科目的当月发生的应缴未缴增值税额；贷方发生额，反映销售货物或提供应税劳务应缴纳的增值税额、出口货物退税、转出已支付或应分摊的增值税以及月末转入"未交增值税"明细科目的当月多缴的增值税额；期末借方余额，反映企业尚未抵扣的增值税额（期末不会出现贷方余额）。

在"应交税费——应交增值税"二级科目下，可设置以下明细项目。

（1）"进项税额"项目。记录企业购入货物或接受应税劳务而支付的并准予从销项税额中抵扣的增值税额；若发生购货退回或折让，应以红字记入，以示冲销的进项税额。

（2）"已交税金"项目。记录企业本期（月）实际缴纳的增值税额；若发生多缴增值税，退回时应以红字记入。

（3）"减免税款"项目。记录企业按规定直接减免的、用于指定用途的（新建项目、改扩建和技术改造项目、归还长期借款、冲减进口货物成本等）或未规定专门用途的、准予从销项税额中抵扣的增值税额。按规定，直接减免的增值税用蓝字登记，应冲销直接减免的增值税用红字登记。

（4）"出口抵减内销产品应纳税额"项目。记录企业按规定的退税率计算的当期应予抵扣的税额。

（5）"转出未交增值税"项目。记录企业月终时将当月发生的应缴未缴增值税进行转账的数额。在会计上，作此转账核算后，"应交税费——应交增值税"的期末余额不再包括当期应缴未缴增值税额。

（6）"销项税额"项目。记录企业销售货物或提供应税劳务应收取的增值税额。若发生销货退回或销售折让，应以红字记入，以示冲减销项税额。

（7）"出口退税"项目。记录企业出口适用零税率的货物，向海关办理报关出口手续后，凭出口报关单等有关凭证，向主管出口退税的税务机关申报办理出口退税而收到退回的税款。若办理退税后发生退货或者退关而补缴已退的增值税，则用红字记入。

（8）"进项税额转出"项目。记录企业的购进货物、在产品、产成品等发生非正常损失以及其他原因而不应从销项税额中抵扣，按规定转出的进项税额。若又发生冲销已转出的进项税额时，用红字记入。

（9）"转出多交增值税"项目。记录企业月末将当月多缴增值税进行转账的数额。此项转账后，"应交税费——应交增值税"期末余额不再包含多缴增值税因素。

2. "应交税费——未交增值税"科目

"应交税费——未交增值税"科目的借方发生额，反映企业上缴以前月份未缴增值税额和月末自"应交税费——应交增值税"科目转入的当月多缴的增值税额；贷方发生额，反映企业月末自"应交税费——应交增值税"科目转入的当月未缴的增值税额；期末借方余额，反映企业多缴的增值税，期末贷方余额，反映企业未缴的增值税。

企业也可以不设"未交增值税"明细账。这样，"应交增值税"明细账也就不必设"转出未交增值税"、"转出多交增值税"明细项目。

（二）小规模纳税人增值税核算的会计账户设置

小规模纳税人的增值税核算比较简单，只需在"应交税费"科目下设置"应交增值税"二级科目，无须再设明细项目。贷方反映应缴的增值税，借方反映实际上缴的增值税；贷方余额反映尚未上缴或欠缴的增值税，借方余额反映多缴的增值税。

二、账簿的设置

1. 一般纳税人增值税账簿的设置

见表2—4、表2—5将"进项税额"、"销项税额"等明细科目在"应交税费"账户下分别设置明细账进行核算。期末，应结出各明细账的余额，并按期末余额转账：

（1）将"出口退税"、"进项税额转出"明细账余额转入"进项税额"明细账的贷方。

（2）将"已交税金"、"出口抵减内销产品应纳税额"明细账的余额转入"销项税额"明细账的借方。

表2—4 应交税费——应交增值税

年		摘要	借 方					贷 方				余额
月	日		合 计	进项税额	已交税金	减免税金	出口抵减内销产品应纳税额	合 计	销项税额	出口退税	进项税额转出	

表2—4—1 应交税费——销项税额明细账

年		凭证号	摘要	入账发票份数		借方	贷 方			借或贷	余额
月	日			专用	普通		17%	13%	3%		

表2—4—2 应交税费——进项税额明细账

年		凭证号	摘要	入账发票份数		借 方				贷方	借或贷	余额
月	日			专用	普通	17%	13%	7%	3%			

表 2—4—3　应交税费——进项税额转出明细账

年		凭证号	摘要	借方	贷方				借或贷	余额
月	日				17%	13%	7%	3%		

2. 小规模纳税人增值税账簿的设置

小规模纳税人应根据"应交税费——应交增值税"账户，设三栏式明细账页，如表 2—5 所示。

表 2—5　应交税费明细账

分页＿＿＿＿总页＿＿＿＿

二级明细科目：应交增值税

三级明细科目：

年		凭证		摘要	对方科目	借方								贷方								借或贷	余额							
月	日	种类	号数			十	万	千	百	十	元	角	分	十	万	千	百	十	元	角	分		十	万	千	百	十	元	角	分

三、会计处理方法

（一）一般纳税人的会计处理

1. 增值税进项税额及其转出的会计处理

（1）国内外购材料进项税额的会计处理。

①发票已收到，货款已经支付，但材料尚未收到。发生时应依据有关发票，借记"在途物资"、"应交税费"科目，贷记"银行存款"、"其他货币资金"、"应付票据"等科目；在途材料入库后，借记"原材料"科目，贷记"在途物资"科目。

【例题16】天华工厂 6 月 6 日收到银行转来的购买光明工厂丙材料的"托收承付结

算凭证"及发票，数量为 5000 千克，11 元/千克，增值税进项税额为 9350 元，支付运杂费为 650 元，其中运费发票金额为 500 元，应抵扣的运费进项税额为 35 元。采用验单付款。验收付款后作会计分录如下：

借：在途物资（光明工厂）　　　　　　　　　　　　　　55615
　　应交税费——应交增值税（进项税额）　　　　　　　9385
　　　贷：银行存款　　　　　　　　　　　　　　　　　65000

材料验收入库时：

借：原材料——丙材料　　　　　　　　　　　　　　　　55615
　　　贷：在途物资（光明工厂）　　　　　　　　　　　55615

②材料与发票已收到，并同时支付货款。企业外购材料已经验收入库并支付货款或开具并承兑商业汇票，同时也收到销货方开出的增值税专用发票的发票联和抵扣联，应按材料的实际成本，借记"原材料"、"制造费用"等科目；按专用发票上注明的增值税额或允许抵扣的增值税额，借记"应交税费——应交增值税（进项税额）"科目；按照应付或实际支付的金额，贷记"应付账款"、"应付票据"、"银行存款"、"库存现金"等科目。购入货物发生的退货，作相反的会计分录。

【例题 17】某企业购入甲材料 6000 吨，单价 8 元/吨，取得增值税专用发票注明税款为 8160 元，代垫运杂费 3600 元（取得运输发票上列明的运费为 3000 元），已由银行转账，材料验收入库。运费允许抵扣的税额为 210 元（3000×7%）。作会计分录如下：

借：原材料——甲材料　　　　　　　　　　　　　　　　51390
　　应交税费——应交增值税（进项税额）　　　　　　　8370
　　　贷：银行存款　　　　　　　　　　　　　　　　　59760

③预付材料款。因采购业务尚未成立，企业还未取得材料的所有权，企业在按合同规定预付款项时，借记"预付账款"，贷记"银行存款"、"其他货币资金"等科目；当企业收到所购材料并验收入库后，按增值税专用发票所列金额，借记"原材料"、"应交税费"科目，贷记"预付账款"科目，同时补付或收回剩余或退回的货款。

【例题 18】新华工厂开出转账支票预付本市某单位购买甲材料货款 30000 元。作会计分录如下：

借：预付账款——××单位　　　　　　　　　　　　　　30000
　　　贷：银行存款　　　　　　　　　　　　　　　　　30000

若上例预付货款购买的甲材料 7600 千克，已收到并验收入库，发票所列价款为35000 元，增值税进项税额为 5950 元（35000×17%），开出转账支票补付余款 10950元。作会计分录如下：

借：预付账款——××单位　　　　　　　　　　　　　　10950
　　　贷：银行存款　　　　　　　　　　　　　　　　　10950

借：原材料——甲材料　　　　　　　　　　　　　　　　35000
　　应交税费——应交增值税（进项税额）　　　　　　　5950
　　　贷：预付账款——××单位　　　　　　　　　　　40950

（2）投资转入货物的进项税额的会计处理。企业接受投资转入的货物，按照增值税专用发票上注明的增值税税额，借记"应交税费——应交增值税（进项税额）"科目，按照确认的投资货物价值（已扣除增值税，下同），借记"原材料"、"库存商品"、"固定资产"等科目，按照货物价值与增值税税额的合计数，贷记"实收资本"科目。

【例题 19】某甲企业接受某乙公司投入原材料一批，开来增值税专用发票注明货物价款 341880.34 元，税额 58119.66 元，价税合计 400000 元。货物已验收入库。投入该公司生产的设备一台，由甲企业作为固定资产使用，开来的也是增值税专用发票，注明设备价款 100000 元，税额 17000 元。作会计分录如下：

借：原材料　　　　　　　　　　　　　　　　　341880.34
　　应交税费——应交增值税（进项税额）　　　75119.66
　　固定资产——机器设备　　　　　　　　　　100000
　　贷：实收资本——乙企业　　　　　　　　　　　　517000

（3）接受捐赠货物进项税额的会计处理。企业接受捐赠转入的货物，按照增值税专用发票上注明的增值税税额，借记"应交税费——应交增值税（进项税额）"科目，按照确认的捐赠货物价值，借记"原材料"、"固定资产"等科目，按接受捐赠货物未来应交的所得税额，贷记"递延所得税负债"科目，按其差额贷记"营业外收入"科目。

【例题 20】捷达工厂接受永兴重工机械厂捐赠的机器设备两台，增值税专用发票上列明价款 40000 元，税额 6800 元，所得税税率为 25%，应作会计分录如下：

借：固定资产　　　　　　　　　　　　　　　　40000
　　应交税费——应交增值税（进项税额）　　　6800
　　贷：递延所得税负债　　　　　　　　　　　　　11700
　　　　营业外收入　　　　　　　　　　　　　　　35100

（4）接受应税劳务进项税额的会计处理。生产企业接受加工、修理修配应税劳务，如为一般纳税人，应按照专用发票上注明加工、修理修配等货物的金额及增值税税额，借记"委托加工物资"等科目；借记"应交税费——应交增值税（进项税额）"科目；按应付或实际支付的金额，贷记"应付账款"、"银行存款"等科目。

【例题 21】某企业委托 B 公司加工产品零配件，发出材料 18000 元，支付加工费 3200 元和增值税税额 544 元。支付往返运费 200 元，应计运费进项税额 14 元。作会计分录如下：

①发出材料时：

借：委托加工物资　　　　　　　　　　　　　　18000
　　贷：原材料　　　　　　　　　　　　　　　　　18000

②支付加工费和增值税税额时：

借：委托加工物资 3200

　　应交税费——应交增值税（进项税额） 544

　　贷：银行存款 3744

③用银行存款支付往返运费时：

借：委托加工物资 186

　　应交税费——应交增值税（进项税额） 14

　　贷：银行存款 200

④加工零配件验收入库，并结转加工成本时：

借：原材料——××零配件 21386

　　贷：委托加工物资 21386

纳税提示：

1. 如果以上提供加工劳务的单位是小规模纳税人，可要求其通过税务局代开增值税专用发票。假设B公司对该笔加工业务收取加工费3296元，税务局代开的增值税专用发票列明：价款3200元 [3296÷（1+3%）]，税额96元。会计分录如下：

　支付加工费时：

　借：委托加工物资 3200

　　应交税费——应交增值税（进项税额） 96

　　贷：银行存款 3296

其余账务处理同上。

2. 如果提供加工劳务的单位是小规模纳税人而不能由税务局代开增值税专用发票，则接受应税劳务企业虽为一般纳税人，也不能享受进项税额抵扣。在这种情况下，只能开具普通发票并列示全部应付或实付金额。

承上例，假设B公司为小规模纳税人而不能由税务局代开增值税专用发票。

会计分录如下：

　支付加工费时：

　借：委托加工物资 3000

　　贷：银行存款 3000

其余账务处理同上。

（5）购入免税农业产品进项税额的会计处理。企业购进免税农业产品，按购入农业产品的买价和规定的扣除率计算的进项税额，借记"应交税费——应交增值税（进项税额）"科目，按买价扣除按规定计算的进项税额后的数额，借记"在途物资"、"原材料"等科目，按应付或实际支付的金额，贷记"应付账款"、"银行存款"等科目。

【例题22】甲公司收购免税农产品，实际支付的买价为15000元，收购的农产品已经验收入库，款项已经支付。假定公司采用的是实际成本进口日常材料核算。甲公司的财务处理如下：

进项税额＝15000×13％＝1950（元）

借：原材料 13050

应交税费——应交增值税（进项税额） 1950

贷：银行存款 15000

（6）国外进口原材料的账务处理。

纳税提示：

从国外购进原材料，也应依法缴纳增值税，应根据海关开具的"完税凭证"记账。其计税依据是海关审定的关税完税价格，加上关税、消费税（如果属于应纳消费税的货物）。

【例题23】天华厂从国外进口一批材料（材料已验收入库），海关审定的关税完税价格为1000000元，应纳关税150000元，消费税50000元。

增值税进项税额＝（1000000＋150000＋50000）×17％＝204000（元）

作会计分录如下：

借：原材料 1200000

应交税费——应交增值税（进项税额） 204000

贷：银行存款 1404000

（7）进项税额转出的会计处理。

企业购进的货物（包括商品、原材料、包装物、免税农业产品等）发生非正常损失及改变用途等原因，其进项税额不能从销项税额中扣除。由于这些货物的增值税税额在其购进时已作为进项税额从当期的销项税额中作了扣除，因此，应将其从进项税额中转出，或将其视同销项税额，从本期的进项税额中抵减，借记有关成本、费用、损失等科目，贷记"应交税费——应交增值税（进项税额转出）"科目。

①购进货物改变用途转出进项税额的会计处理。为生产、销售购进的货物，企业支付的增值税已计入"进项税额"，若该货物购进后被用于免税项目、非应税项目、集体福利、个人消费（不开具发票，只填开出库单），应将其负担的增值税从"进项税额"中转出，随同货物成本记入有关账户。

【例题24】某食品加工厂系增值税一般纳税人，共有职工100人，其中生产工人90人，厂部管理人员10人。8月份，该厂决定以其外购食用大豆油作为福利发放给职工，每人发放两桶大豆油。大豆油系生产用原料，购买时取得增值税专用发票，每桶买价（不含税）50元，并已按发票注明的增值税额在销项税额中抵扣。

①确认应付职工薪酬时：

计入生产成本的金额＝50×（1＋13％）×2×90＝10170（元）

计入管理费用的金额＝50×（1＋13％）×2×10＝1130（元）

确认的应付职工薪酬＝10170＋1130＝11300（元）

借：生产成本　　　　　　　　　　　　　　　　　　　　　10170

　　管理费用　　　　　　　　　　　　　　　　　　　　　　1130

　　　贷：应付职工薪酬　　　　　　　　　　　　　　　　　　　　11300

②给职工实际发放植物油时：

应结转的原材料成本＝50×2×100＝10000（元）

应转出的进项税额＝10000×13％＝1300（元）

借：应付职工薪酬　　　　　　　　　　　　　　　　　　　11300

　　　贷：原材料　　　　　　　　　　　　　　　　　　　　　　10000

　　　　　应交税费——应交增值税（进项税额转出）　　　　　　1300

纳税提示：

　　这类业务同在购入时就已明确自用不同，若购入时就确认用于免税项目、非应税项目、集体福利、个人消费，应将其发票上注明的增值税税额，计入购进货物及接受劳务的成本，不计入"进项税额"。这类业务与"视同销售"也不相同。视同销售是指经过自己加工的、委托加工的货物用于上述目的，或者未经加工货物对外投资和赠送的（开具发票），因而应计入"销项税额"。

---

②用于免税项目的进项税额转出的会计处理。企业购进的货物，如果既用于应税项目，又用于免税，而进项税额又不能单独核算时，月末应按免税项目销售额与应征免税项目销售额合计之比计算免税项目不予抵扣的进项税额，然后作"进项税额转出"的会计处理。如果企业生产的产品全部是免税项目，其购进货物的进项税额应计入采购成本，因而就不存在进项税额转出的问题。

【例题25】某塑料制品厂生产农用薄膜和塑料餐具产品，前者属免税产品，后者正常计税。10月份，该厂购入聚氯乙烯原料一批，增值税专用发票列明价款200000元，税额34000元（200000×17％），已付款并验收入库；购进包装物、低值易耗品，增值税专用发票列明：价款24000元，税额4080元（24000×17％），已付款并验收入库；当月支付电费6000元，进项税额1020元（6000×17％）。10月份全厂销售产品销售额1000000元，其中农用薄膜销售额700000元。作会计分录如下：

①计算当月全部进项税额：

34000＋4080＋1020＝39100（元）

②计算当月不得抵扣的进项税额：

39100×700000÷1000000＝27370（元）

③计算当月准予抵扣的进项税额：

39100－27370＝11730（元）

企业兼营免税项目，发生上述各类进项税额时，已全部借记"应交税费——应交增值税（进项税额）"科目，即已进行了税款抵扣；月末，按上述计算，将不准抵扣的进项税额算出后，应作"进项税额转出"的会计处理。

借：主营业务成本（农用薄膜）　　　　　　　　　　　　　27370

贷：应交税费——应交增值税（进项税额转出）　　　　　　　27370

③非正常损失货物进项税额转出的会计处理。非正常损失的购进货物和非正常损失的在产品、产成品所耗用的购进货物或者应税劳务的进项税额，一般都已在以前的纳税期作了抵扣。发生损失后，一般很难核实所损失的货物是在过去何时购进的。其原始进价和进项税额也无法准确核定。因此，应按货物的实际成本计算不得抵扣的进项税额。由于损失的在产品、产成品中耗用外购货物或应税劳务的实际成本，还需要参照企业近期的成本资料加以计算。

企业应根据税法的规定，正确界定非正常损失与正常损失。正常损失额确认后，可计入"管理费用"或"销售费用"，不作"进项税额转出"。

【例题26】天宇化工公司在2011年10月购进10吨化工原料，不含税价值为20万元，增值税进项税额为34000元。该化工原料保质期较短，而且需要妥善保管。由于一次性购买过多，未及时使用，该批化工原料中的1吨在2012年4月过期失效，不能够再使用。该项原材料损失属于非正常损失，其进项税额不得抵扣，应作进项税额转出处理。作会计分录如下：

借：待处理财产损溢　　　　　　　　　　　　　　　　　23400

贷：原材料　　　　　　　　　　　　　　　　　　　　20000

应交税费——应交增值税（进项税额转出）　　　　　　　3400

上述原材料损失中不得抵扣的进项税额，属于实际发生的支出，按税法规定，应计入存货成本的税金是指购买、自制或委托加工存货发生的消费税、关税、资源税和不能从销项税额中抵扣的增值税进项税额。因此，可将原材料金额和进项税额23400元，一并作为财产损失报税务部门审批。若无其他赔偿或残值收入，经批准后，作为营业外支出，并可税前扣除。会计分录如下：

借：营业外支出　　　　　　　　　　　　　　　　　　23400

贷：待处理财产损溢　　　　　　　　　　　　　　　　23400

纳税提示：

如果该化工原材料属于正常损失，则其进项税额不必作转出处理，公司的原材料损失不包括进项税额。但不易明确区分的正常损失应事先征得主管税务部门的认可，避免涉税风险。其会计分录如下：

借：待处理财产损溢　　　　　　　　　　　　　　　　20000

贷：原材料　　　　　　　　　　　　　　　　　　　　20000

【例题27】某商业企业从上海华美公司购进 A 商品 3000 千克，增值税专用发票上列明：价款 90000 元，税额 15300 元。接到银行转来的托收承付结算凭证及有关凭证，经审核无误，如数以银行存款支付，商品尚未运到。作会计分录如下：

借：在途物资 90000
　　应交税费——应交增值税（进项税额） 15300
　　贷：银行存款 105300

商品验收入库时，实收 2000 千克，短缺 1000 千克，原因待查。作会计分录如下：

借：库存商品 60000
　　待处理财产损溢 35100
　　贷：在途物资——华美公司 90000
　　　　应交税费——应交增值税（进项税额转出） 5100

我国现行出口退税政策规定，进项税额与出口退税额的差额，也应作"进项税额转出"的会计处理。

2. 增值税销项税额的会计处理

（1）产品销售销项税额的会计处理。企业销售货物或提供劳务，按照实现的销售收入和按规定收取的增值税税额，借记"应收账款"、"应收票据"、"银行存款"、"应付利润"等科目，按收取的增值税税额，贷记"应交税费——应交增值税（销项税额）"科目，按实现的销售收入，贷记"主营业务收入"、"其他业务收入"等科目。发生的销售退回，作相反的会计分录。

【例题28】某企业销售甲产品 400 件，每件 750 元，计价款 300000 元、税额 51000元，货款已收讫。作会计分录如下：

借：银行存款 351000
　　贷：主营业务收入 300000
　　　　应交税费——应交增值税（销项税额） 51000

（2）以物易物销项税额的会计处理。增值税法规定，以物易物，双方都要作购销处理，以各自发出的货物核定销售额并计算销项税额，以各自收到的货物核定购货额，并依据对方开具的增值税专用发票抵扣进项税额。

【例题29】甲企业以 A 产品 50 件，成本 8000 元，售价 10000 元，兑换乙企业 B 材料100 千克，价款 10000 元，双方都为对方开具增值税专用发票。甲企业作会计分录如下：

①收到材料时：

借：原材料——B 材料 10000
　　应交税费——应交增值税（进项税额） 1700
　　贷：主营业务收入 10000
　　　　应交税费——应交增值税（销项税额） 1700

②结转销售成本时：

借：主营业务成本 8000
　　贷：库存商品——A 产品 8000

（3）采用委托收款、托收承付结算方式销售产品的销项税额的会计处理。企业采用委托收款或承付结算方式销售产品，尽管结算程序不同，但按增值税法的规定，均应于发出商品并向银行办妥托收手续的当天，确认销售实现并发生纳税义务。企业应根据委托收款或托收承付结算凭证和发票，借记"应收账款"科目，贷记"应交税费——应交增值税（销项税额）"、"主营业务收入"科目。对不完全符合收入确认条件的销售业务，只要开出并转交专用发票，也应确认纳税义务的发生。

【例题30】力达公司向外地美华公司发出 A 产品 200 件，成本价 400 元/件，售价 460 元/件，价款 92000 元，税额 15640 元（200×460×17%），代垫运杂费 2000 元。根据发货票和铁路运单等，已向银行办妥委托收款手续。作会计分录如下：

借：应收账款——美华公司　　　　　　　　　　　　　109640
　　贷：应交税费——应交增值税（销项税额）　　　　　 15640
　　　　主营业务收入　　　　　　　　　　　　　　　　92000
　　　　银行存款　　　　　　　　　　　　　　　　　　 2000

（4）采用赊销和分期收款方式销售货物销项税额的会计处理。企业采用赊销、分期收款方式销售货物，其纳税义务的发生时间为"按合同约定的收款日期的当天"。即不论在合同约定的收款日是否如数收到货款，均应确认纳税义务发生，并在规定时间内缴纳增值税。发出商品时，借记"应收账款"科目，贷记"主营业务收入"等科目；同时，结转销售成本。

【例题31】力达公司按销售合同向强盛公司销售 A 产品 300 件，售价 1000 元/件，产品成本 800 元/件，税率 17%。按合同规定付款期限为 6 个月，货款分 3 次平均支付。本月为第 1 期产品销售实现月，开出增值税专用发票：价款 100000 元，税款 17000 元，价税已如数收到，假定不计利息。

①确认销售时：

借：应收账款　　　　　　　　　　　　　　　　　　 300000
　　贷：主营业务收入　　　　　　　　　　　　　　　 300000
同时，
借：主营业务成本　　　　　　　　　　　　　　　　 240000
　　贷：库存商品　　　　　　　　　　　　　　　　　 240000
②每次收到款项时：
借：银行存款　　　　　　　　　　　　　　　　　　 117000
　　贷：应收账款　　　　　　　　　　　　　　　　　 100000
　　　　应交税费——应交增值税（销项税额）　　　　　17000

（5）混合销售行为销项税额的会计处理。按照增值税法的规定，从事货物生产、批发或零售的企业，在一项销售行为中，发生既涉及货物又涉及非应交增值税劳务（如交通运输、建筑安装、文化娱乐等），称为混合销售行为，应开具增值税专用发票，缴纳增值税。其他单位的混合销售行为，视为销售非应税劳务，不缴纳增值税。

【例题32】天宏公司销售钢制防盗门一批，售价 46800 元（含税），另外收取运输及安装费 1500 元。作会计分录如下：

计算防盗门销项税额=46800÷（1+17%）×17%=6800（元）

计算应税劳务营业税额＝1500×3%＝45（元）

混合销售行为应纳税额＝6800＋45＝6845（元）

借：银行存款 48300

　　贷：主营业务收入 40000

　　　　其他业务收入 1500

　　　　应交税费——应交增值税（销项税额） 6800

借：其他业务成本 45

　　贷：应交税费——应交营业税 45

（6）销售退回及折让、折扣的销项税额的会计处理。企业在产品销售过程中，如果发生因品种、规格、质量等不符合要求而退货或要求折让，不论是当月销售的退货与折让，还是以前月份销售的退货与折让，均应冲减当月的主营业务收入，在收到购货单位退回的增值税专用发票或寄来的证明单后，分别不同情况进行账务处理。

1）销售退回的销项税额的会计处理。

①销货全部退回并收到购货方退回的增值税专用发票的发票联和抵扣联。应根据证明单上所列退货数量、价款和增值税额，开具红字增值税专用发票，并作为冲销当月主营业务收入和当月销项税额的凭证，借记"主营业务收入"、"应交税费——应交增值税（销项税额）"、"销售费用——运输费"、"应交税费——应交增值税（进项税额）"科目，贷记"应收账款"、"应付账款"、"银行存款"科目。

【例题33】福通公司上月25日销售给太阳公司的甲产品发生全部退货，已收到对方转来的增值税专用发票的发票联和抵扣联，注明价款60000元，税额10200元，并转来原代垫运费500元（应计进项税额35元）和退货运费600元（应计进项税额42元）的单据。开具红字增值税专用发票（第二联、第三联与退回联订在一起保存）。作会计分录如下：

借：应收账款——太阳公司 70700

　　应交税费——应交增值税（进项税额） 35

　　销售费用 465

　　贷：主营业务收入 60000

　　　　应交税费——应交增值税（销项税额） 10200

借：销售费用 558

　　应交税费——应交增值税（进项税额） 42

　　贷：其他应付款——太阳公司 600

②销货部分退回并收到购货方退回的增值税专用发票的发票联和抵扣联，一般情况是对方尚未付款。如果销售方未登账，应将退回的该发票联、抵扣联、存根联和记账联以及所填的记账凭证予以作废，然后再按购货方实收数量、价款和增值税税额重新开具增值税专用发票，并进行相应的账务处理。

如果属以前月份销售，销售方已填制记账凭证并登账，应将退回的发票联和抵扣联注明"作废"字样，然后根据购货方实收数量、价款和增值税税额重新开具增值税专用发票，根据作废的发票联、抵扣联与新开的增值税专用发票的记账联，作为冲销当月主营业务收入和当月销项税额的凭据，按原发票和新发票所列价款的差额和增值税税额的差额，借记"主营业务收入"、"应交税费——应交增值税（销项税额）"科目，贷记"银行存款"或"应付账款"、"应收账款"科目。

【例题 34】福通公司上月销售给通达公司的甲产品 40000 元，退货 10000 元，已收到原开具的增值税专用发票的发票联和抵扣联以及退货运杂费 480 元的单据，其中运费发票金额 400 元。应在退回的发票联和抵扣联上注明"作废"字样，按购货方实收金额和税额开具增值税专用发票，应冲销的主营业务收入为 10000 元，应冲销的销项税额为 1700 元（8500－6800），应增加销售费用 452 元，应计进项税额 28 元。作会计分录如下：

```
借：应收账款——通达公司                          12180
    应交税费——应交增值税（进项税额）              28
    销售费用                                      452
  贷：主营业务收入——甲产品                       10000
      应交税费——应交增值税（销项税额）          1700
```

③销货部分退回并收到购货方转来的证明单，销货方一般已作账务处理并收到款项。应根据证明单上所列退货数量、价款和增值税税额，开具红字的增值税专用发票，作为冲销当月主营业务收入和当月销项税额的依据，其账务处理基本同上。

2）销货折让的销项税额的会计处理。销售产品因质量等原因，购销双方协商后不需退货，按折让一定比例后的价款和增值税税额收取。

①如果购货方尚未进行账务处理、也未付款，销货方应在收到购货方转来的原开增值税专用发票的发票联和抵扣联上注明"作废"字样。

如属当月销售，销货方尚未进行账务处理，则不需要进行冲销当月产品销售收入和销项税额的账务处理，只需根据双方协商扣除折让后的价款和增值税税额重新开具增值税专用发票，并进行账务处理。

如属以前月份销售，销货方已进行账务处理，则应根据折让后的价款和增值税税额重新开具增值税专用发票，按原开增值税专用发票的发票联和抵扣联与新开的增值税专用发票的记账联的差额，冲销当月主营业务收入和当月销项税额，借记"主营业务收入"、"应交税费——应交增值税（销项税额）"科目，贷记"应收账款"科目。

【例题 35】福通公司 9 月 9 日采用托收承付结算方式（验货付款）销售给冠达厂 B 产品 40000 元，增值税税额 6800 元，由于质量原因，双方协商折让 30%。10 月 8 日收到冠达厂转来增值税专用发票的发票联和抵扣联。作会计分录如下：

①9 月 9 日办妥托收手续时：

```
借：应收账款——冠达厂                            46800
  贷：主营业务收入——B 产品                       40000
      应交税费——应交增值税（销项税额）          6800
```

②10 月 8 日转来增值税专用发票时，按扣除折让后的价款 28000 元［40000×（1－30%）］和增值税税额 4760 元［6800×（1－30%）］，重新开具专用发票，冲销主营业务收入 12000 元（40000－28000）和增值税税额 2040 元（6800－4760）。作会计分录如下：

借：应收账款 $\boxed{14040}$

　　贷：主营业务收入——B 产品 $\boxed{12000}$

　　　应交税费——应交增值税（销项税额） $\boxed{2040}$

②如果购货方已进行账务处理，发票联和抵扣联已无法退还。销货方应根据购货方转来的证明单，按折让金额（价款和税额）开具红字增值税专用发票，作为冲销当期主营业务收入和销项税额的凭据。

【例题 36】福通公司上月销售给美华厂 C 产品 40 件，由于质量不符合要求，双方协商折让 20%。美华厂转来的证明单上列明：折让价款 10000 元，折让税额 1700 元。根据证明单开出红字增值税专用发票，并通过银行汇出款项。作会计分录如下：

借：主营业务收入——C 产品 　　　　　　　　　　　　　　10000

　　应交税费——应交增值税（销项税额） 　　　　　　　　1700

　　贷：银行存款 　　　　　　　　　　　　　　　　　　　　11700

实际登账时，"主营业务收入"、"应交税费——应交增值税（销项税额）"账户应以红字记入贷方发生额。

3）销售折扣的销项税额的会计处理。在财务会计中，销售折扣分为商业折扣和现金折扣两种形式。商业折扣也就是税法所称折扣销售，它是在实现销售时确认的，销货方应在开出同一张增值税专用发票上分别写明销售额和折扣额，可按折扣后的余额作为计算销项税额的依据，其会计处理同前述产品正常销售相同。

但若将折扣额另开增值税专用发票，不论财务会计如何处理，计算销项税额都要按未折扣的销售额乘以税率，以此贷记"应交税费——应交增值税（销项税额）"科目。如果是现金折扣，应在购货方实际付现时才能确认折扣额。现金折扣是企业的一种理财行为，因此，按税法的规定，这种折扣不得从销售额中抵减，应该计入"财务费用"科目。

（7）视同销售的销项税额的会计处理。视同销售的会计处理，主要是区分会计销售和不形成会计销售的应税销售。对于会计销售业务，要以商事凭证为依据，确认主营业务收入，将其计入"主营业务收入"、"其他业务收入"等收入类科目，并将其收取的增值税税额计入"销项税额"。对于不形成会计销售的应税销售，不作收入处理，而按成本转账，并根据税法的规定，按货物的成本或双方确认的价值、同类产品的销售价格、组成计税价格等乘以适用税率计算，并登记"销项税额"。

根据我国增值税法的现行规定，视同销售有以下几种类型。

①将自产或委托加工的货物用于非应税项目的销项税额的会计处理：企业将自产或委托加工的货物用于非应税项目（包括提供非应税劳务、转让无形资产、销售不动产、固定资产、在建工程），按税法规定视同销售货物计算应交增值税。应税销售成立、发生纳税义务并开具增值税专用发票的时间为货物移送的当天。在移送货物时，按自产或委托加工货物的成本及其所用货物的计税价格乘以适用税率计算的应纳增值税之和，借记"其他业务成本"、"在建工程"等科目；按自产或委托加工货物的成本，贷记"库存商品"、"原材料"、"低值易耗品"等科目；按应纳税额，贷记"应交税费——应交增值税（销项税额）"。年终计算所得税时，按售价与成本的差额，调增应税所得额。

【例题 37】某钢铁厂将自产的 A 型钢材 20 吨用于本企业基建工程，该钢材成本为 2500 元/吨，成本利润率为 10%，销项税额 9350 元（2500×20×110%×17%）。作会计分录如下：

借：在建工程　　　　　　　　　　　　　　　　　　　59350
　　贷：库存商品　　　　　　　　　　　　　　　　　　　50000
　　　　应交税费——应交增值税（销项税额）　　　　　　9350

纳税提示：

　　年终计算所得税时，按售价与成本的差额，调增应税所得额。

②企业将自产、委托加工或购买的货物作为投资的销项税额的会计处理：企业将自产、委托加工或购买的应税货物作为投资提供给其他单位或个体经营者，应视同销售货物计算缴纳增值税。应税销售成立、发生纳税义务并开具增值税专用发票的时间为移送货物的当天。按所投资货物的售价或组成计税价格乘以适用税率计算的应纳增值税与投资货物的账面价值之和，借记"长期股权投资"；按货物成本，贷记"库存商品"、"原材料"等科目；按货物成本或账面原值与重估价值的差额，借记或贷记"资本公积"科目；按应纳增值税税额，贷记"应交税费——应交增值税（销项税额）"科目。

【例题 38】某企业 8 月份将购入的原材料一批对外投资，其账面成本 100000 元，未计提跌价准备。作会计分录如下（未考虑相关税费）：

借：长期股权投资　　　　　　　　　　　　　　　　　117000
　　贷：原材料　　　　　　　　　　　　　　　　　　　100000
　　　　应交税费——应交增值税（销项税额）　　　　　17000

纳税提示：

　　税法规定，企业应将自产货物投资作主营业务收入处理，计缴企业所得税；但按会计制度规定，只需以成本转账，但要进行纳税调整。

　　若上例对外投资不是外购原材料，而是企业生产的 C 产品，投出的 C 产品成本 50000 元，市场售价 80000 元。则作会计分录如下：

　　对外投资时：

　　借：长期股权投资　　　　　　　　　　　　　　　93600
　　　　贷：主营业务收入——C 产品　　　　　　　　　80000
　　　　　　应交税费——应交增值税（销项税额）　　　13600

　　结转投出 A 产品成本时：

　　借：主营业务成本　　　　　　　　　　　　　　　50000
　　　　贷：库存商品——C 产品　　　　　　　　　　　50000

③企业将自产的、委托加工或购买的货物分配给股东或投资者的销项税额的会计处理：这种业务虽然没有直接的现金流入或流出，但实际上它与将货物出售后取得货币资产，然后再分配利润给股东，并无实质区别。因此，应通过销售来处理，即应按售价或组成计税价格、市场价格计价并计入有关收入类科目。确认销售成立、发生纳税义务并开具增值税专用发票（股东或投资者为法人且为一般纳税人）或普通发票（投资者或股东为自然人或小规模纳税人）的时间，为分配货物的当天。按分配货物的售价或组成计税价格、市场价格和按其适用税率计算的应纳增值税两项之和，借记"应付股利"科目；按应税货物的售价、组成计税价格、市场价格，贷记"主营业务收入"、"其他业务收入"科目；按应纳增值税税额，贷记"应交税费——应交增值税（销项税额）"科目。委托加工物资的成本＝主要材料成本＋加工费＋运费。

【例题 39】天华厂将自产的甲产品和委托加工的乙产品作为应付利润分配给投资者。甲产品售价为 50000 元，委托加工乙产品没有同类产品售价，委托加工成本 40000 元。作会计分录如下：

甲产品应计销项税额＝$50000 \times 17\%＝8500$（元）

乙产品组成计税价格＝$40000 \times (1+10\%)＝44000$（元）

乙产品应计销项税额＝$44000 \times 17\%＝7480$（元）

借：应付股利　　　　　　　　　　　　　　　　　　　　　　　　109980

　　贷：主营业务收入　　　　　　　　　　　　　　　　　　　　50000

　　　　其他业务收入　　　　　　　　　　　　　　　　　　　　44000

　　　　应交税费——应交增值税（销项税额）　　　　　　　　　15980

④企业将自产、委托加工的货物用于集体福利、个人消费的销项税额的会计处理：企业将自产、委托加工的货物用于集体福利、个人消费，应视同销售货物计算缴纳增值税。其应税销售成立、发生纳税义务并开具普通发票的时间为移送货物的当天。按所用货物的成本与货物售价或组成计税价格乘以适用税率计算的应纳增值税之和，借记"在建工程"、"固定资产"、"应付职工薪酬"等科目；按所用货物成本，贷记"库存商品"、"原材料"等科目；按应纳增值税税额，贷记"应交税费——应交增值税（销项税额）"科目。年终调账时，按售价与成本的差额计入应税所得额，计算缴纳所得税。

纳税提示：

1. 年终调账时，按售价与成本的差额计入应税所得额，计算缴纳所得税。

2. 购进货物直接用于集体福利、个人消费，购进时的进项税额不允许抵扣，因购入已成消费品进入最终消费领域，因此，不作视同销售。

⑤企业将自产、委托加工或购买的货物无偿赠送他人的销项税额的会计处理：企业将自产、委托加工或购买的货物无偿赠送他人，应视同销售计税。其应税销售成立、发生纳税义务并开具增值税专用发票或普通发票的时间为移送货物的当天。按所赠货物的

成本与所赠货物售价或组成计税价格乘以税率计算的应纳增值税之和，借记"营业外支出"科目；按所赠货物成本，贷记"库存商品"、"原材料"等科目；按应纳增值税税额，贷记"应交税费——应交增值税（销项税额）"科目。

【例题40】通海公司将自产的乙产品无偿赠送他人，生产成本8000元，售价10000元。将购进的A材料300千克无偿赠送他人，该材料计划成本40元/千克，材料成本差异率为－2%。作会计分录如下：

乙产品应计销项税额＝10000×17%＝1700（元）

A材料实际成本＝300×40×（1－2%）＝11760（元）

A材料应计销项税额＝11760×17%＝1999.20（元）

借：营业外支出　　　　　　　　　　　　　　　　　　23459.20
　　贷：库存商品　　　　　　　　　　　　　　　　　　8000.00
　　　　原材料　　　　　　　　　　　　　　　　　　11760.00
　　　　应交税费——应交增值税（销项税额）　　　　　3699.20

⑥将货物交给他人代销与销售代销货物的销项税额的会计处理。委托其他单位代销产品，按增值税税法的规定，应于收到受托人送交的代销清单的当天，销售成立、发生纳税义务并开具增值税专用发票。收到代销清单时，借记"应收账款"或"银行存款"科目，贷记"应交税费——应交增值税（销项税额）"、"主营业务收入"科目。委托单位支付的代销手续费，应在接到委托单位转来的普通发票后，借记"销售费用"科目，贷记"银行存款"、"应收账款"科目。

【例题41】大通公司委托正大贸易公司代销甲产品200件，不含税代销价550元/件，增值税率17%，单位成本400元。月末收到正大贸易公司转来的代销清单，上列已售甲产品120件的价款66000元，收取增值税11220元。开出增值税专用发票。代销手续费按不含税代销价的5%支付，已通过银行收到扣除代销手续费的全部款项。作会计分录如下：

发出代销商品时：

借：库存商品——委托代销商品　　　　　　　　　　　80000
　　贷：库存商品　　　　　　　　　　　　　　　　　　80000

收到正大贸易公司转来的代销清单并结转代销手续费时：

借：银行存款　　　　　　　　　　　　　　　　　　　73920
　　贷：主营业务收入　　　　　　[66000×（1－5%）]　62700
　　　　应交税费——应交增值税（销项税额）　　　　　11220

借：销售费用　　　　　　　　　　（66000×5%）　　 3300
　　贷：主营业务收入　　　　　　　　　　　　　　　　3300

结转代销商品成本时：

借：主营业务成本　　　　　　　　　　　　　　　　　48000
　　贷：库存商品——委托代销商品　　　　　　　　　　48000

⑦设有两个以上机构并实行统一核算的纳税人，将货物从一个机构移送至其他机构（不在同一县、市）用于销售的会计处理。

纳税提示：

货物移送要开增值税专用发票，调出方记销项税额，调入方记进项税额。

【例题 42】某总公司核心厂生产的产成品，拨给各股东企业为原料，8 月份发生如下经济业务：

（1）总公司核心厂将生产的产品给甲分厂作为原料，开出增值税专用发票，货物销售额 100000 元，增值税税额 17000 元，账务通过应收、应付科目核算。

作会计分录如下：

借：应收账款　　　　　　　　　　　　　　　　　117000

　　贷：主营业务收入　　　　　　　　　　　　　　　100000

　　　　应交税费——应交增值税（销项税额）　　　　　17000

（2）核心厂将生产货物分销给丁分厂作为原料，开出增值税专用发票，货物销售额 160000 元，增值税税额 27200 元，货款已在"其他应付款"账户划转。

借：其他应付款　　　　　　　　　　　　　　　　187200

　　贷：主营业务收入　　　　　　　　　　　　　　　160000

　　　　应交税费——应交增值税（销项税额）　　　　　27200

（8）几种特殊业务销售的销项税额的会计处理。

①以物易物是指双方进行交易时，通常不以货币结算或主要不以货币结算，而以货物相互结算，是一种特殊的货物购销方式，这类业务的会计处理如在《企业会计准则第七号——非货币性资产交换》规定的范畴内，既符合具有商业实质而且公允价值能够可靠计量的情况下，以换出资产的公允价值（不包括准予抵扣的进项税额）和支付的相关税费作为换入资产的入账成本，按公允价值计价产生的收益计入营业外收入，产生的损失计入营业外支出。公允价值与换出资产账面价值的差额计入当期损益，对于非货币性资产交换中的增值税，购销双方以各自发出货物开具的增值税专用发票核算销项税额，以各自收到的对方开来的专用发票核算进项税额。如果不存在公允价值的话，则以账面价值进行业务处理，即以换出资产的账面价值（不包括准予抵扣的进项税额）和支付的相关税费作为换入资产的入账成本，不确认收益。

【例题 43】甲公司决定以账面价值 9000 元，公允价值 10000 元的 A 材料换入乙公司账面价值 11000 元，公允价值 10000 元的 B 材料，甲公司支付运费 300 元，乙公司支付运费 200 元，甲乙两公司都未对存货计提跌价准备，增值税税率是 17%，运费扣除率 7%。双方开具了专用发票，此交换业务不涉及补价，以公允价值进行业务处理。

（1）甲公司会计分录：

甲公司换入乙公司材料应计增值税进项税额＝10000×17%＝1700（元）

甲公司支付运费应计增值税进项税额＝300×7%＝21（元）

借：原材料——B 材料　　　　　　　　　　（10000＋300）10300

　　应交税费——应交增值税（进项税额）　　　　　　　1721

贷：原材料——A 材料	9000
应交税费——应交增值税（销项税额）	1700
银行存款	300
营业外收入——非货币性资产交换收入	1021

（2）乙公司会计分录：

乙公司换入甲公司材料应计增值税进项税额＝10000×17％＝1700（元）

乙公司支付运费应计增值税进项税额＝200×7％＝14（元）

借：原材料——A 材料	10200
应交税费——应交增值税（进项税额）	1714
营业外支出——非货币性资产交换损失	986
贷：原材料——B 材料	11000
应交税费——应交增值税（销项税额）	1700
银行存款	200

②以旧换新是企业为了促销，在销售自己产品时有偿回收旧产品。采用这种方式，应按销售产品的价格确定销售额，不得按旧产品的收购价格冲减销售额（金银首饰除外）。

【例题 44】甲公司为了促销家用电器，用以旧换新的方式向消费者个人销售 A 产品 81900 元，同时回收旧产品 7000 元。

销售给消费者个人所取得的收入是含税的，需将含税收入换算成不含税的销售额。

销售额＝81900÷（1＋17％）＝70000（元）

销项税额＝70000×17％＝11900（元）

会计分录如下：

借：库存现金	74900
原材料	7000
贷：主营业务收入	70000
应交税费——应交增值税（销项税额）	11900

纳税提示：

"买×赠×"与"随货赠送"属于有偿捐赠。它是指商业企业经常采用的一种促销行为：在销售主货物的同时赠送从货物，这种赠送是出于利润动机的正常交易，属于捆绑销售或降价销售。赠送的目的是诱导消费者购买，其实赠品的价值已经包含在销售商品的售价之中。

对于赠品的进项税额应允许其申报抵扣，赠送赠品时也不应该单独再次计算其销项税额。

③平销行为的销项税额的会计处理。生产企业以商业企业经销价或高于商业企业经销价将货物供给商业企业，商业企业再以进货成本或低于进货成本进行销售，生产企业

则以返回利润等方式弥补商业企业的进销差价损失。生产企业弥补商业企业进销差价损失的方式有：通过返回资金方式，如返回利润或向商业企业投资等；赠送实物或以实物方式投资。

纳税提示：

对商业企业向供货方收取的与商品销售量、销售额挂钩（如以一定比例、金额、数量计算）的各种返还收入，均应按照平销返利行为的有关规定冲减当期增值税进项税额。商业企业向供货方收取的各种收入，一律不得开具增值税专用发票。其计算公式：

当期应冲减进项税额＝当期取得的返还资金÷（1＋所购货物的适用增值税税率）×所购货物适用的增值税税率

【例题 45】11 月份，某大型连锁超市销售某食品生产企业提供的商品 50 万元（不含税价），月末收到返还现金 10000 元，增值税税率为 17％。此笔收款应属于与商品销售额（量）挂钩的返还收入，应按平销返利行为的有关规定冲减当期增值税进项税额。因多数平销返利是在商品售出后结算的，相当于进货成本的减少，应冲减主营业务成本。会计分录如下：

借：银行存款　　　　　　　　　　　　　　　　　　　　10000
　　贷：主营业务成本　　　　　　　　　　　　　　　　　　　　8547
　　　　应交税费——应交增值税（进项税额转出）
　　　　　　　　　　　　　　　　［10000÷（1＋17％）×17％］1453

纳税提示：

现金返利的涉税事项，一方面减少了增值税的进项税额，从而要缴纳相应的增值税；另一方面增加了企业应纳税所得额，还要缴纳相应的企业所得税。无论是否取得专用发票，都要按货物的公允价值冲减成本，缴纳相同数量的所得税，如果取得专用发票，则有抵税作用，不缴增值税。

【例题 46】某连锁超市收到食品厂 500 元的展台制作费，1000 元的管理费，1000 元的店庆费，2000 元的节日促销费，1500 元的广告费。因这些费用与商品销售无必然联系，不属于平销返利，不应当冲减当期增值税进项税额，应按营业税的适用税目税率缴纳营业税（税率 5％）。会计分录如下：

借：银行存款　　　　　　　　　　　　　　　　　　　　6000
　　贷：其他业务收入　　　　　　　　　　　　　　　　　　　　6000

借：其他业务成本   330
　　贷：应交税费——应交营业税   300
　　　　应交税费——应交城市维护建设税   21
　　　　应交税费——应交教育费附加   9

纳税提示：

　　对商业企业向供货方收取的与商品销售量、销售额无必然联系，且商业企业向供货方提供一定劳务的收入，例如进场费、广告促销费、上架费、展示费、管理费等不属于平销返利，不冲减当期增值税进项税额，应按营业税的适用税目税率缴纳营业额税。

（9）包装物销售及没收押金的销项税额的会计处理。

①随同产品销售并单独计价的包装物销项税额的会计处理：按税法规定，随同产品销售并单独计价的包装物应作为销售计算缴纳增值税，借记"银行存款"、"应收账款"科目，贷记"主营业务收入"、"其他业务收入"、"应交税费——应交增值税（销项税额）"科目。

②逾期未退的包装物押金的销项税额的会计处理：当包装物逾期未退还时，收取的押金按适用税率计算销项税额。借记"其他应付款"等科目，贷记"应交税费——应交增值税（销项税额）"科目。

不单独计价时，作为产品销售，会计处理见前。

【例题47】通海公司销售给大华厂带包装物的甲产品500件，包装物单独计价，开出增值税专用发票列明：产品销售价款95000元，包装物销售价款8000元，增值税税额14966元，款未收到。作会计分录如下：

借：应收账款——大华厂   117966
　　贷：主营业务收入——甲产品   95000
　　　　其他业务收入——包装物销售   8000
　　　　应交税费——应交增值税（销项税额）   14966

纳税提示：

　　①收取包装物押金是含税的，没收时应将包装物押金还原为不含税价格，再并入其他业务收入征税；②没收包装物押金适用的税率是包装物的适用税率，因为没收包装物押金的行为是延期提高了该包装物的售价；③对没收包装物押金而计提消费税，应计入"其他业务成本"账户，而不能计入"营业税金及附加"账户，这符合会计核算的收入与支出配比原则。

【例题 48】某企业销售甲产品 100 件，成本价 350 元/件，售价 500 元/件，每件收取包装物押金 95 元，包装物成本价为 70 元/件。该产品是征收消费税产品，税率为 10%。作会计分录如下：

销售产品时：

借：银行存款　　　　　　　　　　　　　　　　　　　　68000

　　贷：主营业务收入——A 产品　　　　　　　　　　　　50000

　　　　应交税费——应交增值税（销项税额）　　　　　　8500

　　　　其他应付款——存入保证金　　　　　　　　　　　9500

结转销售成本时：

借：主营业务成本——甲产品　　　　　　　　　　　　　35000

　　贷：库存商品——甲产品　　　　　　　　　　　　　　35000

计提消费税时：

借：营业税金及附加　　　　　　　　　　　　　　　　　5000

　　贷：应交税费——应交消费税　　　　　　　　　　　　5000

逾期为退还包装物没收押金时：

借：其他应付款——存入保证金　　　　　　　　　　　　9500

　　贷：其他业务收入　　　　　　　　　　　　　　　　　8119.66

　　　　应交税费——应交增值税（销项税额）　　　　　　1380.34

结转包装物成本时：

借：其他业务成本　　　　　　　　　　　　　　　　　　7000

　　贷：包装物——出租、出借包装物　　　　　　　　　　7000

计提消费税时：

借：其他业务成本　　　　　　　　　　　　　　　　　　811.97

　　贷：应交税费——应交消费税　　　　　　　　　　　　811.97

（二）小规模纳税人销售货物的销项税额的会计处理

按我国现行增值税法的规定，小规模纳税人实行简易征收法，按不含税销售额与征收率相乘，计算其应交增值税，不实行税款抵扣制，因此，不论是普通发票，还是增值税专用发票，其所付税款均不必单独反映，可直接计入采购成本。按应付或实际支付的价款和进项税额，借记"在途物资"、"原材料"、"管理费用"等科目，贷记"应付账款"、"银行存款"、"库存现金"等科目。

【例题 49】某工业企业属小规模纳税人，4 月份产品销售收入 10300 元，货款尚未收到。受外单位委托代为加工产品一批，收取加工费 5000 元，以银行存款结算。作会计分录如下：

销售货款未收到时：

应纳增值税额 $= 10300 \div (1 + 3\%) \times 3\% = 300$（元）

借：应收账款　　　　　　　　　　　　　　　　　　　　10300

　　贷：主营业务收入　　　　　　　　　　　　　　　　　10000

应交税费——应交增值税		300

代外单位加工结算时：

借：银行存款　　　　　　　　　　　　　5000
　　贷：主营业务收入　　　　　　　　　　　　4854.37
　　　　应交税费——应交增值税　　　　　　　145.63

月末缴纳增值税时：

借：应交税费——应交增值税　　　　　　　445.63
　　贷：银行存款　　　　　　　　　　　　　　445.63

四、增值税减免及上缴的会计处理

1. 减免增值税的会计处理

按我国现行增值税法的减免规定，减免增值税分为先征收后返回、即征即退形式。因此，其会计处理也有所不同。

（1）先征收后返回、先征后退增值税的会计处理：若是按指定用途返回，如指定用于新建项目、改扩建项目、归还长期借款等，则借记"银行存款"，贷记"实收资本——国家投入资本"、"专项应付款"等科目。若是用于弥补企业亏损和未指定专门用途的返回，当纳税人实际收到返回的增值税时，借记"银行存款"，贷记"补贴收入"科目。

（2）即征即退的会计处理：根据规定，对进口的某些商品应计征的增值税采取即征即退的办法，退税额冲减采购成本，退税的直接受益者必须是以购进商品从事再加工的生产企业。

2. 上缴增值税的会计处理

平时，企业在"应交税费——应交增值税"多栏式明细科目中核算增值税业务；月末，结出借、贷方合计和差额。若"应交税费——应交增值税"为借方余额，表示本月尚未抵扣的进项税额，应继续留在该科目借方，不再转出；若为贷方余额，表示本月应交增值税税额，通过"应交税费——应交增值税（转出未交增值税）"科目，转入"应交税费——未交增值税"科目的贷方。作会计分录如下：

借：应交税费——应交增值税（转出未交增值税）
　　贷：应交税费——未交增值税

企业实际上缴增值税时，若属当月预缴或上缴当月应交增值税的，作会计分录如下：

借：应交税费——应交增值税（已交税金）
　　贷：银行存款

若属月初结清上月应交增值税或上缴以前月份（年度）欠缴增值税的，作会计分录如下：

借：应交税费——未交增值税
　　贷：银行存款

3. 直接减免增值税的会计处理

（1）小规模纳税人直接减免增值税的会计处理。月份终了时，将应免税的销售收入折算为不含税销售额，按 3% 的征收率计算免征增值税税额。作会计分录如下：

借：主营业务收入

　　贷：应交税费——应交增值税

借：应交税费——应交增值税

　　贷：营业外收入——退税款

（2）一般纳税人直接减免增值税的会计处理。

①企业部分产品（商品）免税。月份终了，按免税主营业务收入和适用税率计算出销项税额，然后减去按税法规定方法计算的应分摊的进项税额，其差额即为当月销售免税货物应免征的税额。

结转免税产品（商品）应分摊的进项税额，作会计分录如下：

借：主营业务成本（应分摊的进项税额）

　　贷：应交税费——应交增值税（进项税额转出）

结转免税产品（商品）销项税额时，作会计分录如下：

借：主营业务收入

　　贷：应交税费——应交增值税（销项税额）

结转免缴增值税税额时，作会计分录如下：

借：应交税费——应交增值税（减免税款）

　　贷：营业外收入

②企业全部产品（商品）免税。如果按税法的规定，企业的全部产品（商品）都免税，企业应在月终将免税主营业务收入折算为不含税增值额，然后依适用税率，计算应免缴增值税税额。

根据上述计算结果，作会计分录如下：

计算免缴税额时：

借：主营业务收入

　　贷：应交税费——应交增值税（销项税额）

结转免缴税额时：

借：应交税费——应交增值税（减免税款）

　　贷：营业外收入

五、增值税查补税款的会计处理

（一）查补偷税应纳税额的确定

增值税一般纳税人不报、少报销项税额或多报进项税额，均影响增值税的缴纳，是偷税行为。其偷税数额应当按销项税额的不报、少报部分或进项税额的多报部分确定。如果销项、进项均查有偷税问题，其偷税数额应当为两项偷税数额之和。

一般纳税人若采取账外经营，即购销活动均不入账，而造成不缴、少缴增值税的，其偷税数额应按账外经营部分的销项税额抵扣账外经营部分中已销货物进项税额后的余额确定。此时偷税数额为应纳税额。

（二）查补税款的会计处理

增值税经税务机关检查后，应进行相应的会计调整。为此，应设立"应交税费——增值税检查调整"科目。凡检查后应调整账面进项税额或调增值税额和进项税转出的数额，借记有关科目，贷记本科目；凡检查后应调增账面进项税额或调减销项税额和进项税额转出的数额，借记本科目，贷记有关科目；全部调账事项入账后，应结出本科目的余额，并对该余额进行处理：

（1）若余额在借方，全部视同留抵进项税额，按借方余额数，借记"应交税费——应交增值税（进项税额）"科目，贷记本科目。

（2）若余额在贷方，且"应交税费——应交增值税"科目无余额，按贷方余额数，借记本科目，贷记"应交税费——未交增值税"科目。

（3）若本科目余额在贷方，"应交税费——应交增值税"科目有借方余额且等于或大于这个贷方余额，按贷方余额数，借记本科目，贷记"应交税费——应交增值税"科目。

（4）若本科目余额在贷方，"应交税费——应交增值税"科目有借方余额但小于这个贷方余额，应将这两个科目的余额冲出，其差额贷记"应交税费——未交增值税"科目。

【例题50】某工业为增值税一般纳税人。2009年12月份增值税纳税资料：当期销项税额236000元，当期购进货物的进项税额为247000元。"应交税费——应交增值税"科目的借方余额为11000元。

2010年1月15日税务机关对其检查时，发现有如下两笔业务会计处理有误：

①12月3日，发出产品一批用于捐赠，成本价80000元，无同类产品销价，企业已作会计处理如下：

借：营业外支出　　　　　　　　　　　　　　　　　　　　80000
　　贷：库存商品　　　　　　　　　　　　　　　　　　　　　　80000

②12月24日，为基建工程购入材料35100元，企业已作会计处理如下：

借：在建工程　　　　　　　　　　　　　　　　　　　　　30000
　　应交税费——应交增值税（进项税额）　　　　　　　　　5100
　　贷：银行存款　　　　　　　　　　　　　　　　　　　　　35100

针对上述问题，应作查补税款的会计处理：

（1）对查处的问题进行会计调整。

①企业对外捐赠产品，应视同销售，计算销项税额，无同类产品售价的，按组成计税价格计算。企业按成本价直接冲减产成品，但未计算销项税额，属偷税行为。

销项税额＝80000×（1＋10%）×17%＝14960（元）

应调账如下：

借：营业外支出　　　　　　　　　　　　　　　　　　　　14960
　　　贷：应交税费——增值税检查调整　　　　　　　　　　14960

②企业用于非应税项目的购进货物，其进项税额不得抵扣，企业这种多报进项税额的行为，属偷税行为。

应调账如下：

借：在建工程　　　　　　　　　　　　　　　　　　　　　5100
　　　贷：应交税费——增值税检查调整　　　　　　　　　　　5100

（2）确定企业偷税数额。

偷税数额＝不报销项税额＋多报进项税额＝14960＋5100＝20060（元），应按偷税额的1倍罚款。

（3）确定应补交税额。

当期应补税额＝236000－247000＋20060＝9060（元）

（4）进行会计处理。

借：应交税费——增值税检查调整　　　　　　　　　　　　20060
　　利润分配——未分配利润　　　　　　　　　　　　　　20060
　　　贷：应交税费——未交增值税　　　　　　　　　　　　　9060
　　　　　　　　——应交增值税　　　　　　　　　　　　　11000
　　　　　　　　——税收罚款　　　　　　　　　　　　　　20060

补缴税款及罚款时：

借：应交税费——未交增值税　　　　　　　　　　　　　　　9060
　　　　　　——税收罚款　　　　　　　　　　　　　　　20060
　　　贷：银行存款　　　　　　　　　　　　　　　　　　　29120

可见，企业的偷税数额，不一定等于补税数额；罚款额是税务机关根据《税收征管法》做出的。

六、外贸企业出口货物免、退增值税的会计处理

外贸企业收购出口的货物，在购进时，应按照增值税专用发票上注明的增值税额，借记"应交税费——应交增值税（进项税额）"科目；按照增值税专用发票上记载的应计入采购成本的金额，借记"在途物资"、"销售费用"等科目；按照应付或实际支付的金额，贷记"应付账款"、"应付票据"、"银行存款"等科目。货物出口销售后，结转销售成本时，借记"主营业务成本"科目，贷记"库存商品"科目；按照出口货物购进时取得的增值税专用发票上记载的进项税额或因分摊的进项税额，与按照国家规定的退税率计算的应退税额的差额，借记"主营业务成本"科目，贷记"应交税费——应交增值税（进项税额转出）"科目。

外贸企业按照规定的退税率计算出应收的出口退税时，借记"应收出口退税"科目，贷记"应交税费——应交增值税（出口退税）"科目；收到出口退税款时，借记"银行存款"科目，贷记"应收出口退税"科目。

【例题51】某外贸进出口公司当期收购出口 A 设备 100 台，增值税专用发票上注明：价款 7000000 元，税额 1190000 元，合计 8190000 元。本月合计出口 90 台，出口 FOB 价格折合人民币为 9000000 元，另购进出口设备取得运输发票 10000 元。所有货款、发票均以银行存款付讫。办妥退税事宜（退税率 15%），并收到退税款。进行有关计算并作相应的会计处理。

购进出口 A 设备时：

借：应交税费——应交增值税（进项税额）　　　　　　　1190000
　　在途物资　　　　　　　　　　　　　　　　　　　　7000000
　　　贷：银行存款　　　　　　　　　　　　　　　　　　　　8190000

购进商品入库时：

借：库存商品　　　　　　　　　　　　　　　　　　　　7000000
　　　贷：在途物资　　　　　　　　　　　　　　　　　　　　7000000

出口 A 设备 90 台时：

借：应收账款　　　　　　　　　　　　　　　　　　　　9000000
　　　贷：主营业务收入　　　　　　　　　　　　　　　　　　9000000

支付运费时：

借：库存商品　　　　　　　　　　　　　　　　　　　　　　9300
　　应交税费——应交增值税（进项税额）　　　　　　　　　700
　　　贷：银行存款　　　　　　　　　　　　　　　　　　　　　10000

结转销售成本时：

借：主营业务成本　　　　　　　　　　　　　　　　　　6300000
　　　贷：库存商品　　　　　　　　　　　　　　　　　　　　6300000

计算不予退税的税额时：

不予抵扣或退税的税额＝90×［（119＋0.07）÷100］－90×（700÷100）×15%
　　　　　　　　　　　＝12.663（万元）

借：主营业务成本　　　　　　　　　　　　　　　　　　　126630
　　　贷：应交税费——应交增值税（进项税额转出）　　　　　126630

计算应退增值税税额时：

应退增值税税额＝90×（700÷100）×15%＝94.5（万元）

借：应收出口退税　　　　　　　　　　　　　　　　　　　945000
　　　贷：应交税费——应交增值税（出口退税）　　　　　　　945000

收到退款时：

借：银行存款　　　　　　　　　　　　　　　　　　　　　945000
　　　贷：应收出口退税　　　　　　　　　　　　　　　　　　945000

七、从小规模纳税人购进特准退税的出口货物

【例题52】某土产进出口公司从小规模纳税人处购入麻纱一批用于出口。金额

60000 元，小规模纳税人开来普通发票。土产公司已将该批货物出口完毕，有关出口退税的全套凭证已经备齐。作会计分录如下：

　　应退税额＝普通发票所列销售金额÷（1＋征收率）×退税率

　　　　　　＝30900÷（1＋3％）×3％＝900（元）

　　申报退税时：

　　借：应收出口退税　　　　　　　　　　　　　　　　　　　　900

　　　　贷：应交税费——应交增值税（出口退税）　　　　　　　　　　900

　　收到出口退税时：

　　借：银行存款　　　　　　　　　　　　　　　　　　　　　　900

　　　　贷：应收出口退税　　　　　　　　　　　　　　　　　　　　900

纳税提示：

　　假定上例中，土产公司取得小规模纳税人所在地税务机关代开的增值税专用发票，价款 30000 元，税额 900 元。其他条件不变，外贸企业应依据购进麻纱的增值税专用发票上列明的进项金额和退税率计算退税额如下：

　　应退税额＝30000×3％＝900（元）

　　申报退税时及收到出口退税时会计处理同上。

八、生产企业出口货物免、抵、退增值税的会计处理

（一）免、抵、退增值税的会计处理

免抵退增值税的会计处理，主要涉及：免税出口销售收入的核算、不得抵扣税额的核算、应交税费的核算，免抵退税费货物不得抵扣税额抵减额的核算、出口货物免抵税额和应退税额的核算和免抵退税调整的核算。要进行免、抵、退税的会计处理，必须合理设置和正确使用有关账户。出口企业应在"应交税费——应交增值税"二级账户下设置有关明细账户，还应设置"应交税费——未交增值税"账户。生产企业实行免、抵、退税，其"退税"的前提必须是期末有留抵税额，而当期期末的留抵税额，在月末需从"应交税费——应交增值税（转出多交增值税）"账户转入"应交税费——未交增值税"账户，退税的实质，就是退"应交税费——未交增值税"的借方余额的部分。对"应交增值税"、"未交增值税"两个二级账户，在免、抵、退税的会计处理中，主要涉及"出口抵减内销产品应纳税额"、"出口退税"、"进项税额转出"、"转出多交增值税"明细项目。

1. "出口抵减内销产品应纳税额"二级账户

企业货物出口后，按规定计算的应免抵税额，借记本项目，贷记"应交税费——应

交增值税（出口退税）"科目。"应免抵税额"的计算方法：一是按税务机关的批准数（据税务机关签发的《生产企业出口货物免抵退税审批通知单》）进行会计处理；二是按企业退税申报数的"当期免抵税额"进行会计处理。两种方法会计分录相同，但金额不等，各有利弊。前者反映的免抵税额真实、准确，避免因申报数与审批数不同而产生的调账，缺陷是反映不及时；后者根据计算公式，及时计算反映每期的免抵税额，便于统计分析，会计处理比较清晰，缺点是因多数情况下企业计算数与审批数不一致，需要进行调账，实务中，一般按前者进行会计处理。

2. "出口退税"明细项目

记录企业凭有关单证向税务机关申报办理出口退税而应收的出口退税款及应免抵税额。出口货物应退回的增值税额，用蓝字记贷方，退税后又发生退货，退关而补缴已退税款时，用红字记贷方。

3. "进项税额转出"明细账

企业在核算出口货物免税收入的同时，对免税收入按征退税率之差计算的"不得抵扣税额"，借记"主营业务成本"科目，贷记本明细账目。当月"不得抵扣税额"发生额合计数应与本月申报的《生产企业出口货物免抵退税申报明细表》中的"不得抵扣税额"合计数一致。企业收到税务机关出具的《生产企业进料加工贸易免税证明》后，按"证明"上注明的"不得抵扣税额抵减额"，以红字作上述会计分录。企业支付国外运保佣费用时，按出口货物征退税税率之差计算的分摊额，也作上述红字会计分录。

4. "转出多交增值税"明细项目

对按批准数进行会计处理的，其月末转出数为按公式计算的"结转下期继续抵扣的进项税额"。月末将多交增值税转出后，其借方余额为尚未抵扣的进项税额；但在税务会计处理时，也可以将余额全部转出，转出后，无余额。不论用哪种方法，企业在纳税申报时，"上期留抵税额"均不应包括多交部分。

5. "应交税费——未交增值税"账户

若按全额转出，其使用方法如表 2—6 所示：

表 2—6 应交税费——未交增值税

1. 转入本月多交增值税、期末留抵税额 2. 上缴前期应交未交增值税	转入本月应交未交增值税
余额：（1）期末留抵税额 　　　（2）专用税票预缴多交税额	余额：结转下期的应交增值税

6. 销售账簿的设置

生产企业产品销售应按内外分别设账，对自营出口销售、委托代理出口销售、来料加工出口销售、深加工结转出口销售，应分别设置多栏式明细账，并按不同征税率、不同退税率的出口销售分设账页。

（二）生产企业"免、抵、退"增值税的会计处理

1. 如果期末留抵税额为 0

则：当期应退税额＝0

当期免抵税额＝当期免抵退税额

【例题 53】某企业生产 A 产品。5 月份共销售 7 吨，其中 4 吨出口给 N 客户，出口额为 CIF 价 100000 美元，货款未收到，预计出口运费 800 美元，保险费 200 美元，美元记账汇率为 1∶7；内销量为 3 吨，内销金额 600000 元，销项税额 102000 元。当月取得增值税进项税额合计 80000 元，上月期末留抵税额为 0 元。该公司无免税购进原材料的情况。增值税征税率 17％，退税率 15％。

【答案】出口免、抵、退税额的计算如下：

出口货物 FOB 价格＝CIF－F－I＝100000－800－200＝99000（美元）

免税出口销售额＝99000×7＝693000（元）

当期免抵退税不得免缴和抵扣税额＝99000×7×（17％－15％）＝13860（元）

当期应纳税额＝102000－（80000－13860）－0＝35860（元）

期末留抵税额＝0

当期应退税额＝0

当期免抵税额＝当期免抵退税额＝99000×7×15％＝103950（元）

作会计分录如下：

（1）货物出口时：

借：应收账款——N 客户 700000

　　贷：主营业务收入——出口（A 产品） 693000

　　　　预计负债——出口从属费用 7000

借：主营业务成本——出口退税差额（A 产品） 13860

　　贷：应交税费——应交增值税（进项税额转出） 13860

（2）内销时：

借：应收账款或银行存款 702000

　　贷：主营业务收入——内销（A 产品） 600000

　　　　应交税费——应交增值税（销项税额） 102000

（3）计算应纳增值税税额时：

借：应交税费——应交增值税（转出未交增值税） 35860

　　贷：应交税费——未交增值税（出口退税） 35860

（4）申报出口免抵退税时：

借：应交税费——应交增值税（出口抵减内销产品应纳税额） 103950

　　贷：应交税费——应交增值税（出口退税） 103950

2. 如果当期免抵退税额≥当期期末留抵税额＞0

则：当期应退税额＝当期期末留抵税额

当期应免抵税额＝当期免抵退税额－当期应退税额

承上例，假设内销量为 1 吨，内销金额 200000 元，销项税额 34000 元。其他条件不变。

出口货物免、抵、退税额的计算如下：

当期免抵退税不得免征和抵扣税额＝99000×7×（17％－15％）＝13860（元）

当期免抵退税额＝99000×7×15％＝103950（元）

当期应纳税额＝0

当期期末留抵税额＝（80000－13860）－34000＝32140（元）

∵当期期末留抵税额＜当期免抵退税额

∴当期应退税额＝当期期末留抵税额＝32140（元）

当期免抵税额＝103950－32140＝71810（元）

作会计分录如下：

（1）货物出口时：

借：应收账款——N 客户 700000

　　贷：主营业务收入——出口（A 产品） 693000

　　　　应付利息——出口从属费用 7000

借：主营业务收入——出口退税差额（A 产品） 13860

　　贷：应交税费——应交增值税（进项税额转出） 13860

（2）内销时：

借：应收账款或银行存款 234000

　　贷：主营业务收入——内销（A 产品） 200000

　　　　应交税费——应交增值税（销项税额） 34000

（3）申报出口免抵退税时：

借：应收出口退税 32140

　　应交税费——应交增值税（出口抵减内销产品应纳税额） 71810

　　贷：应交税费——应交增值税（出口退税） 103950

承上例，假设当期取得进项税额合计 180000 元，其他条件不变。

出口免、抵、退税额的计算如下：

当期免抵退税不得免征和抵扣税额＝99000×7×（17％－15％）＝13860（元）

当期期末留抵税额＝（80000－13860）－34000＝32140（元）

当期应纳税额＝0

当期免抵退税额＝99000×7×15％＝103950（元）

∵当期期末留抵税额＞当期免抵退税额

∴当期应退税额＝当期免抵退税额＝103950（元）

当期应免抵税额＝0

作会计分录如下：

（1）货物出口时：

借：应收账款——N 客户 700000

　　贷：主营业务收入——出口（A 产品） 693000

应付利息——出口从属费用　　　　　　　　　　　7000
借：主营业务成本——出口退税差额（A 产品）　　　13860
　　　贷：应交税费——应交增值税（进项税额转出）　　　　13860
（2）内销时：
借：应收账款或银行存款　　　　　　　　　　　234000
　　　贷：主营业务收入——内销（A 产品）　　　　　　200000
　　　　　应交税费——应交增值税（销项税额）　　　　　34000
（3）申报出口免抵退税时：
借：应收出口退税　　　　　　　　　　　　　103950
　　　贷：应交税费——应交增值税（出口退税）　　　　103950

【例题 54】某工业企业生产销售甲产品。某月购入原材料一批取得的增值税专用发票上注明的材料价款为 40 万元，增值税额为 6.8 万元，材料已验收入库；本月内销收入为 100 万元，外销收入按当日市场汇价折合人民币金额为 140 万元。增值税征收率和退税率分别为 17％和 13％，本月已销产品的生产成本为 140 万元，上期留抵税额 12 万元。本月申报所属期上月的免抵退税（全部为一般贸易），外销收入为 120 万元。购销业务均以银行存款收付。

【答案】会计分录如下。
（1）购入原材料：
借：原材料　　　　　　　　　　　　　　　400000
　　　应交税费——应交增值税（进项税额）　　　68000
　　　贷：银行存款　　　　　　　　　　　　　　　468000
（2）实现销售收入时：
借：银行存款　　　　　　　　　　　　　2570000
　　　贷：应交税费——应交增值税（销项税额）　　　170000
　　　　　主营业务收入——内销　　　　　　　　1000000
　　　　　主营业务收入——外销　　　　　　　　1400000
（3）结转主营业务成本时：
借：主营业务成本——内销　　　　　　　　560000
　　　主营业务成本——外销　　　　　　　　840000
　　　贷：库存商品　　　　　　　　　　　　　　1400000
（4）计算出口货物不得免征和抵扣税额，调整出口货物主营业务成本时：
不得免征和抵扣税额＝1400000×（17％－13％）＝56000（元）
借：主营业务成本——外销　　　　　　　　56000
　　　贷：应交税费——应交增值税（进项税额转出）　　　56000
（5）计算当期申报的免抵退税额、应退税额、免抵税额时：
免抵退税额外负担 1200000×13％＝156000（元）＞上期留抵税额 120000（元）
应退税额＝120000（元）
免抵税额＝156000－120000＝36000（元）

借：应交税费——应交增值税（出口抵减内销产品应纳税额）　36000

　　　应收出口退税　　　　　　　　　　　　　　　　　　120000

　　　　贷：应交税费——应交增值税（出口退税）　　　　　　　156000

（6）计算并缴纳当期应纳税额：

应纳税额＝170000－（68000－56000）＝158000（元）

借：应交税费——转出未交增值税　　　　　　　　　　158000

　　　贷：应交税费——未交增值税　　　　　　　　　　　　　158000

申报入库：

借：应交税费——未交增值税　　　　　　　　　　　　158000

　　　贷：银行存款　　　　　　　　　　　　　　　　　　　　158000

为了避免发生出口企业因补征税额而发生经营利润的大起大落，按照权责发生制和配比原则，对出口货物计算应补征的增值税按以下方法处理。

对补征增值税税额中的可退税部分作为当期的应收债权，借记"应收出口退税"科目，对补征退税率差额部分作为出口成本，借记"自营出口销售成本"（或以前年度损益调整）科目，按补征税额，贷记"应交税费——增值税检查调整"科目，然后对"应交税费——增值税检查调整"科目余额进行处理，借记"应交税费——增值税检查调整"科目，对补征税额冲减进项留抵税额部分，贷记"应交税费——应交增值税（进项转出）"科目，对不足冲减应入库部分，贷记"应交税费——应交增值税（进项转出）"科目；税款入库后，借记"应交税费——未交增值税"科目，贷记"银行存款"科目。

在收到退税机关的补退税批复后，对账面数大于批准数的差额，借记"自营出口销售成本"（或以前年度损益调整）科目，贷记"应收出口退税"科目。

实际收到退税款后，借记"银行存款"科目，贷记"应收出口退税"科目。

第五节　增值税的申报与缴纳

一、增值税的纳税义务发生时间

纳税义务发生时间，是纳税人销售货物或者应税劳务，为收讫销售款项或者取得索取销售款项凭据的当天；按销售结算方式的不同，具体为：

（1）采取直接收款方式销售货物，不论货物是否发出，均为收到销售款或者取得索取销售款凭据的当天。

（2）采取托收承付和委托银行收款方式销售货物，为发出货物并办妥托收手续的当天。

（3）采取赊销和分期收款方式销售货物，为书面合同约定的收款日期的当天，无书面合同的或者书面合同没有约定收款日期的，为货物发出的当天。

（4）采取预收货款方式销售货物，为货物发出的当天，但生产销售生产工期超过12 个月的大型机械设备、船舶、飞机等货物，为收到预收款或者书面合同约定的收款日期的当天。

（5）委托其他纳税人代销货物，为收到代销单位的代销清单或者收到全部或者部分货款的当天。未收到代销清单及货款的，为发出代销货物满 180 天的当天。

（6）销售应税劳务，为提供劳务同时收讫销售款或者取得索取销售款的凭据的当天。

（7）纳税人发生视同销售货物行为，为货物移送的当天。

（8）进口货物，为报关进口的当天。

增值税扣缴义务发生时间为纳税人增值税纳税义务发生的当天。

正确确定纳税义务发生时间，对于控制税源、简化征收、保证财政收入及时入库，促进企业加强经营管理，都是十分重要的。

二、增值税的纳税期限

1. 销售业务纳税期限的确定

增值税的纳税期限，分别为 1 日、3 日、5 日、10 日、15 日、1 个月或者 1 个季度。纳税人的具体纳税期限，由主管税务机关根据纳税人应纳税额的大小分别核定；不能按照固定期限纳税的，可以按次纳税。

纳税人以 1 个月或者 1 个季度为 1 个纳税期的，自期满之日起 15 日内申报纳税；以 1 日、3 日、5 日、10 日或者 15 日为 1 个纳税期的，自期满之日起 5 日内预缴税款，于次月 1 日起 15 日内申报纳税并结清上月应纳税款。

扣缴义务人解缴税款的期限，依照前两款规定执行。

以 1 个季度为纳税期限的规定仅适用于小规模纳税人。小规模纳税人的具体纳税期限，由主管税务机关根据其应纳税额的大小分别核定。

2. 进口业务纳税期限的确定

纳税人进口货物，应当自海关填发海关进口增值税专用缴款书之日起 15 日内缴纳税款。

3. 出口业务退税期限的确定

纳税人出口货物适用退（免）税规定的，应当向海关办理出口手续，凭出口报关单等有关凭证，在规定的出口退（免）税申报期内按月向主管税务机关申报办理该项出口货物的退（免）税。具体办法由国务院财政、税务主管部门制定。

出口货物办理退税后发生退货或者退关的，纳税人应当依法补缴已退的税款。

三、增值税的纳税地点

增值税的纳税地点是根据纳税人的机构所在地和业务发生地确定的。有如下规定：

（1）固定业户应当向其机构所在地的主管税务机关申报纳税。总机构和分支机构不在同一县（市）的，应当分别向各自所在地的主管税务机关申报纳税；经国务院财政、税务主管部门或者其授权的财政、税务机关批准，可以由总机构汇总向总机构所在地的主管税务机关申报纳税。

（2）固定业户到外县（市）销售货物或者应税劳务，应当向其机构所在地的主管税务机关申请开具外出经营活动税收管理证明，并向其机构所在地的主管税务机关申报纳税；未开具证明的，应当向销售地或者劳务发生地的主管税务机关申报纳税；未向销售地或者劳务发生地的主管税务机关申报纳税的，由其机构所在地的主管税务机关补征税款。

（3）非固定业户销售货物或者应税劳务，应当向销售地或者劳务发生地的主管税务机关申报纳税；未向销售地或者劳务发生地的主管税务机关申报纳税的，由其机构所在地或者居住地的主管税务机关补征税款。

（4）进口货物，应当向报关地海关申报纳税。

扣缴义务人应当向其机构所在地或者居住地的主管税务机关申报缴纳其扣缴的税款。

四、增值税专用发票的使用和管理

增值税实行凭国家印发的增值税专用发票注明的税款进行抵扣的制度。增值税专用发票不同于普通发票，它不仅是纳税人经济活动中的重要商事凭证，而且是兼记销货方销项税额和购货方进项税额的合法证明，具有完税凭证的作用。为了加强对增值税专用发票的使用管理，确保增值税凭发票注明税款抵扣制度的顺利实施，国家税务总局专门制定颁发了《增值税专用发票使用规定》等管理办法，对增值税专用发票的领购、使用、保管等问题作了详尽要求。

1. 专用发票的领购使用范围

增值税专用发票只限于一般纳税人领购使用，增值税的小规模纳税人和非增值税纳税人不得领购使用。小规模纳税人销售货物或应税劳务时，可以由税务机关代开增值税专用发票，但必须按规定的征收率填列税金。

一般纳税人有下列情形之一者，不得领购使用专用发票：

（1）会计核算不健全，即不能按会计制度和税务机关的要求准确核算增值税的销项税额、进项税额和应纳税额者。

（2）不能向税务机关准确提供增值税销项税额、进项税额、应纳税额数据及其他有关增值税税务资料者。

（3）有以下行为，经税务机关责令限期改正而仍未改正者：私自印制专用发票；向个人或税务机关以外的单位买取专用发票；借用他人专用发票；向他人提供专用发票；未按规定开具、保管专用发票；未按规定申报专用发票的购、用、存情况；未按规定接受税务机关检查。

（4）销售的货物全部属于免税项目者。

（5）国家税务总局还规定，纳税人当月购买专用发票而未申报纳税的，税务机关不得向其发售专用发票。

2. 专用发票的开具要求

一般纳税人在领购专用发票后，纳税人销售货物或者应税劳务，应当向索取增值税专用发票的购买方开具增值税专用发票，并在增值税专用发票上分别注明销售额和销项税额。

属于下列情形之一的，不得开具增值税专用发票：

（1）向消费者个人销售货物或者应税劳务的。

（2）销售货物或者应税劳务适用免税规定的。

（3）小规模纳税人销售货物或者应税劳务的。

一般纳税人在开具专用发票时，必须做到：①字迹清楚。②不得涂改。如填写有误，应另行开具专用发票，并在误填的发票上注明"误填作废"四字；如专用发票开具后因购货方不索取而成为废票的，也应按填写有误办理。③项目填写齐全。④票、物相符，票面金额与实际收取的金额相符。⑤各项目内容正确无误。⑥全部联次一次填开，上下联的内容和金额一致。⑦发票联和抵扣联加盖财务专用章或发票专用章。⑧按规定时限开具。⑨不得开具伪造的专用发票。⑩不得拆本使用专用发票。⑪不得开具票样与国家税务总局统一制定的票样不相符的专用发票。开具的专用发票有不符合上列要求者，不得作为扣税凭证，购买方有权拒收。

专用发票的开具时限与纳税义务发生时间相同，即根据不同的货物结算方式确定。一般纳税人必须按规定的时限开具专用发票，不得提前或滞后。

3. 专用发票的抵扣要求

一般纳税人作为购买方取得了增值税专用发票后，原则上准予作为扣税凭证，抵扣销项税额。但是，倘若出现：

（1）未按规定取得专用发票的。例如没有从销售方取得专用发票，或只取得记账联和抵扣联其中之一。

（2）未按规定保管专用发票的。

（3）销售方开具的专用发票不符合开具要求的。

有上述三项情形者，此专用发票就不得作为扣税凭证抵扣销项税额。如其购进应税项目的进项税额已经抵扣，应从税务机关发现其有上述情况的当期的进项税额中扣减。

4. 专用发票的保管要求

一般纳税人必须按规定保管专用发票。要按照税务机关的要求建立专用发票管理制度；设专人保管专用发票；设置专门存放专用发票的场所；税款抵扣联要装订成册；不得擅自销毁专用发票的基本联次；不得擅自损（撕）毁专用发票。

5. 发生退货或销售折让时，专用发票的处理手续

一般纳税人销售货物并向购买方开具专用发票后，如发生退货或销售折让，购销双方应视不同情况，分别按以下规定办理：

（1）购买方在未付货款并且未作账务处理的情况下，须将原发票联和税款抵扣联主动退还销售方。销售方收到后，如果未将记账联作账务处理，应在该发票的各联次上注明"作废"字样，作为扣减当期销项税额的凭证。如果销售方已将记账联作账务处理，可开具相同内容的红字专用发票，将红字专用发票的记账联撕下作为扣减当期销项税额的凭证，存根联、抵扣联和发票联不得撕下，将从购买方收到的原抵扣联、发票联粘贴在红字专用发票联后面，并在上面注明原发票记账联和红字专用发票记账联的存放地点，作为开具红字专用发票的依据。未收到购买方退还的专用发票前，销售方不得扣减当期销项税额。属于销售折让的，销售方应按折让后的货款重开专用发票。

（2）在购买方已付货款，或者货款未付但已作账务处理，发票联及抵扣联无法退还的情况下，购买方必须取得当地主管税务机关开具的进货退出或索取折让证明单送交销售方，作为销售方开具红字专用发票的合法依据。销售方在未收到证明单以前，不得开具红字专用发票；收到证明单后，根据退回货物的数量，价款或折让金额向购买方开具红字专用发票。红字专用发票的存根联、记账联作为销售方抵减当期销项税额的凭证，其发票联、抵扣联作为购买方扣减进项税额的凭证。

6. 使用电子计算机开具专用发票

纳税人使用电子计算机开具专用发票，必须报经主管税务机关批准并使用由税务机关监制的机外发票。

7. 加强对增值税专用发票的管理

（1）关于被盗、丢失专用发票的处理：①对违反规定发生被盗、丢失专用发票的纳税人，按《税收征收管理法》和《发票管理办法》的规定，处一万元以下的罚款，并视具体情况，对丢失专用发票的纳税人，在不超过半年内停止领购专用发票。②纳税人丢失专用发票后，必须按规定程序向当地税务机关、公安机关办理报失。

（2）关于代开、虚开专用发票的处理：①对代开、虚开专用发票的，一律按票面所列货物的适用税率全额补征税款，并按《税收征收管理法》的规定按偷税给予处罚。②对纳税人取得代开、虚开的增值税专用发票，不得作为抵扣凭证抵扣进项税额。③对代开、虚开专用发票构成犯罪的，按《关于惩治虚开、伪造和非法出售增值税专用发票犯罪的决定》处以刑罚。

（3）纳税人善意取得虚开的增值税专用发票的处理：①购货方与销货方交易真实，发票真实，但不知销货方是以非法手段获得的，不以偷税或骗取出口退税论处，但不得抵扣进项税额或不予退税，已抵扣或已退税的，应依法追缴。②能重新取得合法有效专用发票并且取得了销售方所在地税务机关已经或者正在依法对销售方虚开专用发票行为进行查处证明的，应准予抵扣或退税。③有证据表明购货方在抵扣或退税前已知道销售方以非法手段获得发票应按有关规定处理。

（4）防伪税控系统开具的专用发票的管理：税务机关出售发票时要认真录入发票代码、号码，纳税人使用发票时应认真检查发票代码、号码。税务机关错误录入代码或号码后又被纳税人开具的专用发票在销售方未收回发票联及抵扣联，不得作废已开具的专用发票。

五、增值税的纳税申报

增值税纳税申报表是由税务机关统一印制，纳税人进行纳税申报的书面报告，是增值税纳税人缴纳税款的主要凭据。由于增值税对一般纳税人和小规模纳税人征收管理的要求不同，其纳税申报也不相同。

（一）一般纳税人的申报办法

1. 纳税申报表的格式

自 2003 年 7 月 1 日起，增值税一般纳税人进行纳税申报必须实行电子信息采集。使用防伪税控系统开具增值税专用发票的纳税人必须在抄报税成功后，方可进行纳税申报。自 2003 年 7 月 1 日起，增值税一般纳税人开始采用新版的"增值税纳税申报表"及附表。增值税纳税申报表格式见表 2—7。

申报表具体份数由省级国家税务局确定，税务机关签收后，一份退还纳税人，其余留存。

表 2—7　增值税纳税申报表

（适用于增值税一般纳税人）

根据《中华人民共和国增值税暂行条例》第二十二条和第二十三条的规定制定本表。纳税人不论有无销售额，均应按主管税务机关核定的纳税期限按期填报本表，并于次月一日起十日内，向当地税务机关申报。

税款所属时间：自 2009 年 10 月 1 日至 2009 年 10 月 31 日　　　　　填表日期：2009 年 11 月 5 日

金额单位：元（列至角分）

纳税人识别号	3 2 0 6 0 2 0 0 0 0 0 0 0 0 0 0 0 1 8 0 9			所属行业			
纳税人名称	宏达公司（公章）	法定代表人姓名	张逸	注册地址	青年东路139 号	营业地址	
开户银行及账号	工商银行大学城分理处 0184010128		企业登记注册类型		电话号码	5237167	

项　目		栏次	一般货物及劳务		即征即退货物及劳务	
			本月数	本年累计	本月数	本年累计
销售额	（一）按适用税率征税货物及劳务销售额	1	355000			
	其中：应税货物销售额	2	355000			
	应税劳务销售额	3				
	纳税检查调整的销售额	4				
	（二）按简易征收办法征税货物销售额	5				
	其中：纳税检查调整的销售额	6				
	（三）免、抵、退办法出口货物销售额	7			—	—
	（四）免税货物及劳务销售额	8			—	—
	其中：免税货物销售额	9			—	—
	免税劳务销售额	10			—	—

续表

项　目		栏次	一般货物及劳务		即征即退货物及劳务	
			本月数	本年累计	本月数	本年累计
税款计算	销项税额	11	59150			
	进项税额	12	11660			
	上期留抵税额	13	5100		—	
	进项税额转出	14	5950			
	免抵退货物应退税额	15			—	
	按适用税率计算的纳税检查应补缴税额	16			—	
	应抵扣税额合计	17＝12＋13－14－15＋16	10810		—	
	实际抵扣税额	18（如17＜11，则为17，否则为11）	10810			
	应纳税额	19＝11－18	48340			
	期末留抵税额	20＝17－18			—	
	简易征收办法计算的应纳税额	21				
	按简易征收办法计算的纳税检查应补缴税额	22				
	应纳税额减征额	23				
	应纳税额合计	24＝19＋21－23				
税款缴纳	期初未缴税额（多缴为负数）	25				
	实收出口开具专用缴款书退税额	26			—	
	本期已缴税额	27＝28＋29＋30＋31	17000			
	①分次预缴税额	28		—		—
	②出口开具专用缴款书预缴税额	29				—
	③本期缴纳上期应纳税额	30				
	④本期缴纳欠缴税额	31				
	期末未缴税额（多缴为负数）	32＝24＋25＋26－27	31340			
	其中：欠缴税额（≥0）	33＝25＋26－27		—		
	本期应补（退）税额	34＝24－28－29	31340		—	
	即征即退实际退税额	35		—		
	期初未缴查补税额	36			—	
	本期入库查补税额	37				
	期末未缴查补税额	38＝16＋22＋36－37			—	—

| 授权声明 | 如果你已委托代理人申报，请填写下列资料：
　　为代理一切税务事宜，现授权＿＿＿＿＿＿
（地址）为本纳税人的代理申报人，任何与本申报表有关的往来文件，都可寄与此人。

　　　　　　　　　　授权人签字： | 申报人声明 | 　　此纳税申报表是根据《中华人民共和国增值税暂行条例》的规定填报的，我相信它是真实的、可靠的、完整的。

　　　　　　　　　　　　声明人签字： | | | |

以下由税务机关填写

收到日期		接收人		主管税务机关盖章		

2. 纳税申报表附表及其他资料

一般纳税人除了报送增值税纳税申报表外，还应填写四个附表：本期销售情况明细表（表2-8）、本期进项税额明细表（表2-9）、防伪税控增值税专用发票申报抵扣明细表、防伪税控增值税专用发票存根联明细表。

其他必报资料：①使用防伪税控系统的纳税人，必须报送记录当期纳税信息的 IC 卡（明细数据备份在软盘上的纳税人，还须报送备份数据软盘）、《增值税专用发票存根联明细表》及《增值税专用发票抵扣联明细表》。②《资产负债表》和《利润表》。③《成品油购销存情况明细表》（发生成品油零售业务的纳税人填报）。④主管税务机关规定的其他必报资料。

备查资料：①已开具的增值税专用发票和普通发票存根联。②符合抵扣条件并且在本期申报抵扣的增值税专用发票抵扣联。③海关进口货物完税凭证、运输发票、购进农产品普通发票的复印件。④收购凭证的存根联或报查联。⑤代扣代缴税款凭证存根联。⑥主管税务机关规定的其他备查资料。

备查资料是否需要在当期报送，由各省级国家税务局确定。

表 2-8　增值税纳税申报表附列资料（表一）

（本期销售情况明细）

税款所属时间：2009 年 10 月

纳税人名称：（公章）宏达公司　　　　　填表日期：2009 年 11 月 5 日　　　　　金额单位：元（列至角分）

项　目	栏次	应税货物 17%税率 份数	应税货物 17%税率 销售额	应税货物 17%税率 销项税额	应税货物 13%税率 份数	应税货物 13%税率 销售额	应税货物 13%税率 销项税额	应税劳务 份数	应税劳务 销售额	应税劳务 销项税额	小计 份数	小计 销售额	小计 销项税额
一、按适用税率征收增值税货物及劳务的销售额和销项税额明细													
防伪税控系统开具的增值税专用发票	1												
非防伪税控系统开具的增值税专用发票	2												
开具普通发票	3												
未开具发票	4	—			—			—			—		
小计	5=1+2+3+4	—			—			—			—		
纳税检查调整	6	—			—			—			—		
合计	7=5+6	—			—			—			—		

项　目	栏次	6%征收率 份数	6%征收率 销售额	6%征收率 应纳税额	4%征收率 份数	4%征收率 销售额	4%征收率 应纳税额	小计 份数	小计 销售额	小计 应纳税额
二、简易征收办法征收增值税货物的销售额和应纳税额明细										
防伪税控系统开具的增值税专用发票	8									
非防伪税控系统开具的增值税专用发票	9									

续表

项目	栏次	6％征收率			4％征收率			小计		
		份数	销售额	应纳税额	份数	销售额	应纳税额	份数	销售额	应纳税额
开具普通发票	10									
未开具发票	11			—			—			—
小计	12＝8＋9＋10＋11			—			—			—
纳税检查调整	13									
合计	14＝12＋13			—			—			—

三、免征增值税货物及劳务销售额明细

项目	栏次	免税货物			免税劳务			小计		
		份数	销售额	税额	份数	销售额	税额	份数	销售额	税额
防伪税控系统开具的增值税专用发票	15				—	—	—			
开具普通发票	16			—			—			—
未开具发票	17						—			—
合计	18＝15＋16＋17			—			—			—

表2—9　增值税纳税申报表附列资料（表二）

（本期进项税额明细）

税款所属时间：2009 年 10 月

纳税人名称：（公章）宏达公司　　　　填表日期：2009 年 11 月 5 日　　　　金额单位：元（列至角分）

一、申报抵扣的进项税额				
项目	栏次	份数	金额	税额
（一）认证相符的防伪税控增值税专用发票	1		7000	11100
其中：本期认证相符且本期申报抵扣	2			
前期认证相符且本期申报抵扣	3			
（二）非防伪税控增值税专用发票及其他扣税凭证	4		8000	560
其中：17％税率	5			
13％税率或扣除率	6			
10％扣除率	7			
7％扣除率	8		8000	560
6％征收率	9			
4％征收率	10			
（三）期初已征税款	11	—	—	
当期申报抵扣进项税额合计	12			11660

续表

二、进项税额转出额		
项　目	栏次	税额
本期进项税转出额	13	5950
其中：免税货物用	14	
非应税项目用	15	5950
非正常损失	16	
按简易征收办法征税货物用	17	
免抵退税办法出口货物不得抵扣进项税额	18	
纳税检查调减进项税额	19	
未经认证已抵扣的进项税额	20	
	21	

三、待抵扣进项税额				
项　目	栏次	份数	金额	税额
(一)认证相符的防伪税控增值税专用发票	22	—	—	—
期初已认证相符但未申报抵扣	23			
本期认证相符且本期未申报抵扣	24			
期末已认证相符但未申报抵扣	25			
其中：按照税法规定不允许抵扣	26			
(二)非防伪税控增值税专用发票及其他扣税凭证	27			
其中：17%税率	28			
13%税率及扣除率	29			
10%扣除率	30			
7%扣除率	31			
6%征收率	32			
4%征收率	33			
	34			

四、其他				
项　目	栏次	份数	金额	税额
本期认证相符的全部防伪税控增值税专用发票	35			
期初已征税款挂账额	36	—	—	
期初已征税款余额	37	—	—	
代扣代缴税额	38			

注：第1栏＝第2栏＋第3栏＝第23栏＋第35栏－第25栏；第2栏＝第35栏－第24栏；第3栏＝第23栏＋第24栏－第25栏；第4栏等于第5栏至第10栏之和；第12栏＝第1栏＋第4栏＋第11栏；第13栏等于第14栏至第21栏之和；第27栏等于第28栏至第34栏之和。

【例题 55】增值税一般纳税人纳税操作案例。

1. 企业概况。

（1）企业名称：宏达家具公司

（2）企业性质：有限公司（增值税一般纳税人）

（3）法定代表人：张逸

（4）企业地址及电话：南通市青年东路 139 号　5237168

（5）开户银行及账号：工商银行大学城分理处　0184010128

（6）纳税人识别号：3200600001101809

2. 基本业务。

2009 年 10 月该企业发生以下业务。

（1）10 月 1 日，销售抛光材料，增值税专用发票上注明的销售额为 200000 元，普通发票上销售额为 117000 元；销售原木，开具的普通发票上注明的销售额为 33900 元。

（2）10 月 5 日，馈赠抛光材料给关系单位，其成本为 10000 元，同类产品的不含税售价为 25000 元，办公室装修使用外购板材 35000 元。

（3）10 月 11 日，购进板材，取得增值税专用发票上注明的金额为 50000 元；购进原木取得林区免税农产品发票上注明的金额为 20000 元，取得木材贸易公司普通发票上注明的金额为 40000 元；购进原木取得的运费发票金额为 12000 元，其中运费 8000 元，装卸堆存费 4000 元。

（4）上期尚未抵扣完进项税额 5100 元，（销售给外贸企业抛光材料）已缴增值税 17000 元（注：该企业原材料成本的核算采用实际成本法；增值税专用发票已通过验证；以上款项均已存款收付，原材料均已验收入库）。

3. 实训要求。

（1）计算该企业应缴纳的增值税税额。

（2）进行增值税涉税业务的会计处理。

（3）填制增值税纳税申报表。

【答案】（1）计算增值税应纳税额。

①本期销售额 $=200000+\dfrac{117000}{1+17\%}+\dfrac{33900}{1+13\%}+25000=355000$（元）

②本期销项税额 $=\left(200000+\dfrac{117000}{1+17\%}\right)\times17\%+\dfrac{33900}{1+13\%}\times13\%+25000\times17\%$

　　　　　　　　$=59150$（元）

③本期进项税额 $=(50000-35000)\times17\%+20000\times13\%+8000\times7\%$

　　　　　　　　$=5710$（元）

④本期应纳税额 $=59150-5710-5100-17000=31340$（元）

（2）增值税账务处理。

①10 月 1 日销售抛光材料，开具增值税专用发票。

借：银行存款　　　　　　　　　　　　　　　　　　　　234000

　　贷：主营业务收入　　　　　　　　　　　　　　　　　　200000

　　　　　　应交税费——应交增值税（销项税额）　　　　　　　　34000

②10月1日销售抛光材料，开具增值专用发票。

借：银行存款　　　　　　　　　　　　　　　　　　　　117000

　　贷：主营业务收入　　　　　　　　　　　　　　　　　　100000

　　　　应交税费——应交增值税（销项税额）　　　　　　　17000

③10月1日销售原木，增值税税率为13%。

借：银行存款　　　　　　　　　　　　　　　　　　　　33900

　　贷：主营业务收入　　　　　　　　　　　　　　　　　　30000

　　　　应交税费——应交增值税（销项税额）　　　　　　　3900

④馈赠抛光材料，应视同销售，按其对外售价计算销项税额。

借：营业外支出　　　　　　　　　　　　　　　　　　　14250

　　贷：库存商品——抛光材料　　　　　　　　　　　　　　10000

　　　　应交税费——应交增值税（销项税额）　　　　　　　4250

⑤办公室使用外购板材，其进项税额应作转出处理。

借：在建工程　　　　　　　　　　　　　　　　　　　　40950

　　贷：原材料——板材　　　　　　　　　　　　　　　　　35000

　　　　应交税费——应交增值税（进项税额转出）　　　　　5950

⑥10月11日购进板材。

借：原材料——板材　　　　　　　　　　　　　　　　　50000

　　应交税费——应交增值税（进项税额）　　　　　　　　8500

　　贷：银行存款　　　　　　　　　　　　　　　　　　　　58500

⑦10月11日购进原木。

借：原材料——原木　　　　　　　　　　　　　　　　　20000

　　应交税费——应交增值税（进项税额）　　　　　　　　2600

　　贷：银行存款　　　　　　　　　　　　　　　　　　　　22600

⑧从木材公司购进原木，取得普通发票，不得计提进项税额。

借：原材料——原木　　　　　　　　　　　　　　　　　40000

　　贷：银行存款　　　　　　　　　　　　　　　　　　　　40000

⑨购进原木所支付的运费，允许按运费金额计提7%的进项税额。

借：原材料——原木　　　　　　　　　　　　　　　　　11440

　　应交税费——应交增值税（进项税额）　　　　　　　　560

　　贷：银行存款　　　　　　　　　　　　　　　　　　　　12000

⑩销售给外贸企业出口抛光材料已交增值税17000元。

借：应交税费——应交增值税（已交税金）　　　　　　　17000

　　贷：银行存款　　　　　　　　　　　　　　　　　　　　17000

⑪本月应交税款。

借：应交税费——应交增值税（转出未交增值税）　　　　31340

　　贷：应交税费——未交增值税　　　　　　　　　　　　　31340

⑫下月缴纳增值税时。

借：应交税费——未交增值税 31340

　　贷：银行存款 31340

（3）填制纳税申报表。

根据上述核算材料，填制纳税申报表（见表2—7、表2—8、表2—9）。

（二）小规模纳税人申报办法

小规模纳税人申报表的格式。如表2—10所示。

表2—10　增值税纳税申报表

（适用于小规模纳税人）

税款所属时间：自 2009 年 11 月 1 日至 2009 年 11 月 30 日

填表日期：2009 年 12 月 5 日

纳税人登记号											

纳税人名称	大江公司	法定代表人姓名	徐敏	营业地址	青年东路 148 号
开户银行及账号		经济类型		电话	

项　目 货物或应税劳务名称	销售额	征收率	本期应纳税额	截至上期 累计欠税额	本期已清理 欠税额
	1	2	3＝2×1	4	5
货物	15000	3‰	450		

授权代理人	（如果你已委托代理申报人，请填写下列资料） 为代理一切税务事宜，现授权 _____ （地址）_____ 为本纳税人的代理申报人， 任何与本申报表有关的往来文件都可寄与此人。 授权人签字：	声明	此纳税申报表是根据《中华人民共和国增值税暂行条例》的规定填报的，我确信它是真实的、可靠的、完整的。 声明人签字：
会计主管签字		代理申报人签字	纳税人盖章
以下由税务机关填写			
收到日期	接收人	审核日期	主管税务机关盖章： 核收人签字：
审核记录			

该申报表一式两联，第一联为申报联，第二联为收执联。

【例题 56】增值税小规模纳税人纳税业务实训。

1. 企业概况。

(1) 企业名称：大江公司

(2) 企业性质：私有企业

(3) 法定代表人：徐敏

(4) 企业地址及电话：南通市青年东路 148 号　5237166

(5) 开户银行及账号：工商银行青年东路分理处　23567

(6) 纳税人识别号：3206020000009

2. 基本业务。

该企业为小规模纳税人，主管税务机关核定的纳税期限为 1 个月。2009 年 11 月发生了以下业务。

(1) 11 月 2 日，销售产品一批，含税售价 12360 元，货款已入账。

(2) 11 月 10 日，接受委托加工材料一批，27 日加工完毕，收取含税加工费 3090 元。

(3) 11 月 20 日，购进材料一批，增值税专用发票注明价款 9000 元，税款 1530 元，材料已入库，货款尚未支付。

3. 实训要求。

(1) 计算该企业应纳税额。

(2) 进行增值税涉税业务的会计处理。

(3) 填制小规模纳税人增值税纳税申报表。

【答案】应纳税额＝12360÷（1＋3％）×3％＋3090÷（1＋3％）×3％＝450（元）

11 月 2 日，借：银行存款	12360	
贷：主营业务收入		12000
应交税费——应交增值税（销项税额）		360
11 月 10 日，借：银行存款	3090	
贷：主营业务收入		3000
应交税费——应交增值税（销项税额）		90
11 月 20 日，借：原材料	10530	
贷：应付账款		10530

根据上述材料，填制纳税申报表（见表 2—10）。

复习思考题

1. 增值税有哪些特点？

2. 增值税一般纳税人与小规模纳税人如何划分？

3. 增值税的征税范围包括哪些内容？

4. 增值税的视同销售货物行为如何确定？

5. 增值税低税率适用哪些范围？

6. 何谓销项税额、进项税额？

7. 增值税的计税依据有哪些主要规定？

8. 准予抵扣的进项税额包括哪些内容？

9. 不得抵扣的进项税额包括哪些内容？

10. 进项税额转出有哪些情况？

练习题

一、单项选择题

1. 甲汽车配件商店（小规模纳税人）2010 年 6 月购进零配件 15000 元，支付电费 500 元，当月销售取得收入 18000 元。该商店应纳增值税是（　　）元。

　　A. 1018. 87　　　　B. 720　　　　　C. 1080　　　　D. 692. 31

2. 某五金工具厂为小规模纳税人，适用的增值税征收率为 3%。2009 年 3 月份，该厂取得销售收入（含增值税）5512 元，则该厂 3 月份应缴纳的增值税额为（　　）元。

　　A. 312　　　　　　B. 330. 72　　　C. 884　　　　　D. 937. 04

3. 下列各项中，属于增值税征收范围的是（　　）。

　　A. 提供通信服务　　B. 提供金融服务　C. 提供加工劳务　D. 提供旅游服务

4. 根据《增值税专用发票使用规定》，一般纳税人的下列销售行为中，应开具增值税专用发票的是（　　）。

　　A. 向消费者个人销售应税货物　　B. 向小规模纳税人转让专利权

　　　C. 向一般纳税人销售房地产　　D. 向一般纳税人销售应税货物

5. 某一般纳税人 2009 年 2 月购进免税农产品一批，支付给农业生产者收购价格为 20000 元，该项业务准许抵扣的进项税额为（　　）元。

　　A. 2600　　　　　B. 2000　　　　C. 0　　　　　　D. 3400

6. 根据增值税法律制度的规定，纳税人采取托收承付和委托银行收款方式销售货物的，其纳税义务的发生时间为（　　）。

　　A. 货物发出的当天　　　　　　　B. 合同约定的收款日期的当天

　　C. 收到销售货款的当天　　　　　D. 发出货物并办妥托收手续的当天

二、多项选择题

1. 根据《增值税暂行条例》的规定，下列各项中，应缴纳增值税的有（　　）。

　　A. 将自产的货物用于投资　　　　B. 将自产的货物分配给股东

　　C. 将自产的货物用于集体福利　　D. 将自建的厂房对外转让

2. 下列各项中，属于增值税征收范围的有（　　）。

A. 销售钢材　　　B. 销售自来水　C. 销售电力　　D. 销售房屋

三、计算题

1. 某商场 2010 年 10 月份发生以下购销业务：

（1）购入日用品取得增值税专用发票上注明的进项金额 20 万元，同时支付货物的运输费 0.8 万元。

（2）零售商品的销售收入为 120 万元。

（3）将一部分购入的货物作为礼品赠送关联企业，相当于同类商品销售价格为 4 万元（不含增值税价格）。上述购销货物的增值税税率为 17%。

要求：计算该商场当月应缴纳的增值税。

2. 某商场为增值税一般纳税人，2010 年 3 月份发生以下购销业务：

（1）购入日用品取得增值税专用发票上注明的货款为 100000 元，同时支付货物运输费 3500 元。

（2）将购入的一批货物作为礼物赠送给关联企业，同类商品的销售价为 30000 元（不含税价）。

（3）向小规模纳税人销售货物金额为 23400 元，柜台零售货物金额为 11700 元，向一般纳税人销售货物价款 60000 元。

（4）"三八"节以价值 8000 元（不含税进价）的库存商品为女职工搞福利。

（5）向灾区捐赠货物一批，不含税金额为 50000 元。

试计算该商场当月应缴纳的增值税。

3. 某玩具厂是有出口经营权的集体所有制生产企业。2010 年 12 月在国内销售毛绒玩具，不含税的销售额为 3000 万元；该季度报关离境的出口毛绒玩具离岸价为 1000 万美元；该月购入纺织品等原料，增值税专用发票上注明的金额为 5000 万元。上期末抵扣完结转当期抵扣的进项税额为 5 万元（汇率为 100 美元＝830 元人民币，出口玩具退税率为 15%）。

要求：

（1）该企业适用的出口退税办法是什么？为什么？

（2）外销货物出口环节应纳增值税为多少？为什么？

（3）当期不予抵扣或退税的数额是多少？

（4）当期应纳税额是多少？

（5）当期是否应退税？若应退税，退税额为多少？

第三章　消费税

第一节　消费税概述

一、消费税的概念

消费税是以特定消费品为课税对象所征收的一种税，属于流转税的范畴。目前，世界上已有 100 多个国家开征了这一税种或类似税种。具体地说，是对我国境内从事生产、委托加工和进口应税消费品的单位和个人就其应税消费品的销售额或销售数量征收的一种税。

我国现行消费税是 1994 年税制改革中新设置的一个税种，国务院于 2008 年 11 月 10 日颁布了新《中华人民共和国消费税暂行条例》，财政部 2008 年 12 月 15 日颁布了新《中华人民共和国消费税暂行条例实施细则》，并于 2009 年 1 月 1 日起实行，目的是为了调节产品结构，引导消费方向，保证国家财政收入。当时设定了包括烟、酒、小汽车等在内的 11 个税目。

二、消费税的特点

作为对特定消费品和消费行为在特定环节征收的一种间接税，消费税具有以下几个特点：

（1）征收范围具有选择性。一般是选择部分消费品和消费行为征收，征税项目由税法明确列举，主要有烟、酒及酒精、化妆品、贵重首饰及珠宝玉石、鞭炮烟火、成品油等 14 个税目，有的税目中又包括若干子税目。除税法明确列举的商品以外，不征收消费税。

（2）征收环节具有单一性。通常是在消费品生产环节和进口环节（金银首饰除外）一次性征收，不像增值税是道道征收。

（3）征收方法具有灵活性。既可以采取对消费品的数量实行从量定额的征收方法，也可以实行从价定率的征收方法。

（4）税率税额具有差别性，可以根据消费品的价格水平、国家的产业政策和消费政策等情况，对不同消费品制定不同的税率、税额。

（5）税负具有转嫁性。消费税是一种间接税，不论它是在哪一个环节征收，消费品价格中所含的消费税税款最终都要转嫁到消费者身上，由最终的消费者承担。它不仅是国家组织财政收入的重要手段，还具有独特的调节功能，在体现国家奖励政策、引导消费方向、调节市场供求、缓解社会成员之间分配不均等方面发挥着越来越重要的作用。

第二节 消费税基本法律内容

一、消费税的纳税义务人

在中华人民共和国境内生产、委托加工和进口应税消费品的单位和个人以及国务院确定的销售消费税条例规定的消费品的其他单位和个人，为消费税的纳税义务人（以下简称"纳税人"）。

这里所说的"在中华人民共和国境内"，是指生产、委托加工和进口属于应当缴纳消费税的消费品的起运地或者所在地在境内。这里所说的"单位"，是指企业、事业单位、军事单位，社会团体及其他单位。这里所说的"个人"，是指个体工商户及其他个人。

具体来说，消费税纳税人包括：生产应税消费品的单位和个人；进口应税消费品的单位和个人；委托加工应税消费品的单位和个人。其中，委托加工的应税消费品由受托方于委托方提货时代扣代缴（受托方为个体工商户者除外），自产自用的应税消费品的单位由自产自用单位和个人在移送使用时缴纳消费税。

二、消费税的征税范围

我国实行有选择的消费税，其征税范围主要是根据我国的经济发展现状和消费政策，人民群众的消费水平和消费结构以及国家的财政需要确定的。课征的商品大体分为以下几种：

（1）过度消费会对人类健康、社会秩序、生态环境等方面造成危害的特殊消费品，包括烟、酒、鞭炮、焰火等。

（2）奢侈品，非生活必需品，包括化妆品、贵重首饰等。

（3）高能耗及高档消费品，包括摩托车、小汽车等。

（4）不可再生产和替代的石油类消费品，如汽油、柴油等。

（5）具有一定财政意义的产品，如汽车轮胎等。

（一）烟

凡是以烟叶为原料加工生产的产品，不论使用何种辅料，均属于本税目的征收范围。本税目下设卷烟、雪茄烟、烟丝三个子目。

（二）酒及酒精

本税目下设粮食白酒、薯类白酒、黄酒、啤酒、其他酒、酒精六个子目。

（三）化妆品

化妆品是日常生活中用于修饰美化人体表面的用品。化妆品品种较多，所用原料各异，按其类别划分，可分为美容和芳香两类。

成套化妆品是指由各种用途的化妆品配套盒装而成的系列产品。一般采用精制的金属或塑料盒包装，盒内常备有镜子、梳子等化妆工具，具有多功能性和使用方便的特点。

舞台、戏剧、影视演员化妆用的上妆油、卸妆油、油彩、发胶和头发漂白剂等，不属于本税目征收范围。

（四）贵重首饰及珠宝玉石

本税目征收范围包括各种金银珠宝首饰和经采掘、打磨、加工的各种珠宝玉石。

（五）鞭炮、焰火

体育上用的发令纸，鞭炮药引线，不按本税目征收。

（六）成品油

本税目包括汽油、柴油、石脑油、溶剂油、航空煤油、润滑油、燃料油七个子目。

（七）汽车轮胎

汽车轮胎是指用于各种汽车、挂车、专用车和其他机动车上的内、外胎。

（八）摩托车

本税目征收范围包括轻便摩托车、摩托车。

（九）小汽车

小汽车是指由动力驱动、具有四个或四个以上车轮的非轨道承载的车辆。

本税目征收范围包括含驾驶员座位在内最多不超过9个座位（含）的，在设计和技术特性上用于载运乘客和货物的各类乘用车和含驾驶员座位在内的座位数在10～23座（含23座）的在设计和技术特性上用于载运乘客和货物的各类中轻型商用客车。

用排气量小于1.5升（含）的乘用车底盘（车架）改装、改制的车辆属于乘用车征收范围。用排气量大于1.5升的乘用车底盘（车架）或用中轻型商用客车底盘（车架）改装、改制的车辆属于中轻型商用客车征收范围。

含驾驶员人数（额定载客）为区间值的（如8～10人、17～26人）小汽车，按其区间值下限人数确定征收范围。

电动汽车不属于本税目征收范围。

（十）高尔夫球及球具

在我国现阶段，高尔夫球仍然属于只有少部分高消费群体才能消费的活动，其使用的球及球具价格一般很高，为了体现国家对这种高消费行为的调节，将高尔夫球及球具作为一个税目。

高尔夫球及球具是指从事高尔夫球运动所需的各种专用装备，包括高尔夫球、高尔夫球杆及高尔夫球包（袋）等。

（十一）高档手表

目前，一些手表的价格高达万元甚至上百万元，有些手表使用贵金属，并镶嵌宝石、钻石，已经超越了其原有的计时功能，属于一种高档奢侈品。为了体现对高档消费品的税收调节，将高档手表纳入征收范围。

高档手表是指销售价格（不含增值税）每只在 1 万元（含）以上的各类手表。

本税目征收范围包括符合以上标准的各类手表。

（十二）游艇

游艇是近几年我国新出现的只有少数群体消费的高档消费品，为了合理引导消费，间接调节收入分配，将游艇纳入了消费税征收范围。

游艇是指长度大于 8 米小于 90 米，船体由玻璃钢、钢、铝合金、塑料等多种材料制作，可以在水上移动的水上浮载体。按照动力划分，游艇分为无动力艇、帆艇和机动艇。

本税目征收范围包括艇身长度大于 8 米（含）小于 90 米（含），内置发动机，可以在水上移动，一般为私人或团体购置，主要用于水上运动和休闲娱乐等非谋利活动的各类机动艇。

（十三）木制一次性筷子

木制一次性筷子，又称卫生筷子，是指以木材为原料经过锯段、浸泡、旋切、刨切、烘干、筛选、打磨、倒角、包装等环节加工而成的各类一次性使用的筷子。

（十四）实木地板

实木地板是指以木材为原料，经锯割、干燥、抛光、截断、开榫、涂漆等工序加工而成的块状或条状的地面装饰材料。

三、消费税税率

消费税的税率按产品设计，适用比例税率和定额税率两种性质的税率，并根据不同的税目或子目确定相应的税率或单位税额（见表 3—1）。对一些供求基本平衡、价格差异不大、计量单位规范的消费品实行定额税率，如黄酒、啤酒、汽油、柴油等。而对一些供求矛盾突出、价格差异较大、计量单位又不是十分规范的消费品则采用比例税率，税率3％～45％不等。对卷烟、粮食白酒和薯类白酒则采用比例税率和定额税率相结合的复合税率。

表3—1 消费税税目、税率表

税　目	税　率
一、烟	
1. 卷烟	
（1）甲类卷烟	45％加0.003元/支
（2）乙类卷烟	30％加0.003元/支
2. 雪茄烟	25％
3. 烟丝	30％
二、酒及酒精	
1. 白酒	20％加0.5元/500克（或者500毫升）
2. 黄酒	240元/吨
3. 啤酒	
（1）甲类啤酒	250元/吨
（2）乙类啤酒	220元/吨
4. 其他酒	10％
5. 酒精	5％
三、化妆品	30％
四、贵重首饰及珠宝玉石	
1. 金银首饰、铂金首饰和钻石及钻石饰品	5％
2. 其他贵重首饰和珠宝玉石	10％
五、鞭炮、焰火	15％
六、成品油	
1. 汽油	
（1）含铅汽油	0.28元/升
（2）无铅汽油	0.20元/升
2. 柴油	0.10元/升
3. 航空煤油	0.10元/升
4. 石脑油	0.20元/升
5. 溶剂油	0.20元/升
6. 润滑油	0.20元/升
7. 燃料油	0.10元/升
七、汽车轮胎	3％
八、摩托车	
1. 气缸容量（排气量，下同）在250毫升（含250毫升）以下的	3％
2. 气缸容量在250毫升以上的	10％

续表

税　目	税　率
九、小汽车	
1. 乘用车	
（1）气缸容量（排气量，下同）在 1.0 升（含 1.0 升）以下的	1%
（2）气缸容量在 1.0 升以上至 1.5 升（含 1.5 升）的	3%
（3）气缸容量在 1.5 升以上至 2.0 升（含 2.0 升）的	5%
（4）气缸容量在 2.0 升以上至 2.5 升（含 2.5 升）的	9%
（5）气缸容量在 2.5 升以上至 3.0 升（含 3.0 升）的	12%
（6）气缸容量在 3.0 升以上至 4.0 升（含 4.0 升）的	25%
（7）气缸容量在 4.0 升以上的	40%
2. 中轻型商用客车	5%
十、高尔夫球及球具	10%
十一、高档手表	20%
十二、游艇	10%
十三、木制一次性筷子	5%
十四、实木地板	5%

消费税税率的运用应注意以下几个问题：

（1）纳税人兼营不同税率的应税消费品（指生产销售两种税率以上的应税消费品），应当分别核算不同税率应税消费品的销售额、销售数量；未分别核算销售额、销售数量的，从高适用税率。

（2）将不同税率的应税消费品组成成套消费品销售的，从高适用税率。

四、消费税的计税依据

消费税的计税依据分别采用从价和从量两种计税方法。实行从价计税办法征税的应税消费品，计税依据为应税消费品的销售额。实行从量定额办法计税时，通常以每单位应税消费品的重量、容积或数量为计税依据。

五、消费税的纳税环节

消费税的纳税环节是指应税消费品在流转过程中缴纳税款的环节。本着有效控制税源、保证财政收入、简化征收手续和降低征收费用的原则，消费税采取单环节课税，大多数征税品目的纳税环节确定在工业生产销售环节。具体规定如下：

（1）纳税人生产的应税消费品，于纳税人销售时纳税。

（2）纳税人自产自用的应税消费品，用于连续生产应税消费品的，不纳税；用于其他方面的，是指纳税人将自产自用应税消费品用于生产非应税消费品、在建工程、管理部门、非生产机构、提供劳务、馈赠、赞助、集资、广告、样品、职工福利、奖励等方面，于移送使用时纳税。

（3）委托加工的应税消费品，除受托方为个人外，由受托方在向委托方交货时代收代缴税款。委托加工的应税消费品，委托方用于连续生产应税消费品的，所纳税款准予按规定抵扣。

（4）进口的应税消费品，于报关进口时纳税。

（5）金银首饰在零售环节征税，生产、批发和进口环节均不征收消费税。

六、税收优惠

对纳税人出口应税消费品，免征消费税；国务院另有规定的除外。出口应税消费品的免税办法，由国务院财政、税务主管部门规定。

第三节　消费税的计算

一、消费税的基本计税方法

消费税实行从价定率或从量定额的方法计算应纳税额。

（一）从价定率计算方法

实行从价定率办法计算消费税应纳税额的计算公式为：

应纳税额＝应税消费品销售额×比率税率

1. 应税消费品销售额的确定

消费税的销售额是纳税人销售应税消费品向购买方收取的全部价款和价外费用（不包括增值税）。

"价外费用"是指价外向购买方收取的手续费、补贴、基金、集资费、返还利润、奖励费、违约金、滞纳金、延期付款利息、赔偿金、代收款项、代垫款项、包装费、包装物租金、储备费、优质费、运输装卸费以及其他各种性质的价外收费。但下列项目不包括在内：

（1）同时符合以下条件的代垫运输费用：

①承运部门的运输费用发票开具给购买方的。

②纳税人将该项发票转交给购买方的。

（2）同时符合以下条件代为收取的政府性基金或者行政事业性收费：

①由国务院或者财政部批准设立的政府性基金，由国务院或者省级人民政府及其财

政、价格主管部门批准设立的行政事业性收费。

　　②收取时开具省级以上财政部门印制的财政票据。

　　③所收款项全额上缴财政。

纳税提示：

　　1. 其他价外费用，无论是否属于纳税人的收入，均应并入销售额计算征税。

　　2. 对应税消费品连同包装销售的，无论包装是否单独计价以及在会计上如何核算，均应并入应税消费品的销售额中缴纳消费税。如果包装物不作价随同产品销售，而是收取押金，此项押金则不应并入应税消费品的销售额中征税。但对因逾期未收回的包装物不再退还的或者已收取的时间超过 12 个月的押金，应并入应税消费品的销售额，按照应税消费品的适用税率缴纳消费税。

　　对既作价随同应税消费品销售，又另外收取押金的包装物的押金，凡纳税人在规定的期限内没有退还的，均应并入应税消费品的销售额，按照应税消费品的适用税率缴纳消费税。

---

2. 含增值税销售额的换算

　　由于消费税和增值税实行交叉征收，消费税实行价内税，增值税实行价外税，因此实行从价定率征收消费税的消费品，其消费税税基和增值税税基是一致的，即都是以含消费税不含增值税的销售额作为计税依据。所以第二章中有关增值税确认销售额的规定同样适用于消费税，如果纳税人应税消费品的销售额中未扣除增值税税款或者因不得开具增值税专用发票而发生价款和增值税税款合并收取的，在计算消费税时，价格中如含有增值税税款，应将其换算为不含增值税税款的销售额。换算公式为：

　　应税消费品的销售额＝含增值税的销售额÷（1＋增值税税率或征收率）

　　【例题 1】某汽车制造厂本月生产达到低污染排放值的越野车（消费税税率 5%）70 辆，当月售出 60 辆，每辆不含税价格为 12 万元，当月应纳消费税和增值税为多少？

　　【答案】应纳消费税＝60×12×5%×（1－30%）＝25.2（万元）

　　应纳增值税＝60×12×17%＝122.4（万元）

　　纳税人通过自设非独立核算门市部销售的自产应税消费品，应当按照门市部对外销售额或者销售数量征收消费税。

　　纳税人用于换取生产资料和消费资料，投资入股和抵偿债务等方面的应税消费品，应当以纳税人同类应税消费品的最高销售价格作为计税依据计算消费税。

　　【例题 2】某汽车制造厂以自产小汽车（乘用车，1.6 升汽缸容量）10 辆换取某钢厂生产的钢材 200 吨，每吨钢材 3000 元。该厂生产的同一型号小汽车当月销售价格分别为 9.5 万元/辆、9 万元/辆和 8.5 万元/辆，计算汽车制造厂该业务应纳增值税、消费税额（以上价格不含增值税，双方均为增值税一般纳税人）。

　　【答案】应纳消费税额＝10×9.5×5%＝4.75（万元）

应纳增值税：销项税额＝10×9×17％＝15.3（万元）

进项税额＝200×0.3×17％＝10.2（万元）

应纳增值税额＝15.3－10.2＝5.1（万元）

纳税人应税消费品的计税价格明显偏低又无正当理由的，由主管税务机关核定其计税价格。

（二）从量定额计算方法

1. 实行从量定额办法计算消费税应纳税额的计算

应纳税额＝应税消费品销售数量×定额税率

2. 销售数量的确定

从量定额办法计算消费税应纳税额的计税依据是应税消费品的数量。具体为：

（1）销售应税消费品的，为应税消费品的销售数量。

（2）自产自用应税消费品的，为应税消费品的移送使用数量。

（3）委托加工应税消费品的，为纳税人收回的应税消费品数量。

（4）进口的应税消费品为海关核定的应税消费品进口征税数量。

3. 计量单位的换算

消费税法中，黄酒、啤酒以吨为单位规定单位税额；汽油、柴油以升为单位规定单位税额。在确定计税数量时要与固定税额的单位一致。

《消费税暂行条例》规定，黄酒、啤酒是以吨为税额单位；汽油、柴油是以升为税额单位的。但是，考虑到在实际销售过程中，一些纳税人会把吨或升这两个计量单位混用，为了规范不同产品的计量单位，以准确计算应纳税额，吨与升两个计量单位的换算标准见表3－2。

表3－2　吨与升两个计量单位的换算标准

名称	单位换算	名称	单位换算
黄酒	1吨＝962升	溶剂油	1吨＝1282升
啤酒	1吨＝988升	润滑油	1吨＝1126升
汽油	1吨＝1388升	燃料油	1吨＝1015升
柴油	1吨＝1176升	石脑油	1吨＝1385升
航空煤油	1吨＝1246升		

（三）从量定率和从量定额复合计税办法

现行消费税的征税范围中采用复合计税办法的适用对象只有卷烟、粮食白酒、薯类白酒。

实行复合计税计算消费税应纳税额的计算公式为：

应纳税额＝应税消费品销售额×比率税率＋应税消费品销售数量×定额税率

粮食白酒、薯类白酒的计税依据与前面从价定率、从量定额规定相同。

二、自产自用应税消费品应纳税额的计算

自产自用是指纳税人生产应税消费品后，不用于直接对外销售，而是用于自己连续生产应税消费品，或用于其他方面。这种方式应根据税法确定是否征收消费税，见表3－3。

表3－3　自产自用应税消费品的税务处理

自产自用应税消费品用途	税务处理
（1）用于连续生产应税消费品 是指纳税人将自产自用的应税消费品作为直接材料生产最终应税消费品，自产自用应税消费品构成最终应税消费品的实体	不缴纳消费税
（2）用于其他方面的 是指纳税人将自产自用应税消费品用于生产非应税消费品、在建工程、管理部门、非生产机构、提供劳务、馈赠、赞助、集资、广告、样品、职工福利、奖励等方面	于移送使用时缴纳消费税 （1）有同类消费品的销售价格的，按照纳税人生产的同类消费品的销售价格计算纳税。 （2）没有同类消费品销售价格的，按照组成计税价格计算纳税。组成计税价格及应纳税额计算公式为： 实行从价定率办法计算纳税的组成计税价格计算公式： 组成计税价格＝（成本＋利润）÷（1－比例税率） 实行复合计税办法计算纳税的组成计税价格计算公式： 组成计税价格＝（成本＋利润＋自产自用数量×定额税率）÷（1－比例税率） 应纳税额＝组成计税价格×适用税率

注：所谓同类消费品的销售价格，是指纳税人或者代收代缴义务人当月销售的同类消费品的销售价格，如果当月同类消费品各期销售价格高低不同，应按销售数量加权平均计算。但销售的应税消费品有下列情况之一的，不得列入加权平均计算。

销售价格明显偏低并无正当理由的或无销售价格的。

如果当月无销售或者当月未完结，应按照同类消费品上月或者最近月份的销售价格计算纳税。

上述公式的"成本"，是指应税消费品的产品生产成本；"利润"是指根据应税消费品的全国平均成本利润率计算的利润。应税消费品的全国平均成本利润率由国家税务总局确定（见表3－4）。采用从价与从量混合征收消费税的应税消费品在组成计税价格时，不考虑从量计征的消费税税额。

表 3—4　应税消费品全国平均成本利润率表

品名	成本利润率	品名	成本利润率
甲类卷烟	10%	贵重首饰及珠宝玉石	6%
乙类卷烟	5%	汽车轮胎	5%
雪茄烟	5%	摩托车	6%
烟丝	5%	高尔夫球及球具	10%
粮食白酒	10%	高档手表	20%
薯类白酒	5%	游艇	10%
其他酒	5%	木制一次性筷子	5%
酒精	5%	实木地板	5%
化妆品	5%	乘用车	8%
鞭炮、焰火	5%	轻型商用客车	5%

【例题 3】某啤酒厂自产啤酒 10 吨，无偿提供给某啤酒节，已知每吨成本 1000 元，无同类产品售价（税务机关核定的消费税单位税额为 220 元/吨），则该企业应缴纳的消费税和增值税为多少？

【答案】应纳消费税＝10×220＝2200（元）

应纳增值税＝[10×1000×（1＋10%）＋2200]×17%＝2244（元）

对于按从价定率征收消费税的货物，上面组成计税价格成本公式中的成本利润率按消费税税法规定。

【例题 4】某酒厂以自产特制粮食白酒 2000 斤用于厂庆庆祝活动，每斤白酒成本 12 元，无同类产品售价，则该企业应缴纳的消费税和增值税为多少？

【答案】应纳消费税：从量定额征收的消费税＝2000×0.5＝1000（元）

从价定率征收的消费税＝12×2000×（1＋10%）÷（1－20%）×20%＝6600（元）

（注：组价中不含从量征收的消费税）

应纳消费税＝1000＋6600＝7600（元）

应纳增值税＝12×2000×（1＋10%）÷（1－20%）×17%＝5610（元）

三、委托加工应税消费品应纳税额的计算

1. 委托加工应税消费品的确定

委托加工应税消费品是指委托方提供原料和主要材料，受托方只收取加工费和代垫部分辅料的加工的应税消费品，除此之外都不能称做委托加工。

原料、主料
委托方　————————→　受托方
应税消费品

以下情况不论在财务上是否作销售处理，都不得作为委托加工应税消费品，而应当

按照销售自制应税消费品缴纳消费税：

（1）由受托方提供原材料生产应税消费品。

（2）受托方先将原材料卖给委托方，再接受加工生产应税消费品。

（3）由受托方以委托方名义购进原材料生产应税消费品。

2. 委托加工应税消费品组成计税价格的计算

委托加工的应税消费品，按照受托方的同类消费品的销售价格计算纳税；没有同类消费品销售价格的，按照组成计税价格计算纳税。

实行从价定率办法计算纳税的组成计税价格计算公式为：

组成计税价格＝（材料成本＋加工费）÷（1－比例税率）

实行复合计税办法计算纳税的组成计税价格计算公式为：

组成计税价格＝（材料成本＋加工费＋委托加工数量×定额税率）÷（1－比例税率）

按照《消费税暂行条例实施细则》的规定，"材料成本"是指委托方所提供加工材料的实际成本。委托加工应税消费品的纳税人，必须在委托加工合同上如实注明（或者以其他方式提供）材料成本，凡未提供材料成本的，受托方主管税务机关有权核定其材料成本。

"加工费"是指受托方加工应税消费品向委托方所收取的全部费用（包括代垫辅助材料的实际成本，不包括增值税税费）。

3. 委托加工应税消费品消费税的缴纳

（1）对委托加工的应税消费品的应纳消费税，采取由受托方代收代缴税款办法。委托加工的应税消费品直接出售的，不再缴纳消费税。受托方必须严格履行代收代缴义务，否则要承担税收法律责任。

（2）委托加工的应税消费品，除受托方为个人外，由受托方在向委托方交货时代收代缴税款。

（3）委托加工的应税消费品，委托方用于连续生产应税消费品的，所纳税款准予按规定抵扣。

（4）受托方未能按规定代收代缴，委托方必须补缴税款，补税的计税依据为：

①已直接销售的：按销售额计税。

②未销售或不能直接销售的：按组价计税。

委托方补税的组成计税价格计算公式为：

组成计税价格＝（成本＋利润）÷（1－消费税税率）

【例题5】甲酒厂为增值税一般纳税人，2009年8月发生以下业务：

（1）从农业生产者手中收购粮食30吨，每吨收购价2000元，共计支付收购价款60000元。

（2）甲酒厂将收购的粮食从收购地直接运往异地的乙酒厂生产加工白酒，白酒加工完毕，企业收回白酒8吨，取得乙酒厂开具防伪税控的增值税专用发票，注明加工费25000元，代垫辅料价值15000元，加工的白酒当地无同类产品市场价格。

（3）本月内甲酒厂将收回的白酒批发售出7吨，每吨不含税销售额16000元。

（4）另外支付给运输单位销货运输费用12000元，取得普通发票。

要求：（1）计算乙酒厂应代收代缴的消费税和应纳增值税（委托方提供的原材料成本为不含增值税的价格）。

（2）计算甲酒厂应纳的消费税和增值税。

【答案】（1）乙酒厂应代收代缴的消费税和应纳增值税：

①代收代缴的消费税的组成计税价格＝（材料成本＋加工费）÷（1－消费税税率）
＝［30×2000×（1－13%）＋（25000＋15000）］÷（1－20%）＝115250（元）

应代收代缴的消费税＝115250×20%＋8×2000×0.5＝31050（元）

②应缴纳增值税＝（25000＋15000）×17%＝6800（元）

（2）甲酒厂应缴纳的消费税和增值税：

①销售委托加工收回的白酒不缴消费税。

②应缴纳的增值税：

销项税额＝7×16000×17%＝19040（元）

进项税额＝30×2000×13%＋6800＋12000×7%＝15440（元）

应缴纳增值税＝19040－15440＝3600（元）

四、兼营不同税率应税消费品的税务处理

兼营是指纳税人经营的是适用多种不同税率的产品。在兼营情况下，应当分别核算不同税率应税消费品的销售额、销售数量并分别纳税。如未分别核算或者将不同税率的应税消费品组成成套消费品销售的，从高适用税率计税。

例如，某酒厂既生产税率为20%的粮食白酒，又生产税率为10%的其他酒。对于这种情况，税法规定，该厂应分别核算白酒与其他酒的销售额和销售数量，然后按各自适用的税率（税额）计税；如不分别核算，其他酒也按白酒的税率计算纳税。

如果该酒厂还生产白酒与其他酒小瓶装礼品套酒，就是税法所指的成套消费品，应按全部销售额就白酒的税率20%计算应纳消费税额，而不能以其他酒10%的税率计算其中任何一部分的应纳税额了。

五、进口应税消费品应纳税额的计算

进口的应税消费品，按照组成计税价格计算纳税。

实行从价定率办法计算纳税的组成计税价格计算公式为：

组成计税价格＝（关税完税价格＋关税）÷（1－消费税比例税率）

实行复合计税办法计算纳税的组成计税价格计算公式为：

组成计税价格＝（关税完税价格＋关税＋进口数量×消费税定额税率）÷（1－消费税比例税率）

关税完税价格是指海关核定的关税计税价格。

【例题6】某外贸公司从国外进口一批化妆品，化妆品关税完税价格1000万元，征收进口关税400万元，化妆品消费税税率30%，计算该外贸公司进口应纳消费税和增值税。

【答案】应纳消费税＝（1000＋400）÷（1－30％）×30％＝600（万元）

应纳增值税＝（1000＋400＋600）×17％＝340（万元）

纳税提示：

　　纳税人应税消费品的计税价格明显偏低并无正当理由的，由主管税务机关核定其计税价格。

　　应税消费品的计税价格的核定权限规定如下：

　　（1）卷烟、白酒和小汽车的计税价格由国家税务总局核定，送财政部备案；

　　（2）其他应税消费品的计税价格由省、自治区和直辖市国家税务局核定；

　　（3）进口的应税消费品的计税价格由海关核定。

六、出口应税消费品退（免）税计算办法

　　对纳税人出口应税消费品，免征消费税；国务院另有规定的除外。出口应税消费品的免税办法，由国务院财政、税务主管部门规定。

　　由于出口应税消费品同时涉及退（免）增值税和消费税，而且退（免）增值税和消费税在范围界定、办理程序、审核处罚等管理方面都有许多相同之处，因此，这里仅就出口退（免）消费税某些不同于出口退（免）增值税的特殊规定作一介绍。

（一）消费税出口退（免）税政策

1. 出口免税并退税

适用这个政策的是有出口经营权的外贸企业购进应税消费品直接出口，以及外贸企业受其他外贸企业委托代理出口应税消费品。

2. 出口免税但不退税

适用这个政策的是有出口经营权的生产性企业自营出口或生产性企业委托外贸企业代理出口自产的应税消费品，依据其实际出口数量免征消费税，不予办理退还消费税。

3. 出口不免也不退税

适用这个政策的是除生产企业、外贸企业外的其他企业。

（二）消费税出口退税率的规定

　　（1）出口应税消费品计算应退的消费税额时适用的退税率就是消费税率表规定的征税率（额），体现征多少退多少的原则（这是消费税退税与增值税不同之处）。

　　（2）企业出口不同税率的应税消费品，须分别核算、申报，按各自适用税率计算退税额；否则，只能从低适用税率退税。消费税退税率（额），就是该应税消费品消费税的征税率（额）。

（三）出口应税消费品退税额的计算

1. 外贸企业自营出口和委托代理出口应税消费品应退消费税的计算

外贸企业自营出口或委托代理出口应税消费品采取先交后退的办法。应按照外贸企业从工厂购进货物时征收消费税的价格计算。其计算公式如下：

（1）属于从价定率计征消费税的应税消费品的退税：

应退消费税额＝出口货物的工厂销售额×比例税率

（2）属于从量定额计征消费税的应税消费品的退税：

应退消费税额＝出口数量×单位税额

（3）属于复合计税计征消费税的出口应税消费品的退税：

应退消费税额＝出口货物的工厂销售额×比例税率＋出口数量×单位税额

上式中"出口货物的工厂销售额"不含增值税。若含增值税，应换算为不含增值税的销售额。应依货物购进和报关出口的数量计算。

2. 生产企业自营或委托出口应税消费品应退消费税的计算

生产企业自营或委托出口的消费税应税货物，依据其实际出口额（量），免交消费税。免交消费税是指对生产企业按其实际出口数量免交生产环节的消费税。不予办理退还消费税，是指因已免交生产环节的消费税。该应税消费品出口时，已不含有消费税。因此，不能再办理退还消费税。

（四）出口应税消费品办理退（免）税后的管理

出口的应税消费品办理退税后，发生退关，或者国外退货进口时予以免税的，报关出口者必须及时向其机构所在地或者居住地主管税务机关申报补缴已退的消费税税款。

纳税人直接出口的应税消费品办理免税后，发生退关或者国外退货，进口时已予以免税的，经机构所在地或者居住地主管税务机关批准，可暂不办理补税，待其转为国内销售时，再申报补缴消费税。

【例题7】某外贸公司2010年3月从生产企业购进化妆品一批，取得增值税专用发票上注明价款25万元，增值税4.25万元，支付购买化妆品的运输费用3万元，当月将该批化妆品全部出口取得销售收入35万元，计算该外贸公司出口化妆品应退的消费税。

【答案】外贸企业从生产企业购进从价定率征收消费税的应税消费品，应该依照外贸企业从工厂购进货物时不含增值税的价格计算应退的消费税税款，应退消费税额＝25×30％＝7.5（万元）。

第四节　消费税的账务处理

一、消费税会计处理设置的账户

（一）"应交税费"账户

消费税纳税义务人通过"应交税费"账户下设"应交消费税"明细账户进行消费税核算，其贷方登记纳税人计算出的应纳消费税税额，借方登记已纳的消费税或代扣的消费税，贷方余额表示尚未缴纳的消费税，借方余额表示多缴的或待抵扣的消费税。

（二）"营业税金及附加"账户

由于消费税是价内税，其应纳的消费税已包含在应税消费品销售收入中，因此需要通过损益类账户"营业税金及附加"扣除核算销售收入中的价内税。

借方核算应由主营业务负担的价内流转税和应当上交的费用，贷方核算收到出口退税或减免退回的税金，期末将余额转入"本年利润"账户，结转后该账户无余额。

企业计算应交消费税时，借记"营业税金及附加"、"其他业务成本"、"长期股权投资"、"在建工程"、"营业外支出"、"应付职工薪酬——职工福利"、"销售费用"、"应收账款"等科目，贷记"应交税费——应交消费税"科目。实际缴纳消费税时，借记"应交税费——应交消费税"科目，贷记"银行存款"科目。

二、生产销售应税消费品的会计处理

企业生产的需要缴纳消费税的消费品，在销售时应当按照应缴消费税额借记"营业税金及附加"科目，贷记"应交税费——应交消费税"科目。实际缴纳消费税时，借记"应交税费——应交消费税"科目，贷记"银行存款"科目。

生产企业将应税消费品销售给外贸企业，由外贸企业自营出口，其缴纳的消费税视同一般销售业务处理。

发生销货退回及退税时作相反的会计分录。

企业出口应税消费品如按规定不予免税或者退税的，应视同国内销售，按上述规定进行会计处理。

【例题8】某市摩托车生产厂销售自产摩托车100辆（每辆实际成本5000元），每辆销售价格6000元（不含增值税），共计价款600000元；消费税税率为10%，应纳消费税额为70000元。货款已收到。作会计分录如下。

【答案】①销售实现时：

　　　借：银行存款　　　　　　　　　　　　　　　　　　　　702000
　　　　　贷：主营业务收入　　　　　　　　　　　　　　　　600000
　　　　　　　应交税费——应交增值税（销项税额）　　　　102000
②计提消费税：
　　　借：营业税金及附加　　　　　　　　　　　　　　　　　60000
　　　　　贷：应交税费——应交消费税　　　　　　　　　　　60000
③结转销售成本时：
　　　借：主营业务成本　　　　　　　　　　　　　　　　　500000
　　　　　贷：库存商品　　　　　　　　　　　　　　　　　500000
④实际缴纳消费税时：
　　　借：应交税费——应交消费税　　　　　　　　　　　　　60000
　　　　　贷：银行存款　　　　　　　　　　　　　　　　　　60000

三、自产自用应税消费品的会计处理

　　自产自用应税消费品，一是用于连续生产应税消费品；二是用于连续生产非应税消费品；三是用于其他方面。按自用产品的销售价格或组成计税价格计算应交税费时不通过"营业税金及附加"账户。

　　1. 用于连续生产应税消费品的会计处理

　　自产应税消费品用于本企业连续生产应税消费品的，不纳消费税，只进行实际成本核算。

　　【例题9】某酒厂在生产白酒时，从仓库中领用本厂自产酒精10吨，酒精实际成本计10000元，领用时的会计处理如下。

　　【答案】借：生产成本　　　　　　　　　　　　　　　　　10000
　　　　　　　贷：自制半成品　　　　　　　　　　　　　　　10000

　　2. 用于连续生产非应税消费品的会计处理

　　纳税人自产自用的应税消费品用于连续生产非应税消费品的，由于最终产品不属于应税消费品，所以应在移送使用环节纳税。如汽车厂领用汽车轮胎用于生产货车，则在领用环节计征消费税。

纳税提示：

　　在会计业务处理时，应按成本价进行结转。但因无销售行为，所以在计税时有同类产品销售价格的，按同类产品的销售价格的平均数计算消费税税额，如果没有同类产品销售价格，则按组成计税价格计算消费税税额。

　　【例题10】某汽车生产厂领用自制汽车轮胎，用于连续生产非应税消费品货车80辆，汽车轮胎的实际成本为900000元，无同类应税消费品的销售价格，则领用汽车轮

胎时的会计业务处理应按组成计税价格计算消费税。该厂进行如下会计处理。

【答案】组成计税价格＝900000×（1＋5%）÷（1－3%）＝974226.8（元）

应纳消费税额＝974226.8×3%＝29226.8（元）

会计分录：

借：生产成本　　　　　　　　　　　　　　　　　929226.8
　　贷：自制半成品　　　　　　　　　　　　　　　　　　900000
　　　　应交税费——应交消费税　　　　　　　　　　　　29226.8

3. 用于其他方面的会计处理

用于其他方面是指纳税人用于在建工程、管理部门、非生产机构、提供劳务以及用于馈赠、赞助、集资、广告、样品、集体福利、奖励等方面的应税消费品。用于其他方面的应税消费品应视同销售，在按成本结转的同时，按同类消费品的平均售价或组成计税价格和适用税率计算增值税销项税额和消费税。进行账务处理时借记"在建工程"、"应付职工薪酬——职工福利"、"营业外支出"等科目，贷记"库存商品"、"应交税费——应交增值税（销项税额）"、"应交税费——应交消费税"科目。

纳税提示：

用于其他方面的会计处理和自产用于连续生产非应税消费品一样，于移送使用环节纳税。

（1）用于在建工程。

【例题11】某化工厂将自产的润滑油300升用于本厂在建工程，该润滑油价（不含增值税）为每升2.5元，单位成本为每升1.8元。

【答案】应纳消费税税额＝300×0.2＝60（元）

应纳增值税销项税额＝300×2.5×17%＝127.5（元）

会计分录：

借：在建工程　　　　　　　　　　　　　　　　　727.5
　　贷：库存商品　　　　　　　　　　　　　　　　　　540
　　　　应交税费——应交增值税（销项税额）　　　　　127.5
　　　　应交税费——应交消费税　　　　　　　　　　　　60

（2）用于职工福利业务。

【例题12】某酒厂是一般纳税人企业，将自产的粮食白酒100箱共500千克用于职工福利，每箱（不含增值税）售600元，单位成本300元/箱。

【答案】应纳消费税额＝500×2×0.5＋100×600×20%＝12500（元）

应纳增值税销项税额＝600×100×17%＝10200（元）

会计分录：

借：应付职工薪酬——职工福利　　　　　　　　　　52700

贷：库存商品	30000
应交税费——应交增值税（销项税额）	10200
——应交消费税	12500

（3）用于捐赠。

【例题13】某酒厂（一般纳税人）将自产粮食白酒0.1吨，每吨实际成本6000元，同类商品市场平均售价9000元（不含增值税），馈赠给本厂客户。

【答案】应纳消费税税额＝$0.1 \times 2000 \times 0.5 + 0.1 \times 9000 \times 20\% = 280$（元）

应纳增值税销项税额＝$0.1 \times 9000 \times 17\% = 153$（元）

会计分录：

借：营业外支出	1033
贷：库存商品	600
应交税费——应交增值税（销项税额）	153
——应交消费税	280

（4）用于业务招待。

【例题14】某酒厂领用自产粮食白酒0.1吨用于业务招待，每吨实际成本6000元，同类商品市场平均售价9000元。

【答案】应纳消费税税额＝$0.1 \times 9000 \times 20\% + 0.1 \times 2000 \times 0.5 = 280$（元）

应纳增值税销项税额＝$0.1 \times 9000 \times 17\% = 153$（元）

借：销售费用	1033
贷：库存商品	600
应交税费——应交增值税（销项税额）	153
——应交消费税	280

四、视同销售应税消费品的会计处理

消费税的视同销售行为范围除与增值税相同之处外，还包括纳税人以自产应税消费品连续生产非应税消费行为。对视同销售行为，一般按同类应税消费品市场价格计税缴纳消费税、增值税，但对纳税人用于换取生产资料、消费资料、投资入股和抵偿债务等方面的应税消费品，应当以纳税人同类应税消费品的最高销售价格为计税依据计算应交消费税及增值税。

（1）企业以生产的应税消费品作为投资，应视同销售。企业在投资时，借记"长期股权投资"科目，按投资移送应税消费品的账面成本，贷记"库存商品"科目，按投资应税消费品售价或组成计税价格计算消费税，贷记"应交税费——应交消费税"、"应交税费——应交增值税"科目。

【例题15】某企业将自产应税消费品用于对外投资，该产品成本15万元，计税价格20万元，增值税税率为17%，消费税税率为10%。

【答案】应纳消费税额＝$200000 \times 10\% = 20000$（元）

应纳增值税销项税额＝$200000 \times 17\% = 34000$（元）

会计分录：

借：长期股权投资　　　　　　　　　　　　　　　　　　　204000
　　贷：库存商品　　　　　　　　　　　　　　　　　　　　150000
　　　　应交税费——应交消费税　　　　　　　　　　　　　20000
　　　　　　　　——应交增值税（销项税额）　　　　　　　34000

（2）企业以生产的应税消费品换取生产资料、消费资料或抵偿债务、支付代购手续费等，应视同销售进行会计处理。

企业以生产的应税消费品换取生产资料、消费资料或抵偿债务等，除按《企业会计准则第7号——非货币性资产交换》规定进行财务会计处理外，税务会计应按税法规定，作为视同销售行为，按纳税人当月同类产品最高售价为计税依据计算应交消费税借记"在途物资"、"原材料"、"应交税费——应交增值税（销项税额）"等科目。同时计算应交消费税，按应交消费税额借记"营业税金及附加"科目，贷记"应交税费——应交消费税"科目，并结转销售成本。

【例题16】某白酒厂9月份用自产粮食白酒10吨，换取生产用的谷物一批，材料已验收入库。该粮食白酒每吨本月最高销价6200元，平均销售价格6000元/吨。粮食白酒每吨成本3000元。

【答案】属视同销售行为，应纳增值税的销项税额为：

$6000 \times 10 \times 17\% = 10200$（元）

该粮食白酒的最高销售价格为5200元/吨，应纳消费税额为：

$6200 \times 10 \times 25\% + 10 \times 1000 \times 1 = 25500$（元）

做会计分录如下：

①借：原材料　　　　　　　　　　　　　　　　　　　　　40200
　　贷：库存商品　　　　　　　　　　　　　　　　　　　　30000
　　　　应交税费——应交增值税（销项税额）　　　　　　　10200
②借：营业税金及附加　　　　　　　　　　　　　　　　　　25500
　　贷：应交税费——应交消费税　　　　　　　　　　　　　25500

（3）企业将生产的应税消费品用于在建工程、非生产机构等其他方面的，按规定应缴纳的消费税，借记"固定资产"、"在建工程"、"营业外支出"等科目，贷记"应交税费——应交消费税"科目。

五、应税消费品包装物应交消费税的会计处理

实行从价定率计征消费税的消费品连同包装物销售的，无论包装物是否单独计价，均应并入应税消费品的销售额中缴纳消费税。对出租、出借包装物收取的押金和包装物已作价随同应税消费品销售，又另外加收的押金，因逾期未收回包装物而没收的部分，也应并入应税消费品的销售额中缴纳消费税。

1. 随同产品销售而不单独计价

因为其收入已包括在产品销售收入中，其应纳消费税与产品销售一并进行会计处

理。即记入"营业税金及附加"科目或其他有关税金科目中。

2. 随同产品出售但单独计价的包装物

按规定应缴纳的消费税，借记"其他业务成本"科目，贷记"应交税费——应交消费税"科目。企业逾期未退还的包装物押金，按规定应缴纳的消费税，借记"其他业务成本"、"其他应付款"等科目，贷记"应交税费——应交消费税"科目。

【例题 17】酒厂销售酒精一批，对随同出售的包装物单独作价，计 50000 元，包装物成本为 30000 元，收到款项，存入银行。

【答案】应纳消费税额＝50000×5％＝2500（元）

应纳增值税销项税额＝50000×17％＝8500（元）

作会计分录如下：

①销售收入实现时：

借：银行存款   58500

  贷：其他业务收入   50000

    应交税费——应交增值税（销项税额） 8500

②计提消费税：

借：其他业务成本   2500

  贷：应交税费——应交消费税   2500

③结转包装物成本：

借：其他业务成本   30000

  贷：周转材料   30000

3. 出租、出借包装物

出租、出借的包装物，收取押金时，借记"银行存款"科目，贷记"其他应付款"科目；当包装物按其返还而退回包装物押金时，作相反的会计处理。出租、出借包装物逾期未收回而没收押金的，应从"其他应付款"科目转入"其他业务收入"科目，并计提消费税，借记"其他业务成本"科目；贷记"应交税费——应交消费税"科目。

【例题 18】某烟厂 2009 年 10 月对外销售烟丝一批，取得销售收入 100000 元（不含增值税），另外收取包装物押金 20000 元，包装物的回收期限为 1 个月。收取款项已存入银行。

【答案】销售烟丝应缴纳的增值税和消费税

增值税销项税额＝100000×30％＝30000（元）

应纳消费税额＝100000×17％＝17000（元）

（1）收取款项确认销售收入时，包装物押金不征税，只计入"其他应付款"科目即可。

借：银行存款   150000

  贷：主营业务收入   100000

    应交税费——应交增值税（销项税额） 30000

    其他应付款   20000

（2）逾期未收回包装物而没收押金时：

包装物押金收入应纳增值税销项税额＝20000÷（1＋17％）×17％＝2905.98（元）

由于没收的包装物押金收入按应税消费品的适用税率征收消费税，所以没收的包装物押金收入应纳消费税额计算如下：

没收的包装物押金收入应纳消费税额＝20000÷（1＋17％）×30％＝5128.21（元）

（1）确认没收押金收入时：

借：其他应付款　　　　　　　　　　　　　　　　　　　　　　　20000

　　贷：其他业务收入　　　　　　　　　　　　　　　　　　　17094.02

　　　　应交税费——应交增值税（销项税额）　　　　　　　　2905.98

（2）计提包装物押金收入应缴的消费税：

借：其他业务成本　　　　　　　　　　　　　　　　　　　　　5128.21

　　贷：应交税费——应交消费税　　　　　　　　　　　　　　5128.21

4. 随同产品销售、单独作价又加收押金的包装物

按《消费税暂行条例实施细则》规定，对既作价随同应税消费品销售，又另外加收押金的包装物押金，凡纳税人在规定的期限内不予退还的，均应并入应税消费品的销售额，按照应税消费品的适用税率征收消费税。进行会计业务处理时，借记"银行存款"科目、贷记"其他应付款"科目；包装物未收回，没收的押金应缴纳的消费税应借记"其他应付款"科目，贷记"应交税费——应交消费税"科目，其他应付款与应缴消费税的差额转入"营业外收入"科目中。

六、委托加工应税消费品的会计处理

委托加工应税消费品，于委托方提货时，由受托方代扣代缴税款。受托方按应扣税款金额借记"应收账款"、"银行存款"等科目，贷记"应交税费——应交消费税"科目。委托加工应税消费品收回后，直接用于销售的，在销售环节不再缴纳消费税，委托方应将代扣代缴的消费税计入委托加工的应税消费品成本，借记"委托加工物资"、"生产成本"等科目，贷记"应付账款"、"银行存款"等科目；委托加工的应税消费品收回后用于连续生产应税消费品，按规定准予抵扣的，委托方应按代扣代缴的消费税款，借记"应交税费——应交消费税"科目，贷记"应付账款"、"银行存款"等科目。

1. 委托方的核算业务

（1）委托加工收回后直接用于销售的核算。

（2）委托加工收回后连续生产应税消费品的核算（待最终应税消费品销售时，允许从应缴纳的消费税中抵扣）。

2. 委托方的会计处理

在委托方提货时受托方代收代缴消费税，按应收取的加工费和增值税销项税额借记"银行存款"等科目，贷记"主营业务收入"或"其他业务收入"、"应交税费——应交增值税（销项税额）"等科目；按代收代缴的消费税借记"银行存款"等科目，贷记

"应交税费——应交消费税"等科目。

【例题19】A化妆品厂委托B日化厂加工化妆品原料一批，A厂提供的原材料成本为10000元，B厂收取的加工费为2000元，增值税税款340元，连同委托方代收代缴的消费税，通过银行收回，收回时支付运费100元，运费的增值税税率为7%。B厂无同类产品销售价格。

【答案】第一种情况：A厂收回化妆品半成品后直接对外销售。

（A厂）委托方的会计分录如下：

①发出材料时：

借：委托加工物资　　　　　　　　　　　　　　　　　　　　10000
　　贷：原材料　　　　　　　　　　　　　　　　　　　　　　　　10000

②支付加工费时：

借：委托加工物资　　　　　　　　　　　　　　　　　　　　2000
　　应交税费——应交增值税（进项税额）　　　　　　　　　340
　　贷：银行存款　　　　　　　　　　　　　　　　　　　　　　2340

③支付代扣代缴消费税时：

组成计税价格＝（10000＋2000）÷（1－30%）＝17142.86（元）

应纳消费税额＝17142.86×30%＝5142.86（元）

借：委托加工物资　　　　　　　　　　　　　　　　　　　　5142.86
　　贷：银行存款　　　　　　　　　　　　　　　　　　　　　　5142.86

④支付运费时：

借：委托加工物资　　　　　　　　　　　　　　　　　　　　93
　　应交税费——应交增值税（进项税额）　　　　　　　　　7
　　贷：银行存款　　　　　　　　　　　　　　　　　　　　　　100

⑤委托加工材料收回入库时：

入库价＝原材料成本＋加工费＋消费税额

　　　＝10000＋2000＋5142.86＋93＝17235.86（元）

借：库存商品　　　　　　　　　　　　　　　　　　　　　　17235.86
　　贷：委托加工物资　　　　　　　　　　　　　　　　　　　　17235.86

收回的委托加工产品直接销售时，不再缴纳消费税。

⑥销售该批化妆品时不再缴纳消费税（假设该批委托加工收回的化妆品不含增值税的售价总计为150000元）：

借：银行存款　　　　　　　　　　　　　　　　　　　　　　175500
　　贷：主营业务收入　　　　　　　　　　　　　　　　　　　　150000
　　　　应交税费——应交增值税（销项税额）　　　　　　　　　25500

⑦结转已售化妆品成本时：

借：主营业务成本　　　　　　　　　　　　　　　　　　　　17235.86
　　贷：库存商品　　　　　　　　　　　　　　　　　　　　　　17235.86

（B厂）受托方会计分录如下：

收到加工费、增值税款及代收代缴的消费税：

借：银行存款　　　　　　　　　　　　　　　　　　　　7482.86

　　贷：主营业务收入　　　　　　　　　　　　　　　　　　　2000

　　　　应交税费——应交增值税（销项税额）　　　　　　　　340

　　　　　　——应交消费税（代收代缴）　　　　　　　　5142.86

上缴代扣税金时：

借：应交税费——应交消费税（代收代缴）　　　　　　　5142.86

　　贷：银行存款　　　　　　　　　　　　　　　　　　　5142.86

第二种情况：A厂收回化妆品半成品后，当月全部领用，继续加工成高档化妆品销售，销售额为50000元，款已收回并取得增值税专用发票。

①发出材料，会计分录同前。

②支付加工费、支付代扣代缴消费税时，会计分录同前。

③支付运费时，会计分录同前。

④委托加工材料收回入库时：

入库价=原材料成本+加工费=10000+2000+93=12093（元）

借：原材料　　　　　　　　　　　　　　　　　　　　　12093

　　贷：委托加工物资　　　　　　　　　　　　　　　　　12093

⑤最终化妆品销售实现时：

借：银行存款　　　　　　　　　　　　　　　　　　　　58500

　　贷：主营业务收入　　　　　　　　　　　　　　　　　50000

　　　　应交税费——应交增值税　　　　　　　　　　　　8500

⑥计提销售化妆品应纳消费税：

应纳消费税额=50000×30%=15000（元）

借：营业税金及附加　　　　　　　　　　　　　　　　　15000

　　贷：应交税费——应交消费税　　　　　　　　　　　　15000

⑦缴纳当月实际应缴纳的消费税：

当月实际应纳消费税额=15000-5142.86=9857.14（元）

借：应交税费——应交消费税　　　　　　　　　　　　9857.14

　　贷：银行存款　　　　　　　　　　　　　　　　　　9857.14

七、进口应税消费品的会计处理

进口的应税消费品应在进口时由进口者缴纳消费税，缴纳的消费税应计入进口应税消费品的成本。根据进口应税消费品的具体资产如固定资产、原材料等，按海关缴纳消费税后所获得的完税凭证上注明的消费税税额，应税消费品单位到岸价格，关税及不允许抵扣的增值税，借记"固定资产"、"在途物资"等科目，按支付的允许抵扣的增值税借记"应交税费——应交增值税（进项税额）"等科目，按其合计数贷记"银行存款"等科目。

【例题20】某化妆品公司从国外进口化妆品一批，CIF 价为 USD 40000。关税税率为 20%，增值税税率为 17%；假定当日美元汇率为 8.00 元人民币，增值税税率为 17%，消费税税率为 30%。

【答案】组成计税价格＝（40000＋40000×20%）÷（1－30%）×8＝548571（元）

应纳消费税额＝548571×30%＝164571（元）

应纳增值税额＝548571×17%＝93257（元）

作会计分录如下：

借：在途物资　　　　　　　　　　　　　　　　　　　548571

　　应交税费——应交增值税（进项税额）　　　　　　　93257

　　贷：银行存款　　　　　　　　　　　　　　　　　　641828

八、免征消费税的出口应税消费品应分别不同情况进行会计处理

（1）生产企业直接出口应税消费品或通过外贸企业出口应税消费品，按规定直接予以免税的，可不计算应缴消费税。

通过外贸企业出口应税消费品时，如按规定实行先税后退方法的，按下列方法进行会计处理：

①委托外贸企业代理出口应税消费品的生产企业，应在计算消费税时，按应缴消费税额借记"应收账款"科目，贷记"应交税费——应交消费税"科目。实际缴纳消费税时，借记"应交税费——应交消费税"科目，贷记"银行存款"科目。应税消费品出口收到外贸企业退回的税金，借记"银行存款"科目，贷记"应收账款"科目。发生退关、退货而补缴已退的消费税，作相反的会计分录。

②代理出口应税消费品的外贸企业将应税消费品出口后，收到税务部门退回生产企业缴纳的消费税，借记"银行存款"科目，贷记"应付账款"科目。将此项税金退还生产企业时，借记"应付账款"科目，贷记"银行存款"科目。发生退关、退货而补缴已退的消费税，借记"应收账款——应收生产企业消费税"科目，贷记"银行存款"科目，收到生产企业退还的税款，作相反的会计分录。

（2）企业将应税消费品销售给外贸企业，由外贸企业自营出口的，其缴纳的消费税应按规定进行会计处理。

【例题21】2010 年 1 月 1 日某生产企业 A（无出口经营权）委托外贸公司 B 代理出口自产粮食白酒 2000 箱（每箱 8 千克），价款折合人民币 200000 元，产品成本 100000元。B 公司按销售收入的 10% 收取代销手续费 20000 元，产品出口以后，将销售货款扣除代销手续费后退还给 A 企业 180000 元。

【答案】（1）A 企业。

①在收到 B 公司的代理出口粮食白酒的清单和出口单证并确认销售收入时：

借：应收账款——B　　　　　　　　　　　　　　　　200000

　　贷：主营业务收入　　　　　　　　　　　　　　　　200000

②结转产品成本时：

借：主营业务成本   100000

  贷：库存商品   100000

③收到 B 公司代理出口粮食白酒的销售款项（扣除代理费用）时：

借：银行存款   180000

  销售费用   20000

  贷：应收账款   200000

（2）B 公司。

①在报关出口后，按应收取的手续费：

借：应收账款——A   20000

  贷：代购代销收入   20000

②收到国外客户价款时：

借：银行存款   200000

  贷：应付账款——A   200000

③将贷款扣除代销手续费一并付给生产企业 A 时：

借：应付账款——A   200000

  贷：应收账款——A   20000

    银行存款   180000

（3）出口货物发生退关、国外退货的退税处理。

纳税人直接出口的应税消费品办理免税后，发生退关或国外退货，进口时予以免税的，经机构所在地的主管税务机关批准，可暂不办理补税，待其转为国内销售时，再向其主管税务机关申报补缴消费税。

自营出口应税消费品的外贸企业，应在应税消费品报关出口后申请出口退税时，借记"其他应收款——应收出口退税"科目，贷记"主营业务成本"科目。实际收到出口应税消费品退回的税金，借记"银行存款"科目，贷记"应收出口退税"科目。发生退关或退货而补缴已退的消费税，作相反的会计分录。

①记录应补缴已退消费税款时：

借：主营业务成本

  贷：应收出口退税

②实际补缴退税款时：

借：应收出口退税

  贷：银行存款

（4）出口的应税消费品办理退税后，发生退关，或者国外退货进口时予以免税的，报关出口者必须及时向其机构所在地或者居住地主管税务机关申报补缴已退的消费税税款。

纳税人直接出口的应税消费品办理免税后，发生退关或者国外退货，进口时已予以免税的，经机构所在地或者居住地主管税务机关批准，可暂不办理补税，待其转为国内销售时，再申报补缴消费税。

纳税人销售的应税消费品，如因质量等原因由购买者退回时，经机构所在地或者居住地主管税务机关审核批准后，可退还已缴纳的消费税税款。

第五节　消费税的申报与缴纳

一、消费税纳税义务发生的时间

纳税人生产的应税消费品于销售时纳税，进口消费品应当于应税消费品报关进口环节纳税，但金银首饰、钻石及钻石饰品在零售环节纳税。消费税纳税义务发生的时间，以货款结算方式或行为发生时间分别确定。

（1）纳税人销售的应税消费品，其纳税义务的发生时间为：

①赊销和分期收款结算方式：为书面合同约定的收款日期的当天，书面合同没有约定收款日期或者无书面合同的，为发出应税消费品的当天。

②预收货款结算方式：发出应税消费品当天。

③托收承付和委托银行收款方式：发出应税消费品并办妥托收手续的当天。

④其他结算方式：收讫销售款或者取得索取销售款的凭据的当天。

（2）纳税人自产自用的应税消费品，其纳税义务的发生时间为移送使用的当天。

（3）纳税人委托加工的应税消费品，其纳税义务的发生时间为纳税人提货的当天。

（4）纳税人进口的应税消费品，其纳税义务的发生时间为报关进口的当天。

二、消费税的纳税期限

（1）消费税的纳税期限分别为1日、3日、5日、10日、15日、1个月或者1个季度。纳税人的具体纳税期限，由主管税务机关根据纳税人应纳税额的大小分别核定；不能按照固定期限纳税的，可以按次纳税。

（2）纳税人以1个月或者1个季度为1个纳税期的，自期满之日起15日内申报纳税；以1日、3日、5日、10日或者15日为1个纳税期的，自期满之日起5日内预缴税款，于次月1日起15日内申报纳税并结清上月应纳税款。

（3）纳税人进口应税消费品，应当自海关填发海关进口消费税专用缴款书之日起15日内缴纳税款。

小规模纳税人到税务机关代开增值税专用发票提供给购货方时，应按规定税率缴纳消费税。这样规定，既解决了小规模纳税人无法开具增值税专用发票、购货方因此无法抵扣已纳消费税款的问题，又能确保小规模纳税人的应纳消费税足额入库，避免税款流失。

三、纳税地点

纳税人到外县（市）销售或者委托外县（市）代销自产应税消费品的，于应税消费品销售后，向机构所在地或者居住地主管税务机关申报纳税。

纳税人的总机构与分支机构不在同一县（市）的，应当分别向各自机构所在地的主管税务机关申报纳税；经财政部、国家税务总局或者其授权的财政、税务机关批准，可以由总机构汇总向总机构所在地的主管税务机关申报纳税。

委托个人加工的应税消费品，由委托方向其机构所在地或者居住地主管税务机关申报纳税。

进口的应税消费品，由进口人或者其代理人向报关地海关申报纳税。

纳税人销售的应税消费品，如因质量等原因由购买者退回时，经机构所在地或者居住地主管税务机关审核批准后，可退还已缴纳的消费税税款。

四、消费税纳税申报

消费税纳税人应按有关规定及时办理纳税申报，并如实填写《消费税申报表》。

为了在全国范围内统一、规范消费税纳税申报资料，加强消费税管理的基础工作，国家税务总局于 2008 年 3 月 14 日印发了《烟类应税消费品消费税纳税申报表》、《酒及酒精消费税纳税申报表》、《成品油消费税纳税申报表》、《小汽车消费税纳税申报表》（上述四种表本书略）和《其他应税消费品消费税纳税申报表》（见表 3-5）五种适用于不同产品的纳税申报表。不同的纳税人应根据自身应税消费品的生产销售情况选择不同的纳税申报表。

生产销售、委托加工石脑油、溶剂油、航空煤油、润滑油、燃料油的单位和个人，在办理纳税申报时还应提供《生产企业生产经营情况表（油品）》和《生产企业产品销售明细表（油品）》。

需办理抵扣税款手续的纳税人，除应按有关规定提供纳税申报所需资料外，还需提供有关抵扣凭证。委托加工收回应税消费品准予抵扣税款凭证为代收代缴税款凭证，进口应税消费品的抵扣凭证为海关进口消费税专用缴款书。税款抵扣方式为按照当期生产领用数量计算当期准予扣除的已纳税款。为了便于纳税人正确计算应抵扣税款，满足主管税务机关开展纳税评估等需要，要求纳税人建立抵扣税款台账。

表 3－5　其他应税消费品消费税纳税申报表

税款所属期：　　年　月　日至　　年　月　日

纳税人名称（公章）：

纳税人识别号：□□□□□□□□□□□□□□□□□□

填表日期：　　年　　月　　日　　　　　　　　金额单位：元（列至角分）

项目 应税消费品名称	适用税率	销售数量	销售额	应纳税额
合计	—	—	—	

本期准予抵减税额：	声明
	此纳税申报表是根据国家税收法律的规定填报的，我确定它是真实的、可靠的、完整的。
本期减（免）税额：	
	经办人（签章）： 　　财务负责人（签章）： 　　联系电话：
期初未缴税额：	
本期缴纳前期应纳税额：	（如果你已委托代理人申报，请填写） 授权声明
本期预缴税额：	为代理一切税务事宜，现授权＿＿＿
本期应补（退）税额：	＿＿＿＿（地址）＿＿＿＿＿＿＿＿ 为本纳税人的代理申报人，任何与本申报表有关的往来文件，都可寄与此人。
期末未缴税额：	授权人（签章）：
以下由税务机关填写	
受理人（签章）　　　　受理日期　　　　　　受理税务机关（签章）	

复习思考题

1. 什么是消费税？

2. 消费税的重要意义是什么？

3. 消费税和增值税相比有什么区别和联系？

4. 消费税的征税范围包括哪些？

5. 消费税的纳税环节有什么规定？

6. 消费税的基本计算方法有几种？

7. 消费税出口退（免）税规定和增值税出口退（免）税规定有什么异同？

练习题

1. 某卷烟厂委托某烟丝加工厂加工一批烟丝，委托方提供的材料成本为 76000 元，由受托方支付的辅助材料价值为 12000 元，卷烟厂提货时支付的加工费用为 4500 元，计算烟丝加工厂应代扣代缴的消费税（已知烟丝的消费税税率为 30％）。

2. 甲企业委托乙企业加工一批应税消费品，受托加工合同上注明甲企业提供原材料的实际成本为 7000 元；支付乙企业加工费 2000 元，其中包括乙企业代垫的辅助材料 500 元。该批消费品的消费税税率为 10％。计算乙企业代扣代缴的消费税。

第四章　营业税

第一节　营业税概述

营业税是对在我国境内提供应税劳务、转让无形资产或者销售不动产的单位和个人，就其营业收入征收的一种税。营业税的特点有：

1. 总体税负水平较低

营业税的征收范围主要是服务于生产和群众日常生活的服务性行业，为鼓励发展现代服务业，减轻群众生活负担，促进第三产业发展，营业税规定了较低的税负水平，大部分税目适用3%和5%的低税率。

2. 按行业设置税目税率

营业税按行业设置税目税率，纳税人经营同一业务，同一税负；经营不同业务，不同税负。这既有利于均衡税负，也有利于鼓励竞争。

3. 计算征收简便

营业税以销售收入额为计税依据，税目数量和税率档次少，方便企业核算，计算征收较为简便。

> **纳税提示：**
>
> 　营业税是世界各国普遍征收的一个税种，也是我国最重要的一种地方税。营业税与增值税和消费税一样都是以销售额为计税基础的商品劳务税，所不同的是增值税主要面向货物和工业性劳务，消费税只面向同时征收增值税的14种货物，而营业税主要面向服务性的劳务，在我国，目前还包括没有列入增值税和消费税征税范围的无形资产和不动产。因此，同一种收入要么征收增值税，要么征收营业税，不会同时征收增值税和营业税两种税。

第二节　营业税基本法律内容

一、营业税的纳税义务人

营业税的纳税主体包括纳税义务人和扣缴义务人两类。

1. 纳税义务人

根据《营业税暂行条例》的规定，营业税的纳税义务人为在中华人民共和国境内提供应税劳务、转让无形资产或者销售不动产的单位和个人。

上述单位，是指企业、行政单位、事业单位、军事单位、社会团体及其他单位。在此，"单位"的具体确认如下：

（1）单位以承包、承租、挂靠方式经营的，承包人、承租人、挂靠人（以下统称承包人）发生应税行为，承包人以发包人、出租人、被挂靠人（以下统称发包人）名义对外经营并由发包人承担相关法律责任的，以发包人为纳税人；否则以承包人为纳税人。

（2）中央铁路运营业务的纳税人为铁道部，合资铁路运营业务的纳税人为合资铁路公司，地方铁路运营业务的纳税人为地方铁路管理机构，基建临管线运营业务的纳税人为基建临管线管理机构。

（3）从事水路运输、航空运输、管道运输或其他陆路运输业务并负有营业税纳税义务的单位，为从事运输业务并计算盈亏的单位。

（4）建筑安装业务实行分包或转包的，分包人和转包人为纳税人。

（5）除此之外，负有营业税纳税义务的单位为发生应税行为并收取货币、货物或者其他经济利益的单位，但不包括单位依法不需要办理税务登记的内设机构。对于立法机关、司法机关、行政机关的收费，如果同时具备以下两个条件：①国务院、省级人民政府或其所属财政、物价部门以正式文件允许收费，而且收费标准符合文件规定的；②所收费用由立法机关、司法机关、行政机关自己直接收取的。这种收费不征收营业税，有关机关不属于营业税的纳税人。

上述个人，是指个体工商户和其他个人。

成为营业税的纳税义务人要满足三个条件：

（1）在中华人民共和国境内（以下简称"境内"）提供条例规定的劳务、转让无形资产或者销售不动产，是指：

①提供或者接受条例规定劳务的单位或者个人在境内。

②所转让的无形资产（不含土地使用权）的接受单位或者个人在境内。

③所转让或者出租土地使用权的土地在境内。

④所销售或者出租的不动产在境内。

此外，有下列情形之一的，被认为在我国境内提供保险劳务：

①境内保险机构提供的保险劳务，但境内保险机构为出口货物提供保险除外；

②境外保险机构以在境内的物品为标的提供的保险劳务。

（2）上述交易行为属于营业税的征税范围。

（3）上述交易行为必须是有偿的。根据《营业税暂行条例实施细则》的规定，"有偿"包括取得货币、货物或其他经济利益。

2. 扣缴义务人

为了控制税源，便于征管，除纳税人外，营业税还规定了扣缴义务人。根据《营业税暂行条例》及其《实施细则》的规定，营业税的扣缴义务人包括以下几种：

（1）委托金融机构发放贷款，以受托发放贷款的金融机构为扣缴义务人。

（2）建筑安装业务实行分包或者转包的，以总承包人为扣缴义务人。

（3）境外单位或者个人在境内发生应税行为而在境内未设有经营机构的，其应纳税款以代理人为扣缴义务人；没有代理人的，以受让人或者购买人为扣缴义务人。

（4）单位或者个人进行演出由他人售票的，其应纳税款以售票者为扣缴义务人。

（5）演出经纪人为个人的，其办理演出业务的应纳税款以售票者为扣缴义务人。

（6）分保险业务，以初保人为扣缴义务人。

（7）个人转让除土地使用权以外的其他无形资产的，其应纳税款以受让人为扣缴义务人。

二、营业税的征税范围

（一）营业税征税范围的一般规定

根据《营业税暂行条例》的规定，营业税的征税范围是指在我国境内提供应税劳务、转让无形资产和销售不动产三大类经营行为。

所谓在中华人民共和国境内，是指所提供的应税劳务、转让无形资产或者销售不动产具有下列情形之一者，即所提供的应税劳务发生在境内：在境内载运旅客或货物出境；在境内组织游客出境旅游；所转让的无形资产在境内使用；所销售的不动产在境内；境内保险机构提供的除出口货物险外的保险劳务；境外保险机构以境内物品为标的提供的保险劳务。

所谓劳务，是指属于《营业税暂行条例》规定的税目征收范围的劳务。包括交通运输业、建筑业、金融保险业、邮电通信业、文化体育业、娱乐业、服务业税目征收范围内的劳务（以下称"应税行为"）。

纳税人有下列情形之一的，视同发生应税行为：

（1）单位或者个人将不动产或者土地使用权无偿赠送其他单位或者个人。

（2）单位或者个人自己新建（以下简称"自建"）建筑物后销售，其所发生的自建行为。

（3）财政部、国家税务总局规定的其他情形。

加工、修理修配劳务，属于增值税的征税范围，不属于营业税的应税劳务。此外，立法机关、司法机关、行政机关的收费，除国务院有专门规定者外，凡经中央和省级财政部门批准纳入预算管理或财政专户管理的行政事业性收费、基金，均不征收营业税；否则一律征收营业税。非金融机构和个人买卖外汇、有价证券或期货，不征收营业税。

转让无形资产，是指有偿转让土地使用权、专利权、非专利技术、商标权、著作权、商誉等不具实物形态，但能带来经济利益的无形资产的行为。

销售不动产，是指有偿转让不能移动，移动后会引起性质、形状变化的不动产所有权的行为（包括建筑物或构筑物以及其他土地附着物）。转让不动产有限产权或永久使用权，以及单位将不动产无偿赠与他人，视同销售不动产。

对上述三类经营行为征税时，要符合以下五个限定条件：

第一，经营行为是在境内发生，即在中华人民共和国境内提供应税劳务、转让无形资产和销售不动产。

第二，提供或者接受条例规定劳务的单位或者个人在境内。

第三，所转让的无形资产（不含土地使用权）的接受单位或者个人在境内。

第四，所转让或者出租土地使用权的土地在境内。

第五，所销售或者出租的不动产在境内。

有偿提供应税行为，是指从受让方取得货币、货物或其他经济利益为条件，而提供的应税行为。但单位或个体工商户聘用的员工为本单位或雇主提供应税劳务，不包括在此征税范围内。

营业税的具体税目规定如下：

（1）交通运输业。交通运输是指使用运输工具或人力、畜力，将货物或旅客送达目的地，使其空间位置得到转移的劳务活动。按照不同的运输方式、不同的线路设备和运载工具，分为陆路运输、水路运输、航空运输、管道运输和装卸搬运五大类。

①陆路运输是指通过陆路（地上或地下）运送货物和旅客的运输业务。包括铁路运输、公路运输、缆车运输、索道运输及其他陆路运输。

②水路运输是指通过江、河、湖、海等天然或人工水道和海洋航道运送货物和旅客的运输业务。打捞业务也比照水路运输的办法征税。

③航空运输是指使用飞机或其他飞行器，通过空中航线运送货物或旅客的运输业务。与航空直接有关的通用航空业务、航空地面服务业务也按照航空运输业务征税。

④管道运输是指使用管道设施输送气体、液体和固体物资的运输业务。

⑤装卸搬运是指使用装卸搬运工具或人力、畜力，将货物在运输工具之间、装卸现场之间或运输工具与装卸现场之间进行装卸和搬运的业务。

⑥对远洋运输企业从事程租、期租业务和航空运输企业从事湿租业务取得的收入，按"交通运输业"税目征收营业税。

（2）建筑业。建筑业包括建筑、修缮、安装、装饰和其他工程作业，以及管道煤气集资费业务。

其中，建筑是指新建、改建和扩建各种建筑物、构筑物工程。修缮是指对建筑物、构筑物进行修补、加固、养护、改善，使之恢复原来的使用价值或延长其使用期限的工程作业。安装是指对各种生产、动力、起重、运输、传动、医疗实验的设备及其他设备的装配、安置工程作业，包括与设备相连的工作台、梯子、栏杆的装设工程，被安装设备的绝缘、防腐、保温、油漆等工程。装饰是指对建筑物、构筑物进行修饰，使之美观或具有特定用途的工程作业。其他工程作业是指建筑、修缮、安装、装饰以外的各种工程作业，如代办电信工程、水利工程、道路修缮、疏浚、钻井（打井）等。

（3）金融保险业。金融保险业是指经营金融、保险的业务。其中，金融是指经营货币资金融通活动的业务，包括贷款、融资租赁、金融商品转让、金融经纪业和其他金融业务。保险是指将通过契约形式集中起来的资金，用以补偿被保险人的经济利益的活动，按保险的范围可分为财产保险、人身保险、保证保险、责任保险和其他保险业务。

（4）邮电通信业。邮电通信业是指专门办理信息传递的业务活动。按不同的传递方式，分为邮政和电信两类。邮政是指传递实物信息的业务，包括传递函件或包件、邮汇、集邮、报刊发行、邮政物品销售、邮政储蓄和其他邮政业务。电信是指以各种电传设备传输电信号来传递信息的业务，包括电报、电传、电话、电话安装、电信物品销售及其他电信业务。电信业务，包括基础电信业务和增值电信业务。

（5）文化体育业。文化体育业是指以演技或实物向人们提供各种文化、艺术表演、体育比赛等活动的业务，包括文化业和体育业。文化业是指经营文化活动的业务，包括表演、播映、经营游览场所和各种展览、培训活动，举办文学、艺术、科技讲座、演讲、报告会，图书馆的图书和资料的借阅业务等。体育业是指举办各种体育比赛和为体育比赛或体育活动提供场所的业务。

（6）娱乐业。娱乐业是指为娱乐活动提供场所和服务的业务，包括经营歌厅、舞厅、卡拉 OK 歌舞厅、音乐茶座、台球、高尔夫球、保龄球场、游艺场等娱乐场所，以及娱乐场所为顾客进行娱乐活动提供服务的业务。娱乐场所为顾客提供的饮食服务及其他各种服务也按照娱乐业征税。

（7）服务业。服务业是指利用设备、工具、场所、信息或技能为社会提供服务的业务，包括代理业、旅店业、饮食业、旅游业、仓储业、租赁业、广告业和其他服务业。

①对于双方签订承包、租赁合同（协议，下同），将企业或企业部分资产出包、租赁，出包、出租者向承包、承租方收取的承包费、租赁费（承租费，下同），按"服务业"税目征收营业税。

②对于远洋运输企业从事光租业务和航空运输企业从事干租业务取得的收入，按"服务业"税目中的"租赁业"项目征收营业税。

③对福利彩票机构以外的单位销售福利彩票取得的手续费收入，依法征收营业税。

④对社保基金投资管理人、社保基金托管人从事社保基金管理活动取得的收入，依法征收营业税。

⑤交通部门有偿转让高速公路收费权行为，属于营业税征收范围，应按"服务业"税目中的"租赁"项目征收营业税。

⑥单位和个人在旅游景点经营索道取得的收入，按"服务业"税目中的"旅游业"项目，征收营业税。

⑦无船承运业务，应按照"服务业"税目中的"代理业"项目，征收营业税。无船承运业务是指无船承运业务经营者以承运人身份接受托运人的货载，签发自己的提单或

其他运输单证，向托运人收取运费，通过国际船舶运输经营者完成国际海上货物运输，承担承运人责任的国际海上运输经营活动。

⑧酒店产权式经营业主在约定的时间内提供房产使用权与酒店进行合作经营，如房产产权并未归属新的经济实体，业主按照约定取得的固定收入和分红收入均应视为租金收入，根据有关税收法律、行政法规的规定，应按照"服务业——租赁业"征收营业税。

（8）转让无形资产是指转让无形资产的所有权或使用权的行为，包括转让土地使用权、转让商标权、转让专利权、转让非专利技术、转让著作权和转让商誉。以无形资产投资入股，参与接受投资方利润分配、共同承担投资风险的行为，不属于本税目征税范围。但在投资期内转让其股权的应当征收营业税，投资期后转让其股权的，也不征收营业税。

（9）销售不动产是指有偿转让不动产所有权的行为，包括销售建筑物或构筑物和销售其他土地附着物。

①在销售不动产时连同不动产所占土地的使用权一并转让的行为，比照销售不动产征收营业税。

②转让不动产有限产权或永久使用权，以及单位将不动产无偿赠送他人，应视同销售不动产，征收营业税。对个人无偿赠送不动产的行为，不征收营业税。

③纳税人自建住房销售给本单位职工，属于销售不动产行为，应征收营业税。

④自2003年1月1日起，以不动产投资入股，参与接受投资方利润分配、共同承担投资风险的行为，不征收营业税。在投资期后转让其股权的，也不征收营业税。

（二）征税范围的特殊规定

（1）一项销售行为如果既涉及应税劳务又涉及货物，为混合销售行为。除细则的规定外，从事货物的生产、批发或者零售的企业、企业性单位和个体工商户的混合销售行为，视为销售货物，不缴纳营业税；其他单位和个人的混合销售行为，视为提供应税劳务，缴纳营业税。

货物是指有形动产，包括电力、热力、气体在内。

从事货物的生产、批发或者零售的企业、企业性单位和个体工商户，包括以从事货物的生产、批发或者零售为主，并兼营应税劳务的企业、企业性单位和个体工商户在内。

纳税人的下列混合销售行为，应当分别核算应税劳务的营业额和货物的销售额，其应税劳务的营业额缴纳营业税，货物销售额不缴纳营业税；未分别核算的，由主管税务机关核定其应税劳务的营业额：

①提供建筑业劳务的同时销售自产货物的行为。

②财政部、国家税务总局规定的其他情形。

（2）纳税人兼营应税行为和货物或者非应税劳务的，应当分别核算应税行为的营业额和货物或者非应税劳务的销售额，其应税行为营业额缴纳营业税，货物或者非应税劳务销售额不缴纳营业税；未分别核算的，由主管税务机关核定其应税行为营业额。

（3）单位或个人自己新建建筑物后销售，其自建行为视同提供应税劳务，应当按建筑业税目征收营业税。

（三）营业税与增值税征税范围划分

1. 建筑业务征税问题

基本建设单位和从事建筑安装业务的企业附设的工厂、车间生产的水泥预制构件、其他构件或建筑材料，用于本单位或本企业的建筑工程的，应在移送使用时征收增值税。但对其在建筑现场制造的预制构件，凡直接用于本单位或本企业建筑工程的，征收营业税，不征收增值税。

2. 邮电业务征税问题

（1）集邮商品的生产、调拨征收增值税。邮政部门（含集邮公司）销售集邮商品，应当征收营业税；邮政部门以外的其他单位与个人销售集邮商品，征收增值税。

（2）邮政部门发行报刊，征收营业税；其他单位和个人发行报刊，征收增值税。

（3）电信单位自己销售电信物品，并为客户提供有关的电信劳务服务的，征收营业税；对单纯销售无线寻呼机、移动电话等不提供有关的电信劳务服务的，征收增值税。

3. 服务业务征税问题

（1）代购货物，其特点和税务处理见表4-1。

表4-1　代购货物的特点和税务处理

特　点	税务处理
受托方不垫付资金 销货方将增值税专用发票开具给委托方，并由受托方将该项发票转交给委托方 受托方按代购实际发生的销售额和增值税额与委托方结算货款，并另收取手续费	同时具备三个条件：受托方收取的手续费，按服务业税目计算缴纳营业税 不同时具备上述三个条件：受托方收取的手续费，属增值税价外费用，应并入销售额计算缴纳增值税

【例题1】某机械厂委托金属材料公司购钢材，事先预付一笔周转金50万元，该金属材料公司代购钢材后按实际购进价格向工厂结算，并将销货方开具给委托方的增值税专用发票原票转交，共计支付价税合计金额46万元，另扣5％的手续费2.3万元，并单独开具发票收取，收取的2.3万元手续费即为营业税征收范围。

如果该公司将增值税专用发票不转交工厂，先购进钢材，增值税专用发票自留，并照原购进发票的原价，另外用本公司的增值税专用发票填开给机械厂，同时再按原协议收取手续费。这种情况下，金属材料公司的所谓代购钢材行为，变成了自营钢材行为，所收取的手续费属于销售货物时所收取的价外费用，应当并入货物的销售额征收增值税。

（2）代销货物，其特点和税务处理见表4-2。

表4—2　代销货物的特点和税务处理

特　点	税务处理
代销货物的所有权属于委托方 受托方按委托方规定的条件出售 货物的销售收入为委托方所有，受托方只收取手续费	就销售代销货物而言，属增值税征税范围 就受托方提供代理劳务取得的报酬，如代理手续费，属营业税征收范围，应按服务业税目征收营业税

【例题2】某商业企业（一般纳税人）为甲公司代销货物，按零售价以5％收取手续费5000元，尚未收到甲公司开来的增值税专用发票。

要求：对上述代销业务进行税务处理。

【答案】应纳营业税＝5000×5％＝250（元）

零售价＝5000÷5％＝100000（元）

应纳增值税＝100000÷（1＋17％）×17％＝14530（元）

（3）其他与增值税的划分问题。

饮食行业，在提供饮食的同时，附带也提供香烟等货物，就应按饮食业征收营业税。某饭店在大门口设一独立核算的柜台，这种情况属于兼营行为，就应征收增值税。

（4）某照相馆在照结婚纪念照的同时，附带提供镜框、相册等货物，此种混合销售行为，就应按其他服务业征收营业税。

（5）随汽车销售提供的汽车按揭服务和代办服务业务征收增值税，单独提供按揭、代办服务业务并不销售汽车的，应征收营业税。

4. 销售自产货物提供增值税应税劳务并同时提供建筑业劳务的征税问题

（1）纳税人以签订建设工程施工总包或分包合同（包括建筑、安装、装饰、修缮等工程总包和分包合同，下同）方式开展经营活动时，销售自产货物、提供增值税应税劳务并同时提供建筑业劳务（包括建筑、安装、修缮、装饰、其他工程作业，下同），同时符合以下条件的，对销售自产货物和提供增值税应税劳务取得的收入征收增值税，提供建筑业劳务收入（不包括按规定应征收增值税的自产货物和增值税应税劳务收入）征收营业税：

①具备建设行政部门批准的建筑业施工（安装）资质。

②签订建筑工程施工总包或分包合同中单独注明建筑业劳务价款。

（2）自产货物的范围。规定所称自产货物是指：

①金属结构件，包括活动板房、钢结构房、钢结构产品、金属网架等产品。

②铝合金门窗。

③玻璃幕墙。

④机器设备、电子通信设备。

⑤国家税务总局规定的其他自产货物。

（3）纳税人（从事货物生产的单位和个人）销售自产货物提供增值税应税劳务，并同时提供建筑业劳务征税问题。

【例题3】某铝合金门窗厂，将自产货物投入一项建筑工程，自产货物不含税销售额为100万元，安装业务收入15万元（安装队伍具有施工资质，安装收入在合同中单独列明），计算应纳增值税和营业税。

【答案】应纳增值税＝100×17％＝17（万元）

应纳营业税＝15×3％＝0.45（万元）

5. 商业企业向货物供应方收取的部分费用征收流转税问题

自 2004 年 7 月 1 日起，对商业企业向供货方收取的与商品销售量、销售额无必然联系，且商业企业向供货方提供一定劳务的收入，例如进场费、广告费、促销费、上架费、展示费、管理费等，不属于平销返利，不冲减当期增值税进项税额，应按营业税的适用税目税率（5％）征收营业税。

三、营业税的税目、税率

营业税的税目按行业、类别共设置了 9 个，税率也实行行业比例税率。营业税税目、税率见表 4—3。

表 4—3　营业税税目、税率表

税　目	税　率	税　目	税　率
一、交通运输业	3％	六、娱乐业	5％～20％
二、建筑业	3％	七、服务业	5％
三、金融保险业	5％	八、转让无形资产	5％
四、邮电通信业	3％	九、销售不动产	5％
五、文化体育业	3％		

四、营业税税收优惠

（一）营业税的起征点

对于经营营业税应税项目的个人，营业税规定了起征点。营业额达到或超过起征点即照章全额计算纳税，营业额低于起征点则免予征收营业税。税法规定的起征点如下：

（1）按期纳税的起征点（除另有规定外）为月营业额 1000～5000 元；

（2）按次纳税的起征点（除另有规定外）为每次（日）营业额 100 元。

（二）税收优惠规定

根据《营业税暂行条例》的规定，下列项目免征营业税：

（1）托儿所、幼儿园、养老院、残疾人福利机构提供的育养服务，婚姻介绍，殡葬服务。

（2）残疾人员个人为社会提供劳务。

（3）医院、诊所和其他医疗机构提供的医疗服务。

（4）学校和其他教育机构提供的教育劳务，学生勤工俭学提供的劳务。学校和其他教育机构是指普通学校以及经地、市级以上人民政府或者同级政府的教育行政部门批准成立、国家承认其学员学历的各类学校。

（5）农业机耕、排灌、病虫害防治、植物保护、农牧保险以及相关技术培训业务，家禽、牲畜，水生动物的配种和疾病防治。

（6）纪念馆、博物馆、文化馆、文物保护单位管理机构、美术馆、展览馆、书画院、图书馆举办文化活动的门票收入，宗教场所举办文化、宗教活动的门票收入。

（7）境内保险机构为出口货物提供的保险产品。

第三节　营业税的计算

一、营业税的计税依据

营业税的计税依据是营业额，营业额为纳税人提供应税劳务、转让无形资产或销售不动产向对方收取的全部价款和价外费用。所称价外费用，包括收取的手续费、补贴、基金、集资费、返还利润、奖励费、违约金、滞纳金、延期付款利息、赔偿金、代收款项、代垫款项、罚息及其他各种性质的价外收费，但不包括同时符合以下条件代为收取的政府性基金或者行政事业性收费：

（1）由国务院或者财政部批准设立的政府性基金，由国务院或者省级人民政府及其财政、价格主管部门批准设立的行政事业性收费。

（2）收取时开具省级以上财政部门印制的财政票据。

（3）所收款项全额上缴财政。

凡价外费用，无论会计制度规定如何核算，均应并入营业额计算应纳税额。

以营业额为计税依据，一般不得从中扣除任何成本和费用。但是，由于某些行业存在着特殊情况，税法允许某些特定费用可以从营业额中扣除。针对不同行业的具体情况，计税营业额确定的主要规定有：

（一）交通运输业

纳税人将承揽的运输业务分给其他单位或者个人的，以其取得的全部价款和价外费用扣除其支付给其他单位或者个人的运输费用后的余额为营业额。

【例题4】某运输公司2003年9月份发生下列业务：取得客运收入200000元，付给境外运输企业运费150000元；取得货运收入300000元，其中支付给其他联运单位运费100000元。请计算该公司9月份应纳营业税额。

【答案】应纳营业税＝（200000－150000＋300000－100000）×3%＝7500（元）

（二）建筑业

（1）纳税人将建筑工程分包给其他单位的，以其取得的全部价款和价外费用扣除其支付给其他单位的分包款后的余额为营业额。

【例题5】甲建筑公司以 16000 万元的总承包额中标为某房地产开发公司承建一幢写字楼，之后甲建筑公司又将该写字楼工程的装饰工程以 7000 万元分包给乙建筑公司。

要求：请分别计算有关各方应缴纳和应扣缴的营业税税款。

【答案】①甲建筑公司应纳建筑业营业税＝（16000－7000）×3％＝270（万元）

②甲建筑公司应代扣代缴乙建筑公司建筑业营业税＝7000×3％＝210（万元）

（2）纳税人提供建筑业劳务（不含装饰劳务）的，其营业额应当包括工程所用原材料、设备及其他物资和动力价款在内，但不包括建设方提供的设备的价款。

（3）自建行为营业税处理。

自建行为是指纳税人自己建造房屋的行为，纳税人自建自用的房屋不纳营业税，如纳税人（不包括个人自建自用住房销售）将自建房屋对外销售，其自建行为应按建筑业缴纳营业税，再按销售不动产缴纳营业税，见表4—4。

表4—4　建筑业应纳税额的计算

税 目	各税目应纳税额
建筑业的营业税	应纳税额＝组成计税价格×营业税税率＝［工程成本×（1＋成本利润率）÷（1－营业税税率）］×营业税税率
销售不动产的营业税	应纳税额＝销售价格×5％

【例题6】某建筑公司自建楼房一栋竣工，建筑安装总成本 4000 万元，将其 40％ 售给另一单位，其余自用，总售价 7000 万元，本月预收 5000 万元（当地营业税成本利润率为 10％）。

【答案】建筑企业自建不动产自用部分不纳营业税，自建不动产出售部分应纳两个税目的营业税：

①按建筑业纳营业税＝组价×3％＝｛［4000×40％×（1＋10％）］÷（1－3％）｝×3％＝54.43（万元）

②按销售不动产纳营业税＝售价（预收款）×5％＝5000×5％＝250（万元）

自建不动产出售共纳营业税＝54.43＋250＝304.43（万元）

（三）金融保险业

1. 金融业务

（1）一般贷款业务：以贷款利息收入全额为营业额（包括加息、罚息）。

（2）金融商品转让业务：以卖出价减去买入价后的余额为营业额。

（3）金融经纪业务和其他金融业务：手续费（佣金）类的全部收入。

金融企业从事受托收款业务，如代收电话费、水电煤气费、信息费、学杂费、寻呼费、社保统筹费、交通违章罚款、税款等，以全部收入减去支付给委托方价款后的余额为营业额。

2. 保险业务

（1）初保业务营业额：全部保费收入。

（2）储金业务营业额：储金的利息（即纳税人在纳税期内的储金平均余额乘以人民银行公布的一年期存款利率折算的月利率计算）。

（3）保险企业已征收过营业税的应收未收保费，凡在财务会计制度规定的核算期限内未收回的，允许从营业额中减除。在会计核算期限以后收回的已冲减的应收未收保费，再并入当期营业额中。

①保险企业开展无赔偿奖励业务：向投保人实际收取的保费。

②向境外再保险人办理分保业务：以全部保费收入减去分保保费后的余额为营业额。境外再保险人应就其分保收入承担营业税纳税义务，并由境内保险人扣缴境外再保险人应缴纳的营业税税款。

【例题7】某金融企业从事债券买卖业务，2009年8月购入A债券，购入价50万元，B债券购入价80万元，共支付相关费用和税金1.3万元；当月又将债券卖出，A债券售出价55万元，B债券售出价78万元，共支付相关费用和税金1.33万元。计算该金融企业当月应缴纳的营业税。

【答案】应纳营业税＝［（55－50）＋（78－80）］×5％＝0.15（万元）

【例题8】某市商业银行2009年第二季度有关业务资料如下：

（1）向生产企业贷款取得利息收入600万元，逾期贷款的罚息收入8万元。

（2）为电信部门代收电话费取得手续费收入14万元。

（3）4月10日购进有价证券800万元，6月25日以860万元的价格卖出。

（4）受某公司委托发放贷款，金额5000万元，贷款期限2个月，年利息率4.8％，银行按贷款利息收入的10％收取手续费。

（5）2009年3月31日向商场定期贷款1500万元，贷款期限1年，年利息率5.4％。该贷款至2010年6月30日仍未收回，商场也未向银行支付利息。

要求：计算该银行2010年第二季度应缴纳和应代扣代缴的营业税。

【答案】（1）银行应缴纳的营业税：

①向生产企业贷款应缴纳营业税＝（600＋8）×5％＝30.4（万元）

②手续费收入应缴纳营业税＝（14＋5000×4.8％÷12×2×10％）×5％＝0.9（万元）

③有价证券买卖应缴纳营业税＝（860－800）×5％＝3（万元）

④向商场贷款应缴纳的营业税＝1500×5.4％÷12×3×5％＝1.01（万元）

银行共计应缴纳营业税＝30.4＋0.9＋3＋1.01＝35.31（万元）

（2）银行应代扣代缴营业税＝5000×4.8％÷12×2×5％＝2（万元）

（四）邮电通信业务

（1）集中受理跨省出租电信业务：受理地区的电信部门余额计税；提供跨省电信业务的电信部门：按各自取得的价款为营业额计征营业税。

(2) 共同为用户提供邮政电信业务并由邮政电信单位统一收取价款的：以全部收入减去支付给合作方价款后的余额为营业额。

(3) 电信单位销售的有价电话卡：以按面值确认的收入减去当期财务会计上体现的销售折扣折让后的余额为营业额。

（五）文化体育业

单位或个人进行演出，以全部票价收入或者包场收入减去付给提供演出场所的单位、演出公司或经纪人的费用后的余额为营业额（这是因为提供演出场所的单位、演出公司或者经纪人不是文化体育业的纳税人，提供演出场所的单位的场租收入按租赁征收营业税；演出公司或者经纪人的收入按代理业征收营业税）。

【例题 9】某歌舞团于 2009 年 9 月来某市演出。由市人民影剧院提供场所，并由其售票，共收取门票 200000 元，按照协议应该支付经纪人 10000 元，支付市影剧院40000 元。请计算该歌舞团、市影剧院和经纪人各自应缴纳的营业税。

【答案】歌舞团应纳营业税＝（200000－10000－40000）×3％＝4500（元）（由剧院扣缴）

经纪人应纳营业税＝10000×5％＝500（元）（由剧院扣缴）

影剧院应纳营业税＝40000×5％＝2000（元）

（六）娱乐业

娱乐业以向顾客收取的各项费用为营业额，包括门票费、台位费、点歌费、烟酒饮料收费及其他收费。

（七）服务业

(1) 一般代理业以代理者向委托方实际收到的报酬为营业额。

(2) 物业管理企业代收水、电、气费及房租等的手续费为计税营业额。

(3) 广告代理业的代理者向委托方收取的全部价款和价外费用减去付给广告发布者的广告发布费后的余额为营业额。

(4) 拍卖行向委托方收取的手续费为计税营业额。

(5) 旅游企业组织旅游团到境外旅游，在境外改由其他旅游企业接团的，以全程旅游费减去付给该接团企业的旅游费后的余额为营业额。

(6) 旅游企业组团在境内旅游的，以收取的旅游费减去替旅游者支付给其他单位的住房、就餐、交通、门票和其他代付费用后的余额为营业额。改由其他旅游企业接团的，比照境外旅游办法确定营业额。

(7) 经过国家版权局注册登记、在销售时一并转让著作权、所有权的计算机软件，应征收营业税。

(8) 国内企业外派本单位员工赴境外从事劳务服务取得的各项收入不征营业税。

（八）销售不动产

（1）单位和个人销售或转让其购置的不动产或受让的土地使用权，以全部收入减去不动产或土地使用权的购置或受让原价后的余额为营业额。

（2）单位和个人销售或转让抵债所得的不动产、土地使用权的，以全部收入减去抵债时该项不动产或土地使用权作价后的余额为营业额。

【例题10】某生产企业转让10年前建成的旧生产车间，取得收入1200万元，该车间的原值为1000万元，已提取折旧400万元。还转让一块土地使用权，取得收入560万元。年初取得该土地使用权时支付金额420万元，转让时发生相关费用6万元。计算该企业应缴纳的营业税。

【答案】应缴纳的营业税＝1200×5％＋（560－420）×5％＝67（万元）

纳税提示：

　　个人将购买不足5年的住房对外销售的，全额征收营业税。个人将购买满5年以上的非普通住房对外销售的，按其销售收入减去购买房屋的价款后的余额征收营业税。

（九）纳税人提供劳务、转让无形资产、销售不动产计税营业额的核定

组成计税价格公式：

组成计税价格＝工程成本×（1＋成本利润率）÷（1－营业税税率）

成本利润率由省、自治区、直辖市人民政府所属地方税务机关确定。

【例题11】某广告公司2009年4月份发生以下业务：

取得广告业务收入为94万元，营业成本为90万元，支付给某电视台的广告发布费为25万元，支付给某报社的广告发布费为18万元。经主管税务机关审核，认为其广告收费明显偏低，且无正当理由，又无同类广告可比价格，于是决定重新审核其计税价格（核定的成本利润率为16％）。

要求：计算该广告公司当月应缴纳的营业税。

【答案】广告业务的计税营业额＝90×（1+16％）÷（1－5％）＝109.89（万元）

应缴纳的营业税＝（109.89－25－18）×5％＝3.34（万元）

（十）营业额的其他规定

（1）纳税人的营业额计算缴纳营业税后因发生退款减除营业额的，应当退还已缴纳营业税税款或者从纳税人以后的应缴纳营业税税额中减除。

（2）纳税人发生应税行为，如果将价款与折扣额在同一张发票上注明的，以折扣后的价款为营业额；如果将折扣额另开发票的，不论其在财务上如何处理，均不得从营业

额中扣除。

（3）单位和个人提供营业税应税劳务、转让无形资产和销售不动产时，因受让方违约而从受让方取得的赔偿金收入，应并入营业额中征收营业税。

（4）单位和个人因财务会计核算办法改变将已缴纳过营业税的预收性质的价款逐期转为营业收入时，允许从营业额中减除。

（5）营业税纳税人购置税控收款机，经主管税务机关审核批准后，可凭购进税控收款机取得的增值税专用发票，按照发票上注明的增值税税额，抵免当期应纳营业税税额，或者按照购进税控收款机取得的普通发票上注明的价款，依下列公式计算可抵免税额：

可抵免税额＝价款÷（1＋17％）×17％

当期应纳税额不足抵免的，未抵免部分可在下期继续抵免。

【例题12】某娱乐城当月取得娱乐业服务收入200000元，同时购买了两台税控收款机，一台取得专用发票，注明税额3400元，一台取得普通发票，注明价款2000元，计算当期应纳营业税税额。

【答案】当期应纳营业税＝200000×20％－3400－2000÷（1＋17％）×17％
　　　　　　　　　　＝36309.4（元）

二、营业税应纳税额的计算

营业税为价内税，其税款的计算较之前面的增值税、消费税要简单，计算公式为：

应纳税额＝营业额×税率

【例题13】下列各项中，符合营业税有关规定的有（　　　）。

A. 对娱乐业向顾客收取的各项费用可减除其销售商品的收入后计征营业税

B. 拍卖行向委托方收取的手续费可减除拍卖过程中发生的费用后计征营业税

C. 对参与提供跨省电信业务的电信部门按各自取得的全部价款为营业额计征营业税

D. 对旅行社组织境外旅游收取的各项费用可减除其付给境外接团企业的费用后的余额计征营业税

【答案】CD

【解析】对娱乐业向顾客收取的各项费用应按全部收入征收营业税；拍卖行向委托方收取的手续费也应全额计征营业税。

【例题14】某城市远洋运输企业有职工320人，适用企业所得税税率33％，2002年度发生以下经营业务：

（1）承担远洋运输业务，取得运输收入8600万元、装卸搬运收入200万元。发生运输业务的直接成本、费用（不含职工工资费用）6300.46万元。

（2）将配备有20名操作人员的6号船舶出租给甲公司使用8个月（3月1日～10月31日），取得租金收入240万元，出租期间，远洋运输企业支付操作人员工资28.8万元、维修费用12万元。

（3）将8号船舶自2002年1月1日至12月31日出租给乙公司使用1年，不配备操作人员，也不承担运输过程中发生的各种费用，固定收取租金收入 160 万元。

要求：计算该运输企业应缴纳的营业税。

【答案】（1）运输收入营业税＝（8600＋200）×3％＝264（万元）

（2）取得甲公司租金收入为期租业务收入，应按交通运输业税目处理。

应纳营业税＝240×3％＝7.2（万元）

（3）取得乙公司租金收入为光租业务收入，应按服务业税目处理。

应纳营业税＝160×5％＝8（万元）

应纳营业税合计＝264＋7.2＋8＝279.2（万元）

三、对于纳税人提供劳务、转让无形资产或销售不动产价格明显偏低而无正当理由，税务机关按下列顺序核定其营业额

（1）按纳税人最近时期提供的同类应税劳务或者销售的同类不动产的平均价格核定。

（2）按其他纳税人最近时期提供的同类应税劳务或者销售的同类不动产的平均价格核定。

（3）按公式核定计税价格：

计税价格＝营业成本或工程成本×（1＋成本利润率）÷（1－营业税税率）

成本利润率由省、自治区、直辖市人民政府所属地方税务机关确定。

四、几种经营行为的税务处理

兼营不同税目、兼营与混合销售行为税务处理，见表 4—5。

表 4—5　兼营不同税目、兼营与混合销售行为税务处理

经营行为	税务处理
兼营不同税目的应税行为： 营业税纳税人从事不同税率的应税项目	均交营业税。依纳税人的核算情况： （1）分别核算，按各自税率计税 （2）未分别核算，从高适用税率
混合销售行为： 既涉及增值税的征税范围，又涉及营业税应税项目的某一项销售行为	依纳税人的营业主业判断，只交一种税 以经营营业税应税劳务为主，交营业税
兼营非应税劳务： 提供营业税应税劳务的同时，还经营非应税（即增值税征税范围）货物与劳务	依纳税人的核算情况： （1）分别核算，分别交增值税、营业税 （2）未分别核算，只交增值税、不交营业税

【例题15】按《营业税暂行条例实施细则》的规定，企业下列行为属于兼营应税劳务与货物或非应税劳务的有（　　）。

A. 运输企业销售货物并负责运输所售货物

B. 饭店开设客房、餐厅从事服务业务并附设商场销售货物

C. 商场零售商品并附设快餐城提供就餐服务

D. 建筑公司为承建的某项工程既提供建筑材料又承担建筑、安装业务

【答案】B

第四节　营业税的账务处理

一、营业税会计处理设置的账户

（一）"营业税金及附加"账户

营业税是价内税，纳税人应当缴纳的营业税已在其取得应税劳务营业收入、无形资产转让收入、不动产销售收入中，因此需通过损益类账户"营业税金及附加"进行营业税计提与上缴的会计处理。该账户属于损益类科目，借方发生额反映已发生的营业税税额，贷方发生额反映结转到"本年利润"等相关账户的数额，余额一般在借方，反映待结转数额，年末结转后无余额。

（二）"应交税费"账户

营业税的纳税义务人通过"应交税费"账户下设置的"应交营业税"明细账进行会计核算，其贷方登记应缴纳的营业税，借方登记已缴纳的营业税，期末余额在贷方，表示尚未缴纳的营业税，期末余额若在借方，则表示多缴纳的营业税。

二、营业税的基本会计处理

1. 应交营业税的会计处理

（1）由企业主营业务收入负担的营业税：

借：营业税金及附加等

　　贷：应交税费——应交营业税

（2）应交其他业务收入负担的营业税：

借：其他业务成本

　　贷：应交税费——应交营业税

（3）销售不动产（房地产开发企业除外）应交营业税：

借：固定资产清理

　　贷：应交税费——应交营业税

（4）企业代购代销收入应缴纳的营业税：

借：其他业务成本

　　贷：应交税费——应交营业税

（5）企业按规定代扣的营业税：

借：应付账款

　　贷：应交税费——应交营业税

2. 缴纳营业税的会计处理

借：应交税费——应交营业税

　　贷：银行存款

3. 营业税年终清算的会计处理

年终，企业按规定与税务部门清算，属于多缴和享受减免税优惠的营业税，由税务部门退回；少缴的由企业补缴。

（1）冲回多计的营业税：

借：应交税费——应交营业税

　　贷：营业税金及附加等

也可用红字记相反方向会计分录。

（2）退回多缴或减免的营业税：

借：银行存款

　　贷：营业税金及附加等

（3）补计少缴的营业税：

借：营业税金及附加

　　贷：应交税费——应交营业税

（4）补缴营业税：

借：应交税费——应交营业税

　　贷：银行存款

三、业务举例

1. 企业提供应税劳务，按规定计算和缴纳应纳营业税

【例题16】某公园本月份取得营业收入15000元，其中门票收入5000元，附设卡拉OK舞厅收入10000元。作如下会计分录：

【答案】门票收入营业税额＝5000×3％＝150（元）

歌舞厅收入营业税额＝10000×20％＝2000（元）

本月合计应纳营业税＝150＋2000＝2150（元）

借：营业税金及附加　　　　　　　　　　　　　　　　　　　　　2150

　　贷：应交税费——应交营业税　　　　　　　　　　　　　　　　　2150

2. 转让无形资产应纳营业税的会计处理

企业拥有的无形资产，转让大体有两种形式：一是所有权转让；二是使用权转让。

企业无形资产所有权与使用权的转让在性质和内容上有着本质的不同，在会计处理方法上有着很大的区别。

（1）转让无形资产使用权应纳营业税的会计处理。转让无形资产使用权，即出租无形资产，按规定应纳的营业税，借记"营业税金及附加"科目，贷记"应交税费——应交营业税"科目。

【例题17】某公司将某项专利权的使用权转让给神华集团，协议规定收取使用费70000元，该专利权的成本为40000元，已摊销5000元，则某公司应作会计处理如下：

①收取使用费时：

借：银行存款　　　　　　　　　　　　　　　　　　　70000
　　贷：其他业务收入　　　　　　　　　　　　　　　　　70000

②计提营业税时：

借：营业税金及附加　　　　　　　　　　　　　　　　　3500
　　贷：应交税费——应交营业税　　　　　　　　　　　　3500

（2）转让无形资产所有权应纳营业税的会计处理。转让无形资产所有权，即出售无形资产，收入大于摊余价值及计提营业税的差额，计入"营业外收入"科目；收入小于其账面摊余价值及计提营业税额，计入"营业外支出"科目。

【例题18】仍以【例题17】为例，如果某公司转让的是无形资产的所有权，应作会计处理如下：

借：银行存款　　　　　　　　　　　　　　　　　　　70000
　　累计摊销　　　　　　　　　　　　　　　　　　　　5000
　　贷：无形资产——某专利权　　　　　　　　　　　　40000
　　　　应交税费——应交营业税　　　　　　　　　　　　3500
　　　　营业外收入——出售无形资产收益　　　　　　　　31500

（3）无形资产转让分为现金转让和非现金转让（非货币性交易），均应按其转让收入计缴营业税。对一般企业而言，无形资产转让净收入属于企业所得，应按转让价格减去转让无形资产应交营业税、城建税、教育费附加和账面价值后的差额确认。

【例题19】某工业企业本期将某产品的商标权以1000000元转让给另一家企业，按5％的营业税税率计算应纳营业税50000元。该商标的账面余额为700000元，计提减值准备80000元。

借：银行存款　　　　　　　　　　　　　　　　　　1000000
　　无形资产减值准备　　　　　　　　　　　　　　　　80000
　　贷：无形资产　　　　　　　　　　　　　　　　　　700000
　　　　应交税费——应交营业税　　　　　　　　　　　50000
　　　　营业外收入　　　　　　　　　　　　　　　　　330000

3. 销售不动产应纳税额的会计处理

（1）房地产企业销售不动产。房地产开发企业以开发销售商品房及其他土地附着物等不动产为主营业务，其销售不动产取得的收入以及预售不动产取得的收入均应计算缴纳营业税，借记"营业税金及附加"科目，贷记"应交税费——应交营业税"科目。房地产开发企业自建自售建筑物时，其自建行为按建筑业 3% 税率征税，出售建筑物按 5% 的税率征收营业税。

【例题 20】 大江房地产公司 2010 年 8 月份商品房销售收入 1100000 元，配套设施销售收入 260000 元，代建工程结算收入 200000 元，租金收入 140000 元。上月营业税款为 48000 元，纳税期限为 10 天。

（1）每次预缴税款时：

借：应交税费——应交营业税   16000

    贷：银行存款   16000

（2）月末计算税款时：

①商品房销售、配套设施销售，因属"销售不动产"，应按 5% 的税率计算应交营业税如下：

（1100000＋260000）×5%＝68000（元）

②代建工程结算收入，因属"建筑业"，应按 3% 的税率计算应交营业税如下：

200000×3%＝6000（元）

③租金收入，因属"服务业"，按 5% 的税率计算应交营业税如下：

140000×5%＝7000（元）

本月以上三项合计应纳营业税税额＝68000＋6000＋7000＝81000（元）

借：营业税金及附加   81000

    贷：应交税费——应交营业税   81000

（3）下月初结清上月税款时：

应补缴税款＝81000－48000＝33000（元）

借：应交税费——应交营业税   33000

    贷：银行存款   33000

（2）非房地产企业销售不动产。非房地产企业出售不动产是指企业出售已作为固定资产管理的房屋、建筑物及地上附着物时对现有固定资产的处置，是其非主营业务，不是商品出售。其应交营业税，借记"固定资产清理"科目，贷记"应交税费——应交营业税"科目。

【例题 21】 某企业因搬迁，将其原有房屋、建筑物及土地附着物转让给另一企业，作价 8000000 元，该不动产的账面原值 21000000 元，已累计折旧 14000000 元；清理费支出 14000 元。

【答案】（1）将不动产转作清理时：

借：固定资产清理   7000000

    累计折旧   14000000

    贷：固定资产   21000000

（2）收到转让收入时：

借：银行存款   8000000

    贷：固定资产清理   8000000

（3）发生清理费时：

借：固定资产清理 14000

贷：银行存款 14000

（4）应交营业税时：

借：固定资产清理 400000

贷：应交税费——应交营业税 400000

（5）结转清理净收益时：

借：固定资产清理 586000

贷：营业外收入 586000

4. 建筑业营业税的会计处理

从事建筑、修缮、装饰工程作业的企业，无论与对方如何结算，其营业额均应包括工程所用原材料物资的价款。即使由对方（甲方）提供材料，在工程结算收入中未包括材料成本，但计税时材料成本仍应包括在营业额中。如果实行转包或分包形式，由总承包人收到承包款项时，借记"银行存款"科目，扣除应付给分承包人或转包人的部分，贷记"主营业务收入"科目。应付给分承包人或转包人的部分，贷记"应付账款"科目。根据扣除后的工程结算收入计算的应交税费，以及应付给分包人或转包人的部分计算的代扣营业税金，分别借记"营业税金及附加"科目和"应付账款——应付分包款项"科目，贷记"应交税费——应交营业税"科目。

【例题22】苏建公司2010年10月份工程承包收入2000000元，其中支付给A工程队分包工程价款200000元，甲方提供材料500000元；另取得一企业拆除建筑物收入300000元。

应纳营业税额＝（2000000－200000＋500000）×3‰＋300000×3‰＝78000（元）

应代扣代缴营业税额＝200000×3‰＝6000（元）

有关会计处理如下：

（1）取得收入时：

借：银行贷款 2000000

贷：主营业务收入 1800000

应付账款——应付分包款项 200000

借：银行存款 300000

贷：其他业务收入 300000

（2）计提营业税时：

借：营业税金及附加 78000

贷：应交税费——应交营业税 78000

（3）代扣营业税时：

借：应付账款——应付分包款项 6000

贷：应交税费——应交营业税 6000

（4）上缴营业税时：

借：应交税费——应交营业税 84000

```
        贷：银行存款                                        84000
  （5）支付分包工程款时：
    借：应付账款——应付分包款项                          194000
        贷：银行贷款                                       194000
```

> **纳税提示：**
>
> 　　纳税人从事建筑、修缮、装饰工程作业，无论与对方如何结算，其营业额应包括工程所用原材料及其他物资和动力的价款在内。

5. 旅游、饮食服务业营业税的会计处理

【例题 23】某国际旅游公司组团到境外旅游，收取成员全程旅游费 35000 元，出境后改由外国旅游公司组织观光，该公司付给外国旅游公司 17000 元的费用。

应纳营业税 =（35000 − 17000）× 5% = 900（元）

```
    借：营业税金及附加                                    900
        贷：应交税费——应交营业税                             900
```

第五节　营业税的申报与缴纳

一、纳税义务发生时间

　　一般规定，营业税纳税义务发生时间为纳税人提供应税劳务、转让无形资产或者销售不动产并收讫营业收入款项或者取得索取营业收入款项凭据的当天。为了适应纳税人的特殊情况，营业税的纳税义务发生时间还有以下具体规定：

　　（1）收讫营业收入款项，是指纳税人应税行为发生过程中或者完成后收取的款项。

　　取得索取营业收入款项凭据的当天，为书面合同确定的付款日期的当天；未签订书面合同或者书面合同未确定付款日期的，为应税行为完成的当天。

　　（2）纳税人自己新建建筑物后销售的，其纳税义务发生时间为其销售自建建筑物并收讫营业额或者取得索取营业收入款项凭据的当天。

　　（3）纳税人转让土地使用权或者销售不动产，采取预收款方式的，其纳税义务发生时间为收到预收款的当天。

　　纳税人提供建筑业或者租赁业劳务，采取预收款方式的，其纳税义务发生时间为收到预收款的当天。

　　纳税人发生所称将不动产或者土地使用权无偿赠送其他单位或者个人的，其纳税义

务发生时间为不动产所有权、土地使用权转移的当天。

纳税人发生所称自建行为的，其纳税义务发生时间为销售自建建筑物的纳税义务发生时间。

（4）扣缴税款义务发生时间为扣缴义务人代纳税人收讫营业收入款项或者取得索取营业收入款项凭据的当天。

（5）建筑业纳税义务发生时间：

表4—6　建筑业的纳税义务发生时间

工程款结算方法	纳税义务发生时间
合同完成后一次性结算价款的	施工单位与发包单位进行工程合同价款结算的当天
旬末或月中预支、月终结算、竣工后清算的	月份终了与发包单位进行已完工工程价款结算的当天
按工程完工进度划分不同阶段分期结算价款的	月份终了与发包单位进行已完工工程价款结算的当天
其他结算方式的	与发包单位结算工程价款的当天
纳税人自建建筑物销售的	销售建筑物并收讫营业额或取得索取营业额凭据的当天

（6）金融保险业纳税义务发生时间：

表4—7　金融保险业纳税义务发生时间

应税行为	纳税义务发生时间
金融机构的逾期贷款业务	逾期未超过90天：取得利息收入权利的当天（即应收未收的利息也应缴纳营业税）
	逾期超过90天：实际收到利息的当天
融资租赁业务	取得租金收入或取得索取租金收入凭证的当天
金融商品转让	所有权转移之日
金融经济业和其他金融业	取得营业收入或取得索取营业收入凭证的当天
保险业	取得保费收入或取得索取保费收入凭证的当天
金融企业委托贷款业务	扣缴营业税义务时间：受托发放贷款或代委托人收讫贷款利息的当天

二、纳税间隔期和纳税申报期

营业税的纳税期限分别为5日、10日、15日、1个月或者1个季度。纳税人的具体纳税期限，由主管税务机关根据纳税人应纳税额的大小分别核定；不能按照固定期限纳税的，可以按次纳税。

纳税人以1个月或者1个季度为一个纳税期的，自期满之日起15日内申报纳税；以5日、10日或者15日为一个纳税期的，自期满之日起5日内预缴税款，于次月1日起 15 日内申报纳税并结清上月应纳税款。

扣缴义务人解缴税款的期限,依照前两款的规定执行。

三、纳税地点与纳税申报

营业税的纳税地点是根据纳税人的不同情况和便于税收征管的原则确定的,具体规定为:

(1) 纳税人提供应税劳务应当向其机构所在地或者居住地的主管税务机关申报纳税。但是,纳税人提供的建筑业劳务以及国务院财政、税务主管部门规定的其他应税劳务,应当向应税劳务发生地的主管税务机关申报纳税。

(2) 纳税人转让无形资产应当向其机构所在地或者居住地的主管税务机关申报纳税。但是,纳税人转让、出租土地使用权,应当向土地所在地的主管税务机关申报纳税。

(3) 纳税人销售、出租不动产应当向不动产所在地的主管税务机关申报纳税。

扣缴义务人应当向其机构所在地或者居住地的主管税务机关申报缴纳其扣缴的税款。

纳税人应当向应税劳务发生地、土地或者不动产所在地的主管税务机关申报纳税而自应当申报纳税之月起超过 6 个月没有申报纳税的,由其机构所在地或者居住地的主管税务机关补征税款。

(4) 营业税纳税人应该按照税法的规定及时办理纳税申报,除经税务机关核准实行简易申报方式的营业纳税人外,其他营业税纳税人均应如实填写纳税申报表,及时缴纳税款。凡按规定需要报送纳税申报表进行纳税申报的营业税纳税人均应报送以下资料:

①《营业税纳税申报表》(见表 4—8)。

②按照本纳税人发生营业税应税行为所属的税目,分别填报相应税目的营业税纳税申报表附表;营业税纳税申报表附表主要有:附表一《交通运输业营业税纳税申报表》、附表二《娱乐业营业税纳税申报表》、附表三《服务业营业税纳税申报表》、附表四《服务业减除项目金额明细申报表》、附表五《建筑业营业税申报表》、附表六《异地提供建筑业劳务税款缴纳情况申报表》。

③凡使用税控收款机的纳税人应同时报送税控收款机 IC 卡。

④主管税务机关规定的其他申报资料。

表4—8　营业税纳税申报表

（适用于查账征收的营业税纳税人）

纳税人识别号：3206020000009

纳税人名称（公章）：江海建筑公司

税款所属时间：自 2010 年 10 月 1 日至 2010 年 10 月 31 日　　　　填表日期：2010 年 11 月 8 日

金额单位：元（列至角分）

税目	营业额				税率(%)	本期税款计算			期初前期欠缴税额	期初前期多缴税额	本期已缴税额				本期应缴税额计算		
	应税收入	应税减除项目金额	应税营业额	免税收入		小计	本期应纳税额	免(减)税额			小计	已缴本期应纳税额	本期已被扣缴税额	本期已缴欠缴税额	小计	本期期末应缴税额	本期期末应缴欠缴税额
1	2	3	4=2-3	5	6	7=8+9	8=(4-5)×7	9=5×7	10	11	12=13+14+15	13	14	15	16=17+18	17=8-13-14	18=10-11-15
交通运输业																	
建筑业	10500000	3000000	7500000		3		225000										
邮电通信业																	
服务业	20000		20000		5		1000										
娱乐业																	
金融保险业																	
文化体育业																	
销售不动产	4500000		4500000	5			225000										
转让无形资产	1200000		1200000	5			60000										
合　计																	
代扣代缴项目	建筑业		3000000		3		90000										
总　计							601000										

纳税人或代理人声明： 此纳税申报表是根据国家税收法律的规定填报的，我确定它是真实的、可靠的、完整的。	如纳税人填报，由纳税人填写以下各栏			
	办税人员 (签章)	财务负责人 (签章)	法定代表人 (签章)	联系电话
	如委托代理人填报，由代理人填写以下各栏			
	代理人名称	经办人 (签章)	联系电话	代理人 (公章)
以下由税务机关填写				
受理人		受理日期	受理税务机关（签章）	

本表为 A3 横式一式三份，一份纳税人留存，一份主管税务机关留存，一份征收部门留存。

【例题24】营业税申报案例

1. 企业概况。

（1）企业名称：江海建筑公司

（2）企业性质：股份有限公司

（3）法定代表人：黄娟

（4）企业地址及电话：青年东路 148 号　85875123

（5）开户银行及账号：建设银行分理处　0184010128

（6）纳税人识别号：3206020000009

2．基本业务。

2009 年 10 月该企业发生以下业务：

（1）取得工程承包收入 1000 万元，其中支付给神勇工程队分包工程价款 300 万元，因城建项目提前竣工，获得提前竣工奖 50 万元。

（2）将自有楼房一栋转让给华联商贸公司，转让价格为 450 万元，款项已通过银行收讫，该厂房价面原值 500 万元，已提折旧 90 万元，发生清理费用 1 万元。

（3）将一设备出租给另一企业用，取得租金 2 万元。

（4）转让一项土地使用权，取得收入 120 万元。

3．实训要求。

（1）计算该企业应纳营业税税额和代扣代缴营业税税额。

（2）进行营业税涉税业务的会计处理。

（3）填制营业税纳税申报表。

【答案】（1）计算该企业应纳营业税税额和代扣代缴营业税税额如下：

①工程承包收入应纳营业税＝（10000000－3000000＋500000）×3％＝225000（元）

②转让楼房应纳营业税＝4500000×5％＝225000（元）

③出租设备应纳营业税＝20000×5％＝1000（元）

④转让土地使用权应纳营业税＝1200000×5％＝60000（元）

⑤月末应纳营业税＝195000＋225000＋1000＋60000＝481000（元）

⑥月末应代扣代缴营业税税额＝3000000×3％＝90000（元）

（2）承包工程涉及的账务处理。

①确认收入实现时：

借：银行存款	10500000	
贷：主营业务收入		7500000
应付账款——应付分包工程款		3000000

②公司计提营业税时：

借：营业税金及附加	225000	
贷：应交税费——应交营业税		225000

③代扣营业税时：

借：应付账款——应付分包工程款	90000	
贷：应交税费——代扣代缴营业税		90000

④将扣除代扣营业税后的分包款划给工程队时：

借：应付账款——应付分包工程款	2910000	
贷：银行存款		2910000

（3）转让不动产涉及的账务处理。

①将不动产转作清理时：

借：固定资产清理　　　　　　　　　　　　　　　4100000

　　累计折旧　　　　　　　　　　　　　　　　　　900000

　　　贷：固定资产　　　　　　　　　　　　　　　　　　　5000000

②确认转让收入时：

借：银行存款　　　　　　　　　　　　　　　　　4500000

　　　贷：固定资产清理　　　　　　　　　　　　　　　　　4500000

③支付清理费用时：

借：固定资产清理　　　　　　　　　　　　　　　　10000

　　　贷：银行存款　　　　　　　　　　　　　　　　　　　　10000

④计提应纳营业税时：

借：固定资产清理　　　　　　　　　　　　　　　　225000

　　　贷：应交税费——应交营业税　　　　　　　　　　　　　225000

⑤结转固定资产清理净收益时：

借：固定资产清理　　　　　　　　　　　　　　　　165000

　　　贷：营业外收入——处理固定资产净收益　　　　　　　　165000

（4）租赁设备涉及的账务处理。

①收到租金时：

借：银行存款　　　　　　　　　　　　　　　　　　20000

　　　贷：其他业务收入　　　　　　　　　　　　　　　　　　20000

②计提应纳营业税时：

借：其他业务成本　　　　　　　　　　　　　　　　　1000

　　　贷：应交税费——应交营业税　　　　　　　　　　　　　　1000

（5）转让土地使用权涉及的账务处理。

①取得收入时：

借：银行存款　　　　　　　　　　　　　　　　　1200000

　　　贷：其他业务收入　　　　　　　　　　　　　　　　　1200000

②计提应纳营业税时：

借：其他业务成本　　　　　　　　　　　　　　　　60000

　　　贷：应交税费——应交营业税　　　　　　　　　　　　　60000

（6）上缴营业税时的账务处理。

借：应交税费——应交营业税　　　　　　　　　　511000

　　　　　　——代扣代缴营业税　　　　　　　　　90000

　　　贷：银行存款　　　　　　　　　　　　　　　　　　　601000

根据上述材料核算资料，填制纳税申报表。

复习思考题

1. 简述营业税的发展过程。
2. 营业税的征税范围和增值税有什么区别联系？
3. 如何理解营业额的构成？
4. 营业税的扣缴义务人是如何规定的？
5. 营业税的会计处理是怎样规定的？

练习题

1. 某旅行社于 2010 年 5 月份发生如下业务：

（1）组织旅游团到西安旅游，共收取旅游费用 20 万元，其中替旅游者支付其他单位的房费、餐费、交通费、门票费等共计 12 万元。

（2）组织旅游团到韩国旅游，到国外后由境外某旅游公司接团。全程旅游费 50 万元，转付接团公司旅游费 30 万元。

要求：计算该旅行社本期应缴纳的营业税。

2. 东方花园日化用品有限公司为增值税一般纳税人，2009 年 1 月，该公司发生以下经济业务：

（1）外购原材料一批，货款已付并验收入库。从供货方取得的增值税专用发票上注明的增值税税额为 30 万元。另支付运费 10 万元，运输单位已开具运输发票。

（2）外购机器设置一套，从供货方取得的增值税专用发票上注明的增值税税额为 2.2 万元，货款已付并验收入库。

（3）销售化妆品一批，取得产品销售收入 2457 万元（含增值税），向购货方收到手续费 11.7 万元（含增值税）。

（4）将公司闲置的一套设备出租，取得租金收入 1 万元。

其他相关资料：该公司月初增值税进项税余额为 6.3 万元；增值税税率为 17%，运费的进项税额扣除率为 7%，消费税税率为 30%，营业税税率为 5%。

要求：

（1）计算该公司 1 月份的增值税销项税额及可抵扣的增值税进项税额。

（2）计算该公司 1 月份应缴纳的增值税。

（3）计算该公司 1 月份应缴纳的消费税。

（4）计算该公司 1 月份应缴纳的营业税。

（答案中的金额单位用万元表示）

第五章 关 税

第一节 关税概述

一、关税的概念

关税是国际通行的税种，由海关对进出国境或关境的货物或物品所征收的一种税。关境又称"海关境域"或"关税领域"，是指一个国家海关法规可以全面实施的领域。国境是一个主权国家的领土范围。国境与关境是两个不同的概念。所谓国境，是指一个主权国家的领土范围。所谓关境，是指一个国家的海关法令完全实施的境域。一般而言，国境和关境是一致的，商品进出国境也就是进出关境。但由于自由港、自由区和关税同盟的存在，关境与国境有时不完全一致。在设有自由港、自由区的国家，自由港、自由区虽在国境之内，但从征收关税的角度来说，它是在该国境之外，对进出自由港（区）的货物可以不征收关税，此时关境小于国境。如根据《中华人民共和国香港特别行政区基本法》和《中华人民共和国澳门特别行政区基本法》的规定，香港地区和澳门地区保持自由港地位，为我国单独的关税地区，即单独关境区。单独关境区是不完全适用该国海关法律、法规，实施单独海关管理制度的区域。相反，在缔结关税同盟的国家之间，它们相互组成一个共同关境，实施统一的关税法令和税则，彼此间进出境的货物不征收关税，关境包括了几个缔约国的领土，这时关境大于国境，如欧洲联盟。所称进出国境或关境，具体分为进入国境或关境与输出国境或关境。对进入国境或关境的货物或物品的征税为进口关税；对输出国境或关境的货物或物品的征税为出口关税。

> **纳税提示：**
> 关税与增值税、消费税均属于对商品的征税。区别在于：增值税和消费税是对国内生产或消费的商品的征税；关税是对进出国境或关境的商品的征税。从这个意义上说，增值税和消费税可以称作国内商品税，关税可以称作进出口商品税。

二、我国的关税政策

(一) 我国一贯的关税政策

(1) 进口国家建设和人民必需的货物和物品。

(2) 原材料的进口税率一般较半成品或成品为低。

(3) 对于国内不能生产或质量较低的机械设备等税率较低。

(4) 国内已能生产或者不是国计民生的产品，税率较高。

(5) 对符合国家产业政策，需要扶持的行业提高关税。

(6) 鼓励出口，对出口货物不征出口税。

(二) 近年来大幅度调低进口关税税率的政策原则

(1) 适应社会主义需要，促进对外贸易，发挥宏观调控作用。

(2) 正确处理经济发展与保护民族工业的关系。

(3) 按照产业政策办事。

第二节 关税基本法律内容

全国人民代表大会常务委员会于 1987 年 1 月 22 日通过的、于 2000 年 7 月 8 日修改的《海关法》，国务院于 2003 年 11 月颁布的《进出口关税条例》，以及经国务院关税税则委员会审定并报国务院批准，由海关总署印发的《海关进出口税则》、《中华人民共和国海关入境旅客行李物品和个人邮递物品征收进口税办法》等规章、制度、文件，构成了我国关税法律制度。

《海关进出口税则》是根据国家的关税政策、经济政策和其他政策，通过一定的程序，制定和公布实施的征免进出口关税货物及税率分类表。它主要由商品分类和税率两部分组成。商品分类目录又分税则号列与商品名称。参照国际惯例，根据内外政治和经济形势的发展需要，《海关进出口税则》经历了多次调整和改革，并且进行了进一步的修订和完善。

一、关税的主要分类

关税一般分为进口关税、出口关税和过境关税。我国目前对进出境货物征收的关税分为进口关税和出口关税两类。依据不同的标准，关税可以划分为不同的种类，如表5—1 所示。

表 5—1　我国关税种类一览表

货物出口关税	法定出口税率		
	暂定出口关税率		
进口关税	货物进口关税	最惠国税率	
		协定税率	
		特惠税率	
		普通税率	
		进口暂定税率	
		关税配额税率	
		ITA 税率（非全税目信息技术产品税率）	
		附加关税	报复性关税税率
			反倾销税税率
			反补贴税税率
			保障措施关税税率
	进境物品进口税	入境旅客行李物品和个人邮递物品进口税	

1. 按征收对象分，有进口关税、出口关税和过境关税

（1）进口关税，是指进口国海关在外国货物进口时所征收的关税。一般是在货物进入国境或关境时征收，或在货物从海关保税仓库中转出，投入国内市场时征收。进口税是关税中最基本的一种，在许多不征出口税和过境税的国家，它是唯一的关税。现今世界各国的关税，主要是征收进口税。征收进口税的目的在于保护本国市场和增加财政收入。

（2）出口关税，是指出口国海关在本国货物出口时征收的关税。目前世界上许多国家为了降低出口货物的成本，提高本国货物在国际市场上的竞争力，世界各国一般少征或不征出口税。但为了限制本国某些产品或自然资源的输出，或为了保护本国生产、本国市场供应和增加某些财政收入以及某些特定的需要，有些国家也征收出口税。

（3）过境关税，又称通过税也叫转口税。是指一国海关对通过本国国境或关境，销往第三国的外国货物征收的一种关税。在重商主义时期，过境税曾盛行于欧洲各国，其目的是为了增加国家财政收入。由于过境货物对国内生产和市场没有影响，又能促进本国运输业和服务业的发展，国家通过交通运输、港口使用、仓储保管等行业提供的收入远比征收过境税更有意义。所以随着国际交通的发达，自 19 世纪下半叶起各国相继取消了过境税，只是在外国货物过境时，征收少量的准许费、印花费、签证费、统计费等。

2. 按征收目的分，有财政关税和保护关税

（1）财政关税。又称收入关税。它是以增加国家财政收入为主要目的而课征的关税。财政关税的税率比保护关税率低，因为过高就会阻碍进出口贸易的发展，达不到增加财政收入的目的。随着世界经济的发展，财政关税的意义逐渐减低，而为保护关税所代替。

（2）保护关税。它是以保护本国经济发展为主要目的而课征的关税。保护关税主要是进口税，税率较高。通过征收高额进口税，使进口商品成本较高，从而削弱它在进口国市场的竞争能力，甚至阻碍其进口，以达到保护本国经济发展的目的。保护关税是实现一个国家对外贸易政策的重要措施之一。

3. 按关税的计征标准划分，可分为从价税、从量税、复合税、滑准税

（1）从价税，是以进口货物的完税价格为计税依据，按比例税率计算征收的关税。

（2）从量税，是以进口货物的重量、长度、容量、面积等计量单位为计税依据，按定额税率计算征收的关税。

（3）复合税，是对同一种进口商品同时采用从价、从量两种标准课征的关税。课征时，按两种税率分别计算出税额，以两个税额之和作为该商品的应征关税税额。复合关税既可以减少物价波动对财政收入的影响，又可以有效发挥两种计税方法的各自优点。

（4）滑准税，是一种关税税率随进口商品价格由高到低而由低至高设置计征关税的方法。当进口商品价格高时征低税或不征税，价格低时征高税。目的是使进口商品在征税后保持在一个预期的价格水平上，以稳定国内市场商品价格。

4. 按税率制定分，可分为自主关税和协定关税

（1）自主关税。又称国定关税。一个国家基于其主权，独立自主地制定并修订的关税，包括关税税率及各种法规、条例。国定税率一般高于协定税率，适用有签订关税贸易协定的国家。

（2）协定关税。两个或两个以上的国家，通过缔结关税贸易协定而制定的关税。协定关税有双边协定税率、多边协定税率和片面协定税率。双边协定税率是国家达成协议而相互减让的关税税率。多边协定税率是两个或两个以上的国家之间达成协议而相互减让的关税税率，如关税及贸易总协定中的相互减让税率的协议。片面协定税率是一国对他国输入的货物降低税率，为其输入提供方便，而他国并不以降低税报的税率制度。

5. 按差别待遇和特定的实施情况分，有进口附加税、差价税、特惠税和普遍优惠制

（1）进口附加税。它是指除了征收一般进口税以外，还根据某种目的再增加征额外的关税。它主要有反贴补税和反倾销税。

（2）差价税。又称差额税。当某种本国生产的产品国内价格高于同类的进口商品价格时，为了削弱进口商品的竞争力，保护国内生产和国内市场，按国内价格与进口价格之间的差额征收关税，就叫差价税。

（3）特惠税。又称优惠税。它是指对某个国家或地区进口的全部商品或部分商品，给予特别优惠的低关税或免税待遇。但它不适用于从非优惠国家或地区进口的商品。特惠税有的是互惠的，有的是非互惠的。

（4）普遍优惠制。简称普惠制。它是发展中国家在联合国贸易与发展会议上经过长期斗争，在 1968 年通过建立普惠制决议后取得的。该决议规定，发达国家承诺对发展中国家或地区输入的商品，特别是制成品和半成品，给予普遍的、非歧视性的和非互惠的优惠关税待遇。

二、关税的纳税义务人

根据《中华人民共和国进出口关税条例》第 5 条规定："进口货物的收货人、出口货物的发货人、进境物品的所有人，是关税的纳税义务人。"贸易性商品的纳税人是经营进出口货物的收、发货人。具体是指依法取得对外贸易的经营权，并进口或者出口货物的法人或者其他社会团体，如外贸进出口公司、工贸或农贸结合的进出口公司、有自营出口权的生产企业。

非贸易性物品的纳税人是物品持有人、所有人或收件人。物品的纳税人是进出境物品的所有人，包括该物品的所有人和推定为所有人的人。一般情况下，对于携带进境物品，推定其携带人为所有人；对分离运输的行李，推定相应的进出境旅客为所有人；对以邮递方式进境的物品，推定其收件人为所有人；以邮递或其他运输方式出境的物品，推定其寄件人或托运人为所有人。

三、关税的征税对象

凡中华人民共和国准许进出境的货物和物品，均为关税的征税对象。所称货物，通常指贸易性商品。所称物品，通常指非贸易性物品，包括入境旅客或运输工具上的服务人员随身携带的物品、个人邮递物品、馈赠物品以及其他方式入境的个人物品。

四、关税的税则、税目和税率

（一）关税进出口税则概况

《海关进出口税则》是我国政府根据关税政策和经济政策，按一定的立法程序以及一定的商品分类目录序列制定并实施的关税税目税率表。海关税则一般包括两个部分：一部分是海关课征关税的规章条例及说明；另一部分是关税税目税率表。

关税税目税率表通常包括税则号列（简称税号）、税目和税率三个部分。其中，税号是商品分类的编号，税目是对商品分门别类的排列，税率是征税的比率。

（二）进口关税税率

1. 法定税率

根据新的《关税条例》规定，我国进口关税的法定税率包括最惠国税率、协定税率、特惠税率和普通税率。

《关税条例》第9条规定："进口关税设置最惠国税率、协定税率、特惠税率、普通税率、关税配额税率等税率。对进口货物在一定期限内可以实行暂定税率。"按照普通税率征税的进口货物，经国务院关税税则委员会特别批准，可以适用最惠国税率。适用最惠国税率、协定税率、特惠税率的国家或地区名单，由国务院关税税则委员会决定。

（1）最惠国税率。适用于原产于共同使用最惠国待遇条款的世界贸易组织成员的进口货物，原产于与中华人民共和国签订含有相互给予最惠国待遇条款的双边贸易协定的国家或者地区的进口货物，以及原产于中华人民共和国国境内的进口货物。

（2）协定税率。适用于原产于与中华人民共和国签订含有关税优惠条款的区域性贸易协定的国家或者地区的进口货物。

（3）特惠税率。适用于原产于与中华人民共和国签订特殊关税优惠条款的贸易协定的国家或者地区的进口货物。

（4）普通税率。适用于原产于（1）、（2）、（3）所列以外国家或者地区的进口货物，以及原产地不明的进口货物。

2. 暂定税率

是对某些税号中的部分货物在适用最惠国税率的前提下，通过法律程序暂时实施的进口税率，具有非全税目的特点。进口暂定税率低于最惠国税率。适用最惠国税率的进口货物有暂定税率的，应当适用暂定税率；适用协定税率、特惠税率的进口货物有暂定税率的，应当从低适用税率；使用普通税率的进口货物，不适用暂定税率。

根据新的《关税条例》规定，对特定进口货物，可以实行暂定税率。实施暂定税率的货物、税率、期限，由国务院关税税则委员会决定，海关总署公布。

暂定税率的商品可分为两类：一类无技术规格，海关在征税时只需审核品名和税号无误后即可执行；另一类有技术规格，海关在征税时，除审核品名和税号外，还需对进口货物的技术规格进行专业认证后才能适用。如 2002 年，我国对 209 种进口商品和 23 种出口商品实施了公布暂定税率，执行截止日期为 2002 年 12 月 31 日。公布暂定税率的货物可直接在进口地海关审核征税。目前，我国对公共卫生相关产品、家用电器及零部件实施较低的进口暂定率，优惠幅度大多数在 50% 左右。

3. 配额税率

配额内关税是对一部分实行关税配额的货物，按低于配额外税率的进口税率征收的关税。按照国家规定实行关税配额管理的进口货物，关税配额内的，适用关税配额税率；关税配额外的，其税率的适用按照前述税率的规定执行。

4. ITA 税率（税率为零）

ITA 税率即非全税目信息技术产品税率。

5. 附加关税

亦称为特别关税。一般都是在正常征收关税的基础上加征的一种关税。包括反倾销税、反补贴税、保障措施关税和报复性关税。

（1）报复性关税。任何国家或地区违反与中华人民共和国签订或者共同参加的贸易协定及相关协定，对中华人民共和国在贸易方面采取禁止、限制、加征关税或者其他影响正常贸易的措施的，对原产于该国家或者地区的进口货物可以征收报复性关税，适用报复性关税税率。征收报复性关税的货物、适用国别、税率、期限和征收办法，由国务院关税税则委员会决定并公布。

（2）反倾销税。倾销是指在正常贸易过程中低于正常价值的出口价格，大量输出商品到另一国（或地区）市场的行为。倾销行为被认为是一种不公平的贸易做法。世贸组织在《反倾销税和反补贴税》条款中规定："各缔约方有权采取合理的反倾销和反补贴措施，作为对倾销和补贴等不公平贸易行为的正当防卫。反倾销税和反补贴税的幅度依据倾销和补贴幅度，而不受关税约束的限制。"

进口商品以倾销或补贴的方式进入中国市场，并由此对国内已经建立的相关产业造成实质阻碍的，依照《中华人民共和国反倾销条例》和《中华人民共和国反补贴条例》的规定征收反倾销税或反补贴税。任何国家（地区）对中华人民共和国的出口产品采取歧视性反倾销或反补贴措施的，中华人民共和国可以根据实际情况对该国家（地区）采取相应的措施。对倾销和补贴的调查和确定，一是同质产品的认定。要求进口国有较高的技术鉴别条件，如果进口国的技术鉴定尚无力断定进口产品和出口国国内销售的产品是否为同质产品，则出口国的倾销行为就难以认定，进口国也就无法实施反倾销税。二是倾销造成的损害程度。即倾销致使进口国相关产业受损的原因和程度。如果出口方能证明进口产业受损失是由于进口国国内产业自身的原因，则倾销行为不能成立。对于我国来说，当国有企业尚不能称为真正的市场主体时，很容易因类似理由而在反倾销诉讼中败诉。在应对或在进行反倾销、反补贴中，会计应该充分发挥其作为信息收集者和信息提供者的作用。

（3）反补贴税。补贴是指出口国（或地区）政府或者其任何公共机构提供的并为接受者带来利益的财政资助以及任何形式的对收入或者价格的支持。它是一种比较隐蔽的降低经营者经营成本的措施。进行调查、采取反补贴措施的补贴，必须具有专向性（如政府明确确定的对某些企业、产业获得的补贴，特定区域内的企业、产业获得的补贴，以出口实绩为条件获得的补贴等）。

（4）保障措施关税。进口产品增加，并对生产同类产品或直接竞争产品的国内产业造成严重损害或严重威胁的，可按有关法规规定，采取保障措施，征收保障措施关税。任何国家或地区对我国出口成品采取歧视性保障措施的，我国可以根据实际情况对该国或地区采取相应的税收措施。

（三）出口关税税率

出口关税设置出口税率，对出口货物在一定期限内可以实行暂定税率。

适用出口税率的出口货物有暂定税率的，应当适用暂定税率。

我国现行进口关税税率是以从价税比例税率为主，辅以从量税、复合税和滑准税。有关税率如表5-2、表5-3、表5-4、表5-5所示。

表5-2　进口商品从价税税目、税率表（部分列示）

序号	税则号列	商品名称	最惠国税率（%）
1	05079020	鹿茸及其粉末	11
2	08101000	鲜草莓	19.8
3	08129000	暂时保藏的其他水果及坚果	28.6
4	12112010	鲜或干的西洋参	7.5
10	15121100	初榨葵花油或红花油的分离品	9
13	15131900	椰子油及其分离品	9
21	16030000	肉及水产品的精、汁	23
22	22060000	其他发酵饮料	49.1
24	29173610	对苯二甲酸	8.6
25	32041100	分散燃料及以其为基本成分的制品（不论是否已有化学定义）	7.7

表5－3 进口商品从量税、滑准税、复合税税率表（部分列示）

序号	税则号列	商品名称（简称）	普通税率	最惠国税率
1	02071200	冻的整只鸡	5.6元/千克	1.3元/千克
2	02071411	冻的带骨块鸡（包括鸡胸脯、鸡大腿等）	4.2元/千克	0.6元/千克
5	02071422	冻的鸡爪	3.2元/千克	0.5元/千克
7	05040021	冻的鸡肚（即鸡胃）	7.7元/千克	1.3元/千克
14	37023100	胶卷（指宽度4105毫米，彩色摄影用）	433元/平方米	67元/平方米
15	37023220	照相制版涂卤化乳液无齿孔窄胶卷（成卷未曝光感光胶片，窄胶卷指宽度≤105毫米）	104元/平方米	4.8元/平方米
16	37023290	其他涂卤化乳液无齿孔窄胶卷（成卷未曝光感光胶片，窄胶卷指宽度≤105毫米）	202元/平方米	21元/平方米
47	85211011	广播级录像机	每台完税价格低于或等于2000美元：执行单一从价税，税率为130%；每台完税价格高于2000美元：每台征收从量税，税额20600元加6%从价税	每台完税价格低于或等于2000美元：执行单一从价税，税率为30%；每台完税价格高于2000美元：每台征收从量税，税额4374元加3%从价税
48	85211019	其他录像机	每台完税价格低于或等于2000美元：执行单一从价税，税率为130%；每台完税价格高于2000美元：每台征收从量税，税额20600元加6%从价税	每台完税价格低于或等于2000美元：执行单一从价税，税率为30%；每台完税价格高于2000美元：每台征收从量税，税额4374元加3%从价税
49	85211020	放像机	每台完税价格低于或等于2000美元：执行单一从价税，税率为130%；每台完税价格高于2000美元：每台征收从量税，税额20600元加6%从价税	每台完税价格低于或等于2000美元：执行单一从价税，税率为30%；每台完税价格高于2000美元：每台征收从量税，税额4374元加3%从价税

表5－4 关税配额商品进口税率表（部分列示）

序号	商品类别	税则号列	普通税率（%）	最惠国税率（%）	关税配额税率（%）
1	小麦	10011000	180	65	1
		10019010	180	65	1
		10019090	180	65	1
		11010000	130	65	6
		11031110	130	65	9
		11032010	180	62	10

序号	商品类别	税则号列	普通税率（%）	最惠国税率（%）	关税配额税率（%）
2	玉米	10051000	180	20	1
		10059000	180	65	1
		11022000	130	40	9
		11031300	130	65	9
		11042300	180	65	10
7	棉花	52010000	125	40	1
		52030000	125	40	1
8	化肥	31021000	150	50	4
		31052000	150	50	4
		31053000	150	50	4

表 5—5　非全税目信息技术产品进口税率表（部分列示）

序号	税则号列	商品名称	全税号税率（%）	EX项税率
1	70200019	用于插入熔化合氧化炉内以制备半导体晶片的石英反应管及加持器	10.5	0
2	84199090	半导体工业用化学蒸镀装置的零件	4	0
3	84211990	半导体晶片加工用离心干燥器	10	0
4	84622110	用于弯曲、折叠和矫直半导体引脚的数控机器	9.7	0
5	84622910	用于弯曲、折叠和矫直半导体引脚的非数控机器	10	0

1. 进口货物原产地的规定

不同税率的运用是以进口货物的原产地为标准的。确定进口货物原产地的主要目的，是便于正确运用进口税则的各栏税率，对产自不同国家或地区的进口货物适用不同的关税税率。我国原产地规定基本上采用了"全部产地生产标准"、"实质性加工标准"两种国际上通用的原产地标准。

（1）全部产地生产标准，是指进口货物"完全在一个国家内生产或制造"，生产或制造国即为该货物的原产国。所称"完全在一个国家内生产或制造的进口货物"包括：

①在该国领土或领海内开采的矿产品。

②在该国领土上收获或采集的植物产品。

③在该国领土上出生或由该国饲养的活动物及从其所得产品。

④在该国领土上狩猎或捕捞所得的产品。

⑤在该国的船只上卸下的海洋捕捞物，以及由该国船只在海上取得的其他产品。

⑥在该国加工船加工以上第⑤项所列物品所得的产品。

⑦在该国收集的只适用于作再加工制造的废碎料和废旧物品。

⑧在该国完全使用上述①~⑦项所列产品加工成的制成品。

（2）实质性加工标准，是适用于确定两个或两个以上国家参与生产的产品的原产国的标准，其基本含义是：经过几个国家加工、制造的进口货物，以最后一个对货物进行经济上可以视为实质性加工的国家作为有关货物的原产国。所称"实质性加工"是指产品加工后，在《海关进出口税则》中四位数税号一级的税则归类已经有了改变，或者加工增值部分所占新产品总值的比例已超过 30％及以上的。

（3）进口货物向海关申报时，报关人应严格按照上述各项规定，正确填报货物的原产地或购买地，同一批货物原产地不同时，应分别填报。进口货物的原产地，由海关予以确定。必要时，海关可通知进口申报人交验有关外国发证机关发放的原产地证书。

2. 进口税率水平与结构

从价税，即以进口货物的完税价格作为计税依据，按相应比例税率计算税额。从量税的特点是税额计算简便，通关手续快捷，并能起到抑制质次价廉商品或故意低瞒价格商品的进口。目前我国对原油、部分鸡产品、啤酒、胶卷进口实行从量税。复合税的特点是既可发挥从量税抑制低价商品进口的作用，又可发挥从价税税负合理、稳定的作用。目前我国对录像机、放像机、摄像机、数字照像机和摄录一体机实行复合税。滑准税的特点是可保持进口商品的国内市场价格的相对稳定，尽可能减少国际市场价格波动的影响。目前我国对新闻纸实行滑准税。

3. 出口税率规定

我国征收出口关税的总原则是：既要服从鼓励出口的政策，又要控制一些商品的盲目出口，因而仅限于少数产品征收出口税。

表 5—6　出口商品税率表（部分列示）

序号	税则号列	商品名称	税则税率（％）	暂定税率（％）
1	03019210	鳗鱼苗	20	10
2	20670000	铅矿沙及其精矿	30	5
3	26080000	锌沙矿沙及其精矿	30	10
4	26090000	锡矿沙及其精矿	50	20
5	28047000	磷	20	10
6	29022000	苯	40	0
7	72022000	硅铁	25	10
8	74020000	未精炼铜，电解精炼用的铜阳极	30	0
9	74030000	未锻轧的精炼铜及铜合金	30	0
10	76050000	铝丝	20	0

五、关税的减免税规定

关税减免分为法定减免税、特定减免税和临时减免税。

1. 法定减免税

法定减免税是根据海关法进出口海关条例的法定条文规定的减税或免税。符合规定可予减免税的进出口货物，纳税人无须提出申请，海关可按规定直接予以减免税。法定减免税的主要内容有：

（1）关税税额在人民币50元以下的一票货物免税。

（2）无商业价值的广告品和货样免税。

（3）外国政府、国际组织无偿赠送的物资免税。

（4）进出境运输工具装载的途中必需的燃料、物料和饮食用品免税。

（5）因故退还的中国出口货物，经海关审查属实，可予免征进口关税，但已征收的出口关税不予退还。因故退还的境外进口货物，经海关审查属实，可予免征出口关税，但已征收的进口关税不予退还。

（6）经海关核准暂进境或出境并在6个月内复运出境或进境的货样、展览品、施工机械、工程车辆、工程船舶、供安装设备时使用的仪器和工具、电视或电影摄制器械、盛装货物的容器以及剧团服装道具，可以免征进口税。

（7）为境外厂商加工、装配成品和为制造外销产品而进口的原材料、辅料、零件、部件、配套件和包装物料，按照实际加工出口的成品数量免征进口关税；或者对进口料、件先征进口关税，再按照实际加工出口的成品数量免征予以退税。

（8）进口货物如遭受损坏或损失的，可酌情减免进口关税。有三种情形：一是在境外运输途中或者在起卸时，遭受损坏或者损失的；二是起卸后海关放行前，因不可抗力遭受损坏或者损失的；三是海关查验时已经破漏、损坏或者腐烂，经证明不是保管不慎造成的。

（9）无代价抵偿货物，即进口货物在征税放行后，发现残损、短少或品质不良，而由国外承运人、发货人或保险公司免费补偿或更换的同类货物，可以免。

（10）我国缔结或者参加的国际条约规定减征、免征关税的货物。

2. 特定减免税

特定减免税也称政策性减免税，是指在法定减免税之外，对特定地区、特定企业和特定用途的货物的减免。主要内容有：

（1）对国家鼓励发展的国内投资项目和外商投资项目进口设备，在规定范围内免税。

（2）科学研究机构和学校进口科学研究和教学用品免税。

（3）进口残疾人个人专用品免税。

（4）进口扶贫、慈善性捐赠物资免税。

3. 临时减免税

临时减免税是指对某个单位、某类商品、某个项目或某批进出口货物的特殊情况，给予特别照顾，一案一批，专文下达的减免税。一般有单位、品种、期限、金额或数量等限制，不能比照执行。

我国加入WTO后，为遵循统一、规范、公平、公开的原则，国家严格控制减免税，一般不办理个案临时性减免，对特定减免税也在逐步规范、清理，对不符合国际惯例的税收优惠政策将逐步予以废止。

第三节 关税的计算

一、关税的计税依据

关税完税价格即关税的计税依据，它是由海关确定或估定的纳税义务人用以缴纳关税税款的进出口货物的价格。我国现行的进出口关税大多采用从价税，从价关税的计税依据是完税价格。完税价格是经海关审定的进出口成交价格。海关法规定进口货物以海关审定的正常到岸价格为完税价格，出口货物以海关审定的正常离岸价格扣除出口税为完税价格。

（一）一般进口货物的完税价格

1. 以成交价格为基础的完税价格

根据《海关法》，进口货物的完税价格包括货物的货价、货物运抵我国境内输入地点起卸前的运输及其相关费用、保险费。我国境内输入地为入境海关地，包括内陆河、江口岸，一般为第一口岸。货物的货价以成交价格为基础。进口货物的成交价格是指买方为购买该货物，并按《完税价格办法》有关规定调整后的实付或应付价格。"实付或应付价格"是指买方为购买进口货物直接或间接支付的总额，即作为卖方销售进口货物的条件，由买方向卖方或为履行卖方义务向第三方已经支付或将要支付的全部款项。

（1）进口货物的成交价格应当符合下列条件：

①对买方处置或者使用该货物不予限制，但法律、行政法规规定实施的限制、对货物转售地域的限制和对货物价格无实质性影响的限制除外。

②该货物的成交价格没有因搭售或者其他因素的影响而无法确定。

③卖方不得从买方直接或者间接获得因该货物进口后转售、处置或者使用而产生的任何收益，或者虽有收益但能够按照规定进行调整。

④买卖双方没有特殊关系，或者虽有特殊关系但未对成交价格产生影响。

（2）下列费用或者价值未包括在进口货物的实付或者应付价格中，应当计入完税价格中：

①由买方负担的除购货佣金以外的佣金和经纪费。"购货佣金"指买方为购买进口货物向自己的采购代理人支付的劳务费用。"经纪费"指买方为购买进口货物向代表买卖双方利益的经纪人支付的劳务费用。

②由买方负担的与该货物视为一体的容器费用。

③由买方负担的包装材料和包装劳务费用。

④与该货物的生产和向中华人民共和国境内销售有关的，由买方以免费或者低于成本的方式提供并可以按适当比例分摊的料件、工具、模具、消耗材料及类似货物的价款

以及在境外开发、设计等相关服务的费用。

⑤与该货物有关并作为卖方向我国销售该货物的一项条件，应当由买方直接或间接支付的特许权使用费。"特许权使用费"指买方为获得与进口货物相关的、受著作权保护的作品、专利、商标、专有技术和其他权利的使用许可而支付的费用。但是在估定完税价格时，进口货物在境内的复制权费不得计入该货物的实付或应付价格之中。

⑥卖方直接或间接从买方对该货物进口后转售、处置或使用所得中获得的收益。

上列所述的费用和价值，应当由进口货物的收货人向海关提供客观量化的数据资料。如果没有客观量化的数据资料，完税价格由海关按《完税价格办法》规定的方法进行估定。

（3）下列费用，如能与该货物实付或者应付价格区分，不得计入完税价格：

①厂房、机械、设备等货物进口后的基建、安装、装配、维修和技术服务的费用；

②货物运抵境内输入地点之后的运输费用、保险费和其他相关费用；

③进口关税和其他国内税收。

2. 进口货物海关估价方法

进口货物的价格不符合成交价格条件或者成交价格不能确定的，海关应当依次以相同货物成交价格方法、类似货物成交价格方法、倒扣价格方法、计算价格方法及其他合理方法确定的价格为基础，估定完税价格。如果进口货物的收货人提出要求，并提供相关资料，经海关同意，可以选择倒扣价格方法和计算价格方法的适用次序。

（1）相同或类似货物成交价格方法。相同或类似货物成交价格方法，即以与被估的进口货物同时或大约同时（在海关接受申报进口之日的前后各45天以内）进口的相同或类似货物的成交价格为基础，估定完税价格。以该方法估定完税价格时，应当首先使用同一生产商生产的相同或类似货物的成交价格，只有在没有这一成交价格的情况下，才可以使用同一生产国或地区生产的相同或类似货物的成交价格。如果有多个相同或类似货物的成交价格，应当以最低的成交价格为基础，估定完税价格。

上述"相同货物"指与进口货物在同一国家或地区生产的，在物理性质、质量和信誉等所有方面都相同的货物，但表面的微小差别允许存在；"类似货物"指与进口货物在同一国家或地区生产的，虽然不是在所有方面都相同，但却具有相似的特征、相似的组成材料、同样的功能，并且在商业中可以互换的货物。

（2）倒扣价格法。倒扣价格法即以被估的进口货物、相同或类似进口货物在境内销售的价格为基础估定完税价格。按该价格销售的货物应当同时符合五个条件，即在被估货物进口时或大约同时销售；按进口时的状态销售；在境内第一环节销售；合计的货物销售总量最大；向境内无特殊关系方销售。

以该方法估定完税价格时，下列各项应当扣除：

①该货物的同等级或同种类货物，在境内销售时的利润和一般费用及通常支付的佣金。

②货物运抵境内输入地点之后的运费、保险费、装卸费及其他相关费用。

③进口关税、进口环节税和其他与进口或销售上述货物有关的国内税。

（3）计算价格方法。计算价格方法即按下列各项的总和计算出的价格估定完税价格：

①生产该货物所使用的原材料价值和进行装配或其他加工的费用。

②与向境内出口销售同等级或同种类货物的利润、一般费用相符的利润和一般费用。

③货物运抵境内输入地点起卸前的运输及相关费用、保险费用。

（4）其他合理方法。使用其他合理方法时，应当根据《完税价格办法》规定的估价原则，以在境内获得的数据资料为基础估定完税价格。但不得使用以下价格：

①境内生产的货物在境内的销售价格。

②可供选择的价格中较高的价格。

③货物在出口地市场的销售价格。

④以计算价格方法规定的有关各项之外的价值或费用计算的价格。

⑤出口到第三国或地区的货物的销售价格。

⑥最低限价或武断虚构的价格。

（二）特殊进口货物的完税价格

1. 加工贸易进口料件及其制成品

加工贸易进口料件及其制成品需征税或内销补税的，海关按照一般进口货物的完税价格规定，审定完税价格。其中：

（1）进口时需征税的进料加工进口料件，以该料件申报进口时的价格估定。

（2）内销的进料加工进口料件或其制成品（包括残次品、副产品），以料件原进口时的价格估定。

（3）内销的来料加工进口料件或其制成品（包括残次品、副产品），以料件申报内销时的价格估定。

（4）出口加工区的加工企业内销的制成品（包括残次品、副产品），以制成品申报内销时的价格估定。

（5）保税区内的加工企业内销的进口料件或其制成品（包括残次品、副产品），分别以料件或制成品申报内销时的价格估定。如果内销的制成品中含有从境内采购的料件，则以所含从境外购入的料件原进口时的价格估定。

（6）加工贸易加工过程中产生的边角料，以申报内销时的价格估定。

2. 保税区、出口加工区货物

从保税区或出口加工区销往区外，从保税仓库出库内销的进口货物（加工贸易进口料件及其制成品除外），以海关审定的价格估定完税价格。对经审核销售价格不能确定的，海关应当按照一般进口货物估价办法的规定，估定完税价格。如销售价格中未包括在保税区、出口加工区或保税仓库中发生的仓储、运输及其他相关费用的，应当按照客观量化的数据资料予以计入。

3. 运往境外修理的货物

运往境外修理的机械器具、运输工具或其他货物，出境时已向海关报明，并在海关规定期限内复运进境的，应当以海关审定的境外修理费和料件费为完税价格。

4. 运往境外加工的货物

运往境外加工的货物，出境时已向海关报明，并在海关规定期限内复运进境的，应当以海关审定的境外加工费和料件费以及该货物复运进境的运输及其相关费用、保险费估定完税价格。

5. 暂时进境货物

对于经海关批准的暂时进境的货物，应当按照一般进口货物估价办法的规定，估定完税价格。

6. 租赁方式进口的货物

租赁方式进口的货物中，以租金方式对外支付的租赁物品，在租赁期间以海关审定的租金作为完税价格；留购的租赁物品，以海关审定的留购价格作为完税价格；承租人申请一次性缴纳税款的，经海关同意，按照一般进口货物估价办法的规定估定完税价格。

7. 留购的进口货样等

对于境内留购的进口货样、展览品和广告陈列品，以海关审定的留购价格为完税价格。但对于留购货样、展览品和广告陈列品的买方，除按留购价格付款外，又直接或间接给卖方一定利益的，海关可以另行确定上述货物的完税价格。

8. 予以补税的减（免）税货物

减税或免税进口的货物需予补税时，应当以海关审定的该货物原进口时的价格，扣除折旧部分价值作为完税价格，其计算公式为：

完税价格＝海关审定的该货物原进口时的价格×［1－申请补税时实际已使用的时间（月）÷（监管年限×12）］

9. 以其他方式进口的货物

以易货贸易、寄售、捐赠、赠送等方式进口的货物，应当按照一般进口货物估价办法的规定，估定完税价格。

（三）出口货物的完税价格

1. 以成交价为基础的完税价格

出口货物的成交价格，是指该货物出口时卖方为出口该货物应当向买方直接收取和间接收取的价款总额。出口货物的完税价格，是海关以该货物向境外销售的成交价格为基础审查确定的离岸价格，包括货物运至我国境内输出地点装载前的运输及其相关费用和保险费，但其中包含的出口关税税额，应当扣除。其计算公式为：

$$完税价格＝\frac{离岸价格}{1＋出口关税税率}$$

出口货物成交价格中含有支付给国外的佣金，如与货物的离岸价格分列，应予扣除；未单独列明的，则不予扣除。出口货物成交价格如为境外口岸的到岸价格或货价加运费价格时，应先扣除运费、保险费后，再按公式计算完税价格。

2. 出口货物海关估价方法

出口货物的成交价格不能确定时，完税价格由海关依次使用下列方法予以估定：

（1）同时或大约同时向同一国家或地区出口的相同货物的成交价格。

（2）同时或大约同时向同一国家或地区出口的类似货物的成交价格。

（3）根据境内生产相同或类似货物的成本、利润和一般费用、境内发生的运输及其相关费用、保险费计算所得的价格。

（4）按照合理方法估定的价格。

（四）进出口货物完税价格中的运输及其相关费用、保险费的计算

进口货物的运输及其相关费用、保险费应当按照下列方法计算。

（1）海运进口货物，计算至该货物运抵境内的卸货口岸，如果货物的卸货口岸是内河（江）口岸，则应当计算至内河（江）口岸。

（2）陆运进口货物，计算至该货物运抵境内的第一口岸，如果运输及其相关费用、保险费支付至目的地口岸，则计算至目的地口岸。

（3）空运进口货物，计算至该货物运抵境内的第一口岸，如果该货物的目的地为境内第一口岸外的其他口岸，则计算至目的地口岸。

陆运、空运和海运进口货物的费用应当按照实际支付的费用计算。如果进口货物的运费无法确定或未实际发生，海关应当按照该货物进口同期运输行业公布的运费率（额）计算。

陆运、空运和海运进口货物的保险费应当按照实际支付的费用计算。如果进口货物的保险费无法确定或未实际发生，海关应当按照"货价加运费"两者总额的千分之三计算保险费。

邮运的进口货物应当以邮费作为运输机器相关费用、保险费。

以境外边境口岸价格条件成交的铁路或公路运输进口货物，海关应当按照货价的百分之一计算运输及其相关费用、保险费。

作为进口货物的自驾进口的运输工具，海关在审定完税价格时可以不另行计入运费。

（五）完税价格的审定

（1）进出口货物的收货人应当向海关如实申报进出口货物的成交价格，提供包括发票、合同、装箱清单及其他证明申报价格真实、完整的单证、书面资料和电子数据。海关认为必要时，还应当向海关补充反映买卖双方关系和成交活动的情况，以及其他与成交价格有关的资料。

（2）海关为审查申报价格的真实性和准确性，可以查阅、复制与进出口货物有关的合同、发票、账册、结付汇凭证、单据、业务函电和其他反映买卖双方关系及交易活动的书面资料和电子数据；可以向进出口货物的收货人给予其有资金往来或有其他业务往来的公司、企业调查与进出口货物价格有关的问题；可以对进出口货物进行查验或提取货样进行检验或化验；可以进入进出口货物收发货人的生产经营场所、货物存放场所，检查与进出口活动有关的货物和生产经营情况；可以向有关金融机构或税务部门查询了解与进出口货物有关的收付汇资料或缴纳国内税的情况。

（3）海关对申报价格的真实性或准确性有疑问时，应当书面将怀疑的理由告知进出口货物的收发货人，要求其以书面形式做进一步说明，提供资料或其他证据，证明其申报价格是真实、准确的。自海关书面通知发出之日起 15 日内，进出口货物的收发货人未能提供进一步说明，或海关审核所提供的资料或证据后，仍有理由怀疑申报价格的真实性或准确性时，海关可以不接受其申报价格，并按照一般进口货物海关估价方法估定完税价格。

（4）海关有理由认为买卖双方之间的特殊关系影响成交价格时，应当书面将怀疑的理由告知进（出）口货物的收货人，要求其以书面形式做进一步说明，提供资料或其他证据，证明双方之间的关系未影响成交价格。自海关书面通知发出之日起 15 日内，进（出）口货物的收发货人未能提供进一步说明，或海关审核所提供的资料或证据后，仍有理由认为买卖双方的关系影响成交价格时，海关可以不接受其申报价格，并按照一般进口货物海关估价方法估定完税价格。

（5）海关不接受申报价格，按照相同货物或类似货物成交价格的规定估定完税价格时，为获得合适的相同或类似进出口货物的成交价格，可以与进（出）口货物的纳税义务人进行价格磋商。

（6）进（出）口货物的收发货人可以提供书面申请，要求海关就如何确定进（出）口货物的完税价格做出书面说明。

（7）海关为确定进（出）口货物的完税价格需要推迟做出估价决定时，进（出）口货物的收发货人可以在依法向海关提供担保后，先行提取货物。海关对于实行担保放行的货物，应当自具保之日起 90 日内核查完毕，并将核查结果通知进（出）口货物收发货人。

二、关税应纳税额的计算

（一）从价税应纳税额的计算

从价税是以进（出）口货物的完税价格作为计税依据，以应征税额占货物完税价格的百分比为税率，货物进（出）口时以此税率和实际完税价格相乘计算应征税额。计算公式为：

关税应纳税额＝应税进（出）口货物数量×单位完税价格×适用税率

减税征收的进（出）口关税税额＝进（出）口货物的完税价格×减按进（出）口关税税率

计算程序：

（1）按照归类原则确定税则归类，将应税货物归入适当的税号。

（2）根据原产地规则和税率适用规定，确定应税货物所适用的税率。

（3）根据完税价格审定办法的有关规定，将成交价格折算成确定应税货物的完税价格。

（4）根据汇率适用规定，将以外币计价的完税价格折算成人民币。

（5）按照计算公式正确计算应征税款。

【例题1】2009年9月1日某公司由于承担国家重要工程项目，经批准免税进口了一套电子设备。使用两年后项目完工，2011年8月31日公司将该设备出售给国内另一家企业。该电子设备的到岸价格为300万元，关税税率为10％，海关规定的监管年限为5年，按规定公司应补缴关税多少？

【答案】（1）以该项货物原进口时的成交价格为基础，扣除按使用年限折算的折旧额确定完税价格。

（2）应补缴关税＝｛300－［300÷（5×12）］×24｝×10％＝18（万元）

【例题2】四川某进出口公司从日本进口应征消费税货物一批，货物以离岸价格成交，成交价折合人民币为1510万元（包括单独计价并经海关审查属实的向境外采购代理人支付的买方佣金10万元，但不包括因使用该货物而向境外支付的软件费60万元、向卖方支付的佣金15万元），另支付货物运抵我国上海港的运费、保险费等25万元。假设该货物适用的关税税率为20％、增值税税率为17％、消费税税率为10％。

要求：请分别计算该公司应缴纳的关税、消费税和增值税。

【答案】（1）计算应纳关税：

关税完税价格＝离岸价＋软件费＋卖方佣金－买方佣金＋运保费

$\qquad$＝1510＋60＋15－10＋25＝1600（万元）

应纳关税＝关税完税价格×关税税率＝1600×20％＝320（万元）

（2）计算应纳消费税：

组成计税价格＝（1600＋320）÷（1－10％）＝2133.33（万元）

应纳消费税＝2133.33×10％＝213.33（万元）

（3）计算应纳增值税：

组成计税价格＝1600＋320＋213.33＝2133.33（万元）

应纳增值税＝2133.33×17％＝362.67（万元）

【例题3】某化妆品生产企业为增值税一般纳税人，2010年9月上旬从国外进口一批散装化妆品，支付给国外的货价110万元、相关税金10万元、卖方佣金12万元、运抵我国海关前的运杂费和保险费18万元；进口机器设备一套，支付给国外的货价36万元、运抵我国海关前的运杂费和保险费4万元。散装化妆品和机器设备均验收入库。本月内企业将进口的散装化妆品的80％生产加工为成套化妆品7800件，对外批发销售6000件，取得不含税销售额290万元；向消费者零售800件，取得含税销售额51.48万元（化妆品的进口关税税率40％、消费税税率30％；机器设备的进口关税税率20％）。

要求：（1）计算该企业在进口环节应缴纳的消费税、增值税。

（2）计算该企业国内生产销售环节应缴纳的增值税、消费税。

【答案】（1）进口散装化妆品应缴纳关税：

（110＋10＋12＋18）×40％＝60（万元）

进口散装化妆品消费税的组成计税价格：

（110＋10＋12＋18＋60）÷（1－30％）＝300（万元）

进口散装化妆品应缴纳消费税：

300×30％＝90（万元）

进口散装化妆品应缴纳增值税：

(110＋10＋12＋18＋60＋90) ×17％＝51（万元）

进口机器设备应缴纳关税：

(36＋4) ×20％＝8（万元）

进口机器设备应缴纳增值税：

(36＋4＋8) ×17％＝8.16（万元）

(2) 生产销售化妆品应缴纳增值税额：

[290＋51.48÷ (1＋17％)] ×17％－51＝5.78（万元）

当月应抵扣的消费税额：

应税消费品连续加工可抵税：300×80％×30％＝72（万元）

或：90×80％＝72（万元）

生产销售化妆品应缴纳的消费税额：

[290＋51.48÷ (1＋17％)] ×30％－72＝28.2（万元）

（二）从量税应纳税额的计算

从量税是以进（出）口商品的数量、体积、重量等计征关税的方法。计税时以货物的数量（体积、重量）乘以每单位应纳税金额即可得出该货物的关税税额。

关税应纳税额＝应税进（出）口货物数量×关税单位税额

计算程序：

(1) 按照归类原则确定税则归类，将应税货物归入适当的税号。

(2) 根据原产地规则和税率适用规定，确定应税货物所适用的税率。

(3) 确定其实际进（出）口量。

(4) 如计征进口环节增值税，根据完税价格审定办法的有关规定确定应税货物的完税价格。

(5) 根据汇率适用规定，将以外币计价的完税价格折算成人民币。

(6) 按照计算公式正确计算应征税款。

（三）复合税应纳税额的计算

复合税，是指对某种（出）口货物同时使用从价和从量计征的一种关税计征方法。目前，我国对录像机、放像机、数字照相机和摄录一体机实行复合税。我国目前的复合税都是先计征从量税，再计征从价税。复合税应纳关税税额的计算公式为：

关税应纳税额＝应税进（出）口货物数量×关税单位税额＋应税进（出）口货物数量×单位完税价格×适用税率

【例题 4】四川某进出口公司从日本进口一批办公设备，共 300 台，每台货价 400 美元（不包括公司另向卖方经纪人支付的佣金每台 30 美元）。该批货物运抵中国关境内输入地起卸前的包装、运输、保险和其他劳务费用共计 3000 美元。已知汇率为 1：8.20，该办公设备从价税税率为 3％，从量税税额为 5480 元，计算该公司进口此批办公设备应缴纳的关税税额。

【答案】完税价格＝［（400＋30）×300＋3000］×8.20＝1082400（元）

进口关税税额＝1082400×3％＋5480×300＝1676472（元）

（四）滑准税应纳税额的计算

滑准税，是指关税的税率随着进口货物价格的变动而反方向变动的一种税率形式，即价格越高，税率越低，税率为比例税率。因此，实行滑准税率的进口货物应纳关税税额的计算方法与从价税的计算方法相同。目前我国对新闻纸实行滑准税。滑准税应纳关税税额的计算公式为：

关税应纳税额＝应税进（出）口货物数量×单位完税价格×滑准税税率

三、进口货物关税的计算

（一）进口货物关税的计算

1. CIF 价格（成本加保险及运费价格）

以我国口岸 CIF 价格、CIF 价格加佣金价格、CIF 价格加战争险、民变险价格成交的或者和我国毗邻的国家以两国共同边境地点交货价格成交的，就分别以该价格作为完税价格。其计算公式如下：

完税价格＝CIF 价格

进口关税＝完税价格×进口关税税率

【例题5】上海某进出口公司进口摩托车 1000 辆，经海关审定的货价为 200 万美元。另外，运抵我国关境内输入地点起卸包装费 15 万美元。运输费 12 万美元，保险费 4 万美元。假设汇率为 1：7.00；该批摩托车进口关税税率为 23％。计算进口该批摩托车应缴纳的关税税额。

【答案】该批摩托车的完税价格＝200＋15＋12＋4＝231（万美元）

应缴关税税额＝231×7.00×23％＝371.91（万元）

2. FOB 价格（装运港船上交货价格）

以国外口岸 FOB 价格或者从输出国购买以国外口岸 CIF 价格成交的，必须分别在上述价格基础上加上从发货口岸或者国外交货口岸运到我国口岸以前的运杂费和保险费作为完税价格。若以成本加运费价格成交的，则应另加保险费作为完税价格。

完税价格内应当另加的运费、保险费和其他杂费，原则上应按实际支付的金额计算。若无法得到实际支付金额时，也可以外交系统海运进口运费率或按协商规定的固定运杂费率计算运杂费，保险费则按中国人民保险公司的保险费率计算。其计算公式如下：

$$完税价格＝\frac{FOB＋运杂费}{1－保险费率}$$

【例题6】南京某进出口公司从美国进口硫酸镁 4000 吨，进口申报价格为 FOB 旧金山 280000 美元，运费每吨 50 美元，保险费率 2‰，当日外汇牌价（中间价）为 1：7.00。

【答案】（1）计算运费：

$4000 \times 50 \times 7 = 1400000$（元）

（2）将进口申报价格由美元折合成人民币：

$280000 \times 7 = 1960000$（元）

（3）计算完税价格：

$$完税价格 = \frac{1960000 + 1400000}{1 - 2‰} = \frac{3360000}{0.998} = 3366733.5（元）$$

经查找，硫酸镁的税则号列为 28332100，税率为 5.5%，计算该批进口硫酸镁的进口关税额如下：

进口关税额 $= 3366733.5 \times 5.5\% = 185170.3$（元）

3. CFR 价格（成本加运费价格，或称含运费价格）

以货价加运费价格成交的，应当另加保险费作为完税价格。其计算公式如下：

$$完税价格 = \frac{CFR}{1 - 保险费率}$$

【例题 7】上海某进出口公司从日本进口甲醛 17 吨，保险费率 3‰，进口申报价格为 CFR 上海 300000 美元。当日外汇牌价（中间价）为 1：7.00。

【答案】（1）将进口申报价格由美元折合成人民币：

$300000 \times 7 = 2100000$（元）

（2）计算完税价格：

$$完税价格 = \frac{2100000}{1 - 3‰} = 2106318.96（元）$$

经查找，该进口货物税则号为 29121100，税率为 5.5%，计算该批货物进口关税额如下：

进口关税 $= 2106318.96 \times 5.5\% = 115847.54$（元）

4. 正常批发价格

若海关不能确定进口货物在采购地的正常批发价格，则应以申报进口时国内输入地点的同类货物的正常批发价格，减去进口关税和进口环节代征收以及进口后正常运输、储存营业费用及利润作为完税价格。如果国内输入地点同类货物的正常批发价格不能确定或者有其他特殊情况时，货物的完税价格由海关估定。

（1）不征国内税货物的计算公式如下：

$$完税价格 = \frac{国内市场批发价格}{1 + 进口关税税率 + 20\%}$$

（2）应缴纳国内税的货物应当扣除国内税，计算出完税价格。其计算公式如下：

$$完税价格 = \frac{国内市场批发价格}{1 + 进口关税税率 + 20\% + \frac{1 + 关税税率}{1 - 消费税税率} \times 消费税税率}$$

（注：以上两公式分母中的 20% 为需从批发价格中减除的费用利润）

【例题 8】江苏某公司从国外进口一批化妆品，其 CIF 价格无法确定，进货地国内同类产品的市场正常批发价格为 925000 元，国内消费税税率为 30％，设进口关税税率为 50％。计算该批化妆品的应纳关税。

【答案】完税价格＝925000÷［1＋50％＋（1＋50％）÷（1－30％）×30％＋20％］
　　　　　　　＝925000÷2.3429＝394809.85（元）

应纳进口关税额＝394809.85×50％＝197404.93（元）

应纳消费税额＝（394809.85＋197404.93）÷（1－30％）×30％
　　　　　　＝253806.33（元）

应纳增值税额＝（394809.85＋197404.93＋253806.33）×17％＝143823.59（元）

（二）出口货物关税的计算

1. FOB 价格

出口货物以我国口岸 FOB 价格成交的，应以价格扣除出口关税后作为完税价格；如果该价格中包括向国外支付的佣金及垫仓物资和通风设备等，对这部分费用应先予以扣除，并按规定扣除关税后作为完税价格。其计算公式如下：

$$完税价格＝\frac{FOB 价格}{1＋出口关税税率}$$

出口关税税额＝完税价格×出口关税税率

【例题9】上海某进出口公司出口磷 5000 吨到日本，每吨 FOB 上海 620 美元，其中佣金为 FOB 价格的 2％，理舱费 10000 美元，磷的出口关税税率为 10％。当日的外汇牌价为 1：7.00。计算应纳出口关税。

【答案】（1）将含佣金的价格换算为不含佣金价格：

$$\frac{5000×620}{1＋2％}＝3039215.69（美元）$$

（2）扣除理舱费：

3039215.69－10000＝3029215.69（美元）

（3）计算该批磷的完税价格：

$$完税价格＝\frac{3029215.69}{1＋10％}＝2753832.44（美元）$$

（4）将美元折合为人民币完税价格：

2753832.44×7＝19276827.08（元）

（5）计算该公司应纳出口关税税额：

应纳出口关税税额＝19276827.08×10％＝1927682.7（元）

2. CIF 价格

出口货物用国外口岸 CIF 价格成交，应先扣除离开我国口岸后的运费和保险费后，再计算完税价格及应缴纳的出口关税。完税价格的计算公式如下：

完税价格＝（CIF 价格－保险费－运费）÷（1＋出口关税税率）

【例题10】上海某进出口公司向新加坡出口钨矿砂 5 吨，成交价格为 CIF 新加坡 5000 美元，其中运费 500 美元，保险费 50 美元，钨矿砂的出口关税税率为 20％，计算应纳关税税额。计税日的外汇牌价（中间价）为 1：7.00。

【答案】完税价格＝（5000－500－50）×7÷（1＋20％）＝25958.33（元）

应纳关税税额＝25958.33×20％＝5191.67（元）

3. CFR 价格

以境外口岸 CFR 价格成交的，其出口货物完税价格的计算公式如下：

完税价格＝（CRF 价格－运费）÷（1＋出口关税税率）

4. CIF C 价格

当成交价格为 CIF C 境外口岸时，有两种情况：

（1）佣金 C 为给定金额，则出口货物完税价格的计算公式如下：

完税价格＝（CIF C 价格－保险费－运费－佣金）÷（1＋出口关税税率）

（2）佣金 C 为百分比，则出口货物完税价格的计算公式如下：

完税价格＝［CIF C 价格×（1－C）－保险费－运费］÷（1＋出口关税税率）

上述 2、3、4 价格内所含的运费和保险费，原则上应按实际支付数扣除。如无实际支付数，海关可根据定期规定的运费率和保险费率据以计算，纳税后一般不作调整，由陆路输往国外的货物，应以货物运离国境的 FOB 价格减去出口关税后作为完税价格。若 FOB 价格不能确定时，则由海关估定。

5. 反倾销税的计算

反倾销税是为抵制外国商品倾销进口，保护国内生产而征收的一种进口附加税，即在倾销商品进口时除征收进口关税外，再征收反倾销税。

其计算公式为：

反倾销税税额＝完税价格×适用的反倾销税税率

【例题 11】山东某公司从韩国进口厚度为 0.7 毫米的冷轧卷板 400 吨，成交价为 CIF 青岛口岸 600 美元/吨，生产厂商为韩国××株式会社，计税日外汇牌价为 1：7.00。计算应纳反倾销税税款。

【答案】确定税则归类，厚度为 0.7 毫米的冷轧卷板归入税号：72091790

根据有关规定，进口韩国厂商韩国××株式会社生产的冷轧卷板反倾税率为 14％。

审定完税价格为 240000 美元。

完税价格折算为人民币 1680000 元。

应纳反倾销税税额＝完税价格×适用的反倾销税税率＝168000×14％＝235200（元）

第四节　关税的账务处理

一、生产企业关税的会计处理

1. 进口关税的核算

工业企业在核算进口关税时，应在"在途物资"科目下设二级明细科目"应交关税"，反映企业进口材料应缴纳的关税，并分摊到该批材料的采购成本中。在"应交税费"科目下设"应交关税"明细科目，其贷方记录企业应缴纳的进口材料的关税，贷方余额表示应缴未缴的关税，其借方反映上缴的关税，借方余额表示多缴纳的关税。

生产企业通过外贸企业代理或直接从国外进口原材料和设备，应支付的进口关税可以不通过"应交税费"科目核算，而是将其与进口原料的价款、国外运费和保费、国内费用一并直接计入进口原材料成本，借记"在途物资"、"原材料"、"在建工程——引进设备工程"、"固定资产"科目；贷记"银行存款"、"应付账款"等科目。

【例题 12】某生产工业企业进口 A 材料需 100000 美元，当日的外汇牌价为 1∶8.60。应付进口关税 40000 元，该企业已对外付汇，材料已验收入库。代征增值税税率 17％。作会计分录如下：

【答案】（1）购入现汇时：

借：银行存款——美元户　　　　　　　　　　　　　　　　860000

　　贷：银行存款——人民币户　　　　　　　　　　　　　　　860000

（2）对外付汇，支付进口关税、增值税，计算进口 A 材料的采购成本时：

A 材料采购成本＝860000＋40000＝900000（元）

应支付增值税＝900000×17％＝153000（元）

借：在途物资——A 材料　　　　　　　　　　　　　　　　900000

　　应交税费——应交增值税（进项税额）　　　　　　　　153000

　　贷：银行存款——美元户　　　　　　　　　　　　　　　860000

　　　　银行存款——人民币户　　　　　　　　　　　　　　193000

（3）验收入库时：

借：原材料——A 材料　　　　　　　　　　　　　　　　　900000

　　贷：在途物资——A 材料　　　　　　　　　　　　　　　900000

2. 商品流通企业进口关税的会计处理

商业企业自营进口业务关税的会计核算需通过"在途物资——进口关税"和"应交税费——应交进口关税"等科目进行。"在途物资——进口关税"反映企业进口商品应缴纳的关税，并分摊到该批商品的经营成本中；"应交税费——应交进口关税"反映企业进口商品的关税计提和缴纳情况。实际缴纳时，借记"应交税费——进口关税"，贷记"银行存款"科目。也可不通过"应交税费——进口关税"科目，而直接借记"库存商品"科目，贷记"银行存款"、"应付账款"等科目。

【例题 13】上海某百货公司自营进口化妆品一批，经海关审定，应缴进口关税 120000 元人民币。企业如数缴纳。

【答案】海关审定应纳关税时：

借：在途物资——进口关税　　　　　　　　　　　　　　　120000

　　贷：应交税费——应交进口关税　　　　　　　　　　　　120000

企业实际缴纳关税时：

借：应交税费——应交进口关税　　　　　　　　　　　　　120000

　　贷：银行存款　　　　　　　　　　　　　　　　　　　　120000

二、出口关税的会计处理

1. 工业企业出口关税的会计处理

工业企业出口产品应缴纳的出口关税，在实际支付时，借记"营业税金及附加"科目，贷记"银行存款"、"应付账款"等科目，而不需通过"应交税费"科目。

【例题 14】某外商投资企业出口产品一批，缴纳出口关税 30000 元。

【答案】缴纳关税时的账务处理如下：

借：营业税金及附加　　　　　　　　　　　　　　　　　　　　　30000

　　贷：银行存款　　　　　　　　　　　　　　　　　　　　　　　　30000

2. 外贸企业出口关税的会计处理

（1）外贸企业自营出口关税的会计核算。外贸企业核算自营出口业务所计算缴纳的关税，在会计核算上是通过设置"营业税金及附加"及"应交税费——应交出口关税"账户以反映，应缴纳的出口关税，借记"营业税金及附加"科目，贷记"应交税费——出口关税"科目；实际缴纳时，借记"应交税费——出口关税"科目，贷记"银行存款"科目。也可以不通过"应交税费——应交出口关税"账户，在缴纳时直接通过"银行存款"账户核算。

【例题 15】某进出口公司出口商品一批，缴纳出口关税 25000 元。

【答案】缴纳关税时的账务处理如下：

借：营业税金及附加　　　　　　　　　　　　　　　　　　　　　25000

　　贷：银行存款　　　　　　　　　　　　　　　　　　　　　　　　25000

（2）代理出口业务关税的核算。商业企业（外贸企业）代理出口业务所缴纳的关税，在会计核算上跟代理进口一样，也是通过设置"应交税费"账户来反映的，对应账户是"应付账款"、"银行存款"。

【例题 16】江苏某生产企业委托上海某外贸公司代理出口一批商品。我国口岸离岸价格折合人民币为 360000 元，出口关税税率为 20%，应缴出口关税 50000 元；手续费为 12000 元。计算应缴出口关税并作会计分录如下：

【答案】应缴出口关税＝360000÷（1＋20%）×20%＝60000（元）

（1）计算应缴出口关税时：

借：应收账款——××单位　　　　　　　　　　　　　　　　　　50000

　　贷：应交税费——出口关税　　　　　　　　　　　　　　　　　　50000

（2）缴纳出口关税时：

借：应交税费——出口关税　　　　　　　　　　　　　　　　　　50000

　　贷：银行存款　　　　　　　　　　　　　　　　　　　　　　　　50000

（3）应收手续费时：

借：应收账款——××单位　　　　　　　　　　　　　　　　　　12000

　　贷：代购代销收入——手续费　　　　　　　　　　　　　　　　　12000

（4）收到委托单位付来的税款及手续费时：

借：银行存款　　　　　　　　　　　　　　　　　　　　　62000
　　贷：应收账款——××单位　　　　　　　　　　　　　　　　　62000

第五节　关税的申报与缴纳

一、关税的申报时间

关税的纳税义务人或他们的代理人应在规定的报关期限内向货物进（出）境地海关申报，经海关对实际货物进行查验后，进口货物自运输工具申报进境之日起 14 日内，出口货物在货物运抵海关监管区后装货的 24 小时以前，由进出口货物的纳税人向货物进（出）境地海关申报（具体表式见表 5—7、表 5—8）。

表 5—7　中华人民共和国海关进口货物报关单

预录入编号：　　　　　　　　　　　　　　　　　　　　海关编号：

进口口岸		备案号		进口日期		申报日期	
经营单位		运输方式		运输工具名称		提运单号	
发货单位		贸易方式		征免性质		征税比例％	
许可证号		起运国（地区）		装货港		境内目的地	
批准文号		成交方式			运费		保费		杂费
合同协议号		件数		包装种类		毛重（公斤）		净重（公斤）
集装箱号		随附单据				用途	
标记唛码及备注							

项号	商品编号	商品名称、规格型号	数量及单位	原产国（地区）	单价	总价	币制	征免

税费征收情况

录入人员　　录入单位	兹声明以上申请无讹并承担法律责任	海关审单批注及放行日期（签章）	
报关员		审单	审价
单位地址	申报单位（签章）	征税	统计
邮编　　　　电话	填制日期	查验	放行

表 5—8　中华人民共和国海关出口货物报关单

预录入编号：　　　　　　　　　　　　　　　　　　　　　　　　　　　海关编号：

出口口岸		备案号		出口日期		申报日期	
经营单位		运输方式		运输工具名称		提运单号	
发货单位		贸易方式		征免性质		结汇方式	
许可证号		运抵国（地区）		指运港		境内货源地	
批准文号		成交方式		运费		保费	杂费
合同协议号		件数		包装种类	毛重（公斤）		净重（公斤）
集装箱号		随附单据				生产厂家	
标记唛码及备注							

项号	商品编号	商品名称、规格型号	数量及单位	原产国（地区）	单价	总价	币制	征免

税费征收情况

录入人员　　　录入单位	兹声明以上申请无讹并承担法律责任	海关审单批注及放行日期（签章）	
报关员		审单	审价
单位地址	申报单位（签章）	征税	统计
邮编　　　　电话	填制日期	查验	放行

二、申报项目

（1）纳税义务人应当依法如实向海关申报，并按照海关的规定提供有关确定完税价格、进行商品归类、确定原产地以及采取反倾销、反补贴或者保障措施等所需的资料；必要时，海关可以要求纳税义务人补充申报。

（2）纳税义务人应当按照《税则》规定的目录条文和归类总规则、类注、章注、子目注释以及其他归类注释，对其申报的进出口货物进行商品归类，并归入相应的税则号列；海关应当依法审核确定该货物的商品归类。

（3）海关可以要求纳税义务人提供确定归类所需的有关资料；必要时，海关可以组织化验、检验，并将海关认定的化验、检验结果作为商品归类的依据。

（4）海关为审查申报价格的真实性和准确性，可以查阅、复制与进出口货物有关的合同、发票、账册、结付汇凭证、单据、业务函电、录音录像制品和其他反映买卖双方关系及交易活动的资料。

（5）海关对纳税义务人申报的价格有怀疑的，应当将怀疑的理由书面告知纳税义务人，要求其在规定的期限内做出书面说明，并提供有关资料。

（6）海关审查确定进出口货物的完税价格后，纳税义务人可以以书面形式要求海关就如何确定其进出口货物的完税价格做出书面说明，海关应当向纳税义务人做出书面说明。

三、税款缴纳

（1）海关根据《海关进出口税则》对进（出）口货物进行归类，并依据其完税价格和适用税率计算应缴纳的关税和进口环节代征税，并填发税款缴款书（具体格式见表5－9）。纳税人或他们的代理人应当自海关填发税款缴款书之日起15日内，向指定银行缴纳税款。纳税义务人未按期缴纳税款的，从滞纳税款之日起，按日加收滞纳税款万分之五的滞纳金。进口货物在完税后方可进入国内市场流通，出口货物完税后方可装船出口。为了方便货主，经货物收货人申请，海关批准，也可在指运地海关办理申报纳税手续，货物由进境地海关作为转关运输货物监管至指运地海关验放。出口货物，可申请由启运地海关办理申报纳税手续。进出口货物转关运输的，按照海关总署的规定执行。进口货物到达前，纳税义务人经海关核准可以先行申报，具体办法由海关总署另行规定。

纳税人缴纳关税时，需填"海关进口关税专用缴款书"并携带有关单证。

海关可以对纳税义务人欠缴税款的情况予以公告。海关征收关税、滞纳金等，应当填制罚缴款凭证，缴款凭证格式由海关总署规定。

（2）海关征收关税、滞纳金等，应当按人民币计征。进出口货物的成交价格以及有关费用以外币计价的，以中国人民银行公布的基准汇率折合为人民币计算完税价格；以基准汇率币种以外的外币计价的，按照国家有关规定套算为人民币计算完税价格。适用汇率的日期由海关总署规定。

（3）纳税义务人因不可抗力或者在国家税收政策调整的情形下，不能按期缴纳税款的，经海关总署批准，可以延期缴纳税款，但是最长不得超过6个月。

（4）进出口货物的纳税义务人在规定的纳税期限内有明显的转移、藏匿其应税货物以及其他财产迹象的，海关可以责令纳税义务人提供担保；纳税义务人不能提供担保的，海关可以按照《海关法》的规定采取税收保全措施。

纳税义务人、担保人自缴纳税款期限届满之日起超过3个月仍未缴纳税款的，海关可以按照《海关法》的规定采取强制措施。

表5—9 海关进口关税专用缴款书（收据联）

收入系统：　　　　　　填发日期：　　年　月　日　　　　　　　　No：

收款单位	收入机关			收缴单位	名　　称	
	科目		预算级次		账　　号	
	收款国库				开户银行	

税　号	货物名称	数　量	单　位	完税价格（￥）	税率（％）	税款金额（￥）

金额人民币（大写）		合计（￥）	

申请单位编号		报关单编号		填制单位	收款国库（单位）
合同（批文）号		运输工具（号）			
缴款期限	年　月　日	提/装货单号			

备　注	制单人_____ 复核人_____

缓纳是海关批准纳税义务人将其部分或全部应缴税款的缴纳期限延长的一种制度。这项关税制度是针对纳税义务人因缺乏纳税资金或由于其他原因而造成的缴纳关税困难，不能在关税缴纳期限内履行纳税义务时实施的。根据有关政策规定，申请缓税的纳税义务人应于有关货物申报进口前或于申报进口之日起7日内，向主管海关提出书面申请，并递交关税缴纳计划和由其开户银行或其上级主管机关出具的纳税担保函件。经海关审核批准后，可在规定期限内纳税，并按月支付10‰的利息。

纳税人因不可抗力或者在国家税收政策调整的情形下，不能按期缴纳税款的，经海关总署批准，可以延期缴纳税款，但最长不得超过6个月。

四、关税的强制执行

纳税义务人同海关发生纳税争议时，可向海关申请复议，但同时应当在规定的期限内按海关核定的税额缴纳关税，逾期则构成滞纳，海关有权按规定采取强制执行措施。

纳税义务人未在关税缴纳期限内缴纳关税，即构成关税滞纳。为保证海关征收关税决定的有效执行和国家财政收入的及时入库，《海关法》赋予海关对滞纳关税的纳税人强制执行的权力。强制措施主要有两类：

（1）征收关税滞纳金。滞纳金自海关缴纳期限届满之次日起，至纳税人缴清税款之日止，按日征收所欠税款的0.5‰。其计算公式为：

关税滞纳金＝滞纳关税税额×0.5‰×滞纳天数

（2）强制征收。如纳税义务人自海关填发缴款书之日起3个月仍未缴纳税款，经海关关长批准，海关可以采取强制扣缴、变价抵缴等强制措施。强制扣缴即海关从纳税人在开户银行或者其他金融机构的存款中直接扣缴税款。变价抵缴即海关将应税货物依法变卖，以变卖所得抵缴税款。

五、关税退还

关税退还是关税纳税义务人按海关核定的税额缴纳关税后，因某种原因的出现，海关将实际征收多于应当征收的税额退还给关税纳税义务人的一种规定。按规定，有下列情形之一的，进出口货物的收发货人或者他们的代理人，可以自缴纳税款之日起 1 年内，书面申明理由，连同原纳税收据向海关申请退税，逾期不予受理：

（1）因海关误征，多纳税款的。

（2）海关核准免验进口的货物，在完税后发现有短缺情况，经海关查验属实的。

（3）已征出口关税的货物，因故未装运出口而申报退关，经海关查验属实的。

（4）已征出口关税的出口货物或已征进口关税的进口货物，因货物品种或规格原因（非其他原因）原状复运进境或出境的，经海关查验属实的，也应退还已征关税。

海关应当自受理退税申请之日起 30 日内作出书面答复并通知退税申请人。

六、关税补征和追征

补征和追征是海关在纳税义务人按海关核定的税额缴纳关税后，发现实际征收税额少于应当征收的税额时，责令纳税义务人补缴所差税款的规定。根据短征关税原因的不同分为关税的补征和追征。由于纳税义务人违反海关规定造成短征税款的，称为关税的追征；非因纳税义务人违反海关规定造成短征税款的，称为关税的补征。根据《海关法》规定，进出口货物完税后，海关发现少征或者漏征税款，应当自缴纳税款或者货物放行之日起 1 年内，向纳税人补征；因纳税人违反规定而造成的少征或漏征，海关在 3 年内可以追征；因特殊情况，追征期可延至 10 年。骗取退税款的，可无限期追征。

复习思考题

1. 什么叫关税，它有哪些种类？
2. 进口关税的完税价格如何确定？
3. 出口关税的完税价格如何确定？
4. 一般进口货物的完税价格如何估定？
5. 运往境外修理、加工货物完税价格如何确定？
6. 关税减免税规定有哪些？

练习题

1. 某外贸企业从钢铁厂购进钢铁废料 500 吨，直接报关离境出口。钢铁废料出厂价每吨 5000 元，离岸价每辆 720 美元（汇率 1∶8.3）。假设出口关税税率为 30％，请计算该批钢铁废料应缴出口关税额是多少？

2. 某外贸公司进口小轿车 200 辆，每辆小轿车到岸价格为 80000 元，小轿车关税税率为 100％，计算该批小轿车应纳关税税额。

第六章　城市维护建设税及教育费附加

第一节　城市维护建设税概述

城市维护建设税，是国家对缴纳增值税、消费税、营业税（简称"三税"）的单位和个人，就其实际缴纳的"三税"税额为计税依据征收，税款专项用于城市、县城、乡镇维护建设方面的一种税。它属于特定目的税，是国家为加强城市的维护建设，扩大和稳定城市建设资金的来源而采取的一项税收措施。

城市维护建设税有以下显著特点：

（1）具有附加税性质。它以纳税人实际缴纳的"三税"税额为计税依据，附加于"三税"税额，本身并没有特定的、独立的征税对象。

（2）具有特定目的。城建税税款专门用于城市的公用事业和公共设施的维护建设。

第二节　城市维护建设税基本法律内容

一、城市维护建设税的纳税人

凡在我国境内从事生产、经营，缴纳增值税、消费税和营业税的单位和个人都是城市维护建设税的纳税人。具体包括国有企业、集体企业、股份制企业、私营企业、其他企业、事业单位及个体经营者和其他个人。目前外商投资企业和外国企业虽负有增值税、消费税和营业税的纳税义务，但不缴纳城市维护建设税。

二、城市维护建设税的计税依据

城市维护建设税是以附加税的形式出现，其计税依据为纳税人实际缴纳的增值税、消费税、营业税的税额。对进口产品由海关代征的增值税、消费税不作城市维护建设税计税依据，不征收城市维护建设税。对纳税人因违反增值税、消费税、营业税有关税法而加收的滞纳金或罚款，不作城市维护建设税的计税依据，不征城市维护建设税。但对纳税人因偷漏税而被查补或处罚的增值税、消费税、营业税，应作为城市维护建设税计税依据，征收城市维护建设税。如果纳税人减征或免征增值税、消费税、营业税，同时也就减征或免征了城市维护建设税。但对出口产品实行出口退还增值税、消费税的，不退还出口产品已缴纳的城市维护建设税。

三、城市维护建设税的税率

城市维护建设税采用地区差别比例税率。根据纳税人所处地区的不同，分为三个档次：纳税人所在地为市区的，税率为 7%；纳税人所在地为县城、建制镇的，税率为 5%；纳税人所在地为市区、县城、建制镇以外地区的，税率为 1%。

城市维护建设税的税率一般按纳税人所在地确定，但对于由受托方代征代扣的城市维护建设税按受托方所在地适用税率执行。流动经营无固定纳税地点的单位和个人，在经营地缴纳增值税、消费税、营业税的，其城市维护建设税按照经营地适用税率执行。

四、城市维护建设税的减免优惠

城市维护建设税原则上不单独减免，但因其具有附加税性质，当主税发生减免时，城市维护建设税相应发生税收减免。城市维护建设税的税收减免具体有以下几种情况：

（1）城市维护建设税按减免后实际缴纳的"三税"税额计征，即随"三税"的减免而减免。

（2）对于因减免税而需进行"三税"退库的，城市维护建设税也可同时退库。

（3）海关对进口产品代征的增值税、消费税，不征收城市维护建设税。

（4）对机关服务中心为机关内部提供的后勤服务所取得的收入，在 2005 年 12 月 31 日前，暂免征收城市维护建设税。

（5）对"三税"实行先征后返、先征后退、即征即退办法的，除另有规定外，对随"三税"附征的城市维护建设税和教育费附加，一律不予退（返）还。

自 2005 年 1 月 1 日起，经国家税务局正式审核批准的当期免抵的增值税税额应纳入城市维护建设税和教育费附加的计征范围，分别按规定的税（费）率征收城市维护建设税和教育费附加。

第三节　城市维护建设税的计算

城市维护建设税应纳税款的计算公式为：

应纳城市维护建设税＝（纳税人实际缴纳的增值税＋纳税人实际缴纳的消费税

＋纳税人实际缴纳的营业税）×适用税率

【例题 1】 某处在城市的公司，进口小轿车 20 辆，关税完税价格为 200 万元，关税税率为 40％；进口化妆品一批，关税完税价格为 300 万元，关税税率为 30％。公司境内销售小轿车，取得含税收入为 585 万元；销售化妆品，取得不含税收入为 700 万元。消费税税率为：小轿车 8％；化妆品 30％。

要求：根据上述资料，依据税法有关规定，计算该公司应纳城市维护建设税。假定该公司据实缴纳增值税和消费税。

【答案】 海关代征增值税和消费税，但不代征城市维护建设税。

（1）海关代征消费税：

①小轿车为：$200×（1＋40％）÷（1－8％）×8％＝24.35$（万元）

②化妆品为：$300×（1＋30％）÷（1－30％）×30％＝167.14$（万元）

（2）海关代征的增值税：

①小轿车为：$［200×（1＋40％）＋24.35］×17％＝51.74$（万元）

②化妆品为：$［300×（1＋30％）＋167.14］×17％＝94.71$（万元）

（3）境内销售应纳增值税，不再缴纳消费税：

①小轿车销项税为：$585÷（1＋17％）×17％＝85$（万元）

②化妆品销项税为：$700×17％＝119$（万元）

（4）境内销售应纳增值税为：$（85＋119）－（51.74＋94.71）＝57.55$（万元）

（5）应缴的城市维护建设税为：$57.55×7％＝4.0285$（万元）

第四节　城市维护建设税的账务处理

核算城市维护建设税，应设置"应交税费——应交城市维护建设税"科目。计提城市维护建设税时，应借记"营业税金及附加"科目，贷记本科目；缴纳城市维护建设税时，应借记本科目，贷记"银行存款"科目。本科目期末贷方余额反映企业应缴而未缴的城市维护建设税。

【例题 2】 某企业设在县城，2011 年 9 月缴纳增值税 20000 元，消费税 10000 元。试计算应交城市维护建设税，并作出有关会计分录。

【答案】 计提税金时：

应纳税额＝$（20000＋10000）×5％＝1500$（元）

借：营业税金及附加——城市维护建设税　　　　　　　　1500

　　贷：应交税费——应交城市维护建设税　　　　　　　　　　1500

缴纳时：

借：应交税费——应交城市维护建设税　　　　　　　　　1500

　　贷：银行存款　　　　　　　　　　　　　　　　　　　　　1500

第五节　城市维护建设税的申报与缴纳

一、纳税义务发生时间和纳税期限

城市维护建设税的纳税义务发生时间和纳税期限的规定与现行增值税、消费税、营业税相同，具体可由主管税务机关根据纳税人的情况分别确定。

二、纳税地点

城市维护建设税与增值税、消费税、营业税同时缴纳，所以，纳税人缴纳"三税"的地点，就是缴纳城市维护建设税的地点。但是，属于下列情况的，纳税地点为：

（1）代征代扣"三税"的单位和个人，城市维护建设税的纳税地点在代征代扣地。

（2）跨省开采的油田，下属生产单位与核算单位不在一个省内的，其生产的原油，在油井所在地缴纳增值税，其应纳税款由核算单位按照各油井的产量和规定税率，计算汇拨各油井纳税。所以，各油井应纳的城市维护建设税，应由核算单位计算，随同增值税一并汇拨油井所在地，由油井在缴纳增值税的同时一并缴纳。

（3）对管道局输油部分的收入，由取得收入的各管道局于所在地缴纳营业税。所以，其应纳城市维护建设税，也应由取得收入的各管道局所在地缴纳营业税时一并缴纳。

（4）对流动经营等无固定缴纳税地点的单位和个人，应随同"三税"在经营地按适用税率缴纳。

城市维护建设税是对缴纳增值税、消费税、营业税的单位和个人，以其"三税"税额为计税依据而征收的一种税。城市维护建设税实行地区差别比例税率，分别规定为7%、5%、1%。纳税人计算缴纳城市维护建设税时，借记"营业税金及附加"科目，贷记"应交税费——应交城市维护建设税"科目。

三、城市维护建设税会计实务

【例题3】某机械制造有限责任公司地处大城市，2010年1月份涉及城市维护建设税的业务如下。

（1）1月11日，企业预交增值税20000元，相应地应预交城市维护建设税，其应纳税额为：

应纳税额＝20000×7%＝1400（元）

会计分录如下：

借：应交税费——应交城市维护建设税　　　　　　　　1400
　　贷：银行存款　　　　　　　　　　　　　　　　　　　1400
（2）1月21日，企业同样预交增值税30000元，相应地应该预交城市维护建设税2100元，会计分录如下：
借：应交税费——应交城市维护建设税　　　　　　　　2100
　　贷：银行存款　　　　　　　　　　　　　　　　　　　2100
（3）1月底，企业计算全月应纳增值税75000元。
应纳城市维护建设税＝75000×7％－1400－2100＝1750（元）
会计分录如下：
借：营业税金及附加　　　　　　　　　　　　　　　　5250
　　贷：应交税费——应交城市维护建设税　　　　　　　5250
根据以上会计分录登记以下有关账户（见表6—1、表6—2）并进行相应的计算，假定2010年1月初该企业“应交税费——应交城市维护建设税”的余额为零。

表6—1　营业税金及附加

分页＿＿＿　总页＿＿＿

二级明细科目：

三级明细科目：

2010年		凭证		摘　要	对方科目	借　方									贷　方									借或贷	余　额								
月	日	种类	号数			十	万	千	百	十	元	角	分	十	万	千	百	十	元	角	分		十	万	千	百	十	元	角	分
1	1			年初余额																		平				—	0	—		
1	31			计提				5	2	5	0	0	0									借			5	2	5	0	0	0

表 6—2　应交税费明细账

分页_____ 总页_____

二级明细科目：城建税

三级明细科目：

2010年		凭证		摘要	对方科目	借方									贷方									借或贷	余额								
月	日	种类	号数			十	万	千	百	十	元	角	分	十	万	千	百	十	元	角	分		十	万	千	百	十	元	角	分
1	1			年初余额																		平					—	0	—	
1	11		1	预交			1	4	0	0	0	0																		
1	21		2	预交			2	1	0	0	0	0																		
1	31		3	计提											5	2	5	0	0	0		贷		1	7	5	0	0	0	
2	1		1	缴纳			1	7	5	0	0	0										平					—	0	—	0

2010 年 2 月初，该企业进行纳税申报，补交城市维护建设税时，会计分录如下：

借：应交税费——应交城市维护建设税　　　　　　　　　　　1750

　　贷：银行存款　　　　　　　　　　　　　　　　　　　　　　1750

2010 年 2 月初，该企业进行纳税申报时，填写的城市维护建设税纳税申报表如表 6—2 所示。

附：教育费附加

一、教育费附加概述

教育费附加是对缴纳增值税、消费税、营业税的单位和个人，就其实际缴纳的"三税"税额为计税依据征收的一种附加费。

教育费附加是为加快地方教育事业、扩大地方教育经费而征收的一项专用基金。1985 年，中共中央做出了《关于教育体制改革的决定》，指出必须在国家增拨教育基本建设投资和教育经费的同时，充分调动企、事业单位和其他各种社会力量办学的积极性，开辟多种渠道筹措经费。为此，国务院于 1986 年 4 月 28 日颁布了《征收教育费附加的暂行规定》，同年 7 月 1 日开始在全国范围内征收教育费附加。

二、教育费附加的征收范围、计征比率及计征依据

教育费附加对缴纳增值税、消费税、营业税的单位和个人征收，以其实际缴纳的"三税"税额为计税依据，分别与增值税、消费税和营业税同时缴纳。现行教育费附加征收比率为3％。

三、教育费附加的计算

一般单位和个人教育费附加的计算公式为：

应纳教育费附加＝(实际缴纳的增值税＋实际缴纳的消费税＋实际缴纳的营业税)
　　　　　　×征收比率

【例题4】某市区一企业2011年10月份实际缴纳增值税200000元，缴纳消费税300000元，缴纳营业税100000元。计算该企业应缴纳的教育费附加。

【答案】应纳教育费附加＝(200000＋300000＋100000)×3％＝18000（元）

【例题5】某市一企业2011年8月被查补增值税50000元、消费税20000元、所得税30000元，被加收滞纳金2000元，被处罚款8000元。计算该企业应补缴城市维护建设税和教育费附加。

【答案】应补缴的城建税＝(50000＋20000)×7％＝4900（元）

应补缴的教育费附加＝(50000＋20000)×3％＝2100（元）

应补缴的城建税和教育费附加＝4900＋2100＝7000（元）

四、教育费附加的减免规定

(1) 对海关进口的产品征收的增值税、消费税，不征收教育费附加。

(2) 对由于减免增值税、消费税和营业税而发生退税的，可同时退还已征收的教育费附加。但对出口产品退还增值税、消费税的不退还已征的教育费附加。

五、教育费附加的账务处理

企业应当在"应交税费"账户下设置"应交教育费附加"明细账户，用来核算纳税人教育费附加的发生和缴纳情况。贷方反映企业按税法规定计算的应缴纳的教育费附加，借方反映实际缴纳的教育费附加，期末贷方余额反映企业应缴而未缴的教育费附加。

六、教育费附加的申报缴纳

教育费附加的申报与缴纳与城市维护建设税基本相同。教育费附加在增值税、消费

税、营业税缴纳的同时申报缴纳。教育费附加可以单独填报缴纳，也可以和营业税、城市维护建设税等一起填写《地方各税（费、基金）缴纳申报表》进行申报缴纳。具体采用什么申报方式，由主管税务机关根据缴费人的具体情况而定。

七、教育费附加会计实务举例

××商场有限责任公司 2010 年 1 月份应纳增值税额为 5000 元，消费税 2000 元，营业税 200 元，处于大城市，则 2010 年 1 月份该企业应纳城市维护建设税和教育税附加为：

应纳城建税＝7200×7％＝504（元）

应纳教育费附加＝7200×3％＝216（元）

会计分录如下：

借：营业税金及附加　　　　　　　　　　　　　　　　720

　　贷：应交税费——应交城市维护建设税　　　　　　504

　　　　　　　——应交教育费附加　　　　　　　　216

根据以上会计分录登记以下有关账户（见表 6－3、表 6－4、表 6－5）并进行相应的计算，假定 2010 年 1 月份该企业"应交税费——应交教育费附加"的余额为零。

表 6－3　营业税金及附加

分页＿＿＿　总页＿＿＿

二级明细科目：

三级明细科目：

2010年		凭证		摘　要	对方科目	借　方								贷　方								借或贷	余　额							
月	日	种类	号数			十	万	千	百	十	元	角	分	十	万	千	百	十	元	角	分		十	万	千	百	十	元	角	分
1	1			年初余额																		平				—0—				
1	31		10	计提				7	2	0	0	0										借			7	2	0	0	0	

表6-4　应交税费明细账

分页____　总页____

二级明细科目：城建税

三级明细科目：

2010年 月	日	凭证 种类	号数	摘要	对方科目	借方 十万	千	百	十	元	角	分	贷方 十万	千	百	十	元	角	分	借或贷	余额 十万	千	百	十	元	角	分
1	1			年初余额																平			—	0	—	—	
1	31		10	计提											5	0	4	0	0	贷			5	0	4	0	0
2	1		1	缴纳				5	0	4	0	0								平			—	0	—	0	

表6-5　应交税费明细账

分页____　总页____

二级明细科目：教育费附加

三级明细科目：

2010年 月	日	凭证 种类	号数	摘要	对方科目	借方 十万	千	百	十	元	角	分	贷方 十万	千	百	十	元	角	分	借或贷	余额 十万	千	百	十	元	角	分
1	1			年初余额																平			—	0	—	—	
1	31		10	计提											2	1	6	0	0	贷			2	1	6	0	0
2	1		1	缴纳				2	1	6	0	0								平			—	0	—	—	

2010年2月初，该企业进行纳税申报，缴纳城市维护建设税和教育税附加时，会计分录如下：

借：应交税费——应交城市维护建设税　　　　　　　　　　504

　　　　　　——应交教育费附加　　　　　　　　　　　　216

　　贷：银行存款　　　　　　　　　　　　　　　　　　　　720

2010年2月初，该企业进行纳税申报时，填写的申报表如表6-6所示。

表6—6　城建税、教育费附加、地方教育费附加纳税申报表

纳税人识别号：　　　　　　　　　　　　　　　　　　　税务管理码
纳税人名称：××商场有限责任公司　　　　　　　　　税款所属时间　2010年1月

项目 税种	计税依据				税率	应纳税额	前期多缴税额	已缴税额	本期应缴税额
	营业税	增值税	消费税	合计					
城市维护建设税	200	5000	2000	7200	7%	504			504
教育费附加	200	5000	2000	7200	3%	216			216
地方教育费附加									
总　计					—	720			720

受理人：　　　　　年　月　日　　　　　审核人：　　　　　年　月　日
录入人：

复习思考题

1. 什么是城市维护建设税？
2. 城市维护建设税纳税人的纳税义务是如何规定的？
3. 城市维护建设税的税率是如何规定的？

练习题

1. 某市区一企业2010年8月份实际缴纳增值税250000元，缴纳消费税400000元，缴纳营业税80000元。计算该企业应缴纳的城市维护建设税。

2. 某市区一企业2010年8月份实际缴纳增值税500000元，同时缴纳营业税30000元，该企业无须缴纳消费税。请计算该企业应缴纳的教育费附加。

第七章　资源税

第一节　资源税概述

资源税是对在中华人民共和国境内从事开采应税矿产品或者生产盐的单位和个人，因资源储存和开发条件差异而形成的级差收入所征收的一种税。现行资源税的基本规范，是 1993 年 12 月 25 日国务院颁布的《中华人民共和国资源税暂行条例》（以下简称《资源税暂行条例》）。

第二节　资源税基本法律内容

一、资源税的纳税义务人

根据《资源税暂行条例》的规定，资源税的纳税义务人是指在中华人民共和国境内开采应税矿产品或者生产盐的单位和个人。

上述单位是指国有企业、集体企业、私有企业、股份制企业、外商投资企业、外国企业、其他企业和行政单位、事业单位、军事单位、社会团体及其他单位；个人是指个体经营者和其他个人。

中外合作开采石油、天然气，按照现行规定只征收矿区使用费，暂不征收资源税。因此，中外合作开采石油、天然气的企业不是资源税的纳税义务人。

《资源税暂行条例》还规定，收购未税矿产品的单位为资源税的扣缴义务人。规定资源税的扣缴义务人，主要是针对税源零星、分散、不定期开采、不易控管的情况，为了加强管理，避免漏洞，由扣缴义务人在收购矿产品时代扣代缴资源税。

收购未税矿产品的单位是指独立矿山、联合企业和其他单位。独立矿山是指只有采矿或只有采矿和选矿，独立核算，自负盈亏的单位，其生产的原矿和精矿主要用于对外销售。联合企业是指采矿、选矿、冶炼（或加工）连续生产的企业或采矿、冶炼（或加工）连续生产的企业，其采矿单位，一般是该企业的二级或二级以下核算单位。其他单位也包括收购未税矿产品的个体户在内。

二、资源税的征税范围

资源税的征收范围只包括矿产品和盐。具体税目规定为：

（1）原油。指开采的天然原油，不包括人造石油。

（2）天然气。指专门开采或与原油同时开采的天然气，暂不包括煤矿生产的天然气。

（3）煤炭。指原煤，不包括洗煤、选煤及其他煤炭制品。

（4）其他非金属矿原矿。指原油、天然气、煤炭和井矿盐以外的非金属矿原矿，包括宝石、玉石、金刚石等。

（5）黑色金属矿原矿。指纳税人开采后自用、销售的，用于直接入炉冶炼或作为主产品先入选精矿、制造人工矿，再最终入炉冶炼的黑色金属矿石原矿，包括铁矿石、锰矿石等。

（6）有色金属矿原矿。包括铜矿石、铅锌矿石、铝土矿石、钨矿石等。

（7）盐。一类是固体盐，指海盐原盐、湖盐原盐和井矿盐；另一类是液体盐（俗称卤水），是指氯化钠含量达到一定浓度的溶液，是用于生产碱和其他产品的原料。

三、资源税的税率

资源税实行从量定额征收办法，因此采用定额税率形式，并根据纳税人所处地区、等级、品种不同对同种应税产品规定了高低不等的单位税额。应税产品的具体适用税额，按《资源税税目税额明细表》（见表7-1）和《几个主要品种的矿山资源等级表》的有关规定执行。凡在上述两表中未列举名称的其他非金属矿原矿和其他有色金属矿原矿，由省、自治区、直辖市人民政府决定征收或暂缓征收资源税，并报经财政部和国家税务总局备案。

表7-1　资源税税目税额明细表

税　目	税额幅度
一、原油	8～30元/吨
二、天然气	2～15元/千立方米
三、煤炭	0.3～5元/吨
四、其他非金属矿原矿	0.5～20元/吨或者千立方米
五、黑色金属矿原矿	2～30元/吨
六、有色金属原矿	0.4～30元/吨
七、盐	
固体盐	10～60元/吨
液体盐	2～10元/吨

纳税人在开采主矿产品的过程中伴采的其他应税矿产品，凡未单独规定适用税额的，一律按主矿产品或视同主矿产品税目征收资源税。

对于纳税人开采或者生产不同税目应税产品的，应当分别核算不同税目应税产品和课税数量；未分别核算或者不能准确提供不同应税产品的课税数量的，从高适用税额。

四、资源税的减免

资源税实行普遍征收、级差调节的原则，因此规定的减免税项目比较少。下列情况可减征或者免征资源税：

（1）开采原油过程中用于加热、修井的原油，免税。

（2）纳税人开采或者生产应税产品过程中，因意外事故、自然灾害等原因遭受重大损失的，由省、自治区、直辖市人民政府酌情决定减税或者免税。

（3）自 2007 年 2 月 1 日起，北方海盐资源税暂减按每吨 15 元征收；南方海盐、湖盐、井矿盐资源税暂减按每吨 10 元征收；液体盐资源税暂减按每吨两元征收。

（4）国务院规定的其他减税、免税项目。具体有：

①自 2002 年 4 月 1 日起，对冶金联合企业矿山铁矿石资源税，减按规定税额标准的 40％征收。对于由此造成地方政府财政收入的减少，中央财政将予以适当的补助。

②对有色金属矿的资源税在规定的税额的基础上减征 30％，即按规定标准的 70％征收。

（5）进口不征，出口不退（免）。

纳税人的减税、免税项目，应当单独核算课税数量；未单独核算或者不能准确提供课税数量的，不予减税或免税。

第三节　资源税的计算

一、资源税的计税依据（课税数量）

资源税实行从量定额征税，其计税依据为应税产品的课税数量。根据《资源税暂行条例》及其实施细则的规定，资源税课税数量的确定方法如下：

（1）纳税人开采或者生产应税产品销售的，以销售数量为课税数量。

（2）纳税人开采或者生产应税产品自用的，以自用数量为课税数量。

（3）纳税人不能准确提供应税产品销售数量或移送使用数量的，以应税产品的产量或主管税务机关确定的折算比换算成的数量为课税数量。

（4）原油中的稠油、高凝油与稀油划分不清或不易划分的，一律按原油的数量课税。

（5）纳税人以自产原煤连续加工成洗煤、选煤或用于炼焦、发电、机车及生产生活等用煤，均以动用时的原煤量为课税数量；对于连续加工前无法正确计算原煤移送使用量的，可按加工产品的综合回收率，将加工产品的综合回收率、实际销量和自用量折算成原煤数量作为课税数量。

（6）金属和非金属矿产品原矿，因无法准确掌握纳税人移送使用原矿数量的，可将其精矿按选矿比折算成原矿数量，作为课税数量。

（7）纳税人以自产的液体盐加工成固体盐的，按固体盐税额征税，以加工的固体盐数量为课税数量。纳税人以外购的液体盐加工成固体盐的，其加工固体盐所耗用液体盐的已纳税额准予抵扣。

选矿比＝精矿数量÷耗用原矿数量

二、资源税应纳税额的计算

资源税的应纳税额，按照应税产品的课税数量和规定的单位税额计算。其计算公式为：

应纳税额＝课税数量×单位税额

扣缴义务人代扣代缴资源税的计算公式为：

代扣代缴应纳税额＝收购未税矿产品的数量×适用的单位税额

【例题1】某矿山某月销售锰矿石原矿20000吨，移送入选精矿4000吨，选矿比为20％，该矿山锰矿按规定适用12元/吨的单位税额，则该矿山本月应缴纳的资源税为多少？

【答案】（1）原矿应缴纳的资源税＝20000×12＝240000（元）

（2）精矿应缴纳的资源税＝4000÷20％×12＝240000（元）

（3）本月应缴纳的资源税＝240000＋240000＝480000（元）

第四节　资源税的账务处理

资源税纳税人应设置"应交税费——应交资源税"账户，该账户贷方登记本期应缴纳的资源税税额，借方登记实际缴纳或允许抵扣的资源税税额，期末贷方余额表示企业应交而未交的资源税税额。"应交税费——应交资源税"的对应科目，主要有"营业税金及附加"、"在建工程"、"生产成本"、"制造费用"等。

一、销售应税矿产品的会计核算

企业对外销售的应税矿产品，按规定计算出应纳资源税税额，借记"营业税金及附加"科目，贷记"应交税费——应交资源税"科目；上缴资源税时，借记"应交税费——应交资源税"科目，贷记"银行存款"科目。

企业未按规定期限缴纳资源税时，向税务局缴纳滞纳金时，借记"营业外支出"科目，贷记"银行存款"科目。

【例题2】某煤矿7月份对外销售原煤5000吨，每吨售价为370元（不含增值税），增值税税率为13%（假定该煤矿进项税额为零），该煤矿资源税单位税额为0.5元/吨。计算该煤矿应缴纳的资源税。

【答案】应缴纳的资源税＝5000×0.5＝2500（元）

计提资源税时会计处理如下：

借：营业税金及附加   2500

    贷：应交税费——应交资源税   2500

缴纳资源税时会计处理如下：

借：应交税费——应交资源税   2500

    贷：银行存款   2500

二、自产自用应税矿产品的会计核算

企业自产自用应税矿产品，按规定计算出应纳资源税税额，借记"生产成本"，"制造费用"等科目，贷记"应交税费——应交资源税"科目；上缴时，借记"应交税费——应交资源税"科目，贷记"银行存款"科目。

【例题3】某煤矿7月份移送6000吨原煤用于提炼加工精煤，另移送200吨用于职工宿舍取暖，该煤矿资源税单位税额为0.5元/吨。计算该煤矿应缴纳的资源税。

【答案】应缴纳的资源税＝（6000＋200）×0.5＝3100（元）

计提资源税时会计处理如下：

借：生产成本   3000

    应付职工薪酬   100

    贷：应交税费——应交资源税   3100

缴纳资源税时会计处理如下：

借：应交税费——应交资源税   3100

    贷：银行存款   3100

【例题4】某油田6月份缴纳资源税9000000元，7月份生产原油320000吨，其中：对外销售原油220000吨，企业自办炼油厂耗用50000吨。企业同时生产天然气106000千立方米，向外销售100000千立方米，自办炼油厂耗用5000千立方米，取暖方面使用1000千立方米，该油田原油的单位税额为28元/吨，天然气单位税额为9元/千立方米，税务机关核定该企业纳税期限为10天，每旬按上月税款的1/3预缴，月终结算。

【答案】（1）预缴时：企业每旬预缴资源税额＝9000000÷3＝3000000（元）

借：应交税费——应交资源税   3000000

    贷：银行存款   3000000

（2）当期对外销售原油时：应纳税额＝220000×28＝6160000（元）

借：营业税金及附加　　　　　　　　　　　　　　　　　6160000
　　贷：应交税费——应交资源税　　　　　　　　　　　　　　　6160000

（3）自办炼油厂消耗原油时：应纳税额＝50000×28＝1400000（元）

借：生产成本　　　　　　　　　　　　　　　　　　　　1400000
　　贷：应交税费——应交资源税　　　　　　　　　　　　　　　1400000

（4）对外销售天然气时：应纳税额＝100000×9＝900000（元）

借：营业税金及附加　　　　　　　　　　　　　　　　　900000
　　贷：应交税费——应交资源税　　　　　　　　　　　　　　　900000

（5）自产自用天然气时：

炼油厂使用天然气应纳税额＝5000×9＝45000（元）

用于取暖方面应纳税额＝1000×9＝9000（元）

借：生产成本　　　　　　　　　　　　　　　　　　　　45000
　　制造费用/管理费用　　　　　　　　　　　　　　　　9000
　　贷：应交税费——应交资源税　　　　　　　　　　　　　　　54000

（6）收到退税款时：

应收退税款＝9000000－（6160000＋1400000＋900000＋54000）＝486000（元）

借：银行存款　　　　　　　　　　　　　　　　　　　　486000
　　贷：应交税费——应交资源税　　　　　　　　　　　　　　　486000

三、收购未税矿产品的会计核算

企业收购未税矿产品，按实际支付的收购款，借记"材料采购"、"在途物资"等科目，贷记"银行存款"等科目，按代扣代缴的资源税，借记"材料采购"、"在途物资"等科目，贷记"应交税费——应交资源税"科目。

【例题5】某联合矿业企业2010年4月从其他民营铜矿企业收购铜矿石原矿5000吨，总价款为1000000元，该批铜矿未缴纳资源税，按税法规定，联合矿业企业应代扣代缴资源税。假定联合矿业企业所在矿山的铜矿属于5等，按规定适用的单位税额为1.20元/吨，有色金属矿按规定税额的70%征收。则应代扣代缴的资源税为5000×1.20×70%＝4200（元）。收购铜矿石原矿并代扣代缴资源税的会计分录如下：

借：在途物资　　　　　　　　　　　　　　　　　　　　1000000
　　贷：银行存款　　　　　　　　　　　　　　　　　　　　　1000000
借：在途物资　　　　　　　　　　　　　　　　　　　　4200
　　贷：应交税费——应交资源税　　　　　　　　　　　　　　　4200

四、外购液体盐加工固体盐的会计核算

企业外购液体盐加工固体盐，在购入液体盐时，按所允许抵扣的资源税，借记"应交税费——应交资源费"科目，按外购价款减去允许抵扣资源税后的金额，借记

"原材料"等科目，按应支付的全部价款，贷记"银行存款"、"应付账款"等科目；加工成固体盐后，在销售时，按销售固体盐应缴纳的资源税，借记"营业税及附加"等科目，贷记"应交税费——应交资源税"科目；将销售固体盐应缴纳的资源税扣除液体盐已纳资源税后的差额缴纳，借记"应交税费——应交资源税"科目，贷记"银行存款"科目。

【例题6】假定某盐业公司2010年9月初库存液体盐为零，当月购进液体盐30000吨，价格为300元/吨，当月生产耗用液体盐28000吨，对外销售固体盐32000吨（上月的库存固体盐本月销售了一部分）。液体盐的单位税额为4元/吨，固体盐的单位税额为20元/吨。假定该盐业公司采用的核算方法为实际成本法。

【答案】购进液体盐可以抵扣的资源税＝30000×4＝120000（元），购进液体盐的入账成本为30000×300－120000＝8880000（元），购进液体盐的会计分录如下：

借：原材料　　　　　　　　　　　　　　　　　　　　　　8880000
　　应交税费——应交资源税　　　　　　　　　　　　　　120000
　　贷：银行存款　　　　　　　　　　　　　　　　　　　　9000000

销售固体盐应缴纳的资源税＝32000×20＝640000（元），会计分录如下：

借：营业税金及附加　　　　　　　　　　　　　　　　　　640000
　　贷：应交税费——应交资源税　　　　　　　　　　　　640000

按规定，纳税人以外购的液体盐加工固体盐，其加工固体盐所耗用的液体盐的已纳资源税额准予扣除。

准予扣除的资源税＝28000×4＝112000（元），9月实际应缴纳的资源税＝640000－112000＝528000（元），会计分录如下：

借：应交税费——应交资源税　　　　　　　　　　　　　　528000
　　贷：银行存款　　　　　　　　　　　　　　　　　　　　528000

第五节　资源税的申报与缴纳

一、纳税义务发生时间

（1）纳税人销售应税产品，其纳税义务发生的时间为发出应税产品、收讫销售款或取得销售凭据的当天，具体为：

①纳税人采取分期收款结算方式的，其纳税义务发生时间，为销售合同规定的收款日期的当天。

②纳税人采取预收货款结算方式的，其纳税义务发生时间，为发出应税产品的当天。

③纳税人采取其他结算方式的，其纳税义务发生时间，为收讫销售款或者取得索取

销售凭据的当天。

（2）纳税人自产自用应税产品的纳税义务发生时间，为移送使用应税产品的当天。

（3）扣缴义务人代扣代缴税款的纳税义务发生时间，为支付首笔货款或者开具应支付货款凭据的当天。

二、纳税地点

（1）凡是缴纳资源税的纳税人，都应当向应税产品的开采或者生产所在地主管税务机关缴纳税款。

（2）如果纳税人在本省、自治区、直辖市范围内开采或者生产应税产品，其纳税地点需要调整的由所在省、自治区、直辖市税务机关决定。

（3）如果纳税人应纳的资源税属于跨省开采的，其下属生产单位与核算单位不在同一省、自治区、直辖市的，对其开采的矿产品一律在开采地纳税，其应纳税款由独立核算、自负盈亏的单位，按照开采地的实际销售量（或自用量）及适用的单位税额计算划拨。

（4）扣缴义务人代扣代缴的资源税，也应当向收购地主管税务机关缴纳。

三、纳税期限

资源税的纳税期限为1日、3日、5日、10日、15日或者1个月，纳税人的纳税期限由主管税务机关根据实际情况具体核定。不能按固定期限计算缴纳的，可以按次计算缴纳。

纳税人以1个月为一期纳税的，自期满之日起10日内申报纳税；以1日、3日、5日、10日或者15日为一期纳税的，自期满之日起5日内预缴税款，于次月1日起10日内申报纳税并结清上月税款。

扣缴义务人的解缴税款期限，可比照执行。

四、资源纳税申报表样式

为了方便填写纳税申报表见表7-2，在对企业的主营业务收入进行核算时，可以按资源税的"应纳税项目"和"单位税额"的不同进行明细。如果需要，还可以设置主营业务收入备查账。

表7－2　资源纳税申报表

填表日期：　　年　　月　　日　　　　　　　　　　　　　　　金额单位：元（列至角分）

纳税人识别号：□□□□□□□□□□□□□□□□□□□□

纳税人名称：　　　　　　　　　　　　　　　　　　　　税款所属时期：

产品名称		课税单位	课税数量	单位税额	应纳税额	已纳税额	应补（退）税额	备注
应纳税项目								
减免税项目								

如纳税人填报，由纳税人填写以下各栏		如委托代理人填报，由代理人填写以下各栏			
会计主管	纳税人	代理人名称		代理人	
		代理人地址		（公章）	
（签章）	（公章）	经办人		电话	
以下由税务机关填写					
收到申报表日期		接收人			

（1）课税单位填写资源税的课税数量单位，如吨、立方米、千立方米等。

（2）课税数量：纳税人开采或者生产应税产品销售的，以销售数量为课税数量；纳税人开采或者生产应税产品自用的，以自用数量为课税数量。

（3）单位税额应对应不同应税矿产品分别填写。

（4）应纳税额等于课税数量乘以单位税额。

（5）已纳税额为纳税人本期实际已经缴纳的本期资源税税款。

（6）应补（退）税额等于本期应纳税额减本期已纳税款。

（7）减免税项目。该部分填写不需要审批的资源税项目。纳税人的减税、免税项目，应当单独核算课税数量。

（8）课税单位填写资源税减免项目的课税单位，如吨、立方米、千立方米等。

（9）课税数量填写资源税减免数量。

（10）单位税额应对应不同应税矿产品分别填写。

（11）本期应纳税额等于课税数量乘以单位税额。

复习思考题

1. 资源税的征税范围是如何规定的?
2. 资源税的计税依据是什么?
3. 资源税有哪些优惠政策?

练习题

1. 某油田当年销售原油 70 万吨，油田自用 5 万吨，另有 2 万吨在采油过程中用于加热和修理油井。已知该油田适用的税额为每吨 15 元，计算该油田当年应纳资源税额。

2. 某冶金联合企业矿山，8 月份开采铁矿石 5000 吨，销售 4000 吨，适用的单位税额为每吨 14 元，该矿当月应纳的资源税为多少?

第八章　城镇土地使用税

第一节　城镇土地使用税概述

城镇土地使用税是以城镇土地为征税对象，对在中华人民共和国境内拥有土地使用权的单位和个人，就其使用土地的面积按规定征收的一种税。它于 1988 年 11 月 1 日起对国内企业、单位和个人开征，对外资企业和外籍人员暂不征收。

土地是十分宝贵的资源。开征城镇土地使用税，变土地的无偿使用为有偿使用，有利于保护土地资源，合理利用和节约使用城镇土地，提高土地使用效益；有利于调节不同地区、不同地段之间的土地级差收入，促进企业加强经济核算，理顺国家和土地使用者之间的分配关系；也有利于增加国家财政收入，为城市建设积累资金。

第二节　城镇土地使用税基本法律内容

一、城镇土地使用税的纳税义务人

城镇土地使用税的纳税义务人为在城市、县城、建制镇、工矿区范围内使用土地的单位和个人。

城镇土地使用税由拥有土地使用权的单位和个人缴纳；拥有土地使用权的纳税人不在土地所在地的，由代管人或实际使用人纳税；土地使用权未确定或权属纠纷未解决的，由实际使用人纳税；土地使用权共有的，由共有各方分别纳税。

几个人或几个单位共同拥有一块土地的使用权，则应按其实际使用的土地面积占总面积的比例，分别计算缴纳土地使用税。

例如，某城市的甲单位和乙单位共同拥有一块土地的使用权，这块土地的面积为 2000 平方米，甲单位实际使用 2/5，乙单位实际使用 3/5，则甲单位应就其所占用的土地 800 平方米（2000×2/5）缴纳城镇土地使用税，而乙单位应就其所占用的土地 1200

平方米（2000×3/5）缴纳城镇土地使用税。

二、城镇土地使用税的征税范围

城镇土地使用税的征税范围，包括在城市、县城、建制镇、工矿区范围内的国家所有和集体所有的土地。

这里所称的"城市"是指经国务院批准设立的市，包括市区和郊区。"县城"是指县人民政府所在地的城镇。"建制镇"是指经省、自治区、直辖市人民政府批准设立的建制镇的镇人民政府所在地。"工矿区"是指工商业比较发达，人口比较集中，符合国务院规定的建制镇标准，但尚未设立建制镇的大中型工矿企业所在地。工矿区须经省、自治区、直辖市人民政府批准。

对外商投资企业和外国企业在华机构的用地不征收城镇土地使用税。

三、城镇土地使用税的税率

城镇土地使用税采用定额税率，即采用有幅度的差别税额，如表8-1所示。

表8-1　城镇土地使用税税率表

级　别	人口（人）	每平方米税额（元）
大城市	50万以上	0.5～10
中等城市	20万至50万	0.4～8
小城市	20万以下	0.3～6
县城、建制镇、工矿区		0.2～4

各省、自治区、直辖市人民政府可根据市政建设状况和经济繁荣程度等条件，在法定的税额幅度内，确定所辖地区的适用税额幅度。市、县人民政府应当根据实际情况，将本地区土地划分若干等级，在省、自治区、直辖市人民政府确定的税额幅度内，制定适用税额标准，报省、自治区、直辖市人民政府批准执行。

经省、自治区、直辖市人民政府批准，经济落后地区土地使用税的适用税额标准可以适当降低，但降低额不得低于上述规定最低税额的30％。经济发达地区土地使用税的适用税额标准可以适当提高，但须报经财政部批准。

四、城镇土地使用税的减免优惠

（1）下列土地免缴土地使用税：

①国家机关、人民团体、军队自用的土地。这部分土地是指这些单位本身的办公用地和公务用地。如国家机关、人民团体的办公楼和军队的营房等占用的土地。

②由国家财政部门拨付事业经费的单位自用的土地。这部分土地是指这些单位本身

的业务用地。如学校的教学楼、办公楼、实验室、操场等占用的土地。

③宗教寺庙、公园、名胜古迹自用的土地。宗教寺庙自用的土地，是指举行宗教仪式等的用地和寺庙内的宗教人员生活用地；公园、名胜古迹自用的土地，是指供公共参观游览的用地及其管理单位的办公用地。

以上单位的生产、经营用地不属于免税范围，应按规定缴纳土地使用税，如公园、名胜古迹附近建设的影剧院、饮食部、茶社、照相馆等使用的土地，应缴纳土地使用税。

④市政街道、广场、绿化地带等公共用地。非社会性的公共用地不能免税，如企业内的广场、道路、绿化等占用的土地。

⑤直接用于农、林、牧、渔业的生产用地。这部分土地是指直接从事于种植、养殖、饲养的专业用地，不包括农副产品加工场地和生活、办公用地。

⑥经批准开山填海整治的土地和改造的废弃土地，从使用的月份起免缴土地使用税5～10年。具体免税期限由各省、自治区、直辖市税务局在《土地使用税暂行条例》规定的期限内自行确定。

⑦企业办的学校、医院、托儿所、幼儿园，其用地能与企业其他用地明确区分的，免征城镇土地使用税。

⑧由财政部另行规定免税的能源、交通、水利用地和其他用地。

⑨免税单位无偿使用纳税单位的土地免税；纳税单位无偿使用免税单位的土地按章征税；纳税单位和免税单位共同使用、共有使用权土地上的多层建筑，纳税单位按比例征税。

⑩中国人民银行总行（含国家外汇管理局）所属分支机构自用的土地，免征。

（2）下列土地由省、自治区、直辖市地方税务局确定减免土地使用税：

①个人所有的居住房屋及院落用地。

②房产管理部门在房租调整改革前经租的居民住房用地。

③免税单位职工家属的宿舍用地。

④民政部门举办的安置残疾人占一定比例的福利工厂用地。

⑤集体和个人办的各类学校、医院、托儿所、幼儿园用地。

第三节　城镇土地使用税的计算

一、城镇土地使用税的计税依据

城镇土地使用税以纳税人实际占用的土地面积为计税依据。纳税人实际占用的土地面积，是指由省、自治区、直辖市人民政府确定的单位组织测定的土地面积。尚未组织测量，但纳税人持有政府部门核发的土地使用证书的，以证书确认的土地面积为准；尚未核发土地使用证书的，应由纳税人据实申报土地面积。

二、城镇土地使用税的计算

城镇土地使用税的应纳税额依据纳税人实际占用的土地面积乘以该土地所在地段的适用税额求得。计算公式为：

全年应纳税额＝实际占用应税土地面积（平方米）×适用税额

若分季或月缴纳时：季度应纳税额＝年应纳税额÷4

月应纳税额＝年应纳税额÷12

第四节　城镇土地使用税的账务处理

核算城镇土地使用税应设置"应交税费——应交土地使用税"科目。分期计提城镇土地使用税时应借记"管理费用"科目，贷记本科目；缴纳城镇土地使用税时应借记本科目，贷记"银行存款"科目。本科目期末贷方余额反映应交而未交的城镇土地使用税。

【例题】某企业占用土地 20000 平方米，其中企业自办的托幼机构占用土地 1000 平方米，当地政府核定应缴土地使用税税额每平方米 2 元。试计算该企业年度应纳税额，并作会计处理。

【答案】年应纳税额＝（20000－1000）×2＝38000（元）

（1）计提城镇土地使用税时，会计分录如下：

借：管理费用——土地使用税　　　　　　　　　　　　　　　38000

　　贷：应交税费——应交土地使用税　　　　　　　　　　　38000

（2）缴纳城镇土地使用税时，会计分录如下：

借：应交税费——应交土地使用税　　　　　　　　　　　　　38000

　　贷：银行存款　　　　　　　　　　　　　　　　　　　　38000

第五节　城镇土地使用税的申报与缴纳

一、纳税义务发生时间

（1）纳税人购置新建商品房，自房屋交付使用次月起纳税。

（2）纳税人购置存量房地产，自房产证签发次月起纳税。

（3）纳税人出租、出借房产，自出租、出借次月起纳税。

（4）房地产开发企业自用、出租、出借本企业建造的商品房，自出租、出借次月起纳税。

(5) 纳税人新征用的耕地，自批准征用之日起满一年时开始纳税。

(6) 纳税人新征用的非耕地，自批准征用次月起纳税。

二、纳税地点

城镇土地使用税的纳税地点为土地所在地，由土地所在地的税务机关负责征收。土地管理机关应当向土地所在地的税务机关提供土地使用权属资料。

纳税人使用的土地不属于同一省（自治区、直辖市）管辖范围的，应由纳税人分别向土地所在地的税务机关缴纳土地使用税；在同一省（自治区、直辖市）管辖范围内，纳税人跨地区使用的土地，由各省、自治区、直辖市地方税务局确定其纳税地点。

三、纳税期限

城镇土地使用税实行按年计算、分期缴纳的征收方法。具体纳税期限由各省、自治区、直辖市地方人民政府确定。各省、自治区、直辖市税务机关结合当地情况，一般分别确定按月、季或半年等不同的期限缴纳。

四、纳税申报

城镇土地使用税的纳税人应按照《城镇土地使用税暂行条例》的有关规定及时办理纳税申报，并如实填写《城镇土地使用税申报表》，如表8-2所示。

表8-2 城镇土地使用税纳税申报表

纳税人识别号：□□□□□□□□□□□□□□□□□□

纳税人名称：（公章）

税款所属期限：自 年 月 日至 年 月 日

填表日期： 年 月 日 金额单位：元（列至角分）

坐落地点	上期占地面积	本期增减	本期实际占地面积	法定免税面积	应税面积	土地等级		适用税额		全年应缴税额	缴纳次数	本期		
						Ⅰ	Ⅱ	Ⅰ	Ⅱ			每次应纳税额	已纳税额	应补（退）税额
1	2	3	4=2+3	5	6=4-5	7	8	9	10	11=6×9或10	12	13=11÷12	14	15=11-14
合计														

续表

如纳税人填报，由纳税人填写以下各栏		如委托代理人填报，由代理人填写以下各栏		备注
会计主管（签章）	纳税人（公章）	代理人名称	代理人（公章）	
		代理人地址		
		经办人	电话	
以下由税务机关填写				
收到申报表日期			接收人	

　　纳税人新征用的土地，必须于批准新征用之日起 30 日内申报登记。纳税人如有住址变更、土地使用权属转换等情况，从转移之日起，按规定期限办理申报变更登记。

复习思考题

1. 城镇土地使用税的征税对象和范围是什么？
2. 城镇土地使用税的计税依据和税率是如何规定的？

练习题

　　某商业企业某年占地面积为 13000 平方米，其中坐落在一级地段的商场占地面积为 10000 平方米，坐落在四级地段的商品库房占地面积为 3000 平方米，计算该单位年应纳城镇土地使用税税额（该市城镇土地使用税税额标准为：一级地段 5 元/平方米，四级地段 1 元/平方米）。

第九章　耕地占用税

第一节　耕地占用税概述

耕地占用税是对占用耕地建房或从事其他非农业建设的单位和个人，按其实际占用的耕地面积，一次性定额征收的一种税。于 1987 年 4 月 1 日起开征。目前由地方财政机关负责征收。

第二节　耕地占用税基本法律内容

一、耕地占用税的纳税义务人

凡在我国境内占用耕地建房或从事其他非农业建设的单位和个人，都是耕地占用税的纳税人。具体包括占用耕地建房或从事其他非农业建设的一切机关、团体、部队、学校、企事业单位和公民个人。但对外商投资企业暂不征收耕地占用税。

二、耕地占用税的征税对象

耕地占用税的征税对象为占用耕地建房或从事其他非农业建设的行为。所谓耕地，是指用于种植农作物的土地，占用前三年内曾用于种植农作物的土地，亦视为耕地。其征税范围如下：

（1）种植粮食作物、经济作物和其他作物的土地，包括粮田、棉田、油料田、麻田、烟田、蔗田等。

（2）菜地，包括种植各种蔬菜的土地。

（3）园地，包括苗圃、花圃、茶园、桑园、果园和其他种植经济林木的土地。

（4）鱼塘。

（5）其他农用土地，如已开发的从事种植、养殖的滩涂、草地、水面和林地等。占用这类土地是否征税，由各省、自治区、直辖市本着有利于农用土地后续资源和保护生态平衡的原则，结合具体情况加以确定。

三、耕地占用税的税率

耕地占用税采用定额税率。通常以县为单位，按人均耕地面积的多少，规定幅度差别税率。具体规定如表9-1所示。

表9-1　耕地占用税税率

人均耕地	单位税额/平方米
1亩以下（含1亩）的地区	10～50元
1～2亩（含2亩）的地区	8～40元
2～3亩（含3亩）的地区	6～30元
3亩以上的地区	5～25元

各省、自治区、直辖市每平方米平均税额为：上海市45元；北京市40元；天津市35元；江苏、浙江、福建、广东4省各30元；辽宁、湖北、湖南3省各25元；河北、安徽、江西、山东、河南、四川、重庆7省市各22.5元；广西、海南、贵州、云南、陕西5省区各20元；山西、吉林、黑龙江3省各17.5元；内蒙古、西藏、甘肃、青海、宁夏、新疆6省区各12.5元。

各地依据耕地占用税暂行条例和上款的规定，经省级人民政府批准，确定县级行政区占用耕地的适用税额，占用林地、牧草地、农田水利用地、养殖水面以及渔业水域滩涂等其他农用地的适用税额可适当低于占用耕地的适用税额。

四、耕地占用税税收优惠政策

为了保障国家巩固建设用地的需要，体现社会福利政策和民族政策，耕地占用税规定对下列情况减税或免税：

（1）军事设施占用耕地免征耕地占用税。

（2）学校、幼儿园、养老院、医院占用耕地免征耕地占用税。

（3）铁路线路、公路线路、飞机场跑道、停机坪、港口、航道占用耕地，减按每平方米2元的税额征收耕地占用税。

（4）农村居民占用耕地新建住宅，按照当地适用税额减半征收耕地占用税。

（5）农村烈士家属、残疾军人、鳏寡孤独以及革命老根据地、少数民族聚居地区和边远山区生活困难的农户，在规定用地标准以内新建住宅纳税确有困难的，可给予减税或免税照顾。

耕地占用税减免实行申报制度。纳税人在申请用地的同时，必须根据《耕地占用税暂行条例》规定的减免范围向当地财政机关提出报告，说明申请减免的理由。

第三节　耕地占用税的计算

一、耕地占用税计税依据

耕地占用税纳税人用于建房或从事其他非农业建设实际占用的耕地面积为计税依据。耕地面积的计量单位为平方米，但在审批用地时，往往以亩为计量单位。因此，计算征税时，应将亩换算成平方米，其换算关系为：1 亩＝666.67 平方米。

二、耕地占用税应纳税额的计算

耕地占用税应纳税额的计算公式为：

应纳税额＝应税耕地实际占用面积（平方米）×单位税额

【例题】某企业经批准在市郊占用田地 45000 平方米，其中用于建设用地 42000 平方米，其余土地用于托儿所、职工医院建设。要求计算其应纳的耕地占用税（该企业所在地区适用税额为 12 元/平方米）。计算托儿所、职工医院用地免税，厂房用地应缴纳耕地占用税。

【答案】应纳税额＝42000×12＝504000（元）

第四节　耕地占用税的账务处理

耕地占用税是企业占用耕地建房或从事其他非农业建设时，依法缴纳的税金，这部分税款应计入企业购建的固定资产价值。耕地占用税不通过"应交税费"科目核算。

企业计算出应缴纳的耕地占用税，应借记"在建工程"科目，贷记"银行存款"科目。工程竣工后汇算清缴时，如果预缴的税款少于应缴的税款时，应借记"在建工程"科目，贷记"银行存款"科目；如果有多缴的预缴税款退回时，应借记"银行存款"科目，贷记"在建工程"科目。

第五节　耕地占用税纳税申报与缴纳

耕地占用税按"先缴纳后用地"的原则一次性征收，即纳税人在经土地管理部门批准占用耕地之日起 30 日内，将批件及时抄送所在地的统计征收机关，由征收机关通知纳税人在规定时间内到指定地点缴纳税款或办理免税手续；土地管理部门凭征收机关开具的耕地占用税完税凭证或免税证明批准用地。耕地占用税纳税申报表样式如表 9—2 所示。

表 9—2　耕地占用税纳税申报表

纳税人识别号：

单位：元、平方米

纳税人全称				经济类型	
纳税人地址				邮政编码	
经办人姓名				联系电话	
开户银行				银行账号	
占地位置					
批准占地文号				占地用途	
批准占地面积				批准占地日期	
实际占地面积				实际占地日期	
占地类型	计税面积	单位税额	计征税额	减免税额	应纳税额
小计					
应纳合计					

如纳税人填报，由纳税人填写以下各栏		如委托税务代理机构填报，由税务代理机构填写以下各栏		
会计主管 （签章）	经办人 （签章）	税务代理机构名称		税务代理机构 （公章）
		税务代理机构地址		
申报声明	此申报表是根据国家税收法律规定填报的，我确信它是真实的、可靠的。 声明人： （法定代表人签字或盖章）（公章）	代理人 （签章）	联系电话	
		以下由税务机关填写		
		收到申报表日期		接收人

纳税人在规定期限内未申报纳税的，从滞纳税款之日起，按日加收应纳税款 5‰的滞纳金。

纳税人按有关规定向土地管理部门退还耕地的，已纳税款不予退还。

凡被占用并已征收了耕地占用税的耕地，经核实确属农业税计税面积，其计税常年产量和计征税额应予以扣除。

复习思考题

1. 耕地占用税的征税对象和范围是什么？
2. 耕地占用税的计税依据和税率是如何规定的？

练习题

某学校占用耕地 20000 平方米，其中 5000 平方米为校办工厂用地，其余 15000 平方米为教学楼、操场、宿舍等用地。当地适用税率为 5 元/平方米。按耕地占用税政策规定，校办工厂用地不能免征耕地占用税。要求：计算该企业应缴纳的耕地占用税。

第十章 车辆购置税

第一节 车辆购置税概述

车辆购置税是对在我国境内购置应税车辆的单位和个人，就其在购置环节一次性征收的一种税。

一、车辆购置税的纳税义务人

在我国境内购买、进口、自产、受赠、获奖或者以其他方式取得并自用应税车辆的单位和个人，为车辆购置税的纳税人。这里所称的单位，包括国有企业、集体企业、私营企业、股份制企业、外商投资企业、外国企业以及其他企业和事业单位、社会团体、国家机关、部队以及其他单位；所称个人，包括个体工商户以及其他个人。

二、车辆购置税的征税对象

车辆购置税的征税对象是汽车、摩托车、电车、挂车、农用运输车。

三、车辆购置税的税率

车辆购置税实行从价定率的办法计算应纳税额，税率为 10%。

四、车辆购置税税收优惠政策

车辆购置税的免税、减税，按照下列规定执行：
（1）外国驻华使馆、领事馆和国际组织驻华机构及其外交人员自用的车辆，免税。
（2）中国人民解放军和中国人民武装警察部队列入军队武器订货计划的车辆，免税。
（3）设有固定装置的非运输车辆，免税。

（4）由国务院规定予以免税或者减税的其他情形的，按照规定免税或者减税。

第二节　车辆购置税的计算

一、车辆购置税的计税依据

车辆购置税的计税价格根据不同情况，按照下列规定确定：

（1）纳税人购买自用的应税车辆的计税价格，为纳税人购买应税车辆而支付给销售者的全部价款和价外费用，不包括增值税税额。

（2）纳税人进口自用的应税车辆的计税价格的计算公式为：

计税价格＝关税完税价格＋关税＋消费税

（3）纳税人自产、受赠、获奖或者以其他方式取得并自用的应税车辆的计税价格，由主管税务机关参照最低计税价格核定。国家税务总局参照应税车辆市场平均交易价格，规定不同类型应税车辆的最低计税价格。

（4）纳税人购买自用或者进口自用应税车辆，申报的计税价格低于同类型应税车辆的最低计税价格，又无正当理由的，按照最低计税价格征收车辆购置税。

二、车辆购置税应纳税额的计算

车辆购置税应纳税额＝计税价格×税率

第三节　车辆购置税的账务处理

企业购置（包括购买、进口、自产、受赠、获奖或者以其他方式取得并自用）应税车辆，按规定缴纳的车辆购置税，应计入所购车辆成本。在取得时，借记"固定资产"等科目，贷记"银行存款"科目。

企业购置的减税、免税车辆改制后用途发生变化的按规定应补缴车辆购置税，在补缴时，借记"固定资产"科目，贷记"银行存款"科目。

车辆购置税实行一次征收制度。购置已征车辆购置税的车辆，不再征收车辆购置税。

第四节　车辆购置税纳税申报与缴纳

一、申报与缴纳时间

（1）购买自用应税车辆的，应当自购买之日起 60 日内申报纳税。

（2）进口自用应税车辆的，应当自进口之日起 60 日内申报纳税。

（3）自产、受赠、获奖或者以其他方式取得并自用应税车辆的，应当自取得之日起 60 日内申报纳税。

（4）免税、减税车辆因转让、改变用途等原因不再属于免税、减税范围的，应当在办理车辆过户手续前或者办理变更车辆登记注册手续前缴纳车辆购置税。

二、纳税地点

购置应税车辆，应当向车辆登记注册地的主管国税机关申报纳税；购置不需要办理车辆登记注册手续的应税车辆，应当向纳税人所在地的主管国税机关申报纳税。并如实填写车辆购置税纳税申报表，如表 10—1 所示。

表 10—1　车辆购置税纳税申报表

填表日期：　　年　　月　　日　　　　　行业代码：　　　　　注册类型代码：

纳税人名称：　　　　　　　　　　　　　　　　　　　　　　　金额单位：元

纳税人证件名称			证件号码		
联系电话		邮政编码		地址	
车辆基本情况					
车辆类别	1. 汽车 2. 摩托车 3. 电车 4. 挂车 5. 农用运输车				
生产企业名称			机动车销售统一发票（或有效凭证）价格		
厂牌型号			关税完税价格		
发动机号码			关税		
车辆识别代号（车架号码）			消费税		
购置日期			免（减）税条件		
申报计税价格	计税价格		税率	免税、减税额	应纳税额
1	2		3	4＝2×3	5＝1×3 或 2×3
			10%		

续表

申报人声明	授权声明			
此纳税申报表是根据《中华人民共和国车辆购置税暂行条例》的规定填报的，我相信它是真实的、可靠的、完整的。 声明人签字：	如果你已委托代理人申报，请填写以下资料： 为代理一切税务事宜，现授权（ ），地址（ ）为本纳税人的代理申报人，任何与本申报表有关的往来文件，都可寄与此人。 授权人签字：			
纳税人签名或盖章	如委托代理人的，代理人应填写以下各栏			
	代理人名称		代理人（章）	
	地址			
	经办人			
	电话			
接收人： 接收日期：	主管税务机关（章）：			

《车辆购置税纳税申报表》填表说明

1. 本表由车辆购置税纳税人（或代理人）在办理纳税申报时填写。

2. "纳税人名称"栏，填写车主名称。

3. "纳税人证件名称"栏，单位车辆填写《组织机构代码证书》；个人车辆填写《居民身份证》或其他身份证明名称。

4. "证件号码"栏，填写《组织机构代码证书》、《居民身份证》及其他身份证件的号码。

5. "车辆类别"栏，在表中所列项目中画√。

6. "生产企业名称"栏，国产车辆填写国内生产企业名称，进口车辆填写国外生产企业名称。

7. "厂牌型号"、"发动机号码"、"车辆识别代号（车架号码）"栏，分别填写车辆整车出厂合格证或《中华人民共和国海关货物进口证明书》或《中华人民共和国海关监管车辆进（出）境领（销）牌照通知书》或《没收走私汽车、摩托车证明书》中注明的产品型号、车辆识别代号（VIN，车架号码）。

8. "购置日期"栏，填写机动车销售统一发票（或有效凭证）上注明的日期。

9. "机动车销售统一发票（或有效凭证）价格"栏，填写机动车销售统一发票（或有效凭证）上注明的价费合计金额。

10. "免（减）税条件"栏，按下列项目选择字母填写：

（1）外国驻华使馆、领事馆和国际组织驻华机构及其外交人员自用的车辆。

（2）中国人民解放军和中国人民武装警察部队列入军队武器装备订货计划的车辆。

（3）设有固定装置的非运输车辆。

（4）在外留学人员（含港、澳）回国服务的，购买的国产汽车。

（5）来华定居专家进口自用或境内购置的汽车。

（6）其他免税、减税车辆。

11. 下列栏次由进口自用车辆的纳税人填写：

（1）"关税完税价格"栏，填写《海关关税专用缴款书》中注明的关税计税价格。"关税"栏，填写《海关关税专用缴款书》中注明的关税税额。

（2）"消费税"栏，填写《海关代征消费税专用缴款书》中注明的消费税税额。

12. "申报计税价格"栏，分别按下列要求填写：

（1）境内购置车辆，按机动车销售统一发票注明的价费合计金额÷（1＋17％）填写。

（2）进口自用车辆，填写计税价格。计税价格＝关税完税价格＋关税＋消费税。

（3）自产、受赠、获奖或者以其他方式取得并自用的车辆，按机动车销售统一发票（或有效凭证）注明的价费合计金额÷（1＋17％）填写。

13. "计税价格"栏，经税务机关辅导后填写：

（1）填写最低计税价格。

（2）底盘发生更换的车辆，按主管税务机关提供的最低计税价格的70％填写。

（3）免税条件消失的车辆，自初次办理纳税申报之日起，使用年限未满10年的，按主管税务机关提供的最低计税价格每满1年扣减10％填写。未满1年的按主管税务机关提供的最低计税价格填写。使用年限10年（含）以上的，填写0。

14. "应纳税额"栏，计算公式如下：

（1）计税依据为申报计税价格的，应纳税额＝申报计税价格栏×税率。

（2）计税依据为计税价格的，应纳税额＝计税价格栏×税率。

15. 本表一式两份（一车一表），一份由纳税人留存；一份由主管税务机关留存。

三、纳税申报

车辆购置税实行一车一申报制度，在使用环节征税。

1. 征税车辆纳税申报

纳税人办理纳税申报时，应如实填写《车辆购置税纳税申报表》，同时提供以下资料的原件和复印件：车主身份证；车辆价格证明；车辆合格证明。

2. 免（减）税申报

纳税人在办理纳税申报时，应提供以下资料的原件和复印件：车主身份证和免税证明；车辆价格证明；车辆合格证明。

复习思考题

简述车辆购置税的计税依据。

练习题

某公司 1 月份购进国产卡车两辆，增值税专用发票注明价款 45 万元，增值税 76500 元。当月已向主管税务机关缴纳购置税。

要求：计算应缴纳的车辆购置税，确认卡车的入账价值，并作相应的会计分录。

第十一章　车船税

第一节　车船税概述

一、车船税的概念

车船税是以车船为征税对象，向拥有并使用车船的单位和个人征收的一种税。对拥有但不使用的车船不征税。

国务院发布了《中华人民共和国车船税暂行条例》，并于 2007 年 1 月 1 日起在全国施行。各省、自治区、直辖市人民政府根据该规定，先后制定了施行细则。

二、车船税的征收意义

改革开放以来，我国的交通业发展迅速，运输紧张状况大为缓解，但矛盾依然存在。随着经济发展，社会拥有车船的数量急剧增加，开征车船税，可以从车船拥有并使用的人手中集中一部分资金，增加地方财源，并缓解运力紧张的矛盾；可以促使纳税人加强对已有车船、使用车船的管理与核算，合理利用车船，提高其使用效率。除此以外，还可以对个人拥有的财富进行调节，缓解财富分配不公。

第二节　车船税基本法律内容

一、车船税的纳税义务人

车船税的纳税义务人，是指在中华人民共和国境内拥有并使用车船的单位和个人。原则上，车船的使用人为纳税人。一般情况下，拥有并且使用车船的单位和个人是一致的，纳税人既是车船的使用人，又是车船的拥有人。如果发生车船租赁关系，拥有人与使用人不一致时，则应由租赁双方协商确定纳税人；租赁双方未商定的，由使用人代为纳税；未商定和无租使用的车船，也以使用人为纳税人。从事交通事故责任强制保险业务的保险机构为车船税的代收代缴义务人。

二、车船税的征税范围

车船税的征税对象是行驶于中国境内公共道路的车辆和航行于中国境内河流、湖泊或领海的船舶。对不使用的车船或只在企业内部行驶，不领取行驶执照，不上公路行驶的车辆，不征车船税。具体征税范围由车辆和船舶两大类构成。

（1）车辆。包括机动车辆和非机动车辆。机动车辆，是指依靠燃油、电力等能源作为动力运行的车辆，如汽车、拖拉机、无轨电车等；非机动车辆，是指依靠人力、畜力运行的车辆，如脚踏三轮车、自行车、畜力驾驶车等。

（2）船舶。包括机动船舶和非机动船舶。机动船舶，是指依靠燃油等能源作为动力运行的船舶，如客轮、货船、气垫船等；非机动船舶，是指依靠人力或者其他力量运行的船舶，如木船、帆船、舢板等。

三、车船税的税率

车船税实行定额税率，根据车船的不同情况分别设计不同的定额。总的原则是：非机动车船的税负轻于机动车船；人力车的税负轻于畜力车；小吨位船舶的税负轻于大船舶。由于车辆与船舶的行驶情况不同，车船税的定额税率又可分为车辆税额和船舶税额。

1. 车辆税额

《车船税暂行条例》规定应税车辆实行有幅度的定额税率，即对各类车辆分别规定一个最低到最高限度的年税额，同时授权省、自治区、直辖市人民政府在规定的税额幅度内，根据当地的实际情况，对同一计税标准的车辆，具体确定适用税额。这样规定，主要是考虑到中国幅员辽阔，各地经济发展不平衡，车辆种类繁多，很难硬性规定一个适用全国的统一税额；由省、自治区、直辖市人民政府自行规定，更有利于税法的贯彻执行。而且，车船税又属于地方税，应给予地方必要的税收管理权限。车船税税目税额如表11—1所示。

表 11—1　车船税税目税额表

税 目	计税单位	每年税额	备 注
载客汽车	每辆	60元至660元	包括电车
载货汽车	按自重每吨	16元至120元	包括半挂牵引车、挂车
三轮汽车低速货车	按自重每吨	24元至120元	
摩托车	每辆	36元至180元	
船舶	按净吨位每吨	3元至6元	拖船和非机动驳船分别按船舶税额的50%计算

对车辆税额的确定，还应注意以下问题：

（1）车辆净吨位尾数在半吨以下者，按半吨计算；超过半吨者，按 1 吨计算。

（2）机动车挂车，按机动载货汽车税额的 7 折计算征收车船税。

（3）对拖拉机，主要从事运输业务的，按拖拉机所挂拖车的净吨位计算，税额按机动载货汽车税额的 5 折计征车船税。

（4）对客货两用汽车，载人部分按乘人汽车税额减半征收；载货部分按机动载货汽车税额征税。

2. 船舶税额

《车船税暂行条例》规定船舶税额采用分类分级、全国统一的固定税额。即把船舶分为机动船和非机动船两大类，其中机动船按净吨位规定单位税额，非机动船按载重吨位规定单位税额。净吨位和载重吨位越大的，税额越高；反之则低。

对船舶税额的确定，还要注意以下问题：

（1）船舶不论净吨位还是载重吨位，其尾数在半吨以下者免算，超过半吨者，按 1 吨计算；但不及 1 吨的小型船只，一律按 1 吨计算。拖轮本身不能载货，其计税标准可按马力计算。1 马力折合 1/2 净吨位。

（2）重量不超过 1 吨的渔船，是指 1 吨或 1 吨以下的渔船。至于超过 1 吨而在 1.5 吨以下的渔船，可以按照非机动船 1 吨税额计征。

【例题 1】某商厦有一客货两用汽车，为顾客送货，乘客座位 4 人，载货净吨位 2 吨。当地省政府规定，乘坐 4 人客车年税额为 200 元/辆，载货汽车为 40 元/吨，该车每年应纳车船税为多少？

【答案】应缴纳的车船税＝200×50％＋2×40＝180（元）

四、车船税的减免优惠

《车船税暂行条例》对车船税的减免优惠政策做了明确规定，同时授权省、自治区、直辖市人民政府对纳税确有困难的纳税人，可以定期减征或者免征；对个人自有自用的自行车和其他非营业用的非机动车辆，由地方政府自行确定其车船税的征收或者减免。根据税法规定，下列车船免征车船税：

（1）国家机关、人民团体、军队以及由国家财政拨付事业经费的单位自用的车船。但对其出租等非本身使用的车船，由于已不符合免税条件，故应征收车船税。

（2）载重量不超过 1 吨的渔船。指 1 吨或 1 吨以下的渔船。

（3）专供上下客货及存货用的趸船、浮桥用船。趸船和浮桥用船，多停泊在较为固定的处所，专为上下客货及存货服务，是一种辅助性设施，属于非航运船舶。

（4）特定车船。指各种消防车辆、洒水车、囚车、警车、防疫车、救护车船、垃圾车船、港作车船、工程船。上列车船，均具有特殊用途，有些是社会福利或服务性的专用车船，有些只在特定区域内使用，具有特殊功能和作用。

（5）按有关规定缴纳船舶吨税的船。船舶吨税，是对在中华人民共和国港口行驶的外国籍船舶和外商租用的中国籍船舶，以及中外合营企业使用的中外国籍船舶，由海关依法征收的一种税。船舶吨税以船舶注册净吨位为计税依据，实行定额税率。

以上所指有关规定缴纳船舶吨税的船，是指在中国缴纳船舶吨税，不包括在国外缴纳的船舶吨税。中国远洋轮在国外缴纳了船舶吨税，在国内仍应按规定缴纳车船税。

（6）在企业内部行驶、不领取行驶执照，也不上公路行驶的车辆。

（7）主要用于农业生产的拖拉机。

（8）残疾人专用的车辆。

（9）企业办的各类学校、医院、托儿所、幼儿园自用的车船，如果能够明确划分清楚是完全自用的，免税；划分不清的，应照章纳税。

（10）非营利性的医疗机构、疾病控制机构和妇幼保健机构等卫生机构自用的车船。

第三节　车船税的计算

一、车船税的计税依据

车船税以应税车船为征税对象，以征税对象的计量标准为计税依据，从量计征。车船税的计税依据，按车船的种类和性能，分别确定为辆、净吨位和载重吨位三种。

（1）乘人汽车、电车、摩托车、自行车、人力车和畜力车，以"辆"为计税依据。

（2）载货汽车、机动船，以"净吨位"为计税依据。所谓净吨位，是指额定（或称预定）装运货物的船舱（或车厢）所占用的空间容积。载货汽车的净吨位，一般按额定的载重量计算；机动船的净吨位，一般是额定装运货物和载运旅客的船舱所占有的空间容积，即船舶各个部位的总容积，扣除按税法规定的非营业用所占容积，包括驾驶室、轮机间、业务办公室、船员生活用房等容积后的容积。

（3）非机动船，以"载重吨位"为计税依据。所谓载重吨位，是指船舶的实际载重量。

二、车船税应纳税额的计算

车船税根据不同类型的车船及其适用的计税标准分别计算应纳税额。计算公式如下：

（1）机动船和载货汽车的应纳税额＝应税车船的净吨位数×适用单位税额。

（2）非机动船的应纳税额＝载重吨位数×适用单位税额。

（3）除载货汽车以外的机动车和非机动车的应纳税额＝车辆数×适用单位税额。

（4）机动车挂车应纳税额＝挂车净吨位×（载货汽车净吨位年税额×70％）。

（5）从事运输业务的拖拉机应纳税额＝所挂拖车的净吨位×（载货汽车净吨位年税额×50％）。

（6）客货两用汽车应纳税额分两步计算：

乘人部分＝辆数×（适用乘人汽车税额×50％）

载货部分＝净吨位×适用税额

【例题2】某航运公司拥有机动船22艘（其中净吨位为600吨的10艘，2000吨的10艘，5000吨的2艘），拥有非机动船8艘（其中载重吨位为10吨的3艘，51吨的2艘，300吨的3艘）。请计算该公司年应缴纳的车船税。

【答案】①按净吨位计算机动船的应纳税额：

$10×600×2.20＋10×2000×3.20＋2×5000×4.20＝119200$（元）

②按载重吨位计算非机动船的应纳税额：

$3×10×0.60＋2×51×1.00＋3×300×1.20＝1200$（元）

③该公司年应缴纳车船税为：

$119200＋1200＝120400$（元）

【例题3】某交通运输企业拥有5吨载重汽车20辆，4吨挂车10辆，2.5吨客货两用车6辆，其中有1辆归企业自办托儿所专用。该企业所在地载货汽车年税额20元/吨，乘人汽车年税额200元/辆。计算该企业当年应缴纳的车船税。

【答案】$20×5×20＋4×10×20×70％＋2.5×5×20＋200×5×50％＝2000＋560＋250＋500＝3310$（元）。载货汽车以净吨位为计税依据，机动车挂车，按载货汽车的50％计算。

第四节　车船税的账务处理

核算车船税应设置"应交税费——应交车船税"科目。分期计提车船税时应借记"管理费用"科目，贷记本科目；缴纳车船税时应借记本科目，贷记"银行存款"科目。本科目期末贷方余额反映应交而未交的车船税。

【例题4】江海公司拥有载货汽车300吨位，年应纳税额每吨50元；客车两辆，年应纳税额每辆200元。车船税按年计算，分季缴纳，企业按月计提。

【答案】年应纳车船税额＝$300×50＋2×200＝15400$（元）

月应纳税额＝$15400÷12＝1283$（元）

（1）按月计提车船税时，作如下会计分录：

借：管理费用——应交车船税　　　　　　　　　　　　　1283

　　贷：应交税费——应交车船税　　　　　　　　　　　　　　1283

（2）按季节缴纳车船税时，作如下会计分录：

借：应交税费——应交车船税　　　　　　　　　　　　　3849

　　贷：银行存款　　　　　　　　　　　　　　　　　　　　3849

第五节　车船税的申报与缴纳

一、纳税义务发生时间

车船税的纳税义务发生时间，可以分为以下三种情况：

（1）纳税人使用应税车船，从使用之日起，发生车船税的纳税义务。

（2）纳税人新购置车船使用的，从购置使用的当月起，发生车船税的纳税义务。

（3）已向交通航运管理机关上报全年停运或者报废的车船，当年不发生车船税的纳税义务。停运后又重新使用的，从重新使用的当月起，发生车船税的纳税义务。

二、纳税期限

车船税实行按年征收，分期缴纳。具体纳税期限由各省、自治区、直辖市人民政府确定。之所以授权地方人民政府确定纳税人的具体纳税期限，对那些使用车船数量多、应纳税额大、一次性缴纳有困难的纳税人，应允许其按季度或者按半年缴纳；而对那些非机动车船，纳税人面广人多、应纳税额小，纳税人愿意一次性缴纳的，就应允许其一次缴清全年税款。

三、纳税地点

车船税的纳税地点为纳税人所在地。所谓纳税人所在地，对单位，是指经营所在地或机构所在地；对个人，是指住所所在地。需要注意的是，企业的车船上了外省的牌照，仍应在企业经营所在地纳税，而不是在领取牌照所在地纳税。

车船税实行源泉控制，一律由纳税人所在地的税务局负责征收和管理，各地对外省、市来的车船不再查补税款。

四、纳税申报

（1）各级车船管理部门在提供车船管理信息等方面，协助地方税务机关加强对车船税的征收管理。纳税义务人应当向主管地方税务机关和扣缴义务人提供车船的相关信息。拒绝提供的，按有关规定处理。

（2）车船的所有人或管理人未缴纳车船税的，使用人应当代为缴纳车船税。车船税纳税申报表如表11-2所示。

表 11－2　车船税纳税申报表

纳税人识别号：□□□□□□□□□□□□□□□□□□□□□□

纳税人名称：（公章）税款　所属期限：自　年　月　日至　年　月　日　　　纳税人名称：

填表日期：　　年　月　日　　　　　　　　　　　　　　　　　　　　金额单位：元

车船类别		计税单位	税额标准	数量	吨位	本期应纳税额	本期已缴税额	本期应补（退）税额
载客汽车	乘坐人数大于或等于 20 人	每辆						
	乘坐人数大于 9 人小于 20 人	每辆						
	乘坐人数小于或等于 9 人	每辆						
	发动机气缸总排气量小于或等于 1 升	每辆						
载货汽车（包括半挂牵引车、挂车）		按自重每吨						
三轮汽车		按自重每吨						
低速货车		按自重每吨						
摩托车		每辆						
专项作业车		按自重每吨						
轮式专用机械车		按自重每吨						
小　计			—					
船舶	净吨位小于或等于 200 吨	每吨	3 元					
	净吨位 201 吨至 2000 吨	每吨	4 元					
	净吨位 2001 吨至 10000 吨	每吨	5 元					
	净吨位 10001 吨及其以上	每吨	6 元					
小　计			—					
合　计								

纳税人或代理人声明： 　此纳税申报表是根据国家税收法律的规定填报的，我确信它是真实的、可靠的、完整的。	如纳税人填报，由纳税人填写以下各栏				
	经办人（签章）		会计主管（签章）		法定代表人（签章）
	如委托代理人填报，由代理人填写以下各栏				
	代理人名称				代理人（公章）
	经办人（签章）				
	联系电话				

（1）本表"纳税人名称"为车船行驶证或登记证上的车主姓名；本表"纳税人识别号"为纳税人识别号码或身份证件号码。

（2）本表车辆载客人数或自重吨位数、船舶净吨位数或发动机功率数为车船登记证书或行驶证书中的车辆载客人数或自重吨位数（整备质量）、船舶净吨位数或发动机功率数。

（3）本表"计税单位"为税率表中所对应的计税单位。

（4）本表"税额标准"为税率表对应的税额或地方政府确定的每年税额。

复习思考题

简述车船税的计税依据。

练习题

某交通运输企业拥有汽车（载重量 10 吨）40 辆、客车（通勤用大客车）10 辆，试计算该企业一年应缴纳的车船税（该企业所在省规定载货汽车年纳税额每吨 40 元，大客车年纳税额每辆 180 元）。计算该企业全年应缴纳的车船税。

第十二章　印花税

第一节　印花税概述

印花税是对经济活动和经济交往中书立、使用、领受具有法律效力的凭证征收的一种税。它是一种兼有行为性质的凭证税，因由纳税人在应税凭证上自行粘贴印花税票完税而得名。

印花税历史悠久，1624年始创于荷兰，以后逐渐流传到世界各国，被普遍认为是一种温和的政府聚财手段。我国的印花税具有以下显著特点：

1. 覆盖面广

印花税规定的征税范围广泛，涉及经济活动的各个方面。凡税法列举的合同或具有合同性质的凭证、产权转移书据、营业账簿及权利、许可证照等，都必须依法纳税。

2. 税负轻微

印花税最高税率为3‰，最低为0.05‰；按定额税率征税的，每件5元。与其他税种相比，印花税税率确实要低得多。显然，纳税人的税收负担非常轻微。

3. 由纳税人自行完税

印花税与其他税种不同，实行"三自"纳税办法。即纳税人在书立、使用、领受应税凭证，发生纳税义务的同时，先根据凭证所载计税金额和应适用的税目税率，自行计算其纳税额；再由纳税人自行购买印花税票，并一次足额粘贴在应税凭证上；最后由纳税人按《印花税暂行条例》的规定对已粘贴的印花税票自行注销或者划销。至此，纳税人的纳税义务才算履行完毕。

第二节　印花税基本法律内容

一、印花税的纳税义务人

印花税的纳税义务人是指在中华人民共和国境内书立、使用、领受应税凭证的单位和个人。单位是指国内各类企业、事业、机关、团体、部队以及中外合资企业、中外合作企业、外资企业、外国公司企业和其他经济组织及其在华机构等单位；个人是指我国公民和外国公民。

根据书立、使用、领受应税凭证的不同，印花税的纳税人可分别称为立合同人、立据人、立账簿人、领受人和使用人五种。

（1）立合同人。指合同的当事人，即对凭证有直接权利义务关系的单位和个人，但不包括担保人、证人、鉴定人。

（2）立据人。指产权转移书据的立据人。

（3）立账簿人。指设立并使用营业账簿的单位和个人。

（4）领受人。指领取或接受并持有权利、许可证照的单位和个人。

（5）使用人。在国外书立、领受，但在国内使用的应税凭证，其纳税人是使用人。

对合同、书据等凭证，凡属两方或两方以上当事人共同书立的，其当事人各方都是印花税的纳税人，各就其所持凭证所载的金额依率纳税。

二、印花税的征税范围

印花税属于行为税，其征税对象为在我国境内书立、使用、领受应税凭证的行为。应税凭证的具体范围包括：

（1）各类经济技术合同。包括购销合同、加工承揽合同、建设工程勘察设计合同、建设工程承包合同、财产租赁合同、货物运输合同、仓储保管合同、借款合同、财产保险合同、技术合同等及具有合同性质的凭证。

上述所称合同，是指根据《中华人民共和国合同法》和其他有关合同法规订立的合同。所称具有合同性质的凭证，是指具有合同效力的协议、契约、合约、单据、确认书及其他各种名称的凭证。

（2）产权转移书据。是指单位和个人产权的买卖、继承、赠与、交换、分割所立的书据，包括财产所有权和版权、商标专用权、专利权、专有技术使用权等。对证券交易过程中发生的股权、债券书据转移目前也列入印花税征税范围。

（3）营业账簿。是指单位或者个人记载生产经营活动的财务会计核算账簿。营业账簿按其反映内容的不同，可分为记载资金的账簿和其他账簿。记载资金的账簿，是指反映生产经营单位资本金数额增减变化的账簿。其他账簿是指除上述账簿以外的有关其他生产经营活动内容的账簿，包括日记账簿和各明细分类账簿。

（4）权利、许可证照。包括政府部门发给的房屋产权证、工商营业执照、商标注册证、专利证、土地使用证。

（5）经财政部确定征税的其他凭证。

三、印花税的税目税率

印花税共设置13个税目。其中合同类凭证按其经济性质分为10个税目，产权转移书据，营业账簿，权利、许可证照各设置一个税目。一般地说，列入税目的就要征税，未列入税目的就不征税。

印花税的税率采用比例税率和定额税率两种形式。

（1）比例税率。印花税的比例税率共有六个档次，即：3‰、2‰、1‰、5‱、3‱、0.5‱。按比例税率征税的有：各类经济合同及合同性质的凭证，记载有金额的账簿，产权转移书据等。

（2）定额税率。印花税的定额税率是按件定额贴花，每件5元。它主要适用于其他账簿，权利、许可证照等。

税目税率的具体规定如表12—1所示。

表12—1　印花税税目税率表

税目	范围	税率	纳税人	说明
1. 购销合同	包括供应、预购、采购、购销结合及协作、调剂、补偿、易货等合同	按购销合同金额3‰贴花	立合同人（双方）	
2. 加工承揽合同	包括加工、定做、修缮、修理、印刷、广告、测绘、测试等合同	按加工或承揽收入5‰贴花	立合同人（双方）	
3. 建设工程勘察设计合同	包括勘察、设计合同	按收取费用5‱贴花	立合同人（双方）	
4. 建筑安装工程承包合同	包括建筑、安装工程承包合同	按承包金额3‱贴花	立合同人（双方）	
5. 财产租赁合同	包括租赁房屋、船舶、飞机、机动车辆、机械、器具、设备等合同	按租赁金额1‰贴花。	立合同人（双方）	税额不足1元，按1元贴花
6. 货物运输合同	包括民用航空运输、铁路运输、海上运输、内河运输、公路运输和联运合同	按运输收取的费用5‱贴花	立合同人（双方）	单据作为合同使用的，按合同贴花
7. 仓储保管合同	包括仓储、保管合同	按仓储收取的保管费用1‰贴花	立合同人（双方）	仓单或栈单作为合同使用的，按合同贴花
8. 借款合同	银行及其他金融组织和借款人（不包括银行同业拆借）所签订的借款合同	按借款金额0.5‱贴花	立合同人（双方）	单据作为合同使用的，按合同贴花
9. 财产保险合同	包括财产、责任、保证、信用等保险合同	按收取的保险费收入1‰贴花	立合同人（双方）	单据作为合同使用的，按合同贴花

续表

税目	范围	税率	纳税人	说明
10. 技术合同	包括技术开发、转让、咨询、服务等合同	按所载金额 3‰贴花	立合同人（双方）	
11. 产权转移书据	包括财产所有权和版权、商标专用权、专利权、专有技术使用权、土地使用权出让合同、土地使用权转让合同、商品房销售合同等权利转移合同、股权转移书据和个人无偿赠送不动产等转移书据	按所载金额 5‰贴花	立据人（双方）	股权转让书据按所载金额 3‰贴花
12. 营业账簿	生产、经营用账册	记载资金的账簿，按实收资本与资本公积的合计金额 5‰贴花	立账簿人（单方）	其他账簿按件贴花 5 元
13. 权利、许可证照	包括政府部门发给的房屋产权证、工商营业执照、商标注册证、专利证、土地使用证	按件贴花 5 元	领受人（单方）	

从 2008 年 4 月 24 日起，对买卖、继承、赠与所书立的 A 股、B 股股权转让数据，由立据双方当事人分别按 1‰的税率缴纳证券交易印花税。

四、印花税的减免优惠

（1）已缴纳印花税凭证的副本或者抄本免税。凭证的正式签署本已按规定缴纳了印花税，其副本或者抄本对外不发生权利义务关系，只是留存备查。但以副本或者抄本视同正本使用的，则应另贴印花。

（2）财产所有人将财产赠给政府、社会福利单位、学校所立的书据免税。

（3）国家指定的收购部门与村民委员会、农民个人书立的农副产品收购合同免税。

（4）无息、贴息贷款合同免税。

（5）外国政府或者国际金融组织向我国政府及国家金融机构提供优惠贷款所立书的合同免税。

（6）房地产管理部门与个人签订的用于生活居住的租赁合同免税。

（7）农牧业保险合同免税。

（8）特殊货运凭证免税。这类凭证有：①军事物资运输凭证。②抢险救灾物资运输凭证。③新建铁路的工程临管线运输凭证。

（9）企业改制过程中有关印花税的征免税的规定：

实行公司制改造的企业在改制过程中成立的新企业（重新办理法人登记的），其新启用的资金账簿记载的资金或因企业建立资本纽带关系而增加的资金，凡原已贴花的部分可不再贴花，未贴花的部分和以后新增加的资金按规定贴花。

以合并或分立方式成立的新企业，其启用的资金账簿记载的资金，凡原已贴花的部分可不再贴花，未贴花的部分和以后新增加的资金按规定贴花。

企业债权转股权新增加的资金按规定贴花；企业改制中经评估增加的资金按规定贴花；企业其他会计科目记载的资金转为实收资本或资本公积的资金按规定贴花。

企业改制前签订但尚未履行完的各类应税合同，改制后需要变更执行主体的，对仅改变执行主体、其余条款未作变动且改制前已贴花的，不再贴花。

企业因改制签订的产权转移书据免予贴花。

第三节　印花税的计算

一、印花税计税依据的一般规定

印花税的计税依据为各种应税凭证上所记载的计税金额。具体规定为：

（1）购销合同的计税依据为合同记载的购销金额（应纳税额＝购销金额×3‰）。

（2）承揽合同的计税依据是加工或承揽收入的金额。分两种情况处理：

①对于由受托方提供原材料的加工、定做合同，凡在合同中分别记载加工费金额和原材料金额的，应分别按"加工承揽合同"、"购销合同"计税，两项税额相加数，即为合同应贴印花；若合同中未分别记载，则应就全部金额依照加工承揽合同计税贴花。

②对于由委托方提供主要材料或原料，委托方只提供辅助材料加工合同，无论加工费和辅助材料金额是否分别记载，均以辅助材料与加工费的合计数，依照加工承揽合同计税贴花。对委托方提供的主要材料或原料金额不计税贴花（应纳税额＝加工承揽收入×5‰）。

（3）建设工程勘察设计合同的计税依据为收取的费用。

（4）建筑安装工程承包合同的计税依据为承包金额（应纳税额＝承包总金额×3‰）。

（5）财产租赁合同的计税依据为租赁金额；经计算，应纳税额超过1角但不足1元的，按1元贴花。

（6）货物运输合同的计税依据为取得的运输费金额（即运输收入），不包括所运货物的金额、装卸费和保险费等。

（7）仓库保管合同的计税依据为收取的仓储保管费用。

（8）借款合同的计税依据为借款金额（应纳税额＝借款金额×0.5‰）。针对实际借贷活动中不同的借款形式，税法规定了不同的计税方法：

①凡是一项信贷业务既签订借款合同，又一次或分次填开借据的，只以借款合同所载金额为计税依据计税贴花；凡是只填开借据并作为合同使用的，应以借据所载金额为计税依据计税贴花。

②借贷双方签订的流动资金周转性借款合同，一般按年（期）签订，规定最高限额，借款人在规定的期限和最高限额内随借随还。为避免加重借贷双方的负担，对这类合同只以其规定的最高额为计税依据，在签订时贴花一次，在限额内随借随还不签订新合同的，不再另贴印花。

③对借款方以财产作抵押，从贷款方取得一定数量抵押贷款的合同，应按借款合同贴花；在借款方因无力偿还借款而将抵押财产转移给贷款方时，应再就双方书立的产权书据，按产权转移书据的有关规定计税贴花。

④对银行及其他金融组织的融资租赁业务签订的融资租赁合同，应按合同所载租金总额，暂按借款合同计税。

⑤在贷款业务中，如果贷方系由若干银行组成的银团，银团各方均承担一定的贷款数额。借款合同由借款方与银团各方共同书立，各执一份合同正本。对这类合同借款方与贷款银团各方应分别在所执的合同正本上，按各自的借贷金额计税贴花。

⑥在基本建设贷款中，如果按年度用款计划分年签订借款合同，在最后一年按总概算签订借款总合同，且总合同的借款金额包括各个分合同的借款金额的，对这类基建借款合同，应按分合同分别贴花，最后签订的总合同，只就借款总额扣除分合同借款金额后的余额计税贴花。

（9）财产保险合同的计税依据为支付（收取）的保险费，不包括所保财产的金额。

（10）技术合同的计税依据为合同所载的价款、报酬或使用费。为了鼓励技术研究开发，对技术开发合同，只就合同所载的报酬金额计税，研究开发经费不作为计税依据。单对合同约定按研究开发经费一定比例作为报酬的应按一定比例的报酬金额贴花。

（11）产权转移书据的计税依据为所载金额。

（12）营业账簿税目中记载资金的账簿的计税依据为"实收资本"与"资本公积"两项的合计金额。其他账簿的计税依据为凭证件数。

（13）权利、许可证照的计税依据为应税凭证件数。

二、印花税计税依据的特殊规定

（1）上述凭证以"金额"、"收入"、"费用"作为计税依据的，应当全额计税，不得作任何扣除。

（2）同一凭证，载有两个或两个以上经济事项而适用不同税目税率，如分别记载金额的，应分别计算应纳税额，相加后按合计税额贴花；如未分别记载金额的，按税率高的计税贴花。

（3）按金额比例贴花的应税凭证，未标明金额的，应按照凭证所载数量及国家牌价计算金额；没有国家牌价的，按市场价格计算金额，然后按规定税率计算应纳税额。

（4）应税凭证所载金额为外国货币的，应按照凭证书立当日国家外汇管理局公布的外汇牌价折合成人民币，然后计算应纳税额。

（5）应纳税额不足 1 角的，免纳印花税；1 角以上的，其税额尾数不满 5 分的不计，满 5 分的按 1 角计算。

（6）有些合同，在签订时无法确定计税金额，如技术转让合同中的转让收入，是按销售收入的一定比例收取或是按实现利润分成的；财产租赁合同，只是规定了月（天）租金标准而却无租赁期限的。对这类合同，可在签订时先按定额 5 元贴花，以后结算时再按实际金额计税，补贴印花。

（7）应税合同在签订时纳税义务即已产生，应计算应纳税额并贴花。所以，不论合同是否兑现或是否按期兑现，均应贴花。

对已履行并贴花的合同，所载金额与合同履行后实际结算金额不一致的，只要双方未修改合同金额，一般不再办理完税手续。

（8）对有经营收入的事业单位，凡是由国家财政拨付事业经费，实行差额预算管理的单位，其记载经营业务的账簿，按其他账簿定额贴花，不记载经营业务的账簿不贴花；凡属经费来源实行自收自支的单位，其营业账簿，应对记载资金的账簿和其他账簿分别计算应纳税额。

跨地区经营的分支机构使用的营业账簿，应由各分支机构于其所在地计算贴花。对上级单位核拨资金的分支机构，其记载资金的账簿按核拨的账面资金额计税贴花，其他账簿按定额贴花；对上级单位不核拨资金的分支机构，只就其他账簿按件定额贴花。为避免对同一资金重复计税贴花，上级单位记载资金的账簿，应按扣除拨给下属机构资金数额后的其余部分计税贴花。

企业发生分立、合并和联营等变更后，凡依法办理法人登记的新企业所设立的资金账簿，应于启用时计税贴花；凡无须重新进行法人登记的企业原有资金账簿，已贴印花继续有效。

（9）商品购销活动中，采用以货换货方式进行商品交易签订的合同，是反映既购又销双重经济行为的合同。对此，应按合同所载的购、销合计金额计税贴花。合同未列明金额的，应按合同所载购、销数量依照国家牌价或者市场价格计算应纳税额。

（10）施工单位将自己承包的建设项目，分包或者转包给其他施工单位所签订的分包合同或者转包合同，应按新的分包合同或转包合同所载金额计算应纳税额。这是因为印花税是一种具有行为税性质的凭证税，尽管总承包合同已依法计税贴花，但新的分包或转包合同是一种新的凭证，又发生了新的纳税义务。

（11）股份制试点企业向社会公开发行的股票，因购买、继承、赠与所书立的股权转让书据，均依书立时证券市场当日实际成交价格计算的金额，由立据双方当事人分别按 2‰的税率缴纳印花税。

（12）对国内各种形式的货物联运，凡在起运地统一结算全程运费的，应以全程运费作为计税依据，由起运地运费结算的双方缴纳印花税；凡分程结算运费的，应以分程的运费作为计税依据，分别由办理运费结算的各方缴纳印花税。

对国际货运，凡由我国运输企业运输的，不论在我国境内、境外起运或中转分程运输，我国运输企业所持的一份运费结算凭证，均按本程运费计算应纳税额；托运方所持的一份运输结算凭证，按全程运费计算应纳税额。由外国运输企业运输进出口货物的，外国运输企业所持的一份运费结算凭证免纳印花税；托运方所持的一份运输结算凭证应缴纳印花税。国际货运运费结算凭证在国外办理的，应在凭证转回我国境内时按规定缴纳印花税。

三、印花税应纳税额的计算

纳税人的应纳税额，根据应纳税凭证的性质，分别按比例税率或者定额税率计算，其计算公式是：

（1）适用比例税率的应税凭证，计税依据为凭证上所记载的金额，计税公式为：

应纳税额＝计税金额×比例税率

（2）适用定额税率的应税凭证，计税依据为凭证件数，计税公式为：

应纳税额＝计税凭证件数×适用单位税额

【例题1】A公司与B公司签订了购销合同，由A公司向B公司提供价值300000元的钢材，B公司向A公司提供价值400000元的水泥，货物价差由A公司付款补足。已知购销合同的印花税税率为3‰，A、B两公司分别应缴纳印花税为多少？

【答案】A公司应缴纳印花税＝（300000＋400000）×3‰＝210（元）

B公司应缴纳印花税＝（400000＋300000）×3‰＝210（元）

第四节　印花税的账务处理

印花税的会计核算可不通过"应交税费"科目核算，缴纳的印花税直接借记"管理费用"、"固定资产"、"固定资产清理"等科目，贷记"银行存款"科目。如果一次购买印花税票或一次缴纳税额较大时，可先通过"长期待摊费用"科目核算，分期摊销时再记入"管理费用"科目。

【例题2】某厂经营情况良好，年初只就5份委托加工合同（合同总标150万元）按每份5元粘贴了印花税票。经税务机关稽查，委托加工合同不能按件贴印花税票。该企业在此期间还与其他企业签订购销合同20份，合同总标800万元。税务机关作出补缴印花税并对偷税行为作出应补缴印花税票款4倍的罚款。计算该厂应补缴的印花税并作相应的会计分录。

【答案】补缴购销合同应补印花税额：

8000000×3‰＝2400（元）

委托加工合同应补印花税额：

1500000×5‰－25＝725（元）

补缴税款时：

借：管理费用　　　　　　　　　　　　　　　　　　　　　3125
　　贷：银行存款　　　　　　　　　　　　　　　　　　　3125
上缴罚款时：
借：营业外支出——税务罚款　　　　　　　　　　　　　12500
　　贷：银行存款　　　　　　　　　　　　　　　　　　12500

第五节　印花税的申报与缴纳

一、纳税方法

印花税实行由纳税人根据规定自行计算应纳税额，购买并一次贴足印花税票的缴纳方法。印花税票为有价证券，其票面金额以人民币为单位，分为1角、2角、5角、1元、2元、5元、10元、50元、100元九种。

根据税额大小、贴花次数以及税收管理的需要，分别采用以下三种具体纳税办法。

（1）自行贴花。这种办法，一般适用于应税凭证较少或者贴花次数较少的纳税人。纳税人书立、领受或者使用印花税法列举的应税凭证的同时，纳税义务即已产生，应当根据应纳税凭证的性质和适用的税目税率，自行计算应纳税税额，自行购买印花税票，自行一次贴足印花税票并加以注销或划销，这也就是通常所说的"三自"纳税办法。

对已贴花的凭证，修改后所载金额增加的，其增加部分应当补贴印花税票。凡多贴印花税票者，不得申请退税或者抵用。

（2）汇贴或汇缴。这种办法，一般适用于应纳税额较大或者贴花次数频繁的纳税人。

一份凭证应纳税额超过500元的，应向当地税务机关申请填写缴款书或者完税证，将其中一联粘贴在凭证上或者由税务机关在凭证上加注完税标记代替贴花。这就是通常所说的"汇贴"办法。

同一种类应纳税凭证，需要频繁贴花的纳税人，应向税务机关申请按期汇总缴纳印花税。获准汇总缴纳印花税的纳税人，应持有税务机关发给的汇缴许可证。汇总缴纳的限期限额由当地税务机关确定，但最长期限不得超过1个月。

（3）委托代征。这一办法主要是通过税务机关的委托，经由发放或者办理应纳税凭证的单位代为征收印花税税款。税务机关应与代征单位签订代征委托书。所谓发放办理应纳税凭证的单位，是指发放权利、许可证照的单位和办理凭证的签证、公证及其他有关事项的单位。发放或者办理应纳税凭证的单位，负有监督纳税人依法纳税的义务。

纳税人无论采用哪一种纳税办法，均应对纳税凭证妥善保存。凭证的保存期限，凡国家已有明确规定的，按规定办理；其余凭证均应在履行完毕后保存1年。

二、纳税环节

印花税应当在书立或领受时贴花，不得延至凭证生效日期贴花。具体是指，在合同签订时、账簿启用时和证照领受时贴花。如果合同是在国外签订，并且不便在国外贴花的，应在将合同带入境时办理贴花纳税手续。

印花税票应贴在应纳税凭证上，并由纳税人在每枚税票的骑缝处盖戳或划销，严禁揭下重用。

不论合同是否兑现或是否按期兑现，已贴印花不得撕下重用，已缴纳的印花税款不得退税。

【例题3】甲企业向乙企业购买布料一批，双方签订购销合同，总价值为300000元，合同书一式两份，计算应缴纳的印花税。

【答案】因甲企业和乙企业都是签订合同的当事人，故均应为纳税人。购销合同的印花税税率为3‰，双方各应纳税额如下：

300000×3‰＝90（元）

甲、乙两企业各自应购买印花税票90元，贴在各自留存的合同上，并在每枚税票骑缝处盖戳注销或划销。

三、纳税地点

印花税一般实行就地纳税。对于全国性商品物资订货会（包括展销会、交易会等）上所签订合同应缴纳的印花税，由纳税人回其所在地后及时办理贴花完税手续；对地方主办、不涉及省际关系的订货会、展销会上所签合同的印花税，其纳税地点由各省、自治区、直辖市人民政府自行确定。

四、印花税的处罚规定

印花税法规定，纳税人有下列行为之一的，由税务机关根据情节轻重予以处罚：

（1）对应纳税凭证未贴或少贴印花税票的，税务机关除责令其补贴印花税票外，可处以应补贴印花税票金额50%以上5倍以下罚款。

（2）对已粘贴在应纳税凭证上的印花税票未注销或者未划销的，税务机关可处以未注销或未划销印花税票金额1倍至3倍的罚款。

（3）已贴用的印花税票揭下重用的造成未缴或少缴印花税的，由税务机关追缴其不缴或者少缴的税款、滞纳金，并处不缴或少缴的税款50%以上5倍以下的罚款；构成犯罪的，依法追究刑事责任。

（4）伪造印花税票的，由税务机关责令限期改正，处以2000元以上1万元以下的罚款；情节严重的处以1万元以上5万元以下的罚款；构成犯罪的，依法追究其刑事责任。

（5）按期汇总缴纳印花税的纳税人，超过税务机关核定的纳税期限，未缴或少缴印花税款的，由税务机关追缴其不缴或少缴的税款、滞纳金，并处不缴或少缴的税款50%以上5倍以下的罚款；并从滞纳之日起，按日加收5‰的滞纳金。情节严重的，同时撤销其汇缴许可证；构成犯罪的，依法追究刑事责任。

（6）纳税人未按规定期限保存纳税凭证的，由税务机关酌情处以5000元以下罚款。

（7）代售户对取得的税款逾期不缴或者挪作他用，或者违反合同将所领印花税票转托他人代售或者转至其他地区销售，或者未按规定详细提供领、售印花税票情况的，税务机关可视其情节轻重，给予警告或者取消其代售资格的处罚。

（8）纳税人违反以下规定的，由税务机关责令限期改正，可处以2000元以下的罚款；情节严重的，处以2000元以上1万元以下的罚款。

①凡汇总缴纳印花税的凭证，应加注税务机关指定的汇缴戳记，编号并装订成册后，将已贴印花或者缴款书的一联粘附册后，盖章注销，保存备查。

②纳税人对纳税凭证应妥善保管。凭证的保管期限，凡国家已有明确规定的，按规定办；没有明确规定的其余凭证，均应在履行完毕后保存1年。

五、印花税申报表样式

印花税纳税申报表如表12—2所示。

表12—2　印花税纳税申报表

填报日期：　　　年　　　月　　　日　　　　申报流水号：

税费所属期：　　　年　　月　　日至　　年　　月　　日

纳税人编码：□□□□□□□□□□□□□□□　　　　　　　　管理机关：

□正常申报　　□自行补报　　□被查补报　　□延期申报预缴　　　单位：元（列至角分）

纳税人名称（签章）		注册类型		联系电话	
注册地址				邮政编码	
开户银行		账　号			
征收品目	计税金额（计税数量）	税率（单位税额）	应纳税额	购花数量		
				面　额	数量（枚）	金　额
				壹元		
				贰元		
				伍元		
				拾元		
				伍拾元		
				壹佰元		
合计						

续表

如纳税人填报，由纳税人填写以下各栏	如委托税务代理机构填报，由税务代理机构填写以下各栏		
纳税人声明： 　　此纳税申报表是根据国家税收法律的规定填报的，我确定它是真实的、可靠的、完整的。 　　　　　　　　　　声明人签名：	代理人声明： 　　此纳税申报表是根据国家税收法律的规定填报的，我确定它是真实的、可靠的、完整的。 　　　　　　　　　　声明人签名：		
主管会计		税务代理机构名称	
经办人		税务代理机构地址	经办人
税务机关填写	受理人签名： 受理申报日期：　年　月　日	审核人签名： 审核日期：　年　月　日	录入人员签名： 录入日期：　年　月　日

注：本表一式两份，一份主管税务机关留存，一份退还纳税人。

复习思考题

1. 什么是印花税？
2. 印花税的税目包括哪些内容？
3. 印花税的计税依据有哪些特殊规定？

练习题

某企业 2009 年度成立，当年有关资料如下：

（1）实收资本 1000 万元，资本公积 500 万元。其他营业账簿共 10 件。

（2）与租赁公司签订租赁合同，合同金额 300 万元。

（3）本年签订购销合同，合同金额共 800 万元。

（4）与货运公司签订运输合同，载明运输费用 7.5 万元。

（5）与某公司签订保管合同，载明保管费共计 20 万元。

要求：逐项计算该企业 2009 年应缴纳的印花税。

第十三章 契 税

第一节 契税概述

一、契税的概念

契税是以所有权发生转移变动的不动产为征税对象，向产权承受人征收的一种财产税。具体分为买契税、典契税、赠与契税三种。契税是一种行为税，在我国有悠久的历史。起源于东晋的"估税"，后来历代相沿，皆有征收，至今已有1600多年的历史。国务院于1997年7月7日重新颁布了《中华人民共和国契税暂行条例》，并于1997年10月1日起实施。

二、契税的特点

契税与其他税种相比，具有如下特点：

（1）契税属于财产转移税。契税以发生转移的不动产，即土地和房屋为征税对象，具有财产转移课税性质。土地、房屋产权未发生转移的，不征契税。

（2）契税由财产承受人缴纳。一般税种都确定销售者为纳税人，即卖方纳税。契税则属于土地、房屋产权发生交易过程中的财产税，由承受人纳税，即买方纳税。对买方征税的主要目的，在于承认不动产转移生效，承受人纳税以后，便可拥有转移过来的不动产产权或使用权，法律保护纳税人的合法权益。

三、契税的征收意义

契税按财产转移价值征税，税源较为充足，它可以弥补其他财产税的不足，扩大对财产的征税，为地方政府增加一部分财政收入。不动产所有权和使用权的转移，涉及转让者和承受者双方的利益，产权转移形式多种多样，如果产权的合法性得不到确认，事后必然会出现产权纠纷。契税规定对承受人征税，利于通过法律形式确定产权关系，维护公民合法权益。对房屋、土地交易环节征税，还可以适当调节财富分配，体现社会公平。

第二节 契税基本法律内容

一、契税的纳税义务人

契税的纳税义务人是境内转移土地、房屋权属，承受的单位和个人。境内是指中华人民共和国实际税收行政管辖范围内。土地、房屋权属是指土地使用权和房屋所有权。承受是指以受让、购买、受赠、交换等方式取得土地、房屋权属的行为。单位是指企业单位、事业单位、国家机关、军事单位和社会团体以及其他组织。个人是指个体经营者及其他个人，包括中国公民和外籍人员。

此外，契税征收机关可以根据征收管理的需要规定代扣代缴义务人，委托有关单位代征契税。

二、契税的征税范围

契税的征税对象是我国境内发生土地使用权和房屋所有权权属转移的土地和房屋。其具体征税范围包括以下几项内容：

（1）国有土地使用权出让。是指土地使用者向国家交付土地使用权出让费用，国家将国有土地使用权在一定年限内让与土地使用者的行为。

（2）土地使用权的转让。是指土地使用者以出售、赠与、交换或者其他方式将土地使用权转移给其他单位和个人的行为，但不包括农村集体土地承包经营权的转移。所谓出售，是指土地使用者以土地使用权作为交易条件，取得货币、实物、无形资产或者其他经济利益的行为；所谓赠与，是指土地使用者将其土地使用权无偿转让给受赠者的行为；所谓交换，是指土地使用者之间相互交换土地使用权的行为。

（3）房屋买卖。即以货币为媒介，出卖者向购买者让渡房产所有权的交易行为。以下几种特殊情况，视同买卖房屋：

①以房产抵债或实物交换房屋，经当地政府和有关部门批准，以房产抵债或实物交换房屋，均视同房屋买卖，应由产权承受人，按房屋现值缴纳契税。

②以房产作投资或股权转让，这种交易业务属房屋产权转移，应根据国家房地产管理的有关规定，办理房屋产权交易和产权变更登记手续，视同房屋买卖，由产权承受方按契税税率计算缴纳契税。以自有房产作股投入本人独资经营企业，免缴契税。因为以自有的房地产投入本人独资经营的企业，产权所有人和使用人未发生变化，不需要办理房产变更手续，也不办理契税手续。

③买房拆料或翻建新房，应照章征收契税。例如：甲某购买乙某房产，不论其目的

是该房产的建筑材料或是翻建新房，实际构成房屋买卖。甲某应该首先办理房屋产权变更手续，并按买价缴纳契税。

（4）房屋赠与。是指房屋产权所有人将房屋无偿转让给他人所有。房屋赠与的前提必须是产权无纠纷，赠与人和受赠人双方自愿。由于房屋是不动产，价值较大，故法律要求赠与房屋应有书面合同（契约），并到房地产管理部门或农村基层政权机关办理登记过户手续，才能生效。如果房屋赠与行为涉及涉外关系，还需公证处证明和外事部门认证，才能有效。房屋的受赠人要按规定缴纳契税。

以获奖方式取得房屋产权的，其实质是接受赠与房产，应照章缴纳契税。

（5）房屋交换。是指房屋所有者之间相互交换房屋的行为。

此外，有些特殊方式转移土地、房屋权属的，也将视同土地使用权转让、房屋买卖或房屋赠与。一是以土地、房屋权属作价投资、入股；二是以土地、房屋权属抵债；三是以获奖方式承受土地、房屋权属；四是以预购方式或者预付集资建房款方式承受土地、房屋权属。

（6）征税范围的特殊规定。随着社会主义市场经济的深入发展，企业改革逐步深化，企业改组、改制的情况比较普遍。由此，涉及契税的征收，亦作出以下明确规定：

①公司制改造是指非公司制企业按照《公司法》要求，改建为有限责任公司或股份有限公司，或经批准由有限责任公司变更为股份有限公司。在公司制的改造中，对不改变投资主体和出资比例改建成的公司制企业承受原企业土地、房屋权属的，不征收契税；对独立发起、募集设立的股份有限公司承受发起人土地、房屋权属的，免征契税；对国有、集体企业改建成全体职工持股的有限责任公司或股份有限公司承受原企业土地、房屋权属的，免征契税；对其余涉及土地、房屋权属转移的，征收契税。

②企业合并是指两个或者两个以上的企业，依照法律规定、合同约定合并为一个企业的行为。合并有吸收合并和新设合并两种形式。一个企业存续，其他企业解散的，为吸收合并；设立一个新企业，其他企业解散的，为新设合并。企业合并中，新设方或者存续方承受被解散方土地、房屋权属，如合并前各方为相同投资主体的，则不征收契税，其余征收契税。

③企业分立是指企业依照法律规定、合同约定分设为两个或者两个以上投资主体相同的企业行为。分为存续分立和新设立分立两种形式。原企业存续，而其中一部分分出、派生设立为一个或多个新企业的，为存续分立；原企业解散，分立出的各方分别设立为新企业的为新设分立。企业分立中，对派生方、新设方承受原企业土地、房屋权属的，不征收契税。

④股权重组是指企业股东持有的股份或者出资发生变更的行为。股权重组主要包括股权转让和增资扩股两种形式。股权转让是指企业的股东将其持有的股份或者出资部分或全部转让给他人；增资扩股是指企业向社会公众或特定单位、个人募集出资、发行股票。在股权转让中，单位、个人承受企业股权，企业的土地、房屋权属不发生转移，不征收契税；在增资扩股中，对以土地、房屋权属作价入股或作为出资投入企业的，征收契税。

⑤企业破产是指企业因经营管理不善造成严重亏损，不能清偿到期债务而依法宣告破产的法律行为。企业破产清算期间，对债权人（包括破产企业职工）承受破产企业土

地、房屋权属以抵偿债务的，免征收契税；对非债权人承受破产企业土地、房屋权属的，征收契税。

三、契税的减免优惠

（1）国家机关、事业单位、社会团体、军事单位承受土地、房屋用于办公、教学、医疗、科研和军事设施的，免征契税。

（2）城镇职工按规定第一次购买公有住房的，免征契税。

（3）因不可抗力灭失住房而重新购买住房的，酌情准予减征或者免征契税。

（4）土地、房屋被县级以上人民政府征用、占用后，重新购置土地、房屋权属的，由省级人民政府确定是否减免。

（5）承受荒山等用于农业生产免征契税。

（6）房屋的附属设施。对于承受与房屋相关的附属设施（包括停车位、汽车库、自行车库、顶层阁楼以及储藏室，下同）所有权或土地使用权的行为，按照契税法律、法规的规定征收契税；对于不涉及土地使用权和房屋所有权转移变动的，不征收契税。

（7）继承土地、房屋权属。对于《中华人民共和国继承法》规定的法定继承人（包括配偶、子女、父母、兄弟姐妹、祖父母、外祖父母）继承土地、房屋权属，不征收契税。

按照《中华人民共和国继承法》规定，非法定继承人根据遗嘱承受死者生前的土地、房屋权属，属于赠与行为，应征收契税。

（8）企业关闭、破产。承受关闭、破产企业的，债权人承受关闭、破产企业土地、房屋权属，免征契税。非债权人承受关闭、破产企业土地、房屋权属，安置原企业职工30%以上的，减半征收契税，安置全部职工的，免征契税。

（9）财政部规定的其他减征、免征契税的项目。税法规定，凡经批准减征、免征契税的纳税人，改变有关土地、房屋的用途，不再属于减免税的范围，应当补缴已经减征、免征的税款。

第三节 契税的计算

一、契税的计税依据

契税的计税依据为不动产的价格。由于土地、房屋权属转移方式不同，定价方法不同，因而具体计税依据应视不同情况确定。

（1）国有土地使用权出让、土地使用权出售、房屋买卖，以成交价格为计税依据。成交价格是指土地、房屋权属转移合同确定的价格，包括承受者应交付的货币、实物、无形资产或者其他经济利益。

（2）土地使用权赠与、房屋赠与，由征收机关参照土地使用权出售、房屋买卖的市场价格核定。

（3）土地使用权交换、房屋交换，为所交换的土地使用权、房屋的价格差额。就是说，交换价格相等时，免征收契税；交换价格不等时，由多交付的货币、实物、无形资产或者其他经济利益的一方缴纳契税。

（4）以划拨方式取得的土地使用权，经批准转让房地产时，由房地产转让者补缴契税。计税依据为补缴的土地使用权出让费用或者土地收益。

（5）房屋附属设施征收契税的依据。

①采取分期付款方式购买房屋附属设施土地使用权、房屋所有权的，应按合同规定的总价款计征契税。

②承受房屋附属设施权为单独计价的，按照当地确定的适用税率征收契税；如与房屋统一计价的，适用与房屋相同的契税税率。

（6）个人无偿赠与不动产的行为，应对受赠人全额征收契税。

为了避免偷、逃税款，税法规定，成交价格明显低于市场价格并且无正当理由的，或者所交换土地使用权、房屋的价格差额明显不合理并且无正当理由的，征收机关可以参照市场价格核定计税依据。

二、契税的税率

契税实行3‰～5‰的幅度比例税率。实行幅度税率是考虑到我国经济发展的不平衡，各地经济差别较大的实际情况。因此，各省、自治区、直辖市人民政府可以在3‰～5‰的幅度税率规定范围内，根据本地区的实际情况决定。

三、契税应纳税额的计算

契税的应纳税额依照规定的税率和计税依据计算，其计算公式为：

应纳税额＝计税依据×税率

第四节　契税的账务处理

契税是在土地、房屋权属转移，承受单位取得该项产权时缴纳的一种税。对购买单位而言，契税是取得不动产产权的一种必然支出。由于资产是按实际成本计价的，所以，取得房产产权所支付的契税也应计入该资产的实际成本。企业取得土地使用权、房屋所有权时按规定缴纳的契税，借记"固定资产"、"无形资产"、"在建工程"等科目，贷记"应交税费——应交契税"科目。企业缴纳契税时，借记"应交税费——应交契税"科目，贷记"银行存款"科目。

【例题 1】某企业购买一块土地的使用权，成交价格为 1000 万元，当地规定的契税税率为 3%，计算该企业应缴纳的契税。

【答案】应纳契税税额＝1000×3%＝30（万元）

计提契税时会计处理如下：

借：无形资产——土地使用权   300000

    贷：应交税费——应交契税   300000

上缴契税时会计处理如下：

借：应交税费——应交契税   300000

    贷：银行存款   300000

【例题 2】M 公司接受张某赠与房屋一栋，赠与契约上未标明价格。经主管税务机关核定房屋现值为 460 万元（假定评估价值与此相同），假设契税税率为 4%。计算 M 公司应缴纳的契税。

【答案】应纳契税税额＝460×4%＝18.4（万元）

计提契税时会计处理如下：

借：固定资产   4784000

    贷：营业外收入   3450000

        递延所得税负债   1150000

        应交税费——应交契税   184000

上缴契税时会计处理如下：

借：应交税费——应交契税   184000

    贷：银行存款   184000

纳税提示：

    企业也可以不通过"应交税费——应交契税"科目。当实际缴纳契税时，借记"固定资产"、"无形资产"科目，贷记"银行存款"科目。

第五节 契税的申报与缴纳

一、纳税义务发生时间

契税的纳税义务发生时间是纳税人签订土地、房屋权属转移合同的当天，或者纳税人取得其他具有土地、房屋权属转移合同性质凭证的当天。

二、纳税期限

纳税人应当自纳税义务发生之日起 10 日内，向土地、房屋所在地的契税征收机关办理纳税申报，并在契税征收机关核定的期限内缴纳税款。

三、纳税地点

契税在土地、房屋所在地的征收机关缴纳。纳税人办理纳税事宜后，契税征收机关应当向纳税人开具契税完税凭证。

四、契税纳税申报表样式

契税纳税申报表如表 13－1 所示。

表 13－1 契税纳税申报表

填表日期：2010 年 6 月 5 日

单位：元、平方米

承受方	名称		识别号	
	地址		联系电话	
转让方	名称		识别号	
	地址		联系电话	
土地、房屋权属转移	合同签订时间			
	土地、房屋地址			
	权属转移类别			
	权属转移面积			
	成交价格			
适用税率				
计征税额				
减免税额				
应纳税额				
纳税人员（签章）			经办人员（签章）	
（以下部分由征收机关负责填写）				
征收机关收到日期		接收人	审核日期	
审核记录				
审核人员（签章）			征收机关（签章）	

（本表 A4 竖式，一式两份：第一联为纳税人保存；第二联由主管征收机关留存。）

填表说明

一、本表依据《中华人民共和国税收征收管理法》、《中华人民共和国契税暂行条例》设计制定。

二、本表适用于在中国境内承受土地、房屋权属的单位和个人。纳税人应当在签订土地、房屋权属转移合同或者取得其他具有土地、房屋权属转移合同性质凭证后 10 日内，向土地、房屋所在地契税征收机关填报契税纳税申报表，申报纳税。

三、本表各栏的填写说明如下：

（一）承受方及转让方名称：承受方、转让方是单位的，应按照人事部门批准或者工商部门注册登记的全称填写；承受方、转让方是个人的，则填写本人姓名。

（二）承受方、转让方识别号：承受方、转让方是单位的，填写税务登记号；没有税务登记号的，填写组织机构代码。承受方、转让方是个人的，填写个人身份证号或护照号。

（三）合同签订时间：指承受方签订土地、房屋转移合同的当日，或其取得其他具有土地、房屋转移合同性质凭证的当日。

（四）权属转移类别：（土地）出让、买卖、赠与、交换、作价入股等行为。

（五）成交价格：土地、房屋权属转移合同确定的价格（包括承受者应交付的货币、实物、无形资产或者其他经济利益，折算成人民币金额）填写。计税价格，是指由征收机关按照《中华人民共和国契税暂行条例》第四条确定的成交价格、差价或者核定价格。

（六）计征税额＝计税价格×税率，应纳税额＝计征税额－减免税额。

五、纳税申报

纳税人办理纳税事宜后，契税征收机关应向纳税人开具契税完税凭证。纳税人应持契税完税凭证和规定的文件材料，依法向土地管理部门、房产管理部门办理有关土地、房屋的权属变更登记手续。纳税人未出具完税凭证的，土地管理部门、房产管理部门不予办理有关土地、房屋的权属变更登记手续。

复习思考题

1. 契税的征收范围包括哪些项目？
2. 契税的计税依据是如何规定的？

练习题

甲、乙互换房屋，甲房屋价格为 10 万元，乙房屋价格为 12 万元，问由谁缴纳契税，税额为多少？（契税税率为 5‰）

第十四章　房产税

第一节　房产税概述

一、房产税的概念

房产税是以房屋为征税对象，按房屋的计税余值或租金收入，向产权所有人征收的一种财产税。

二、房产税的征收意义

我国的房产税属于地方税，征收房产税可以为地方财政筹集一部分市政建设资金，缓解地方财力不足的矛盾；房屋是个人和法人拥有财富的主要形式，对房屋征税可以调节企业之间、居民之间的财富分配，还有利于加强对房屋的管理，提高房屋的使用效益。同时，房产税规定对个人拥有的非营业用房不征税，可以鼓励个人改善住房条件，推动城市住房制度改革。

第二节　房产税基本法律内容

一、房产税的纳税义务人

房产税以在征税范围内的房屋产权所有人为纳税人。具体规定为：

（1）产权属国家所有的，由经营单位纳税；产权属集体和个人所有的，由集体单位和个人纳税。

（2）产权出典的，由承典人纳税。所谓产权出典，是指产权所有人将房屋、生产资料等的产权，在一定期限内典当给他人使用，而取得资金的一种融资业务。由于在房屋出典期间，产权所有人已无权支配房屋，因此，税法规定由对房屋具有支配权的承典人为纳税人。

（3）产权所有人、承典人不在房屋所在地的，由房产代管人或者使用人纳税。

（4）产权未确定及租典纠纷未解决的，也由房产代管人或使用人纳税。所谓租典纠纷，是指产权所有人在房产出典和产权关系上，与承典人、租赁人发生各种争议，特别是权利和义务的争议悬而未决的。

（5）纳税单位和个人无租使用房产管理部门、免税单位的房产，应由使用人代为缴纳房产税。

（6）外商投资企业和外国企业暂不缴纳房产税。

二、房产税的征税范围

房产税的征税对象是房产。具体征税范围为：城市、县城、建制镇和工矿区。所称"城市"是指国务院批准设立的市。"县城"是指县人民政府所在地的地区。"建制镇"是指经省、自治区、直辖市人民政府批准设立的建制镇。"工矿区"是指工商业比较发达、人口比较密集、符合国务院规定的建制镇标准但尚未设立建制镇的大中型企业所在地。

三、房产税的减免优惠

目前，房产税的减免优惠政策主要有：

（1）国家机关、人民团体、军队自用的房产，免征房产税。

（2）由国家财政部门拨付事业经费的单位，如学校、医疗卫生单位、体育、托儿所、幼儿园、文化、艺术这些实行全额或差额预算管理的事业单位所有的，本身业务范围内使用的房产，免征房产税。

（3）宗教寺庙、公园、名胜古迹自用的房产，免征房产税。

（4）个人所有非营业用的房产，免征房产税。

（5）行使国家管理职能的中国人民银行总行（含国家外汇管理局）所属分支机构自用的房产，免征房产税。

（6）经财政部批准免税的其他房产。这类免税房产，情况特殊，范围较小，是根据实际情况确定的。

（7）对高校后勤经济实体，老年服务机构，邮政部门坐落在城市、县城、建制镇、工矿区以外的尚在县邮政局内核算的房产免征房产税。

（8）对非营利性医疗机构、疾病控制机构和妇幼保健机构等自用房产免征房产税。

其他纳税有困难需要减免税照顾的，由各省、自治区、直辖市人民政府确定。

注意：免税单位的出租房产以及非自身业务使用的生产、营业用房，不属于免税范围。

第三节　房产税的计算

一、房产税的计税依据

房产税的计税依据通常是房产的价值。房产的价值有三种表现形式：一是房产的原值，即房屋的造价；二是房产的净值，即房屋的原值扣除折旧后的价值；三是房产的市价，即买卖房产的市场价格。

（1）计税余值。对经营自用的房屋，以房产的计税余值作为计税依据。所谓计税余值，是指依照房产原值一次减除 10%～30% 的损耗后的余额。

关于房产原值，税法作了以下规定：

①房产原值是指纳税人按照会计制度规定，在账簿"固定资产"科目中记载的房屋原价。

②房产原值应包括与房屋不可分割的各种附属设备或一般不单独计算价值的配套设施。主要有：暖气、卫生、通风、照明、煤气等设备及各种管线。

③纳税人对原有房屋进行改建、扩建的，要相应增加房屋的原值。

④新建房屋交付使用时，如中央空调设备已计算在房产原值之中，则房产原值应该包括中央空调设备；如果中央空调设备作为单项固定资产入账，单独核算并提取折旧，则房产原值不应包括中央空调设备。

在确定计税余值时，房产原值的具体减除比例由各省、自治区、直辖市人民政府在税法规定的减除幅度内自行确定。

此外，对以下特殊使用房产情况，应注意以下计税依据的确定：

一是对投资联营的房产，在计征房产税时要区别对待。对于以房屋投资联营，投资者参与投资利润分红，共担风险的，按房产的余值作为计税依据计征房产税；对以房产投资，收取固定收入，不承担联营风险的，实际是以联营名义取得房产租金，按租金收入计算缴纳房产税。

二是对融资租赁的房产，由于租赁费包括购进房屋的价款、手续费、借款利息等，与一般房屋的租金不同，而且租赁期满后，当承租方偿还最后一笔租赁费后，房屋产权要转移到承租方。实际上是一种变相的分期付款购买固定资产的形式，所以在计征房产税时应以房产余值计算征收。

（2）租金收入。对出租的房屋，以房产的租金收入作为计税依据。所谓的房产租金收入，是指房屋产权所有人出租房产使用权所得的报酬，包括货币收入和实物收入。对以劳务或其他形式作为报酬抵付房租收入的，应根据当地同类房产的租金水平，确定一个标准租金额从租计征。

纳税人对个人出租房屋的租金收入申报不实或申报数与同一地段同类房屋的租金收

入相比明显不合理的，税务部门可以按照有关法规，采取科学合理的方法核定其应纳税款。

二、房产税的税率

我国现行房产税采用的是比例税率。由于房产税的计税依据分为从价计征和从租计征两种形式，所以房产税的税率也有两种：采用从价计征的，税率规定为 1.2% 的比例税率；采用从租计征的，税率规定为 12% 的比例税率。

三、房产税应纳税额的计算

房产税的计税依据有两种，与之相适应的应纳税额计算也有两种方法：一是从价计征的计算；二是从租计征的计算。

（1）从价计征的计算。从价计征是按房产原值减除一定比例后的余值计征，其计算公式为：

应纳税额＝应税房产原值×（1－扣除比例）×适用税率

扣除比例是省、自治区、直辖市人民政府规定的 10%～30% 的减除比例；计征的适用税率是 1.2%。

（2）从租计征的计算。从租计征是按房产的租金收入计征，其计算公式为：

应纳税额＝租金收入×适用税率（12%）

个人按市场价格出租的居民住房，用于居住的，可暂减按 4% 的税率征收房产税。

【例题 1】某省政府机关有办公用房一幢，房产价值 5000 万元。2002 年将其中的 1/4 对外出租，取得租金收入 100 万元。已知该省统一规定计算房产余值时的减除幅度为 20%，该省政府机关当年应纳的房产税为多少？

【答案】①省政府机关办公用房免税。

②出租部分应以租金缴税，应纳税额为：

应缴纳房产税＝100×12%＝12（万元）

第四节　房产税的账务处理

核算房产税应设置"应交税费——应交房产税"科目。分期计提房产税时应借记"管理费用"科目，贷记本科目；缴纳房产税时应借记本科目，贷记"银行存款"科目。本科目期末贷方余额反映应交而未交的房产税。

【例题 2】三峰公司 2010 年 12 月 31 日"固定资产"明细账中，房屋原始价值为 600 万元。2011 年 2 月公司将其中的 60 万元房产出租给外单位使用，每年收取租金 10 万元。当地政府规定，从价计征房产税的，按房产原值扣除 30% 后的余值，以 1.2% 的税率计算缴纳房产税；对从租计征房产税的，按租金收入的 12％计算缴纳房产税。房产税按年计算、分季缴纳。试计算该公司 2011 年第一季度各月应纳房产税额，并作出会计处理。

【答案】（1）1 月份应缴纳的房产税。

从价计征：

年应纳税额＝600×（1－30％）×1.2％＝5.04（万元）

1 月份应纳税额＝50400÷12＝4200（元）

1 月份计提房产税时，作如下会计分录：

借：管理费用——房产税　　　　　　　　　　　　　　　　　4200

　　贷：应交税费——应交房产税　　　　　　　　　　　　　　　　4200

（2）2、3 月份应缴纳房产税。

从价计征：

年应纳税额＝（600－60）×（1－30％）×1.2％＝4.54（万元）

月应纳税额＝45400÷12＝3783（元）

从租计征：

年应纳税额＝10×12％＝1.2（万元）

月应纳税额＝12000÷12＝1000（元）

2、3 月份应纳税额＝3783＋1000＝4783（元）

2、3 月份计提房产税时，分别作如下会计分录：

借：管理费用——房产税　　　　　　　　　　　　　　　　　4783

　　贷：应交税费——应交房产税　　　　　　　　　　　　　　　　4783

（3）4 月初缴纳第一季度房产税时，作如下会计分录：

借：应交税费——应交房产税　　　　　　　　　　　　　　　4783

　　贷：银行存款　　　　　　　　　　　　　　　　　　　　　　4783

第五节　房产税的申报与缴纳

纳税人应根据房产税法规的要求，按年计算，分期缴纳。各地一般规定按季度或半年征收一次，在季度或半年内规定某一月份将现有房屋的坐落地点、结构、面积、原值、出租收入等情况，如实向房屋所在地税务机关办理纳税申报，缴纳房产税。

一、纳税义务发生时间

（1）纳税人将原有房产用于生产经营，从生产经营之月起，缴纳房产税。

（2）纳税人自行新建房屋用于生产经营的，从建成之次月起，缴纳房产税。

（3）纳税人委托施工企业建设的房屋，从办理验收手续之次月起，缴纳房产税。

（4）纳税人购置新建商品房，自房屋交付使用次月起缴纳房产税。

（5）纳税人购置存量房地产，自房产证签发次月起缴纳房产税。

（6）纳税人出租、出借房产，自出租、出借次月起缴纳房产税。

（7）房地产开发企业自用出租、出借本企业建造的商品房，自房产使用或交付次月起缴纳房产税。

二、纳税期限

房产税实行按年计算、分期缴纳的征收办法，具体纳税期限由省、自治区、直辖市人民政府确定。

三、纳税地点

房产税在房产所在地缴纳。房产不在同一地方的纳税人，应按房产的坐落地点分别向房产所在地的税务机关纳税。房产税纳税人应按税法规定，及时办理纳税申报并如实填写房产税纳税申报表，如表14—1所示。

表14—1　房产税纳税申报表

纳税人识别号：□□□□□□□□□□□□□□□□□□□□□□

填表日期：　　年　　月　　日　　　　　　　　　　　单位：人民币元（列至角分）

纳税人名称						税款所属时期											
房产坐落地点						建筑面积（m²）						房屋结构					
上期申报房产（原值评估值）	本期增减	本期实际房产原值	其中		税法规定的免税房产原值	扣除率%	以房产余值计征房产税			以租金收入计征房产税			全年应纳税额	缴纳次数	本期		补（退）税额
			从价计税的房产原值	从租计税的房产原值			房产余值	适用税率1.2%	应纳税额	租金收入	适用税率12%	应纳税额			应纳税额	已纳税额	
1	2	3=1+2	4=3-5-6	5=3-4-6	6	7	8=4-4×7	9	10=8×9	11	12	12=11×12	14=10+13	15	16=14÷15	17	18=16-17
合计																	

房产税税收缴款书号					
如纳税人填报，由纳税人填写以下各栏		如委托代理人填报，由代理人填写以下各栏			备注
会计主管	纳税人	代理人名称		代理人（公章）	
		代理人地址			
（签章）	（公章）	经办人姓名		电话	
以下由税务机关填写					
收到申报表日期		接收人			

（1）纳税人识别号：填写办理税务登记时，由税务机关确定的税务登记号。纳税人名称：填写企业全称或业户字号，无字号的填业主姓名，并应与工商登记或主管部门批准的名称一致。税款所属时期：按季缴纳的是 3 个月，按月缴纳的是 1 个月。

（2）房产原值：本期实际房产原值分三类填写：一是从价，应交房产税自用房产原值；二是从租，应交房产税出租房产原值；三是免税，按税法规定免予申报缴纳房产税的房产原值。

（3）扣除率：是指当地税务主管部门统一规定的比率。计税房产余值＝房产原值×（1－税法规定的扣除率）

（4）租金收入：租出房产取得的收入。

（5）全年应纳税额。

①从价计征的房产税＝房产余值×1.2%。

②从租计征的房产税＝租金收入×12%。

（6）本期应纳税额。

①从价房产应纳税额＝全年应纳税额÷12×税款所属期限。

②出租房产应纳税款＝本期收取的租金收入×12%。

（7）本表一式三联，第一联纳税人留存；第二联用于税务会计核算；第三联主管地税机关存档。

复习思考题

1. 房产税的征税范围是如何规定的？
2. 房产税的计税依据是如何确定的？

练习题

某企业某年拥有两栋房产，一栋用于本企业生产经营，其房产原值为 1200 万元；另一栋租给一商店，该栋楼的房产原值为 1100 万元，当年共收取租金 150 万元，计算该企业当年全年应缴纳的房产税税额（该地房产税的扣除率为 30%）。

第十五章　土地增值税

第一节　土地增值税概述

土地增值税是对转让国有土地使用权、地上建筑物及其附着物并取得收入的单位和个人，就其转让房地产所获得收入的增值部分征收的一种税。现行土地增值税的基本规范，是 1993 年 12 月 13 日国务院颁布的《中华人民共和国土地增值税暂行条例》（以下简称《土地增值税暂行条例》），并于 1994 年 1 月 1 日起实施。

我国开征土地增值税的主要意义在于：

（1）征收土地增值税，是进一步改革和完善税制，增强国家对房地产开发和房地产市场调控力度的客观需要。

（2）征收土地增值税，可以有效抑制炒买炒卖土地投机获得暴利的行为，防止国有土地收益的流失。

（3）开征土地增值税，规范了国家参与土地增值收益的分配方式，有利于增加国家财政收入。

第二节　土地增值税基本法律内容

一、土地增值税的纳税义务人

土地增值税的纳税义务人为转让国有土地使用权、地上建筑物及其附着物（以下简称转让房地产）并取得收入的单位和个人。单位是指不论经济性质、不论内资外资、不论部门的各类企业单位、事业单位、国家机关和社会团体及其他组织。个人包括个体经营者及国内外其他个人。以上单位和个人，只要是有偿转让房地产，都是土地增值税的纳税人。

二、土地增值税的征税范围

根据《土地增值税暂行条例》规定，土地增值税的征税范围包括：转让国有土地使用权；连同国有土地使用权一并转让的地上建筑物及其附着物的产权。这里所称"国有土地"是指按国家法律规定属于国家所有的土地。所称"地上建筑物"是指建于土地上的一切建筑物，包括地上地下的各种附属设施。所称"附着物"是指附着于土地上的不能移动或一经移动即遭损坏的物品。

（1）界定征税范围的标准。准确界定土地增值税的征税范围十分重要。在实际工作中，可以通过以下标准进行判定：

①转让的土地，其使用权是否属于国家所有，是判定其是否属于土地增值税征税范围的标准之一。土地增值税只对转让国有土地使用权的行为课税，转让非国有土地和出让国有土地的行为均不征税。

对属于集体所有的土地，根据《土地管理法》和《城市房地产管理法》及国家其他有关规定，是不得自行转让的。只有根据有关法律规定，由国家征用后变为国家所有时才能进行转让，故集体土地的自行转让是一种违法行为。对于目前违法将集体土地转让给其他单位和个人的情况，应在有关部门处理后，并补办土地征用或出让手续变为国家所有之后，再纳入土地增值税的征税范围。

②土地使用权、地上建筑物及其附着物的产权是否发生转让是判定其是否属于土地增值税征税范围的标准之二。土地增值税的征税范围强调的是房地产转让行为，而非其他行为。

首先要区分"转让"与"出让"这两个概念。出让是指国有土地使用权的出让，即国家以土地所有者的身份将土地使用权在一定年限内让与土地使用者，并由土地使用者向国家支付土地使用权出让金的行为，属于土地买卖的一级市场。土地使用权出让方是国家，出让的目的是实行国有土地的有偿使用制度，合理开发利用和经营土地。因此土地使用权的出让不属于土地增值税的征税范围。转让是指国有土地使用权的再转让，即土地使用者通过出让等形式取得土地使用权后，将土地使用权再转让的行为，主要有出售、交换和赠与等，它属于土地买卖的二级市场。土地使用权的转让，其地上的建筑物及其他附着物也随之转让，属于土地增值税的征税范围。

其次要区分权属是否变更。凡土地使用权、房产产权未变更的（如房地产的出租），不属于土地增值税的征税范围。

③是否取得收入是判定是否属于土地增值税征税范围的标准之三。土地增值税是对转让房地产并取得收入的行为征税。不包括房地产的权属虽然转让但未取得收入的行为。如房地产的继承、赠与，尽管房地产的权属发生了变更，但权属人并没有取得收入，因此不属于土地增值税的征税范围。

（2）对征税范围的具体判定。根据上述三条标准，可以对以下情况是否属于土地增值税的征税范围作出判定：

①以出售方式转让国有土地使用权、地上建筑物及附着物的，因其同时具备上述三

个条件，所以属于土地增值税的征税范围。

②以继承、赠与方式转让房地产的，因其只发生房地产产权的转让，没有取得相应的收入，属于无偿转让房地产的行为，所以不能将其纳入土地增值税的征税范围。当然，对于以赠与之名，行出售或交换之实的行为，不能作为赠与对待，应征收土地增值税。

房地产的继承，是指房产的原产权所有人、依照法律法规取得土地使用权的土地使用人死亡以后，由其继承人依法承受死者房产产权和土地使用权的民事法律行为。

房地产的赠与是指房产的原产权所有人、依照法律规定取得土地使用权的土地使用人，将自己所拥有的房地产无偿地交给其他人的民事法律行为。而税法认定的赠与仅指两种情况：一是房产所有人、土地使用权所有人将房屋产权、土地使用权赠与直系亲属或承担直接赡养义务人的；二是房产所有人、土地使用权所有人通过中国境内非营利的社会团体、国家机关将房屋产权、土地使用权赠与教育、民政和其他社会福利、公益事业的。上述赠与行为虽发生了房地产的权属变更，但作为房产产权、土地使用权的原所有人（即赠与人）并没有因为权属的转让而取得任何收入。因此，这种房地产的赠与不属于土地增值税的征税范围。

③房地产的出租。是指房产的产权所有人、依照法律规定取得土地使用权的土地使用人，将房产、土地使用权租赁给承租人使用，由承租人向出租人支付租金的行为。房地产的出租，出租人虽然取得了收入，但没有发生房产产权、土地使用权的转让。因此，不属于土地增值税的征税范围。但对于以出租之名行转让房地产之实以逃避缴纳土地增值税的，应根据《税收征管法》的有关规定进行处理。

④房地产的抵押。是指房地产的产权所有人、依法取得土地使用权的土地使用人作为债务人或第三人向债权人提供不动产作为清偿债务的担保而不移转权属的法律行为。这种情况由于房产的产权、土地使用权在抵押期间并没有发生权属的变更，房产的产权所有人、土地使用权人仍能对房地产行使占有、使用、收益等权利，房产的产权所有人、土地使用权人虽然在抵押期间取得了一定的抵押贷款，但实际上这些贷款在抵押期满后是要连本带利偿还给债权人的。因此，对房地产的抵押，在抵押期间不征收土地增值税。待抵押期满后，视该房地产是否移转占有而确定是否征收土地增值税。对于以房地产抵债而发生房地产权属转让的，应列入土地增值税的征税范围。

⑤房地产的交换。

⑥以房地产进行投资或联营。

⑦房地产的联建。

⑧房地产的代建行为。是指房地产开发公司代客户进行房地产的开发，开发完成后向客户收取代建收入的行为。对于房地产开发公司而言，虽然取得了收入，但没有发生房地产权属的转移，其收入属于劳务收入性质，故不属于土地增值税的征税范围。

⑨房地产的重新评估。主要是指国有企业在清产核资时对房地产进行重新评估而使其升值的情况。这种情况下房地产虽然有增值，但其既没有发生房地产权属的转移，房产产权、土地使用权人也未取得收入，所以不属于土地增值税的征收范围。

⑩因国家收回国有土地使用权、征用地上建筑物及其附着物而使房地产权属发生

转让的。这种情况发生了房地产权属的变更，原房产所有人、土地使用权人也取得了一定的收入（补偿金），但根据《土地增值税暂行条例》的有关规定，可以免征土地增值税。

三、土地增值税的税率

土地增值税税率设计的原则是，增值多的多征，增值少的少征，无增值的不征。按照这个原则，土地增值税实行四级超率累进税率：

（1）增值额未超过扣除项目金额的 50% 的部分，税率为 30%。

（2）增值额超过扣除项目金额 50%、未超过扣除项目金额 100% 的部分，税率为 40%。

（3）增值额超过扣除项目金额 100%、未超过扣除项目金额 200% 的部分，税率为 50%。

（4）增值额超过扣除项目金额 200% 的部分，税率为 60%。

上述所列四级超率累进税率，每级"增值额未超过扣除项目金额"的比例，均包括本比例数。超率累进税率表见表 15—1。

表 15—1　土地增值税四级超率累进税率表

级数	增值额与扣除项目金额的比率	税率（%）	速算扣除系数（%）
1	不超过 50% 的部分	30	0
2	超过 50%～100% 的部分	40	5
3	超过 100%～200% 的部分	50	15
4	超过 200% 的部分	60	35

四、土地增值税的减免优惠

对房地产转让征收土地增值税，涉及面广，政策性强。为了促进房地产开发结构的调整，改善城镇居民的居住条件，并有利于城市的建设，土地增值税对以下情况给予减免税优惠：

（1）对建造普通标准住宅的税收优惠。纳税人建造普通标准住宅出售，增值额未超过扣除项目金额 20% 的，免征土地增值税。增值额超过 20% 的，应就其全部增值额按规定计税。

这里所说的"普通标准住宅"，是指按所在地一般民用住宅标准建造的居住用住宅。高级公寓、别墅、度假村等不属于普通标准住宅。普通标准住宅与其他住宅的具体划分界限由各省、自治区、直辖市人民政府规定。

对纳税人既建造普通标准住宅又搞其他房地产开发的，应分别核算增值额。不分别核算增值额或不能准确核算增值额的，其建造的普通标准住宅不能适用这项免税规定。

（2）对国家征用收回的房地产的税收优惠。因国家建设需要依法征用、收回的房地产，免征土地增值税。这里所说的"因国家建设需要依法征用、收回的房地产"是指因城市实施规划、国家建设的需要而被政府批准征用的房产或收回的土地使用权。因城市实施规划、国家建设的需要而搬迁，由纳税人自行转让原房地产的，比照有关规定免征增值税。

（3）对个人转让房地产的税收优惠。个人因工作调动，或改善居住条件而转让原自用住房，经向税务机关申报核准，凡居住满 5 年或 5 年以上的，免予征收土地增值税；居住满 3 年或未满 5 年的，减半征收土地增值税；居住未满 3 年的，按规定计征土地增值税。

第三节　土地增值税的计算

一、土地增值税的计税依据

土地增值税的计税依据是纳税人有偿转让房地产所取得的增值额。此项增值额，是指纳税人转让房地产所取得的收入额减除税法规定的允许扣除项目金额后的余额。公式表示：

增值额＝房地产转让收入－允许扣除项目的金额

（1）房地产转让收入的确定。根据《土地增值税暂行条例》及其实施细则的规定，纳税人转让房地产取得的应税收入，包括转让房地产的全部价款及有关的经济收益。从收入的形式看，包括货币收入、实物收入和其他收入。

①货币收入：是指纳税人转让房地产而取得的现金、银行存款、支票、银行本票、汇票等各种信用票据和国库券、金融债券、企业债券、股票等有价证券。这些类型的收入其实质都是转让方因转让土地使用权、房屋产权而向取得方收取的价款。货币收入一般比较容易确定。

②实物收入：是指纳税人转让房地产而取得的各种实物形态的收入，如钢材、水泥、木材等建材，机器、设备等动产，房屋、土地等不动产等。实物收入的价值不太容易确定，一般要对这些实物形态的财产进行估价。

③其他收入：是指纳税人转让房地产而取得的无形资产收入或具有财产价值的权利，如专利权、商标权、著作权、专有技术使用权、土地使用权、商誉权等。这种类型的收入比较少见，其价值需要进行专门的评估。

在确定房地产转让收入时，纳税人有下列情形之一的，税务机关有权按照房地产评估价格调整确定转让收入：隐瞒、虚报房地产成交价格的；提供扣除项目金额不实的；转让房地产成交价格低于房地产评估价格，又无正当理由的。

（2）扣除项目的确定。要计算增值额，还必须确定扣除项目金额。税法准予纳税人从转让收入额中减除的扣除项目及其金额，包括以下几项：

①取得土地使用权所支付的金额：是指纳税人为取得土地使用权所支付的地价款和按国家统一规定交纳的有关费用。有关费用主要有登记费、过户手续费等。

②房地产开发成本：是纳税人开发土地和新建房屋及配套设施的实际成本，包括土地征用费、拆迁补偿费、前期工程费、建筑安装工程费、基础设施费、公共配套设施费、开发间接费用等。

土地征用及拆迁补偿费，包括土地征用费、耕地占用税、劳动力安置费及有关地上、地下附着物拆迁补偿的净支出、安置动迁用房支出等。

前期工程费，包括规划、设计、项目可行性研究、水文、地质、勘察、测绘、"三通一平"等支出。

建筑安装工程费，包括以出包方式支付给承包单位的建筑安装工程费，以自营方式发生的建筑安装工程费。

基础设施费，包括开发小区内道路、供水、供电、供气、排污、排洪、通信、照明、环卫、绿化等工程发生的支出。

公共配套设施费，包括不能有偿转让的开发小区内公共配套设施发生的支出。

开发间接费用，是指直接组织、管理开发项目发生的费用，包括工资、职工福利费、折旧费、修理费、办公费、水电费、劳动保护费、周转房摊销等。

③房地产开发费用：是指与房地产开发项目有关的销售费用、管理费用、财务费用。根据现行财务会计制度的规定，这三项费用均作为期间费用，直接计入当期损益，不按成本核算对象进行分摊。故与房地产开发有关的费用直接计入当年损益，不按房地产项目进行归集或分摊。

《实施细则》规定，财务费用中的利息支出，分两种情况确定扣除：凡能够按转让房地产项目计算分摊利息并提供金融机构证明的，允许据实扣除，但最高不能超过按商业银行同类同期贷款利率计算的金额。超过贷款期限的利息和加罚的利息，均不允许扣除。利息支出以外的其他房地产开发费用，按取得土地使用权支付的金额和房地产开发成本金额之和，在5％以内计算扣除。用公式表示：

房地产开发费用＝利息＋（取得土地使用权所支付的金额＋房地产开发成本）×5％

例如，支付的地价款为150万元，开发成本为250万元，则其他开发费用扣除数额不得超过20万元，即（150＋250）×5％，利息按实际发生数扣除。

凡不能够按转让房地产项目计算分摊利息支出或不能提供金融机构证明的，利息支出不得单独计算，而应并入房地产开发费用中一并计算扣除。在这种情况下，允许扣除的房地产开发费用是，按取得土地使用权支付的金额和房地产开发成本金额之和，在10％以内计算扣除。用公式表示：

房地产开发费用＝（取得土地使用权所支付的金额＋房地产开发成本）×10％

例如，支付的地价款为150万元，房地产开发成本为250万元，则房地产开发费用总扣除限额为40万元，即（150＋250）×10％，超限额部分的费用不得扣除。

房地产开发费用计算中还须注意三个问题：

第一，扣除的具体比例（5％以内或10％以内），由各省、自治区、直辖市人民政府决定。

第二，利息的上浮幅度按国家的有关规定执行，超过上浮幅度的部分不允许扣除。

第三，对于超过贷款期限的利息部分和加罚的利息不允许扣除。

④旧房及建筑物的评估价格：是指在转让已使用的房屋及建筑物时，由政府批准设立的房地产评估机构评定的重置成本价乘以成新度折扣率后的价格。评估价格须经当地税务机关确认。

转让旧房的，应按房屋及建筑物的评估价格、取得土地使用权所支付的地价款和按国家统一规定交纳的有关费用以及在转让环节缴纳的税金作为扣除项目金额计征土地增值税。对取得土地使用权时未支付地价款或不能提供已支付地价款凭据的，不允许扣除取得土地使用权所支付的金额。

⑤与转让房地产有关的税金：是指在转让房地产时缴纳的营业税、城市维护建设税、印花税。因转让房地产缴纳的教育费附加，也可视同税金予以扣除。

注意：第一，房地产开发企业在转让时缴纳的印花税因已纳入管理费用，因而不得在此扣除。

第二，其他纳税人缴纳的印花税允许在此扣除（按产权转移书据所载金额的 0.5‰ 贴花）。

⑥其他扣除项目：对从事房地产开发的纳税人允许按取得土地使用权支付的金额和房地产开发成本金额之和，加计 20% 的扣除。此条款只适用于从事房地产开发的纳税人，除此之外的其他纳税人均不适用。

用公式表示：

加计扣除费用＝（取得土地使用权支付的金额＋房地产开发成本）×20%

例如，支付的地价款为 150 万元，房地产开发成本为 250 万元，加计扣除费用为 80 万元，即（150＋250）×20%。

注意：即使是从事房地产开发的纳税人，如果取得土地使用权后未进行任何开发与投入就对外转让，也不允许扣除 20% 的加计费用。

二、土地增值税应纳税额的计算

土地增值税以转让房地产的增值额为税基，依据超率累进税率，计算应纳税额，其计算原理与超额累进税率基本相同。计算的基本步骤是：首先以出售房地产的总收入减除扣除项目金额，求得增值额。再以增值额同扣除项目金额相比，其比值即为土地增值率。然后，根据土地增值率的高低确定适用税率，用增值额和适用税率相乘，求得应纳税额。土地增值税的计算公式为：

应纳税额 = $\sum$（每级距的土地增值额×适用税率）

因分步计算比较烦琐，所以可以采用速算扣除法计算。即可按增值额乘以适用的税率减去扣除项目金额乘以速算扣除系数的简便方法计算，具体公式如下：

应纳税额＝增值额×适用税率－扣除项目金额×速算扣除系数

最突出的是纳税人成片受让土地使用权后分期分批开发、转让房地产，以及纳税人采取预售方式出售商品房。为了堵塞漏洞，保证税款及时足额入库，《土地增值税实施细则》规定，土地增值税以纳税人房地产成本核算的最基本核算项目或核算对象为单位计算。依据这项原则，对上述两种经营方式采取了先按比例征收，然后清算的办法。具体方法如下：

（1）纳税人成片受让土地使用权后分期分批开发、转让房地产的，对允许扣除项目的金额可按转让土地使用权的面积占总面积的比例计算分摊。若按此办法难以计算或明显不合理的，也可按建筑面积或税务机关确认的其他方式计算分摊。分摊公式为：

$$扣除项目金额＝扣除项目总金额×\frac{转让土地使用权的面积或建筑面积}{受让土地使用权的总面积}$$

（2）纳税人采取预售方式出售商品房的，在计算缴纳土地增值税时，可以按买卖双方签订预售合同所载金额计算出应纳土地增值税数额，再根据每笔预收款占总售价款的比例，计算分摊每次所需缴纳的土地增值税税额，在每次预收款时计征。土地增值税的计算步骤如下：

①计算转让房地产取得的收入。

②计算扣除项目金额。

③计算增值额。

④计算增值额占扣除项目金额的比例，确定适用税率。

⑤计算应纳税额。

【例题1】2009年，某房地产开发公司销售其新建商品房一幢，取得销售收入1.5亿元，已知该公司支付与商品房相关的土地使用权费及开发成本合计为5200万元，该公司没有按房地产项目计算分摊银行借款利息，该商品房所在地的省政府规定计征土地增值税时房地产开发费用扣除比例为10%，销售商品房缴纳有关税金870万元。计算该公司销售商品房应缴纳的土地增值税。

【答案】销售收入＝15000（万元）

土地使用权费及开发成本＝5200（万元）

房地产开发费用＝5200×10%＝520（万元）

税金＝870（万元）

加计扣除费用＝5200×20%＝1040（万元）

扣除项目合计＝5200＋520＋870＋1040＝7630（万元）

增值额＝15000－7630＝7370（万元）

增值额与扣除项目比例＝7370/7630＝97%＜100%

土地增值税额＝7370×40%－7630×5%＝2566.50（万元）

第四节 土地增值税的账务处理

一、预缴土地增值税的会计处理

纳税人在项目全部竣工前转让房地产取得的收入，由于涉及成本计算或其他原因，而无法据以计算土地增值税，可以预缴土地增值税。待项目全部竣工、办理结算后，再进行清算，多退少补。预缴土地增值税计算时，其扣除项目金额的计算方法，由省、自治区、直辖市地方税务局根据当地情况制定。

预缴土地增值税的会计处理与企业上缴土地增值税相同，借记"应交税费——应交土地增值税"科目，贷记"银行存款"科目。

待房地产营业收入实现时，再按应交的土地增值税，借记"营业税金及附加"科目，贷记"应交税费——应交土地增值税"科目。

二、主营房地产业务的企业土地增值税的会计处理

主营房地产业务的企业，是指在企业的经营业务中，房地产业务是企业的主要经营业务，其经营收入在企业的经营收入中占有较大比重，并且直接影响企业的经济效益。土地增值税是在转让房地产的流转环节纳税，并且是为了取得当期营业收入而支付的费用，因此，土地增值税应同营业税的会计处理相同，借记"营业税金及附加"等科目，贷记"应交税费——应交土地增值税"科目。实际缴纳土地增值税时，借记"应交税费——应交土地增值税"科目，贷记"银行存款"等科目。

【例题 2】某企业转让房地产应纳土地增值税税额为 2300 万元。该企业该做何账务处理？

【答案】其会计处理如下：

转让房地产时：

借：营业税金及附加	23000000
贷：应交税费——应交土地增值税	23000000

实际缴纳土地增值税时：

借：应交税费——应交土地增值税	23000000
贷：银行存款	23000000

三、兼营房地产业务的企业土地增值税的会计处理

兼营房地产业务的企业，是指虽然经营房地产业务，但不是以此为主，而是兼营或

附带经营房地产业务的企业。

兼营房地产业务的企业，转让房地产取得的收入，计算应由当期营业收入负担的土地增值税时，应同营业税一样，记入"其他业务成本"科目。企业按规定计算出应交土地增值税时，借记"其他业务成本"科目，贷记"应交税费——应交土地增值税"科目。兼营房地产业务的企业如果没有设置"其他业务成本"账户，计算转让房地产应缴土地增值税时，应同企业缴纳营业税的会计处理一样，记入相关账户，如金融企业记入"其他营业成本"账户、外商投资银行记入"营业税金及附加"等账户。

企业实际缴纳土地增值税时，借记"应交税费——应交土地增值税"科目，贷记"银行存款"等科目。

【例题3】某企业兼营房地产业务，经计算本次转让房地产应缴纳的土地增值税税额为650000元。该企业该做何账务处理？

【答案】转让房地产时：

借：营业税金及附加　　　　　　　　　　　　　　650000
　　贷：应交税费——应交土地增值税　　　　　　　　650000

实际缴纳土地增值税时：

借：应交税费——应交土地增值税　　　　　　　　650000
　　贷：银行存款　　　　　　　　　　　　　　　　650000

四、转让房地产的会计处理

企业国有土地使用权连同地上建筑物及其附着物，通过在"固定资产清理"账户核算。其转让房地产取得的收入，计入"固定资产清理"科目的贷方，应交土地增值税，借记"固定资产清理"科目，贷记"应交税费——应交土地增值税"科目。

企业实际缴纳土地增值税时，借记"应交税费——应交土地增值税"科目，贷记"银行存款"等科目。

转让以行政划拨方式取得的国有土地使用权，如仅转让国有土地使用权，转让时应交土地增值税，借记"其他业务成本"等科目，贷记"应交税费——应交土地增值税收政策"科目；如国有土地使用权连同地上建筑物及其他附着物一并转让，计提应纳土地增值税时，借记"固定资产清理"科目，贷记"应交税费——应交土地增值税"科目。

第五节　土地增值税的申报与缴纳

一、纳税地点

土地增值税的纳税人应向房地产所在地主管税务机关办理纳税申报，并在税务机关核定的期限内缴纳土地增值税。

这里所说的"房地产所在地",是指房地产的坐落地。纳税人转让的房地产坐落在两个或两个以上地区的,应按房地产所在地分别申报。

在实际工作中,纳税地点的确定又可分为以下两种情况:

(1)纳税人是法人的。当转让的房地产坐落地与其机构所在地或经营所在地一致时,则在办理税务登记的原管辖税务机关申报纳税即可;当转让的房地产坐落地与其机构所在地或经营所在地不一致时,则应在房地产坐落地所管辖的税务机关申报纳税。

(2)纳税人是自然人的。当转让的房地产坐落地与其居住所在地一致时,则在住所所在地税务机关申报纳税;当转让的房地产坐落地与其居住所在地不一致时,则在办理过户手续所在地的税务机关申报纳税。

二、纳税申报

土地增值税的纳税人应在转让房地产合同签订后的 7 日内,到房地产所在地主管税务机关办理纳税申报,并向税务机关提交房屋及建筑物产权、土地使用权证书,土地转让、房屋买卖合同,房地产评估报告及其他与转让房地产有关的资料。

纳税人因经常发生房地产转让而难以在每次转让后申报的,经税务机关审核同意后,可以定期进行纳税申报,具体期限由税务机关根据具体情况确定。

纳税义务人在办理土地增值税申报时,首先,应核实国有土地使用权,地上建筑物及其附着物的转让情况。其次,核实计税收入额,法定扣除项目金额、增值额、适用税率、速算扣除系数,计算应缴的土地增值税税额,并与"应交税费——应交土地增值税"账户核对相符。最后,根据审核无误的计税资料,填写纳税申报表并办理签章手续。

纳税人在项目全部竣工结算前转让房地产取得的收入,由于涉及成本确定或其他原因,而无法据以计算土地增值税的,可以预征土地增值税;待该项目全部竣工、办理结算后再进行清算,多退少补。具体办法由各省、自治区、直辖市地方税务局根据当地情况制定。

三、土地增值税纳税申报表样式

土地增值税纳税申报表如表15—2所示。

表 15-2 土地增值税纳税申报表（一）

（从事房地产开发的纳税人适用）

税款所属时间： 年 月 日 填表日期： 年 月 日

纳税人编码： 金额单位：人民币元 面积单位：平方米

纳税人名称		项目名称		项目地址	
业别		经济性质		纳税人地址		邮政编码	
开户银行		银行账号		主管部门		电话	

项　目	行次	金　额
一、转让房地产收入总额 1＝2＋3	1	
其中　货币收入	2	
实物收入及其他收入	3	
二、扣除项目金额合计 4＝5＋6＋13＋16＋20	4	
1. 取得土地使用权所支付的金额	5	
2. 房地产开发成本 6＝7＋8＋9＋10＋11＋12	6	
其中　土地征用及拆迁补偿费	7	
前期工程费	8	
建筑安装工程费	9	
基础设施费	10	
公共配套设施费	11	
开发间接费用	12	
3. 房地产开发费用 13＝14＋15	13	
其中　利息支出	14	
其他房地产开发费用	15	
4. 与转让房地产有关的税金等 16＝17＋18＋19	16	
其中　营业税	17	
城市维护建设税	18	
教育费附加	19	
5. 财政部规定的其他扣除项目	20	
三、增值额 21＝1－4	21	
四、增值额与扣除项目金额之比（％）22＝21÷4	22	
五、适用税率（％）	23	
六、速算扣除系数（％）	24	
七、应缴土地增值税税额 25＝21×23－4×24	25	
八、已缴土地增值税税额	26	

续表

项　目	行次	金　额
九、应补（退）土地增值税税额 27＝25－26	27	

授权代理人	（如果你已委托代理申报人，请填写下列资料） 　　为代理一切税务事宜，现授权＿＿＿＿＿＿ （地址）＿＿＿＿＿＿为本纳税人的代理申报人，任何与本报表有关的来往文件都可寄与此人。 　　授权人签字：＿＿＿＿＿	声明	我声明：此纳税申报表是根据《中华人民共和国土地增值税暂行条例》及其《实施细则》的规定填报的。我确信它是真实的、可靠的、完整的。 声明人签字：＿＿＿＿＿
纳税人 （签章）	法人代表 （签章）	经办人员（代理申报人） （签章）	备注
以下部分由主管税务机关负责填写				
主管税务机关收到日期	接收人	审核日期	税务审核 人员签章	
审核记录			主管税务 机关盖章	

复习思考题

1. 土地增值税的征税对象和范围是什么？
2. 计算土地增值税时准予扣除的项目有哪些？

练习题

某房地产开发公司出售某处花园别墅取得的收入为 2400 万元。其有关支出如下：支付地价款 200 万元；房地产开发成本 700 万元；财务费用中的利息支出为 120 万元（可按项目计算分摊并提供金融机构证明）；缴纳的有关税费为 140 万元；该公司所在地政府规定的其他房地产开发费用计算扣除比例为 5%。试计算其应纳土地增值税税额。

第十六章　企业所得税

第一节　企业所得税概述

2007 年 3 月 16 日全国人民代表大会第五次会议通过了《中华人民共和国企业所得税法》（以下简称《所得税法》），并从 2008 年 1 月 1 日起实施。新企业所得税法，统一内外资企业税收政策待遇（统一税前扣除、统一适用税率、统一税收优惠），有利于企业创造公平竞争的税收环境；有利于促进经济增长方式的转变和产业结构升级；有利于促进区域经济的协调发展；有利于提高我国利用外资的质量和水平；有利于推动我国税制的现代化建设。

一、企业所得税的特点

企业所得税与其他税种比较有如下特点。

1. 企业所得税以应纳税所得额为征税对象

应纳税所得额是按照企业所得税法的规定，以企业每一纳税年度的收入总额，减除不征税收入、免税收入、各项扣除以及允许弥补的以前年度亏损后的余额。

2. 企业所得税较好地体现了量能负担的原则

企业所得税以企业的最终所得为征税对象，所得多的多征，所得少的少征，没有所得的不征，充分体现税收的公平负担原则。与商品劳务税的不管最终是盈利还是亏损只要取得收入就应缴税相比，企业所得税更容易为社会大众所接受。

3. 企业所得税以某一会计期间作为纳税义务发生时间

与商品劳务税以某一笔收入的取得时点作为纳税义务发生时间相比，企业所得税通常以一个时间段落的总体的收支累计结果的得出作为纳税义务发生的时间。因此，企业所得税在征收上采取了以企业一个纳税年度的应纳税所得额为计税依据，平时分月或分季预缴，年度终了后进行汇算清缴，多退少补的办法。

二、企业所得税的作用

第一，企业所得税是调控经济发展的重要方式。国家按企业所得多寡征税，可有效地调节企业的利润水平。特别是国家通过制定企业所得税优惠政策与措施，充分体现国家的产业政策和发展导向，进而直接或间接地调整国家产业布局，促进经济快速、协调发展。

第二，企业所得税是强化经济监督的重要工具。企业所得税按应纳税所得额征税，可直接反映企业对成本、费用和利润等财务制度的执行情况，对经济活动起到监督、审核和检查的作用，及时发现并矫正纳税人的违法、违规行为，发挥国家对经济的监督作用。

第三，企业所得税是筹集财政收入的重要渠道。目前在各国财政收入中，企业所得税收入是政府收入的重要支柱。我国经济正处于快速发展时期，伴随市场经济的发展和管理水平的提高，企业所得课税范围和规模也将不断扩大，成为国家财政收入的重要源泉。

第四，企业所得税是维护国家主权的重要手段。国家间通过签订双边税收协定达到避免所得双重课税及防止偷逃税的目的。遵循国际惯例，制定符合我国国情的企业所得税法律制度，可以更有效地行使税收管辖权、维护国家主权和经济利益。

第二节　企业所得税基本法律内容

一、企业所得税的纳税义务人

在中华人民共和国境内，企业和其他取得收入的组织（以下统称企业）为企业所得税的纳税义务人（不包括个人独资企业、合伙企业）。企业所得税的纳税人分为居民企业和非居民企业，这是确定纳税人是否负有全面纳税义务的基础。

（1）居民企业，是指依法在中国境内成立，或者依照外国（地区）法律成立但实际管理机构在中国境内的企业。

（2）非居民企业，是指依照外国（地区）法律成立且实际管理机构不在中国境内，但在中国境内设立机构、场所的，或者在中国境内未设立机构、场所，但有来源于中国境内所得的企业。依照外国（地区）法律成立的企业，包括依照外国（地区）法律成立的企业和其他取得收入的组织。

实际管理机构，是指对企业的生产经营、人员、账务、财产等实施实质性全面管理和控制的机构。机构、场所，是指在中国境内从事生产经营活动的机构、场所，包括：

①管理机构、营业机构、办事机构。

②工厂、农场、开采自然资源的场所。

③提供劳务的场所。

④从事建筑、安装、装配、修理、勘探等工程作业的场所。

⑤其他从事生产经营活动的机构、场所。

此外，非居民企业委托营业代理人在中国境内从事生产经营活动的，包括委托单位或者个人经常代其签订合同，或者储存、交付货物等，该营业代理人视为非居民企业在中国境内设立的机构、场所。

纳税提示：

依照中国法律、行政法规成立的个人独资企业、合伙企业不缴纳企业所得税，其生产经营所得征收个人所得税。

二、企业所得税的征税对象

（一）居民企业所得税的征税对象

居民企业应当就其来源于中国境内、境外的所得缴纳企业所得税。所得，包括销售货物所得、提供劳务所得、转让财产所得、股息红利等权益性投资所得、利息所得、租金所得、特许权使用费所得、接受捐赠所得和其他所得。

（二）非居民企业所得税的征税对象

非居民企业在中国境内设立机构、场所的，应当就其所设机构、场所取得的来源于中国境内所得，以及发生在中国境外但与其所设机构、场所有实际联系的所得缴纳企业所得税。非居民企业在中国境内未设立机构、场所的，或者虽设立机构、场所但取得的所得与其所设机构、场所没有实际联系的，应当就其来源于中国境内的所得缴纳企业所得税。

所谓实际联系，是指非居民企业在中国境内设立的机构、场所拥有据以取得所得的股权、债权，以及拥有、管理、控制据以取得所得的财产等。

（三）所得来源地的确定

上述所得来源于中国境内、境外的所得，按照以下原则确定：

（1）销售货物所得，按照交易活动发生地确定。

（2）提供劳务所得，按照劳务发生地确定。

（3）转让财产所得，不动产转让所得按照不动产所在地确定，动产转让所得按照转让动产的企业或者机构、场所所在地确定，权益性投资资产转让所得按照被投资企业所在地确定。

（4）股息、红利等权益性投资所得，按照分配所得的企业所在地确定。

（5）利息所得、租金所得、特许权使用费所得，按照负担、支付所得的企业或者机构、场所所在地确定，或者按照负担、支付所得的个人的住所地确定。

（6）其他所得，由国务院财政、税务主管部门确定。

三、企业所得税的税率

（一）基本税率

企业所得税的税率为 25%。

（二）优惠税率

非居民企业取得《企业所得税法》规定的所得，适用税率 20%，减按 10% 的税率征收企业所得税。符合条件的小型微利企业，减按 20% 的税率征收企业所得税。国家重点扶持的高新技术企业，减按 15% 的税率征收企业所得税。

第三节　　企业所得税的计算

企业应纳税所得额的计算，以权责发生制为原则，属于当期的收入和费用，不论款项是否收付，均作为当期的收入和费用；不属于当期的收入和费用，即使款项已经在当期收付，均不作为当期的收入和费用。国务院财政、税务主管部门另有规定的除外。

在计算缴纳所得额时，企业财务、会计处理办法与税法法律、行政法规的规定不一致的，应当依照税法法律、行政法规的规定计算。

企业的应纳税所得额乘以适用税率，减除依照税法关于税收优惠的规定减免和抵免的税额后的余额，为应纳税额。

应纳所得税税额＝应纳税所得额×适用税率－减免税额－抵免税额

公式中的减免税额和抵免税额是指依照企业所得税法和国务院的税收优惠规定减征、免征和抵免的应纳税额。根据计算公式可以看出，企业应纳税额的多少，取决于应纳税所得额和适用税率两个因素。

一、企业所得税应纳税所得额的确定

企业每一纳税年度的收入总额，减除不征税收入、免税收入、各项扣除以及允许弥补的以前年度亏损后的余额，为应纳税所得额。

应纳税所得额＝收入总额－不征税收入－免税收入－各项扣除－允许弥补的以前年度亏损

收入总额中的下列收入为不征税收入：财政拨款、依法收取并纳入财政管理的行政事业性收费、政府性基金，国务院规定的其他不征税收入。

财政拨款是政府以无偿资助形式投入到企业的资金，不包括政府作为企业所有者投

入的资本。其他不征税收入是指企业取得的，由国务院财政、税务主管部门规定转向用途并经国务院批准的财政性资金。

税前扣除项目是企业已取得的不征税收入用于支出所形成的费用或财产，不得扣除或者计算对应的折旧、摊销扣除。除税收法律、行政法规另有规定的外，企业实际发生的成本、费用、税金、损失和其他支出，不得重复扣除。

亏损是指企业依照企业所得税法及条例的规定将每一纳税年度的收入总额减除不征税收入、免税收入和各项扣除后小于零的数额。

（一）收入总额的确定

企业以货币形式和非货币形式从各种来源取得的收入，为收入总额。企业取得收入的货币形式，包括现金、存款、应收账款、应收票据、准备持有至到期的债券投资以及债务的豁免等。

企业取得收入的非货币形式，包括固定资产、生物资产、无形资产、股权投资、存货、不准备持有至到期的债券投资、劳务以及有关权益等。

企业以非货币形式取得的收入，应当按照公允价值确定收入额。公允价值，是指按照市场价格确定的价值。

收入总额的具体内容包括：

（1）销售货物收入是指企业销售商品、产品、原材料、包装物、低值易耗品以及其他存货取得的收入。

（2）提供劳务收入是指企业从事建筑安装、修理修配、交通运输、仓储租赁、金融保险、邮电通信、咨询经纪、文化体育、科学研究、技术服务、教育培训、餐饮住宿、中介代理、卫生保健、社区服务、旅游、娱乐、加工以及其他劳务服务活动取得的收入。

（3）转让财产收入是指企业转让固定资产、生物资产、无形资产、股权、债权等财产所取得的收入。

（4）股息、红利等权益性投资收益是指企业因权益性投资从被投资方取得的收入。除国务院财政、税务主管部门另有规定外，按照被投资方作出利润分配决定的日期确认收入的实现。

（5）利息收入是指企业将资金提供他人使用但不构成权益性投资，或者因他人占用本企业资金所取得的利息收入，包括存款利息、贷款利息、债券利息、欠款利息等收入。按照合同约定的债务人应付利息的日期确认收入的实现。

（6）租金收入是指企业提供固定资产、包装物或者其他有形资产的使用权取得的收入。按照合同约定的承租人应付租金的日期确认收入的实现。

（7）特许权使用费收入是指企业提供专利权、非专利技术、商标权、著作权以及其他特许权的使用权取得的收入。应当按照合同约定的特许权使用人应付特许权使用费的日期确认收入的实现。

（8）接受捐赠收入是指企业接受的来自其他企业、组织和个人无偿给予的货币性、非货币性资产。按照在实际收到捐赠资产的日期确认收入的实现。

（9）其他收入是指企业取得的上述第（1）项至第（8）项规定的收入外的其他收

入，包括企业资产溢余收入、逾期未退包装物押金收入、确实无法偿付的应付款项、已作坏账损失处理后又收回的应收账款项、债务重组收入、补贴收入、违约金收入、汇兑收益等。

（二）收入总额的特殊规定

企业的下列生产经营业务可以分期确认收入的实现：

（1）以分期收款方式销售货物的，按照合同约定的收款日期确认收入的实现。

（2）企业受托加工制造大型机械设备、船舶、飞机等，以及从事建筑、安装、装配工程业务或者提供其他劳务等，持续时间超过 12 个月的，按照纳税年度内完工进度或者完成的工作量确认收入的实现。

（3）采取产品分成方式取得收入的，以企业分得产品的日期确认收入的实现，其收入额按照产品的公允价值确定。

（4）企业发生非货币性资产交换，以及将货物、财产、劳务用于捐赠、偿债、赞助、集资、广告、样品、职工福利或者利润分配等用途的，应当视同销售货物、转让财产或者提供劳务，但国务院财政、税务主管部门另有规定的除外。

（三）收入总额中的不征税收入和免税收入

1. 收入总额中的下列收入为不征税收入

（1）财政拨款是指各级人民政府对纳入预算管理的事业单位、社会团体等组织拨付的财政资金，但国务院和国务院财政、税务主管部门另有规定的除外。

（2）依法收取并纳入财政管理的行政事业性收费、政府性基金。

行政事业性收费，是指依照法律法规等有关规定，按照国务院规定程序批准，在实施社会公共管理，以及在向公民、法人或者其他组织提供特定公共服务过程中，向特定对象收取并纳入财政管理的费用。

政府性基金，是指企业依照法律、行政法规等有关规定，代政府收取的具有专项用途的财政资金。

（3）国务院规定的其他不征税收入。是指企业取得的，由国务院财政、税务主管部门规定专项用途并经国务院批准的财政性资金。

2. 企业的下列收入为免税收入

（1）国债利息收入是指企业持有国务院财政部门发行的国债取得的利息。

（2）符合条件的居民企业之间的股息、红利等权益性投资收益，是指居民企业直接投资于其他居民企业取得的投资收益。

（3）在中国境内设立机构、场所的非居民企业从居民企业取得与该机构、场所有实际联系的股息、红利等权益性投资收益。所称股息、红利等权益性投资收益，不包括连续持有居民企业公开发行并上市流通的股票不足 12 个月取得的投资收益。

（4）符合条件的非营利组织的收入。

符合条件的非营利组织，是指同时符合下列条件的组织：

①依法履行非营利组织登记手续。

②从事公益性或者非营利性活动。

③取得的收入除用于与该组织有关的、合理的支出外，全部用于登记核定或者章程规定的公益性或者非营利性事业。

④财产及其孳息不用于分配。

⑤按照登记核定或者章程规定，该组织注销后的剩余财产用于公益性或者非营利性目的，或者由登记管理机关转赠给与该组织性质、宗旨相同的组织，并向社会公告。

⑥投入人对投入该组织的财产不保留或者享有任何财产权利。

⑦工作人员工资福利开支控制在规定的比例内，不变相分配该组织的财产。

非营利组织的认定管理办法由国务院财政、税务主管部门会同国务院有关部门制定。

符合条件的非营利组织的收入，不包括非营利组织从事营利性活动取得的收入，但国务院财政、税务主管部门另有规定的除外。

（四）准予扣除项目的确定

企业实际发生的与取得收入有关的、合理的支出，包括成本、费用、税金、损失和其他支出，准予在计算应纳税所得额时扣除。所称有关的支出，是指与取得收入直接相关的支出。

所称合理的支出，是指符合生产经营活动常规，应当计入当期损益或者有关资产成本的必要和正常的支出。

纳税提示：

企业发生的支出应当区分收益性支出和资本性支出。收益性支出在发生当期直接扣除；资本性支出应当分期扣除或者计入有关资产成本，不得在发生当期直接扣除。

企业的不征税收入用于支出所形成的费用或者财产，不得扣除或者计算对应的折旧、摊销扣除。

除税法另有规定外，企业实际发生的成本、费用、税金、损失和其他支出，不得重复扣除。

---

1. 扣除项目的基本内容

（1）成本是指企业在生产经营活动中发生的销售成本、销货成本、业务支出以及其他耗费。

（2）费用是指企业在生产经营活动中发生的销售费用、管理费用和财务费用，已经计入成本的有关费用除外。

（3）税金是指企业发生的除企业所得税和允许抵扣的增值税以外的各项税金及其附加。

（4）损失是指企业在生产经营活动中发生的固定资产和存货的盘亏、毁损、报废损失，转让财产损失，呆账损失，坏账损失，自然灾害等不可抗力因素造成的损失以及其他损失。

企业发生的损失，减除责任人赔偿和保险赔款后的余额，依照国务院财政、税务主管部门的规定扣除。

企业已经作为损失处理的资产，在以后纳税年度又全部收回或者部分收回时，应当计入当期收入。

（5）其他支出是指除成本、费用、税金、损失外，企业在生产经营活动中发生的与生产经营活动有关的、合理的支出。

2. 准予扣除项目的标准

（1）工资薪金。企业发生的合理的工资薪金支出，准予扣除。工资薪金，是指企业每一纳税年度支付给在本企业任职或者受雇的员工的所有现金形式或者非现金形式的劳动报酬，包括基本工资、奖金、津贴、补贴、年终加薪、加班工资，以及与员工任职或者受雇有关的其他支出。

"合理的工资薪金"是指企业按照股东大会、董事会、薪酬委员会或相关管理机构制定的工资薪金制度规定实际发放给员工的工资薪金。税务机关在对工资薪金进行合理性确认时，可按以下原则掌握：

①企业制定的较为规范的员工工资薪金制度。

②企业所制定的工资薪金制度符合行业及地区水平。

③企业在一定时期所发放的工资薪金是相对固定的，工资薪金的调整是有序进行的。

④企业对实际发放的工资薪金，已依法履行了代扣代缴个人所得税义务。

⑤有关工资薪金的安排，不以减少或逃避税款为目的。

（2）职工福利费、工会经费、职工教育经费。企业发生的职工福利费支出，不超过工资薪金总额14％的部分，准予扣除。企业拨缴的工会经费，不超过工资薪金总额2％的部分，准予扣除。除国务院财政、税务主管部门另有规定外，企业发生的职工教育经费支出，不超过工资薪金总额2.5％的部分，准予扣除；超过部分，准予在以后纳税年度结转扣除。

企业职工福利费，包括以下内容：

①尚未实行分离办社会职能的企业，其内设福利部门所发生的设备、设施和人员费用，包括职工食堂、职工浴室、理发室、医务所、托儿所、疗养院等集体福利部门的设备、设施及维修保养费用和福利部门工作人员的工资薪金、社会保险费、住房公积金、劳务费等。

②为职工卫生保健、生活、住房、交通等所发放的各项补贴和非货币性福利，包括企业向职工发放的因公外地就医费用、未实行医疗统筹企业职工医疗费用、职工供养直系亲属医疗补贴、供暖费补贴、职工防暑降温费、职工困难补贴、救济费、职工食堂经费补贴、职工交通补贴等。

③按照其他规定发生的其他职工福利费，包括丧葬补助费、抚恤费、安家费、探亲假路费等。

【例题1】某公司全年支付工资薪金120万元，当年发生工会经费、福利费、职工教育经费，分别为 1.8 万元、17 万元、5 万元。计算税前扣除的三项费用。

【答案】工会经费扣除限额＝120×2％＝2.4（万元），实际发生 1.8 万元。未超支。

福利费扣除限额＝120×14％＝16.8（万元），可扣除 16.8 万元，超额 0.2 万元应调增应纳税所得额。

教育经费扣除限额＝120×2.5％＝3（万元），可扣除 3 万元，超额 2 万元应调增应纳税所得额。

（3）社会保险费。企业依照国务院有关主管部门或者省级人民政府规定的范围和标准为职工缴纳的基本养老保险费、基本医疗保险费、失业保险费、工伤保险费、生育保险费等基本社会保险费和住房公积金，准予扣除。

企业为投资者或者职工支付的补充养老保险费、补充医疗保险费，在国务院财政、税务主管部门规定的范围和标准内，准予扣除。

除企业依照国家有关规定为特殊工种职工支付的人身安全保险费和国务院财政、税务主管部门规定可以扣除的其他商业保险费外，企业为投资者或者职工支付的商业保险费，不得扣除。

（4）借款费用。企业在生产经营活动中发生的合理的不需要资本化的借款费用，准予扣除。

其中企业在生产经营活动中发生的下列利息支出，准予扣除：

①非金融企业向金融企业借款的利息支出、金融企业的各项存款利息支出和同业拆借利息支出、企业经批准发行债券的利息支出。

②非金融企业向非金融企业借款的利息支出，不超过按照金融企业同期同类贷款利率计算的数额的部分。

企业为购置、建造固定资产、无形资产和经过 12 个月以上的建造才能达到预定可销售状态的存货发生借款的，在有关资产购置、建造期间发生的合理的借款费用，应当作为资本性支出计入有关资产的成本，并依照规定扣除。

【例题 2】H 公司因资金困难，经批准向职工集资 420 万元，利率 12％，全年支付集资利息 45 万元。同期银行贷款利率 9％。计算 H 公司税前可扣除的利息。

【答案】准予支付的利息＝420×9％＝37.8（万元），小于实际支付利息，故税前可扣除的利息为 37.8 万元，超额 7.2 万元应调增应纳税所得额。

（5）汇兑损失。企业在货币交易中，以及纳税年度终了时将人民币以外的货币性资产、负债按照期末即期人民币汇率中间价折算为人民币时产生的汇兑损失，除已经计入有关资产成本以及与向所有者进行利润分配相关的部分外，准予扣除。

（6）业务招待费。企业发生的与生产经营活动有关的业务招待费支出，按照发生额的 60％扣除，但最高不得超过当年销售（营业）收入的 5‰。

【例题 3】公司年销售净额 7200 万元，业务招待费支出 90 万元，计算税前可扣除的业务招待费额度。

【答案】扣除限额＝90×60％＝54（万元）

最高限额＝7200×5‰＝36（万元）

税前可扣除的业务招待费额度为 36 万元，超额 54 万元应调增应税所得额。

（7）广告费和业务宣传费。企业发生的符合条件的广告费和业务宣传费支出，除国务院财政、税务主管部门另有规定外，不超过当年销售（营业）收入 15% 的部分，准予扣除；超过部分，准予在以后纳税年度结转扣除。

（8）手续费和佣金支出。企业发生与生产经营有关的手续费及佣金支出，不超过以下规定计算限额以内的部分，准予扣除；超过部分，不得扣除。

①保险企业：财产保险企业按当年全部保费收入扣除退保金等后余额的 15%（含本数，下同）计算限额；人身保险企业按当年全部保费收入扣除退保金等后余额的 10% 计算限额。

②其他企业：按与具有合法经营资格中介服务机构或个人（不含交易双方及其雇员、代理人和代表人等）所签订服务协议或合同确认的收入金额的 5% 计算限额。

企业应与具有合法经营资格中介服务企业或个人签订代办协议或合同，并按国家有关规定支付手续费及佣金。除委托个人代理外，企业以现金等非转账方式支付的手续费及佣金不得在税前扣除。企业为发行权益性证券支付给有关证券承销机构的手续费及佣金不得在税前扣除。

企业不得将手续费及佣金支出计入回扣、业务提成、返利、进场费等费用。

企业已计入固定资产、无形资产等相关资产的手续费及佣金支出，应当通过折旧、摊销等方式分期扣除，不得在发生当期直接扣除。

企业支付的手续费及佣金不得直接冲减服务协议或合同金额，并如实入账。

企业应当如实向当地主管税务机关提供当年手续费及佣金计算分配表和其他相关资料，并依法取得合法真实凭证。

（9）环境保护、生态恢复等方面的专项资金。企业依照法律、行政法规有关规定提取的用于环境保护、生态恢复等方面的专项资金，准予扣除。上述专项资金提取后改变用途的，不得扣除。

（10）财产保险费。企业参加财产保险，按照规定缴纳的保险费，准予扣除。

（11）租赁费。企业根据生产经营活动的需要租入固定资产支付的租赁费，按照以下方法扣除：

①以经营租赁方式租入固定资产发生的租赁费支出，按照租赁期限均匀扣除。

②以融资租赁方式租入固定资产发生的租赁费支出，按照规定构成融资租入固定资产价值的部分应当提取折旧费用，分期扣除。

（12）劳动保护费。企业发生的合理的劳动保护支出，准予扣除。

（13）总机构管理费。企业之间支付的管理费、企业内营业机构之间支付的租金和特许权使用费，以及非银行企业内营业机构之间支付的利息，不得扣除。

非居民企业在中国境内设立的机构、场所，就其中国境外总机构发生的与该机构、场所生产经营有关的费用，能够提供总机构出具的费用汇集范围、定额、分配依据和方法等证明文件，并合理分摊的，准予扣除。

（14）公益性捐赠支出。企业发生的公益性捐赠支出，在年度利润总额 12% 以内的部分，准予在计算应纳税所得额时扣除。年度利润总额，是指企业依照国家统一会计制度的规定计算的年度会计利润。

公益性捐赠，是指企业通过公益性社会团体或者县级以上人民政府及其部门，用于《中华人民共和国公益事业捐赠法》规定的公益事业的捐赠。

【例题4】某公司向符合企业所得税法优惠条件，经认定的公益性社会团体A基金会捐赠货币性资产和非货币性资产合计80万元，2008年该企业按照国家统一会计制度计算的会计利润总额为（利润表中的利润额）700万元，则企业向A基金会捐赠的扣除限额为84万元（700×12%），企业实际捐赠数额为100万元，大于扣除限额的16万元（100－84）应调增应纳税所得额。

（五）不准扣除项目的确定

在计算应纳税所得额时，下列支出不得扣除：

（1）向投资者支付的股息、红利等权益性投资收益款项。

（2）企业所得税税款。

（3）税收滞纳金。

（4）罚金、罚款和被没收财务的损失。

（5）税法规定以外的捐赠支出。

（6）赞助支出。赞助支出是指企业发生的与生产经营活动无关的各种非广告性质支出。

（7）未经核定的准备金支出。未经核定的准备金支出是指不符合国务院财政、税务主管部门规定的各项资产减值准备、风险准备等准备金支出。

（8）与取得收入无关的其他支出。

二、资产的税务处理

企业的各项资产，包括固定资产、生物资产、无形资产、长期待摊费用、投资资产、存货等，以历史成本为计税基础。历史成本，是指企业取得该项资产时实际发生的支出。

企业持有各项资产期间资产增值或者减值，除国务院财政、税务主管部门规定可以确认损益外，不得调整该资产的计税基础。

（一）固定资产的税务处理

固定资产，是指企业为生产产品、提供劳务、出租或者经营管理而持有的、使用时间超过12个月的非货币性资产，包括房屋、建筑物、机器、机械、运输工具以及其他与生产经营活动有关的设备、器具、工具等。

1. 固定资产的计税基础

固定资产按照以下方法确定计税基础：

（1）外购的固定资产，以购买价款和支付的相关税费以及直接归属于使该资产达到预定用途发生的其他支出为计税基础。

（2）自行建造的固定资产，以竣工结算前发生的支出为计税基础。

（3）融资租入的固定资产，以租赁合同约定的付款总额和承租人在签订租赁合同过程中发生的相关费用为计税基础；租赁合同未约定付款总额的，以该资产的公允价值和承租人在签订租赁合同过程中发生的相关费用为计税基础。

（4）盘盈的固定资产，以同类固定资产的重置完全价值为计税基础。

（5）通过捐赠、投资、非货币性资产交换、债务重组等方式取得的固定资产，以该资产的公允价值和支付的相关税费为计税基础。

（6）改建的固定资产，除企业所得税法规定的支出外，以改建过程中发生的改建支出增加计税基础。

2. 固定资产的折旧范围

计算应纳税所得额时，企业按照规定计算的固定资产折旧，准予扣除。

下列固定资产不得计算折旧扣除：

（1）房屋、建筑物以外未投入使用的固定资产。

（2）以经营租赁方式租入的固定资产。

（3）以融资租赁方式租出的固定资产。

（4）已足额提取折旧仍继续使用的固定资产。

（5）与经营活动无关的固定资产。

（6）单独估价作为固定资产入账的土地。

（7）其他不得计算折旧扣除的固定资产。

3. 固定资产的折旧方法

（1）固定资产按照直线法计算的折旧，准予扣除。

（2）企业应当自固定资产投入使用月份的次月起计算折旧；停止使用的固定资产，应当自停止使用月份的次月起停止计算折旧。

（3）固定资产的预计净残值。企业应当根据固定资产的性质和使用情况，合理确定固定资产的预计净残值。固定资产的预计净残值一经确定，不得变更。

（4）从事开采石油、天然气等矿产资源的企业，在开始商业性生产前发生的费用和有关固定资产的折耗、折旧方法，由国务院财政、税务主管部门另行规定。

（5）企业由于技术进步，产品更新换代较快的固定资产或常年处于强震动、高腐蚀状态的固定资产。采取缩短折旧年限方法的，最低折旧年限不得低于规定折旧年限的60％；采取加速折旧方法的，可以采取双倍余额递减法或者年数总和法。

4. 固定资产的折旧的年限

除国务院财政、税务主管部门另有规定外，固定资产计算折旧的最低年限如下：

（1）房屋、建筑物，为20年。

（2）飞机、火车、轮船、机器、机械和其他生产设备，为10年。

（3）与生产经营活动有关的器具、工具、家具等，为5年。

（4）飞机、火车、轮船以外的运输工具，为4年。

（5）电子设备，为3年。

【例题5】公司10月投入使用生产设备一台，价值120万元，残值率为5％。为加速折旧，企业将折旧年限选为5年，而税法规定为10年。

【答案】准许扣除的折旧＝120×（1－5％）÷10＝11.4（万元）

实际提取折旧＝120×（1－5％）÷5＝22.8（万元）

应调增应纳税所得额＝22.8－11.4＝11.4（万元）

（二）生产性生物资产的税务处理

生产性生物资产，是指企业为生产农产品、提供劳务或者出租等而持有的生物资产，包括经济林、薪炭林、产畜和役畜等。

1. 生产性生物资产的计税基础

（1）外购的生产性生物资产，以购买价款和支付的相关税费为计税基础。

（2）通过捐赠、投资、非货币性资产交换、债务重组等方式取得的生产性生物资产，以该资产的公允价值和支付的相关税费为计税基础。

2. 生产性生物资产的折旧方法

（1）生产性生物资产按照直线法计算的折旧，准予扣除。

（2）企业应当自生产性生物资产投入使用月份的次月起计算折旧；停止使用的生产性生物资产，应当自停止使用月份的次月起停止计算折旧。

（3）企业应当根据生产性生物资产的性质和使用情况，合理确定生产性生物资产的预计净残值。生产性生物资产的预计净残值一经确定，不得变更。

3. 生产性生物资产计算折旧的最低年限

（1）林木类生产性生物资产，为10年。

（2）畜类生产性生物资产，为3年。

（三）无形资产的税务处理

无形资产，是指企业为生产产品、提供劳务、出租或者经营管理而持有的、没有实物形态的非货币性长期资产，包括专利权、商标权、著作权、土地使用权、非专利技术、商誉等。

1. 无形资产的计税基础按照以下方法确定

（1）外购的无形资产，以购买价款和支付的相关税费以及直接归属于使该资产达到预定用途发生的其他支出为计税基础。

（2）自行开发的无形资产，以开发过程中该资产符合资本化条件后至达到预定用途前发生的支出为计税基础。

（3）通过捐赠、投资、非货币性资产交换、债务重组等方式取得的无形资产，以该资产的公允价值和支付的相关税费为计税基础。

2. 无形资产的摊销范围

在计算应纳税所得额时，企业按照规定计算的无形资产摊销费用，准予扣除。

下列无形资产不得计算摊销费用扣除：

（1）自行开发的支出已在计算应纳税所得额时扣除的无形资产。

（2）自创商誉。

（3）与经营活动无关的无形资产。

（4）其他不得计算摊销费用扣除的无形资产。

3. 无形资产的摊销方法和年限

（1）无形资产按照直线法计算的摊销费用，准予扣除。

（2）无形资产的摊销年限不得低于 10 年。

（3）作为投资或者受让的无形资产，有关法律规定或者合同约定了使用年限的，可以按照规定或者约定的使用年限分期摊销。

（4）外购商誉的支出，在企业整体转让或者清算时，准予扣除。

（四）长期待摊费用的税务处理

长期待摊费用，是指企业发生的应当在一个年度以上或几个年度进行摊销的费用在计算应纳税所得额时，企业发生的下列支出作为长期待摊费用，按照规定摊销的，准予扣除：

（1）已足额提取折旧的固定资产的改建支出。

（2）租入固定资产的改建支出。

（3）固定资产的大修理支出。

（4）其他应当作为长期待摊费用的支出。

企业的固定资产修理支出可在发生当期直接扣除。企业的固定资产改良支出，如果有关固定资产尚未提足折旧，可增加固定资产价值；如有关固定资产已提足折旧，可作为长期待摊费用，在规定的期间内平均摊销。

固定资产的改建支出，是指改变房屋或者建筑物结构、延长使用年限等发生的支出。上述第（1）项规定的支出，按照固定资产预计尚可使用年限分期摊销；第（2）项规定的支出，按照合同约定的剩余租赁期限分期摊销。

改建的固定资产延长使用年限的，除上述第（1）项和第（2）项规定外，应当适当延长折旧年限。上述第（3）项所称固定资产的大修理支出，是指同时符合下列条件的支出：

①修理支出达到取得固定资产时的计税基础 50% 以上。

②修理后固定资产的使用年限延长 2 年以上。

上述第（4）项所称其他应当作为长期待摊费用的支出，自支出发生月份的次月起，分期摊销，摊销年限不得低于 3 年。

（五）投资资产的税务处理

投资资产，是指企业对外进行权益性投资和债权性投资形成的资产。企业对外投资期间，投资资产的成本在计算应纳税所得额时不得扣除。企业在转让或者处置投资资产时，投资资产的成本，准予扣除。

投资资产按照以下方法确定成本：

（1）通过支付现金方式取得的投资资产，以购买价款为成本。

（2）通过支付现金以外的方式取得的投资资产，以该资产的公允价值和支付的相关税费为成本。

（六）存货的税务处理

存货，是指企业持有以备出售的产品或者商品、处在生产过程中的在产品、在生产或者提供劳务过程中耗用的材料和物料等。企业使用或者销售存货，按照规定计算的存货成本，准予在计算应纳税所得额时扣除。

1. 存货的计税基础

存货按照以下方法确定成本：

（1）通过支付现金方式取得的存货，以购买价款和支付的相关税费为成本。

（2）通过支付现金以外的方式取得的存货，以该存货的公允价值和支付的相关税费为成本。

（3）生产性生物资产收获的农产品，以产出或者采收过程中发生的材料费、人工费和分摊的间接费用等必要支出为成本。

2. 存货的成本计算方法

企业使用或者销售的存货的成本计算方法，可以在先进先出法、加权平均法、个别计价法中选用一种。计价方法一经选用，不得随意变更。

（七）资产税务处理的其他规定

企业转让资产，该项资产的净值，准予在计算应纳税所得额时扣除。

资产的净值和财产净值，是指有关资产、财产的计税基础减除已经按照规定扣除的折旧、折耗、摊销、准备金等后的余额。

除国务院财政、税务主管部门另有规定外，企业在重组过程中，应当在交易发生时确认有关资产的转让所得或者损失，相关资产应当按照交易价格重新确定计税基础。

三、亏损弥补

一般企业发生年度亏损，可以用下一纳税年度的所得弥补；下一纳税年度所得不足弥补的，可以逐年延续弥补，但延续弥补期最长不得超过 5 年。5 年内不论纳税人是盈利还是亏损，都应连续计算弥补的年限。先亏先补，按顺序连续计算弥补期。企业在汇总计算缴纳企业所得税时，其境外营业机构的亏损不得抵减境内营业机构的盈利。

【例题 6】某公司历年盈利情况如表 16—1 所示（已经税务机关核实调整）。

表 16—1　某公司历年盈利情况　　　　　　　　　　单位：万元

年份	2000	2001	2002	2003	2004	2005	2006	2007	2008
利润	−100	10	−50	20	30	30	20	20	35

确定其获利年度。

【答案】2000 年亏损 100 万元，可弥补至 2005 年；2001～2005 年有利润的年度利润合计为 90 万元，用于弥补 2000 年亏损后尚有 10 万元不能弥补。

2002 年发生亏损 50 万元，可弥补至 2007 年。但 2003～2005 年的利润已用于弥补 2000 年的亏损，故只能用 2006 年和 2007 年两年的利润 40 万元弥补 2002 年的亏损，弥补后 2002 年尚有 10 万元亏损不能弥补。

虽然 2000 年、2002 年各有 10 万元亏损尚未弥补，但是它们的弥补期均已超过 5 年，因此，不能再用 2008 年的利润弥补。

2008 年成为第一个获利年度，35 万元利润是其应纳税所得额。

四、清算所得

清算所得是指企业清算时的全部资产或财产减除各项清算费用以及相关税费、损失、负债、企业未分配利润、公益金和公积金后的余额，超过实缴资本的部分。纳税人依法清算时，以其清算终了后的清算所得为纳税所得额，按规定缴纳所得税。

清算所得，是指企业的全部资产可变现价值或者交易价格减除资产净值、清算费用以及相关税费等后的余额。

投资方企业从被清算企业分得的剩余资产，其中相当于从被清算企业累计未分配利润和累计盈余公积中应当分得的部分，应当确认为股息所得；剩余资产减除上述股息所得后的余额，超过或者低于投资成本的部分，应当确认为投资资产转让所得或者损失。

五、应纳税所得额的计算

企业应纳税所得额是根据税收法规计算出来的，它在数额上与依据财务会计制度计算的利润总额往往不一致。因此，税法规定：对企业依照有关财务会计规定计算的利润总额，要依照税法的规定进行必要的调整后，才能作为应纳税所得额计算缴纳所得税。

（一）居民企业应纳税所得额的计算

居民企业应纳税所得额的计算一般有两种方法。

（1）直接计算法。在直接计算法下，居民企业每一纳税年度的收入总额减除不征税收入、免税收入、各项扣除以及允许弥补的以前年度亏损后的余额为应纳税所得额。计算公式与前述相同，即

应纳税所得额＝收入总额－不征税收入－免税收入－各项扣除金额－弥补亏损

（2）间接计算法。在间接计算法下，应纳税所得额是在利润总额的基础上，按税法规定加以调整确定的，计算公式为：

应纳税所得额＝会计利润总额±税收调整项目金额

由于间接计算法以现成的会计信息为基础，只对税法与会计准则不同的地方进行调整，因而比较简便易行，被广泛采用。

纳税提示：

　　需做纳税调整的项目包括调增、调减两个方面：

　　1. 调增的项目主要有：

　　（1）按会计准则允许从收入中扣除而税法规定不允许扣除的项目。

　　（2）超过税法规定允许扣除的范围和标准的项目。

　　（3）未计或少计应税收入的项目。

　　2. 调减的项目主要有：

　　（1）在规定的弥补期限内弥补上年度亏损的利润。

　　（2）免税收入和不征税收入。

　　（3）准予加计扣除的项目等。

（二）非居民企业应纳税所得额的计算

　　对于在中国境内未设立机构、场所的，或者虽设立机构、场所但是取得的所得与其所设机构、场所没有实际联系的非居民企业的所得，按照下列方法计算应纳税所得额，缴纳企业所得税。

　　（1）股息，红利等权益性投资收益和利息，租金，特许使用权使用费所得，以收入金额为应纳税所得额。

　　（2）转让财产所得，以收入全额减除财产净值后的余额为应纳税所得额。

　　（3）其他所得，参照前两项规定的方法计算应纳税所得额。

　　财产净值是指财产的计税基础减除已经按规定扣除的折旧、折耗、摊销、准备金等后的余额。

（三）企业应纳所得税额的计算

　　税法规定企业所得税采取"按年计算，分月或者分季预缴，年终汇算清缴，多退少补"的计算方法。

　　（1）按月（季）预缴所得税的计算方法。纳税人预缴所得税时，应当按纳税所得期限的实际数预缴，按实际数预缴有困难的，可以按上一年度应纳税所得额的 1/12 或 1/14 或者经当地税务机关认可的其他方法分期预缴所得税，预缴方法一经确定，不得随意改变。对境外投资所得可在年终汇算清缴。企业所得税的分月或者分季预缴，由主管税务机关根据纳税人应纳税额的大小，具体核定。

　　企业预缴所得税应纳税额的计算公式为：

　　应纳所得税额＝月份、季度实际应纳税所得额或上一年度应纳税所得额的 1/12 或 1/4×适用税率

　　【例题 7】某企业 2009 年第一季度实际利润 50 万元，按税法调整后应纳税所得额 55 万元，应预缴企业所得税计算如下：

应纳所得税额＝55×25％＝13.75（万元）

（2）年终汇算清缴的所得税的计算方法。年终汇算清缴应补（退）所得税额＝全年应纳税所得额×适用税率－本年累计预缴所得税税额

【例题8】企业全年应纳税所得额500万元，税率25％，并假设该企业1～11月份已缴所得税110万元，则年终汇算清缴应补所得税额计算如下：

该企业全年应纳所得税税额＝500×25％＝125（万元）

年终汇算清缴应补所得税额＝125－110＝15（万元）

（四）境外所得已纳税款抵免的计算

依据我国税法规定，纳税人来源于中国境外的所得，已在境外缴纳的所得税税款，准予在汇总纳税时，从其应纳税额中扣除；但是扣除抵免限额不得超过其境外所得依照我国企业所得税规定计算的应纳税额。

1. 可抵免的外国税收范围

企业取得的下列所得已在境外缴纳的所得税税额，可以从其当期应纳税额中抵免。

（1）居民企业来源于中国境外的应税所得。

（2）非居民企业在中国境内设立的机构、场所，取得发生在中国境外但与该机构、场所有实际联系的应税所得。

已在境外缴纳的所得税税额，是指企业来源于中国境外的所得依照中国境外税收法律以及相关规定应当缴纳并已经实际缴纳的企业所得税性质的税款。

（3）抵免限额的计算。

抵免限额，是指企业来源于中国境外的所得，依照企业所得税法和本条例的规定计算的应纳税额。除国务院财政、税务主管部门另有规定外，该抵免限额应当分国（地区）不分项计算，计算公式如下：

抵免限额＝中国境内、境外所得依照企业所得税法和本条例的规定计算的应纳税总额×来源于某国（地区）的应纳税所得额÷中国境内、境外应纳税所得总额

2. 抵免不足部分处理

纳税人来源于境外所得在境外实际缴纳的税款，低于依照上述规定和计算公式计算的抵免限额，可以从应纳税额中按实扣除；超过抵免限额的部分，可以在以后5个年度内，用每年度抵免限额抵免当年应抵税额后的余额进行抵补。所称五个年度，是指从企业取得的来源于中国境外的所得，已经在中国境外缴纳的企业所得税性质的税额超过抵免限额的当年的次年起连续五个纳税年度。

【例题9】某企业2008年度境内应纳税所得额为100万元，适用25％的企业所得税税率。该企业分别在A、B两国设有分支机构（我国与A、B两国已经缔结避免双重征税协定），在A国分支机构的应纳税所得额为60万元，A国企业所得税税率为20％；在B国分支机构的应纳税所得额为50万元，B国企业所得税税率为30％。该企业在A、B两国所得税按我国税法计算的应纳税所得额和按A、B两国税法计算的应纳税所得额一致，两个分支机构在A、B两国分别缴纳了10万元和14万元的企业所得税。

要求：计算该企业汇总时在我国应缴纳的企业所得税税额。

【答案】（1）该企业按我国税法计算的境内、境外所得的应纳税额。

应纳税额＝（100＋60＋50）×25％＝52.5（万元）

（2）A、B 两国的扣除限额。

A 国扣除限额＝［52.5×60÷（100＋60＋50）］＝15（万元）

B 国扣除限额＝［52.5×50÷（100＋60＋50）］＝12.5（万元）

在 A 国缴纳的所得税额为 10 万元，低于扣除限额 15 万元，可全额扣除。在 B 国缴纳的所得税额为 14 万元，高于扣除限额 12.5 万元，其超过扣除限额的部分 1.5 万元当年不能扣除。

（3）汇总时在我国应缴纳的所得税＝52.5－10－12.5＝30（万元）

非居民企业取得的所得，按照下列方法计算其应纳税所得额：

企业在汇总计算缴纳企业所得税时，其境外营业机构的亏损不得抵减境内营业机构的盈利。

（五）清算期应纳税所得税额的计算

纳税人依法进行清算时，要对其清算终了后的清算所得，依法缴纳企业所得税。清算所得应纳税额＝清算所得×适用税率

【例题 10】某公司属小型微利企业，因经营不善严重亏损，于 2010 年 6 月底宣布破产。经过清算，该企业资产盘盈 270 万元，存货变现收益 60 万元，无法偿还的应付账款 80 万元，应付未付职工工资 90 万元，发生清理费用 40 万元，企业拖欠的税款 18 万元，企业注册资本金 150 万元。试计算企业清算时应缴纳的企业所得税。

【答案】（1）清算所得＝270＋60＋80－40－90－18－150＝112（万元）

（2）应缴纳所得税税额＝112×20％＝22.4（万元）

【例题 11】某服装生产企业 2010 年度生产经营情况为：

（1）取得产品销售收入总额 1000 万元，已扣除折扣销售 80 万元，销售额与折扣额在一张发票上。

（2）准予扣除的产品销售成本为 540 万元。

（3）发生产品销售费用 110 万元，其中广告费用 45 万元。

（4）管理费用 90 万元，其中业务招待费 12 万元。

（5）不需资本化的借款利息 40 万元，其中 20 万元为向非金融机构借款发生利息，年利率为 5.5％，同期金融机构贷款年利率为 5％。

（6）应缴纳的增值税 30 万元、其他销售税费 70 万元。

（7）营业外支出 14 万元，其中通过政府向希望工程捐款 12 万元，直接向遭受自然灾害的学校捐款 2 万元，缴纳税收滞纳金 4 万元。

计算：企业当年应缴的企业所得税额。

【答案】企业当年应缴的企业所得税额计算如下：

（1）企业年度利润总额＝1000－540－110－90－40－70－14＝136（万元）

（2）广告费扣除限额＝1000×15％＝150（万元）

实际发生广告费 45 万元未超标准。

（3）业务招待费扣除限额＝1000×5‰＝5（万元）

实际发生的业务招待费的 60％＝12×60％＝7.2（万元）

超标业务招待费＝12－5＝7（万元）

（4）向非金融机构借款发生利息扣除限额＝20÷5.5‰×5‰＝18.18（万元）

实际发生的向非金融机构借款发生利息为 20 万元。

超标借款利息＝20－18.18＝1.82（万元）

（5）公益性捐赠扣除限额＝136×12％＝16.32（万元）

通过政府向希望工程捐款 12 万元未超标；直接向遭受自然灾害的学校捐款 2 万元不符合公益性捐赠要求，不得扣除。

（6）缴纳税收滞纳金 4 万元不得在税前扣除。

（7）应纳税所得额＝136＋5＋1.82＋16.32＋2＋4＝165.14（万元）

（8）应纳企业所得税＝165.14×25％＝41.285（万元）

（六）核定征收

1. 核定征收的范围

纳税人具有下列情形之一的，核定征收企业所得税：

（1）依照法律、行政法规的规定可以不设置账簿的。

（2）依照法律、行政法规的规定应当设置但未设置账簿的。

（3）擅自销毁账簿或者拒不提供纳税资料的。

（4）虽设置账簿，但账目混乱或者成本资料、收入凭证、费用凭证残缺不全，难以查账的。

（5）发生纳税义务，未按照规定的期限办理纳税申报，经税务机关责令限期申报，逾期仍不申报的。

（6）申报的计税依据明显偏低，又无正当理由的。

2. 应纳税额核定方法

（1）参照当地同类行业或者类似行业中经营规模和收入水平相近的纳税人的税负水平核定。

（2）按照应税收入额或成本费用支出额定率核定。

（3）按照耗用的原材料、燃料、动力等推算或测算核定。

（4）按照其他合理方法核定。

采用前款所列一种方法不足以正确核定应纳税所得额或应纳税额的，可以同时采用两种以上的方法核定。采用两种以上方法测算的应纳税额不一致时，可按测算的应纳税额从高核定。

3. 核定其应税所得率

税务机关应根据纳税人具体情况，对核定征收企业所得税的纳税人，核定应税所得率或者核定应纳所得税额。具有下列情形之一的，核定其应税所得率：

（1）能正确核算（查实）收入总额，但不能正确核算（查实）成本费用总额的。

（2）能正确核算（查实）成本费用总额，但不能正确核算（查实）收入总额的。

（3）通过合理方法，能计算和推定纳税人收入总额或成本费用总额的。

纳税人不属于以上情形的，核定其应纳所得税额。

实行应税所得率方式核定征收企业所得税的纳税人，经营多业的，无论其经营项目是否单独核算，均由税务机关根据其主营项目确定适用的应税所得率。

主营项目应为纳税人所有经营项目中，收入总额或者成本（费用）支出额或者耗用原材料、燃料、动力数量所占比重最大的项目。

4. 应纳税额的计算

采用应税所得率方式核定征收企业所得税的，应纳所得税额计算公式如下：

应纳所得税额＝应纳税所得额×适用税率

应纳税所得额＝应税收入额×应税所得率

或：应纳税所得额＝成本（费用）支出额÷（1－应税所得率）×应税所得率

应税所得率按表16－2规定的幅度标准确定。

表16－2　应税所得率幅度标准

行　业	应税所得率（%）
农、林、牧、渔业	3～10
制造业	5～15
批发和零售贸易业	4～15
交通运输业	7～15
建筑业	8～20
饮食业	8～25
娱乐业	15～30
其他行业	10～30

纳税人的生产经营范围、主营业务发生重大变化，或者应纳税所得额或应纳税额增减变化达到20%的，应及时向税务机关申报调整已确定的应纳税额或应税所得率。

六、税收优惠

（1）企业从事下列项目的所得，免征企业所得税。

①蔬菜、谷物、薯类、油料、豆类、棉花、麻类、糖料、水果、坚果的种植。

②农作物新品种的选育。

③中药材的种植。

④林木的培育和种植。

⑤牲畜、家禽的饲养。

⑥林产品的采集。

⑦灌溉、农产品初加工、兽医、农技推广、农机作业和维修等农、林、牧、渔服务业项目。

⑧远洋捕捞。

（2）企业从事下列项目的所得，减半征收企业所得税。

①花卉、茶以及其他饮料作物和香料作物的种植。

②海水养殖、内陆养殖。

企业从事国家限制和禁止发展的项目，不得享受企业所得税优惠。

（3）企业从事规定的国家重点扶持的公共基础设施项目的投资经营的所得，自项目取得第一笔生产经营收入所属纳税年度起，第一年至第三年免征企业所得税，第四年至第六年减半征收企业所得税。国家重点扶持的公共基础设施项目，是指《公共基础设施项目企业所得税优惠目录》规定的港口码头、机场、铁路、公路、城市公共交通、电力、水利等项目。

企业承包经营、承包建设和内部自建自用，不得享受规定的企业所得税优惠。

（4）企业从事规定的符合条件的环境保护、节能节水项目的所得，自项目取得第一笔生产经营收入所属纳税年度起，第一年至第三年免征企业所得税，第四年至第六年减半征收企业所得税。符合条件的环境保护、节能节水项目，包括公共污水处理、公共垃圾处理、沼气综合开发利用、节能减排技术改造、海水淡化等。项目的具体条件和范围由国务院财政、税务主管部门商国务院有关部门制定，报国务院批准后公布施行。

享受减免税优惠的项目，在减免税期限内转让的，受让方自受让之日起，可以在剩余期限内享受规定的减免税优惠；减免税期限届满后转让的，受让方不得就该项目重复享受减免税优惠。

（5）企业从事符合条件的技术转让所得免征、减征企业所得税，是指一个纳税年度内，居民企业技术转让所得不超过500万元的部分，免征企业所得税；超过500万元的部分，减半征收企业所得税。

（6）非居民企业取得企业所得税法规定的所得，减按10％的税率征收企业所得税。

（7）下列所得可以免征企业所得税：

①外国政府向中国政府提供贷款取得的利息所得。

②国际金融组织向中国政府和居民企业提供优惠贷款取得的利息所得。

③经国务院批准的其他所得。

（8）符合条件的小型微利企业，减按20％的税率征收企业所得税。

符合条件的小型微利企业，是指从事国家非限制和禁止行业，并符合下列条件的企业：

①工业企业，年度应纳税所得额不超过30万元，从业人数不超过100人，资产总额不超过3000万元。

②其他企业，年度应纳税所得额不超过30万元，从业人数不超过80人，资产总额

不超过 1000 万元。

（9）国家重点扶持的高新技术企业，减按 15％的税率征收企业所得税。

国家需要重点扶持的高新技术企业，是指拥有核心自主知识产权，并同时符合下列条件的企业：

①产品（服务）属于《国家重点支持的高新技术领域》规定的范围。

②研究开发费用占销售收入的比例不低于规定比例。

③高新技术产品（服务）收入占企业总收入的比例不低于规定比例。

④科技人员占企业职工总数的比例不低于规定比例。

⑤高新技术企业认定管理办法规定的其他条件。

《国家重点支持的高新技术领域》和高新技术企业认定管理办法由国务院科技、财政、税务主管部门商国务院有关部门制定，报国务院批准后公布施行。

民族自治地方的自治机关对本民族自治地方的企业应纳税的企业所得税中属于地方分享的部分，可以决定减征或者免征。自治州、自治县决定减征或者免征的，需报省、自治区、直辖市人民政府批准。

民族自治地方，是指依照《中华人民共和国民族区域自治法》的规定，实行民族区域自治的自治区、自治州、自治县。

对民族自治地方内国家限制和禁止行业的企业，不得减征或者免征企业所得税。

（10）企业的下列支出，可以在计算应纳税所得额时加计扣除：

①开发新技术、新产品、新工艺发生的研究开发费用。研究开发费用的加计扣除，是指企业为开发新技术、新产品、新工艺发生的研究开发费用，未形成无形资产计入当期损益的，在按照规定据实扣除的基础上，按照研究开发费用的 50％加计扣除；形成无形资产的，按照无形资产成本的 150％摊销。

②安置残疾人员及国家鼓励安置的其他就业人员所支付的工资。企业安置残疾人员所支付的工资的加计扣除，是指企业安置残疾人员的，在按照支付给残疾职工工资据实扣除的基础上，按照支付给残疾职工工资的 100％加计扣除。残疾人员的范围适用《中华人民共和国残疾人保障法》的有关规定。

企业安置国家鼓励安置的其他就业人员所支付的工资的加计扣除办法，由国务院另行规定。

（11）创业投资企业从事国家需要重点扶持和鼓励的创业投资，可以按投资额的一定比例抵扣应纳税所得额。抵扣应纳税所得额，是指创业投资企业采取股权投资方式投资于未上市的中小高新技术企业两年以上的，可以按照其投资额的 70％在股权持有满两年的当年抵扣该创业投资企业的应纳税所得额；当年不足抵扣的，可以在以后纳税年度结转抵扣。

（12）企业的固定资产由于技术进步等原因，确需加速折旧的，可以缩短折旧年限或者采取加速折旧的方法。

可以采取缩短折旧年限或者采取加速折旧的方法的固定资产，包括：

①由于技术进步，产品更新换代较快的固定资产。

②常年处于强震动、高腐蚀状态的固定资产。

采取缩短折旧年限方法的，最低折旧年限不得低于本条例第六十条规定折旧年限的60%；采取加速折旧方法的，可以采取双倍余额递减法或者年数总和法。

（13）企业综合利用资源，生产符合国家产业政策规定的产品所取得的收入，可以在计算应纳税所得额时减计收入。

减计收入，是指企业以《资源综合利用企业所得税优惠目录》规定的资源作为主要原材料，生产国家非限制和禁止并符合国家和行业相关标准的产品取得的收入，减按90%计入收入总额。

（14）企业购置用于环境保护、节能、节水、安全生产等专用设备的投资额，可以按一定比例实行税额抵免。

税额抵免，是指企业购置并实际使用《环境保护专用设备企业所得税优惠目录》、《节能节水专用设备企业所得税优惠目录》和《安全生产专用设备企业所得税优惠目录》规定的环境保护、节能节水、安全生产等专用设备的，该专用设备的投资额的10%可以从企业当年的应纳税额中抵免；当年不足抵免的，可以在以后5个纳税年度结转抵免。

企业所得税优惠的企业，应当实际购置并自身实际投入使用前款规定的专用设备；企业购置上述专用设备在5年内转让、出租的，应当停止享受企业所得税优惠，并补缴已经抵免的企业所得税税款。

企业所得税规定的税收优惠的具体办法，由国务院规定。

企业所得税优惠目录，由国务院财政、税务主管部门商国务院有关部门制订，报国务院批准后公布施行。

企业同时从事适用不同企业所得税待遇的项目的，其优惠项目应当单独计算所得，并合理分摊企业的期间费用；没有单独计算的，不得享受企业所得税优惠。

根据国民经济和社会发展的需要，或者由于突发事件等原因对企业经营活动产生重大影响的，国务院可以制定企业所得税专项优惠政策，报全国人民代表大会常务委员会备案。

七、源泉扣缴

（1）对非居民企业取得企业所得税法规定的所得应缴纳的所得税，实行源泉扣缴，以支付人为扣缴义务人。税款由扣缴义务人在每次支付或者到期应支付时，从支付或者到期应支付的款项中扣缴。支付人，是指依照有关法律规定或者合同约定对非居民企业直接负有支付相关款项义务的单位或者个人。

支付，包括现金支付、汇拨支付、转账支付和权益兑价支付等货币支付和非货币支付。

到期应支付的款项，是指支付人按照权责发生制原则应当计入相关成本、费用的应付款项。

（2）对非居民企业在中国境内取得工程作业和劳务所得应缴纳的所得税，税务机关可以指定工程价款或者劳务费的支付人为扣缴义务人。可以指定扣缴义务人的情形，包括：

①预计工程作业或者提供劳务期限不足一个纳税年度，且有证据表明不履行纳税义务的。

②没有办理税务登记或者临时税务登记，且未委托中国境内的代理人履行纳税义务的。

③未按照规定期限办理企业所得税纳税申报或者预缴申报的。

扣缴义务人，由县级以上税务机关指定，并同时告知扣缴义务人所扣税款的计算依据、计算方法、扣缴期限和扣缴方式。

（3）依照企业所得税法规定应当扣缴的所得税，扣缴义务人未依法扣缴或者无法履行扣缴义务的，由纳税人在所得发生地缴纳。纳税人未依法缴纳的，税务机关可以从该纳税人在中国境内其他收入项目的支付人应付的款项中，追缴该纳税人的应纳税款。

所得发生地，是指依照规定的原则确定的所得发生地。在中国境内存在多处所得发生地的，由纳税人选择其中之一申报缴纳企业所得税。

纳税人在中国境内其他收入，是指该纳税人在中国境内取得的其他各种来源的收入。

（4）税务机关在追缴该纳税人应纳税款时，应当将追缴理由、追缴数额、缴纳期限和缴纳方式等告知该纳税人。

（5）扣缴义务人每次代扣的税款，应当自代扣之日起七日内缴入国库，并向所在地的税务机关报送扣缴企业所得税报告表。

八、特别纳税调整

（1）企业与其关联方之间的业务往来，不符合独立交易原则而减少企业或者关联方应纳税收入或者所得额的，税务机关有权按照合理方法调整。企业与关联方同时开发、受让无形资产，或者共同提供、接受劳务发生的成本，在计算应纳税所得额时应当按照独立交易原则进行分摊。关联方，是指与企业有下列关联关系之一的企业、其他组织或者个人：

①在资金、经营、购销等方面存在直接或者间接的控制关系。

②直接或者间接地同为第三者控制。

③在利益上具有相关联的其他关系。

独立交易原则，是指没有关联关系的交易各方，按照公平成交价格和营业常规进行业务往来遵循的原则。

所称合理方法，包括：

①可比非受控价格法，是指按照没有关联关系的交易各方进行相同或者类似业务往来的价格进行定价的方法。

②再销售价格法，是指按照从关联方购进商品再销售给没有关联关系的交易方的价格，减除相同或者类似业务的销售毛利进行定价的方法。

③成本加成法，是指按照成本加合理的费用和利润进行定价的方法。

④交易净利润法，是指按照没有关联关系的交易各方进行相同或者类似业务往来取得的净利润水平确定利润的方法。

⑤利润分割法，是指将企业与其关联方的合并利润或者亏损在各方之间采用合理标准进行分配的方法。

⑥其他符合独立交易原则的方法。

（2）企业可以依照企业所得税法的规定，按照独立交易原则与其关联方分摊共同发生的成本，达成成本分摊协议。

企业与其关联方分摊成本时，应当按照成本与预期收益相配比的原则进行分摊，并在税务机关规定的期限内，按照税务机关的要求报送有关资料。

企业与其关联方分摊成本时违反规定的，其自行分摊的成本不得在计算应纳税所得额时扣除。

（3）企业可以向税务机关提出与其关联方之间业务往来的定价原则和计算方法，税务机关与企业协商、确认后，达成预约定价安排。

预约定价安排，是指企业就其未来年度关联交易的定价原则和计算方法，向税务机关提出申请，与税务机关按照独立交易原则协商、确认后达成的协议。

企业向税务机关报送年度企业所得税申报表时，应当就其与关联方之间的业务往来，附送年度关联业务往来报告表。

税务机关在进行关联业务调查时，企业及其关联方，以及与关联业务调查有关的其他企业，应当按照规定提供相关资料。

相关资料，包括：

①与关联业务往来有关的价格、费用的制定标准、计算方法和说明等同期资料。

②关联业务往来所涉及的财产、财产使用权、劳务等的再销售（转让）价格或者最终销售（转让）价格的相关资料。

③与关联业务调查有关的其他企业应当提供的与被调查企业可比的产品价格、定价方式以及利润水平等资料。

④其他与关联业务往来有关的资料。

与关联业务调查有关的其他企业，是指与被调查企业在生产经营内容和方式上相类似的企业。

企业应当在税务机关规定的期限内提供与关联业务往来有关的价格、费用的制定标准、计算方法和说明等资料。关联方以及与关联业务调查有关的其他企业应当在税务机关与其约定的期限内提供相关资料。

企业不提供与其关联方之间业务往来资料，或者提供虚假、不完整资料，未能真实反映其关联业务往来情况的，税务机关有权依法核定其应纳税所得额。

税务机关依照企业所得税的规定核定企业的应纳税所得额时，可以采用下列方法：

①参照同类或者类似企业的利润率水平核定。

②按照企业成本加合理的费用和利润的方法核定。

③按照关联企业集团整体利润的合理比例核定。

④按照其他合理方法核定。

企业对税务机关按照前款规定的方法核定的应纳税所得额有异议的，应当提供相关证据，经税务机关认定后，调整核定的应纳税所得额。

控制，包括：

①居民企业或者中国居民直接或者间接单一持有外国企业10%以上有表决权股份，且由其共同持有该外国企业50%以上股份。

②居民企业，或者居民企业和中国居民持股比例没有达到第①项规定的标准，但在股份、资金、经营、购销等方面对该外国企业构成实质控制。

企业所得税法所称实际税负明显低于企业所得税规定税率水平，是指低于企业所得税法规定税率的50%。

（4）企业从关联方接受的债权性投资与权益性投资的比例超过规定标准而发生的利息支出，不得在计算应纳税所得额时扣除。

债权性投资，是指企业直接或者间接从关联方获得的，需要偿还本金和支付利息或者需要以其他具有支付利息性质的方式予以补偿的融资。

企业间接从关联方获得的债权性投资，包括：

①关联方通过无关联第三方提供的债权性投资。

②无关联第三方提供的、由关联方担保且负有连带责任的债权性投资。

③其他间接从关联方获得的具有负债实质的债权性投资。

权益性投资，是指企业接受的不需要偿还本金和支付利息，投资人对企业净资产拥有所有权的投资。

（5）企业实施其他不具有合理商业目的的安排而减少其应纳税收入或者所得额的，税务机关有权按照合理方法调整。不具有合理商业目的，是指以减少、免除或者推迟缴纳税款为主要目的。

（6）税务机关根据税收法律、行政法规的规定，对企业作出特别纳税调整的，应当对补征的税款，自税款所属纳税年度的次年6月1日起至补缴税款之日止的期间，按日加收利息。按规定加收的利息，不得在计算应纳税所得额时扣除。

税务机关依照税收法律、行政法规规定作出纳税调整，需要补征税款的，应当补征税款，并按照国务院规定加收利息。利息，应当按照税款所属纳税年度中国人民银行公布的与补税期间同期的人民币贷款基准利率加5个百分点计算。企业依照企业所得税法的规定提供有关资料的，可以只按规定的人民币贷款基准利率计算利息。

（7）企业与其关联方之间的业务往来，不符合独立交易原则，或者企业实施其他不具有合理商业目的安排的，税务机关有权在该业务发生的纳税年度起10年内，进行纳税调整。

居民企业从其直接或者间接控制的外国企业分得的来源于中国境外的股息、红利等权益性投资收益，外国企业在境外实际缴纳的所得税税额中属于该项所得负担的部分，可以作为该居民企业的可抵免境外所得税税额，在规定的抵免限额内抵免。

直接控制，是指居民企业直接持有外国企业20%以上股份。

间接控制，是指居民企业以间接持股方式持有外国企业20%以上股份，具体认定办法由国务院财政、税务主管部门另行制定。

企业依照企业所得税法的规定抵免企业所得税税额时，应当提供中国境外税务机关出具的税款所属年度的有关纳税凭证。

企业纳税年度发生的亏损，准予向以后年度结转，用以后年度的所得弥补，但结转年限最长不得超过五年。

第四节　企业所得税的账务处理

根据《企业会计准则第 18 号——所得税》，我国所得税会计采用资产负债表债务法。资产负债表债务法是从资产负债表出发，通过比较资产负债表上列示的资产、负债按照会计准则规定确定的账面价值与按照税法确定的计税基础，对于两者之间的差额分别就纳税暂时性差异和可抵扣暂时性差异，确认相关的递延所得税资产，并在此基础上确定每一会计期间利润表中的所得税费用。

一、资产负债表债务法的理论基础

资产负债表债务法从资产负债角度考虑，资产的账面价值代表的是某项资产在持续持有及最终处置的一定期间为企业带来未来经济利益的总额，而其计税基础代表的是该期间内按照税法规定就该项资产可以税前扣除的总额。资产的账面价值小于其计税基础的，表明该项资产于未来期间产生的经济利益流入因素，减少未来期间以应交所得税的方式流出企业的经济利益，应确认为递延所得税资产。反之，一项资产的账面价值大于其计税基础的，两者之间的差额会增加企业于未来期间的应纳税所得额，对企业形成经济利益流出的义务，应确认为递延所得税负债。

二、资产、负债的计税基础

在确定资产、负债的计税基础时，应严格遵循税收法规中对于资产的税务处理以及可税前扣除的费用等规定。

（一）资产的计税基础

资产的计税基础是指企业收回资产账面价值过程中，计算应纳税所得额时按照税法规定可以自应税经济利益中抵扣的金额，即该项资产在未来期间计税时按照税法规定可以税前扣除的金额。资产在初始确认时，其计税基础一般为取得成本。在资产持续持有的过程中，其计税基础是指资产的取得成本减去以前期间按照税法规定已经税前扣除的金额后的余额。如固定资产、无形资产等长期资产在某一资产负债表日的计税基础是指该资产的实际成本扣减按照税法规定已在以前期间税前扣除的累计折旧额或累摊销额后的金额。即通常情况下，资产取得时其入账价值与计税基础是相同的，后续计量因会计准则规定与税法规定不同，可能造成账面价值与计税基础的差异。资产账面价值与计税基础可能存在差异的主要有：固定资产、无形资产、交易性金融资产、可供出售金融资产、长期股权投资、其他计提减值准备的资产等。

1. 固定资产

固定资产会计与税收处理的差异主要来自折旧方法、折旧年限的不同以及固定资产减值准备的提取。

【例题12】某企业于2010年12月10日取得某项固定资产原价200000元，预计可使用5年，无残值。按税法规定采用平均年限法，每年计提折旧40000元，企业会计核算采用双倍余额递减法，每年以40%的折旧率计提折旧。2011年12月31日企业估计该项固定资产的可回收金额为90000元。

【答案】2011年12月31日，该项固定资产的账面余额＝200000－200000×40%＝120000（元），该账面余额大于可回收金额90000元，两者之间的差额应计提30000元的固定资产减值准备。

2011年12月31日，该项固定资产的账面价值＝200000－200000×40%－30000＝90000（元）

该项固定资产的计税基础＝200000－40000＝160000（元）

该固定资产的账面价值9万元与其计税基础16万元之间的差额7万元，因其在未来期间会减少企业的应纳税所得额和应交所得税，为可抵扣暂时差异，应确认与其相关的递延所得税资产。

【例题13】某股份有限公司2009年12月5日购入设备原价为242万元，预计残值为2万元，税法规定的折旧年限为5年，公司会计核算按6年计提折旧，会计与税收均采用直线法计提折旧。假定本例中固定资产未发生减值，确定该项固定资产在2010年12月31日的账面价值及计税基础。

该项固定资产在2010年12月31日的账面价值＝242－2－（242－2）÷6＝200（万元）

该项固定资产在2010年12月31日的计税基础＝242－2－（242－2）÷5＝192（万元）

该项固定资产的账面价值200万元与其计税基础192万元之间的差额8万元，意味着企业将于未来期间增加应纳税所得额和应交所得税，属于应纳税暂时性差异，应确认相应的递延所得税负债。

2. 无形资产

除内部研究开发形成的无形资产以外，其他形式取得的无形资产，初始确认时按照会计准则规定确定的入账价值与按税法规定确定的计税成本之间一般不存在差异。无形资产的差异主要产生于内部研究开发形成的无形资产以及使用寿命不确定的无形资产。

3. 金融资产

以公允价值计量且其变动计入当期损益的金融资产，其于某一会计期末的账面价值为公允价值，如果税法规定按照企业会计准则确认的公允价值变动损益在计税时不予考虑，即有关金融资产在某一会计期末的计税基础为其取得成本，会造成该类金融资产账面价值与其计税基础之间的差异。

4. 其他资产

因企业会计准则规定与税法规定不同，企业持有的其他资产，可能造成其账面价值与计税基础之间存在差异。如投资性房地产、其他计提了资产减值准备的各项资产。

【例题 14】某公司 2010 年末存货账面余额 150 万元，已提存货跌价准备 60 万元。按照企业会计准则规定，存货账面价值为 90 万元，如果按照税法规定，存货在持有期间公允价值变动不计入应纳税所得额。所以，存货的计税基础仍为 150 万元。

（二）负债的计税基础

负债的计税基础是指负债的账面价值减去未来期间计算应纳税所得额时按照税法规定可予抵扣的金额。一般而言，短期借款、应付票据、应付账款、其他应交款等负债的确认和偿还，不会对当期损益和应纳税所得额产生影响，其计税基础即为账面价值。

某些情况下，负债的确认可能会涉及损益，进而影响不同期间的应纳税所得额，使得其计税基础与账面价值之间产生差额，如按照会计规定确认的某些预计负债。

例如，某企业因某或有事项在当期确认了 80 万元的预计负债，计入当期损益。按照税法规定，与预计负债相关的费用在实际发生时税前扣除，该负债的计税基础为 0，形成会计上的账面价值与计税基础之间的暂时性差异。

三、暂时性差异

暂时性差异是指资产、负债的账面价值与其计税基础不同产生的差额。

一项资产的计税基础＝未来税前列支的金额

某一资产负债日的计税基础＝成本－前期间已税前列支的金额

负债的计税基础＝账面价值－未来可税前列支的金额

暂时性差异包括两种情况：

（1）一项资产或负债的账面价值与其计税基础之间的差额。

【例题 15】某企业支付 120 万元取得一项交易性金融资产，当期期末市价为 145 万元。在会计上，交易性金融资产期末按公允价值计量，公允价值变动计入当期损益；而税法规定只能按成本计量。因此，交易性金融资产账面价值为 145 万元，而计税基础为 120 万元，产生了应纳税暂时性差异 25 万元。

（2）未作为资产和负债确认的项目，按照税法规定可以确定其计税基础的，该计税基础与其账面价值之间的差额，也属于暂时性差异。

【例题 16】某企业自行开发并依法申请取得一项专利权。会计上将专利取得确认前的研发费用 18 万元直接进入当期损益，仅按申报费等共计 0.4 万元计入无形资产。但按税法的规定该项专利权要按开发过程中的实际支出计价，将来再逐期摊销，即税务部门允许在未来期间作为抵扣项目的 18.4 万元，与会计上专利权这项资产的账面金额 0.4 万元之间的差额 18 万元形成可抵扣暂时性差异。

暂时性差异的确定：

资产暂时性差异＝资产账面价值－资产计税基础

负债暂时性差异＝负债账面价值－负债计税基础＝未来期间可税前扣除的金额

暂时性差异根据其对未来期间应纳税所得额的影响，可分为应纳税暂时性差异和可抵扣暂时性差异。

应纳税暂时性差异是指在确定未来收回资产或清偿负债期间的应纳税所得额时，将导致产生应纳税金额的暂时性差异，即期末如果资产的账面价值比其计税基础高或负债的账面价值比其计税基础低。

【例题17】某固定资产原价为18万元，使用寿命估计为5年，假定无残值，会计上按直线法折旧，税法规定可以按加速折旧法（假定采用年数总和法）。则在利润表上反映为税法和会计制度确认折旧费用的时间不同，在第一年末，计算应纳税所得额时允许扣减的折旧费为6万元，而计算会计利润时折旧费用为3.6万元，从而产生了费用确认不同导致时间性差异2.4万元；在资产负债表上反映为计税基础12万元（18－6）和会计账面价值14.4万元（18－3.6），存在差异2.4万元（14.4－12），产生了应纳税暂时性差异2.4万元。

可抵扣暂时性差异是指在确定未来收回资产或清偿负债期间的应纳税所得额时，将导致产生可抵扣金额的暂时性差异，即期末如果资产的账面价值比其计税基础低或负债的账面价值比其计税基础高，产生可抵扣暂时性差异。

【例题18】企业将产品保修费用80000元确认为负债，计入当期损益。产品保修费用于实际支付时才能抵扣应纳税所得额。该项预计负债的计税基础为0。在以账面金额清偿该负债时，企业的未来应纳税所得额减少80000元，如果税率为25%，相应减少未来所得税支出20000元。账面金额与计税基础之间的差额80000元是一项可抵扣暂时性差异。

纳税提示：

依据资产、负债的账面价值与其计税基础存在的差异，可产生以下四种情况：

(1) 资产的账面价值大于其计税基础，产生应纳税暂时性差异。

(2) 资产的账面价值小于其计税基础，产生可抵扣暂时性差异。

(3) 负债的账面价值大于其计税基础，产生可抵扣暂时性差异。

(4) 负债的账面价值小于其计税基础，产生应纳税暂时性差异。

四、递延所得税资产和递延所得税负债

企业应当将当期和以前期间应交未交的所得税确认为负债，将已支付的所得税超过应支付的部分确认为资产。

企业应于资产负债表日，分析、比较资产、负债的账面价值与其计税基础，两者之间存在应纳税暂时性差异的，根据应纳税暂时性差异与适用所得税税率计算的结果确认

递延所得税负债。两者之间存在可抵扣暂时性差异的，根据可抵扣暂时性差异与适用所得税税率计算的结果确认递延所得税资产。然后确认相应的递延所得税费用（或收益）。

应纳税暂时性差异与可抵扣暂时性差异识别表如表16－3所示。

表16－3　应纳税暂时性差异与可抵扣暂时性差异的识别表

账面价值与计税基础	资　产	负　债
账面价值＞计税基础	应纳税暂时性差异 （递延所得税负债）	可抵扣暂时性差异 （递延所得税资产）
账面价值＜计税基础	可抵扣暂时性差异 （递延所得税资产）	应纳税暂时性差异 （递延所得税负债）

五、所得税费用的确认和计量

企业在计算确定当期应交所得税以及递延所得税费用（或收益）的基础上，应将两者之和（或差）确认为利润表的所得税费用（或收益），但不包括直接计入所有者权益的交易或事项的所得税影响，即

所得税费用（或收益）＝当期应交所得税＋递延所得税费用（－递延所得税收益）

会计科目设置及会计处理

【例题19】信达公司2010年12月31日资产负债表中有关项目账面价值及其计税基础如表16－4所示：

表16－4　信达公司资产负债表有关项目计算表　　　　　　　单位：万元

项目		账面价值	计税基础	暂时性差异	
				应纳税暂时性差异	可抵扣暂时性差异
1	交易性金融资产	118	100	18	
2	专利权	0.4	20.4		20
	合　计			18	20

假定除上述项目外，A企业和其他资产、负债的账面价值与其计税基础不存在差异，也不存在可抵扣亏损和税款抵减；A企业当期按照税法规定计算确定的应交所得税为200万元；企业预计在未来期间能够衍生足够的应纳税所得额用以抵扣可抵扣暂时性差异。

根据以上资料计算如下：

递延所得税负债＝18×25％＝4.5（万元）

递延所得税资产＝20×25％＝5（万元）

递延所得税收益＝5－4.5＝0.5（万元）

当期应交所得税＝200（万元）

所得税费用＝200－0.5＝199.5（万元）

六、会计科目的设置

1. "所得税费用"科目

"所得税费用"科目属于损益类科目，核算企业从本期损益中扣除的所得税费用。借方登记本期应交的所得税额，贷方登记期末时将本期的所得税额转入"本年利润"科目的数额。经过结转后，该科目无余额。

2. "递延所得税资产"科目

（1）"递延所得税资产"科目核算企业确认的可抵扣暂时性差异产生的递延所得税资产。根据税法规定可用以后年度税前利润弥补的亏损及税款抵减产生的所得税资产，也在本科目核算。本科目期末借方余额，反映企业确认的递延所得税资产。

本科目应按可抵扣暂时性差异等项目进行明细核算。

（2）递延所得税资产的账务处理。资产负债表日，企业确认的递延所得税资产，借记本科目，贷记"所得税费用——递延所得税费用"科目。资产负债表日递延所得税资产的应有余额大于其账面余额的，就按其差额确认，借记本科目，贷记"所得税费用——递延所得税费用"等科目；资产负债表日递延所得税资产的应有余额小于其账面余额的差额及资产负债表日预计未来期间很可能无法获得足够的应纳税所得额用以抵扣可抵扣暂时性差异做相反的会计分录。期末借方余额，反映企业确认的递延所得税资产。

企业合并中取得资产、负债的入账价值与其计税基础不同形成可抵扣暂时性差异的，应于购买日确认递延所得税资产，借记本科目，贷记"商誉"等科目。

与直接计入所有者权益的交易或事项相关的递延所得税资产，借记本科目，贷记"资本公积——其他资本公积"科目。

资产负债表日，预计未来期间很可能无法获得足够的应纳税所得额用以抵扣可抵扣暂时性差异的，按原已确认的递延所得税资产中应减记的金额，借记"所得税费用——递延所得税费用"、"资本公积——其他资本公积"等科目，贷记本科目。

3. "递延所得税负债"科目

（1）"递延所得税负债"科目核算企业确认的应纳税暂时性差异产生的所得税负债。本科目期末贷方余额，反映企业已确认的递延所得税负债。本科目按应纳税暂时性差异的项目进行明细核算。

（2）递延所得税负债的主要账务处理。资产负债表日，企业确认的递延所得税负债，借记"所得税费用——递延所得税费用"科目，贷记本科目。资产负债表日递延所得税负债应有余额大于其账面余额的，应按其差额确认，借记"所得税费用——递延所得税费用"科目；资产负债表日递延所得税负债的应有余额小于其账面余额的差额做相反的会计分录。

与直接计入所有者权益的交易或事项相关的递延所得税负债，借记"资本公积——其他资本公积"科目，贷记本科目。

企业合并中取得资产、负债的入账价值与其计税基础不同形成应纳税暂时性差异的，应于购买日确认递延所得税负债，借记"资本公积——其他资本公积"科目，贷记本科目。

4. "应交税费"科目

企业按照税法规定计算应交的所得税，借记"所得税费用"等科目，贷记本科目（应交所得税）。缴纳的所得税，借记本科目，贷记"银行存款"等科目。

5. 所得税费用举例

（1）当期所得税费用的会计处理。

【例题20】某企业根据其资产负债表有关项目列示的数字和有关账簿记录分析可知：本年度利润总额为400万元，无应纳税暂时性差异和可抵扣暂时性差异，适用的所得税税率为25%。编制有关会计分录如下（单位：万元）：

①计算应缴所得税时：

借：所得税费用——当期所得税费用　　　　　　　　　　　　　　100

　　贷：应交税费——应交所得税　　　　　　　　　　　　　　　　100

②实际缴纳所得税时：

借：应交税费——应交所得税　　　　　　　　　　　　　　　　　100

　　贷：银行存款　　　　　　　　　　　　　　　　　　　　　　　100

【例题21】2010年12月31日购入价值5000万元的设备，预计使用期5年，无残值。会计规定采用直线法计提折旧，每年折旧额为1000万元，税法规定采用双倍额递减法计提折旧，2011～2015年每年的折旧额分别为2000万元、1200万元、720万元、540万元、540万元。各年的利润总额为11000万元，适用税率为25%。

步骤一，确定产生暂时性差异的项目：设备账面价值与计税基础差异。

步骤二，确定各年的暂时性差异。

步骤三，确定各年的暂时性差异对纳税的影响，如表16—5所示。

表16—5　各年暂时性差异及该项差异对纳税的影响计算表　　　　单位：万元

年限	账面价值	计税基础	账面价值＞计税基础数	应纳税暂时性差异	递延所得税负债	会计利润	应税所得
初次确认	5000	5000					
2011年末	4000	3000	1000	1000	250	11000	10000
2012年末	3000	1800	1200	200	50	11000	10800
2013年末	2000	1080	920	−280	−70	11000	11280
2014年末	1000	540	460	−460	−115	11000	11460
2015年末	0	0		−460	−115	11000	11460

步骤四，确定所得税费用，应交所得税加减纳税影响等于当期所得税和递延所得税的总金额。

各年的会计分录如下（单位：万元）：

2011年末按税法计算应交所得税：

借：所得税费用——当期所得税费用	2500
贷：应交税费——应交所得税	2500

按所得税准则计算的递延所得税负债：

借：所得税费用——递延所得税费用	250
贷：递延所得税负债	250

2012年末按税法计算应交所得税：

借：所得税费用——当期所得税费用	2700
贷：应交税费——应交所得税	2700

按所得税准则计算的递延所得税负债：

借：所得税费用——递延所得税费用	50
贷：递延所得税负债	50

2013年末按税法计算应交所得税：

借：所得税费用——当期所得税费用	2820
贷：应交税费——应交所得税	2820
借：递延所得税负债	70
贷：所得税费用——递延所得税费用	70

2014年末按税法计算应交所得税：

借：所得税费用——当期所得税费用	2865
贷：应交税费——应交所得税	2865
借：递延所得税负债	115
贷：所得税费用——递延所得税费用	115

2015年末按税法计算应交所得税：

借：所得税费用——当期所得税费用	2865
贷：应交税费——应交所得税	2865
借：递延所得税负债	115
贷：所得税费用——递延所得税费用	115

（2）可抵扣暂时性差异的会计处理。可抵扣暂时性差异的会计处理与应税暂时性差异的会计处理基本程序相同。

【例题22】大江公司固定资产原值为80000万元（不考虑净残值），采用年限平均法计提固定资产折旧。税法规定折旧年限为8年，会计核算的折旧年限为4年。该企业前4年的税前会计利润为50000万元，后4年的税前会计利润为60000万元，各年的所得税税率均为25％。该企业预计在未来期间能够产生足够的应纳税所得额用来抵扣可抵扣暂时性差异。有关计算如表16－6所示。

表 16-6　各年暂时性差异及该项差异对纳税的影响计算表　　　　　单位：万元

年限	账面价值	计税基础	账面价值＜计税基础数	可抵扣暂时性差异	递延所得税资产	会计利润	应税所得
初次确认	80000	80000					
每一年末	60000	70000	10000	10000	2500	50000	60000
每二年末	40000	60000	20000	10000	2500	50000	60000
每三年末	20000	50000	30000	10000	2500	50000	60000
每四年末	0	40000	40000	10000	2500	50000	60000
每五年末	—	30000	30000	−10000	−2500	60000	50000
每六年末	—	20000	20000	−10000	−2500	60000	50000
每七年末	—	10000	10000	−10000	−2500	60000	50000
每八年末	—	0	0	−10000	−2500	60000	50000

第一年至第四年各年应交所得税、递延所得税资产及所得税费用的计算与核算（单位：万元）：

借：所得税费用——当期所得税费用　　　　　　　　　　　　　　15000

　　贷：应交税费——应交所得税　　　　　　　　　　　　　　　　15000

借：递延所得税资产　　　　　　　　　　　　　　　　　　　　2500

　　贷：所得税费用——递延所得税费用　　　　　　　　　　　　　　2500

第五年至第八年各年应交所得税额及所得税费用的计算与核算：

借：所得税费用——当期所得税费用　　　　　　　　　　　　　　12500

　　贷：应交税费——应交所得税　　　　　　　　　　　　　　　　12500

借：所得税费用——递延所得税费用　　　　　　　　　　　　　　2500

　　贷：递延所得税资产　　　　　　　　　　　　　　　　　　　　2500

【例题 23】某企业库存 A 产品一批，原价为 900 万元，2010 年末根据有关情况预计其可变现净值为 700 万元，应提取存货跌价准备 200 万元。假定 2010 年该企业利润总额 1300 万元，适用的所得税税率为 25%。

分析：存货的账面价值为 700 万元，计税基础为 900 万元，可抵扣暂时性差异为 200 万元，应纳税所得额为 1500 万元。

企业应交所得税额＝1500×25%＝375（万元）

借：所得税费用——当期所得税费用　　　　　　　　　　　　　　3750000

　　贷：应交税费——应交所得税　　　　　　　　　　　　　　　　3750000

递延所得税资产＝200×25%＝50（万元）

借：递延所得税资产　　　　　　　　　　　　　　　　　　　　500000

　　贷：所得税费用——递延所得税费用　　　　　　　　　　　　　　500000

七、亏损弥补的所得税会计处理

我国现行税法允许企业亏损后递延弥补五年，新会计准则要求企业对能够结转后期的尚可抵扣的亏损，应当以可能获得用于抵扣尚可抵扣的亏损的未来应税利润为限，确认递延所得税资产。一般称之为当期确认法，即后转抵减所得税利益在亏损当年确认。使用该方法，企业应当对五年内可抵扣暂时性差异是否能在以后经营期内的应税利润充分转回作出判断，如果不能，企业不应确认。

【例题 24】企业在 2009～2012 年间每年应税收益分别为：－100 万元、40 万元、20 万元、50 万元，适用税率始终为 25％，假设无其他暂时性差异。

2009～2012 年会计处理如下（单位：万元）：

2009 年确认递延所得税资产时：

借：递延所得税资产　　　　　　　　　　　　　　　　　　　　25

　　贷：所得税费用——递延所得税费用（补亏减税）　　　　　　　　25

2010 年递延所得税资产转回时：

借：所得税费用——递延所得税费用（补亏减税）　　　　　　　10

　　贷：递延所得税资产　　　　　　　　　　　　　　　　　　　　10

2011 年递延所得税资产转回时：

借：所得税费用——递延所得税费用（补亏减税）　　　　　　　5

　　贷：递延所得税资产　　　　　　　　　　　　　　　　　　　　5

2012 年递延所得税资产回转时：

借：所得税费用——递延所得税费用（补亏减税）　　　　　　　10

　　贷：递延所得税资产　　　　　　　　　　　　　　　　　　　　10

借：所得税费用——当期所得税费用　　　　　　　　　　　　　2.5

　　贷：应交税费——应交所得税　　　　　　　　　　　　　　　　2.5

第五节　企业所得税的申报与缴纳

一、纳税地点

（1）除法律、行政法规另有规定外，居民企业以企业登记注册地为纳税地点；但登记注册地在境外的，以实际管理机构所在地为纳税地点。企业登记注册地，是指企业依照国家有关规定登记注册的住所所在地。

（2）居民企业在中国境内设立不具有法人资格的营业机构的，应当汇总计算并缴纳企业所得税。

企业汇总计算并缴纳企业所得税时，应当统一核算应纳税所得额，具体办法由国务院财政、税务主管部门另行制定。

（3）居民企业取得规定的所得，以机构、场所所在地为纳税地点。非居民企业在中国境内设立两个或两个以上机构、场所的，经税务机关审核批准，可以选择由其主要机构、场所汇总缴纳企业所得税。

非居民企业取得规定的所得，以扣缴义务人所在地为纳税地点。

主要机构、场所，应当同时符合下列条件：

①对其他各机构、场所的生产经营活动负有监督管理责任。

②设有完整的账簿、凭证，能够准确反映各机构、场所的收入、成本、费用和盈亏情况。

经税务机关审核批准，是指经各机构、场所所在地税务机关的共同上级税务机关审核批准。

非居民企业经批准汇总缴纳企业所得税后，需要增设、合并、迁移、关闭机构、场所或者停止机构、场所业务的，应当事先由负责汇总申报缴纳企业所得税的主要机构、场所向其所在地税务机关报告；需要变更汇总缴纳企业所得税的主要机构、场所的，依照规定办理。除国务院另有规定外，企业之间不得合并缴纳企业所得税。

二、纳税期限

所得税按纳税年度计算。纳税年度自公历 1 月 1 日起至 12 月 31 日止。

企业在一个纳税年度中间开业，或者终止经营活动，使该纳税年度的实际经营期不足十二个月的，应当以其实际经营期为一个纳税年度。

（1）企业依法清算时，应当以清算期间为一个纳税年度。企业应当自月份或者季度终了之日起十五日内，向税务机关报送预缴企业所得税纳税申报表，预缴税款。

（2）规定分月或者分季预缴企业所得税时，应当按照月度或者季度的实际利润额预缴；按照月度或者季度的实际利润额预缴有困难的，可以按照上一纳税年度应纳税所得额的月度或者季度平均额预缴，或者按照经税务机关认可的其他方法预缴。预缴方法一经确定，该纳税年度内不得随意变更。

企业所得税分月或者分季预缴，由税务机关具体核定。企业应当自年度终了之日起五个月内，向税务机关报送年度企业所得税纳税申报表，并汇算清缴，结清应缴应退税款。

（3）企业在纳税年度内无论盈利或者亏损，都应当依照企业所得税法规定的期限，向税务机关报送预缴企业所得税纳税申报表、年度企业所得税纳税申报表、财务会计报告和税务机关规定应当报送的其他有关资料。

（4）企业在年度中间终止经营活动，应当自实际经营终止之日起六十日内，向税务机关办理当期企业所得税汇算清缴。

（5）企业在报送企业所得税纳税申报表时，应当按照规定附送财务会计报告和其他有关资料。

（6）企业应当在办理注销登记前，就其清算所得向税务机关申报并依法缴纳企业所得税。

（7）依照缴纳的企业所得税，以人民币计算。所得以人民币以外的货币计算的，应当折合人民币计算并缴纳税款。

企业所得以人民币以外的货币计算的，预缴企业所得税时，应当按照月度或者季度最后一日的人民币汇率中间价，折合成人民币计算应纳税所得额。年度终了汇算清缴时，对已经按照月度或者季度预缴税款的，不再重新折合计算，只就该纳税年度内未缴纳企业所得税的部分，按照纳税年度最后一日的人民币汇率中间价，折合成人民币计算应纳税所得额。

经税务机关检查确认，企业少计或者多计前款规定的所得的，应当按照检查确认补税或者退税时的上一个月最后一日的人民币汇率中间价，将少计或者多计的所得折合成人民币计算应纳税所得额，再计算应补缴或者应退的税款。

三、源泉扣缴

对非居民企业取得非居民企业在中国境内设立机构、场所的，应当就其所设机构、场所取得的来源于中国境内的所得，以及发生在中国境外但与其所设机构、场所有实际联系的所得，缴纳企业所得税。

非居民企业在中国境内未设立机构、场所的，或者虽设立机构、场所但取得的所得与其所设机构、场所没有实际联系的，应当就其来源于中国境内的所得缴纳企业所得税。本款规定的所得应缴纳的所得税，实行源泉扣缴，以支付人为扣缴义务人。税款由扣缴义务人在每次支付或者到期应支付时，从支付或者到期应支付的款项中扣缴。支付人，是指依照有关法律规定或者合同约定对非居民企业直接负有支付相关款项义务的单位或者个人。

支付，包括现金支付、汇拨支付、转账支付和权益兑价支付等货币支付和非货币支付。

到期应支付的款项，是指支付人按照权责发生制原则应当计入相关成本、费用的应付款项。

对非居民企业在中国境内取得工程作业和劳务所得应缴纳的所得税，税务机关可以指定工程价款或者劳务费的支付人为扣缴义务人。可以指定扣缴义务人的情形，包括：

（1）预计工程作业或者提供劳务期限不足一个纳税年度，且有证据表明不履行纳税义务的。

（2）没有办理税务登记或者临时税务登记，且未委托中国境内的代理人履行纳税义务的。

（3）未按照规定期限办理企业所得税纳税申报或者预缴申报的。

扣缴义务人，由县级以上税务机关指定，并同时告知扣缴义务人所扣税款的计算依据、计算方法、扣缴期限和扣缴方式。

扣缴义务人未依法扣缴或者无法履行扣缴义务的，由纳税人在所得发生地缴纳。纳税人未依法缴纳的，税务机关可以从该纳税人在中国境内其他收入项目的支付人应付的款项中，追缴该纳税人的应纳税款。

扣缴义务人每次代扣的税款，应当自代扣之日起七日内缴入国库，并向所在地的税务机关报送扣缴企业所得税报告表。

四、所得税申报表样式

年度申报表由"1 主表 12 附表"组成，其中附表一、二各有三张附表。增设了《企业所得税预缴纳税申报表》和《企业所得税纳税申报表（适用于核定征收企业）》两张表。

具体如下：

（1）主表《企业所得税年度纳税申报表》。如表 16－7 所示。

（2）附表一（1）《销售（营业）收入及其他收入明细表》。如表 16－8 所示。

（3）附表一（2）《金融企业收入明细表》（略）。

（4）附表一（3）《事业单位、社会团体、民办非企业单位收入项目明细表》（略）。

（5）附表二（1）《成本费用明细表》。如表 16－9 所示。

（6）附表二（2）《金融企业成本费用明细表》（略）。

（7）附表二（3）《事业单位、社会团体、民办非企业单位支出项目明细表》（略）。

（8）附表三《纳税调整项目明细表》。如表 16－10 所示。

（9）附表四《企业所得税弥补亏损明细表》。如表 16－11 所示。

（10）附表五《税收优惠明细表》、《纳税调整减少项目明细表》。如表 16－12 所示。

（11）附表六《境外所得税抵扣计算明细表》（略）。

（12）附表七《以公允价值计量资产纳税调整表》、《免税所得及减免税明细表》（略）。

（13）附表八《广告费和业务宣传费跨年度纳税调整表》、《捐赠支出明细表》。如表 16－13 所示。

（14）附表九《资产折旧、摊销纳税调整明细表》。如表 16－14 所示。

（15）附表十《资产减值准备项目调整明细表》。如表 16－15 所示。

（16）附表十一《长期股权投资所得（损失）明细表》（略）。

（17）附表十二《企业年度关联业务往来报告表》（略）。

（18）《企业所得税预缴纳税申报表》。如表 16－16、表 16－17 所示。

（19）《企业所得税纳税申报表（适用于核定征收企业）》。如表 16－18 所示。

表 16—7　中华人民共和国企业所得税年度纳税申报表（A 类）

税款所属期间：2008 年 1 月 1 日至 2008 年 12 月 31 日

纳税人名称：南通百盛贸易公司

纳税人识别号：□□□□□□□□□□□□□□□　　　　　　　金额单位：元（列至角分）

类别	行次	项　目	金　额
利润总额计算	1	一、营业收入（填附表一）	29200000
	2	减：营业成本（填附表二）	21900000
	3	营业税金及附加	700000
	4	销售费用（填附表二）	2000000
	5	管理费用（填附表二）	1000000
	6	财务费用（填附表二）	200000
	7	资产减值损失	
	8	加：公允价值变动收益	
	9	投资收益	2100000
	10	二、营业利润	
	11	加：营业外收入（填附表一）	350000
	12	减：营业外支出（填附表二）	1250000
	13	三、利润总额（10＋11－12）	3500000
应纳税所得额计算	14	加：纳税调整增加额（填附表三）	1029000
	15	减：纳税调整减少额（填附表三）	60000
	16	其中：不征税收入	
	17	免税收入	60000
	18	减计收入	
	19	减、免税项目所得	
	20	加计扣除	
	21	抵扣应纳税所得额	
	22	加：境外应税所得弥补境内亏损	
	23	纳税调整后所得（13＋14－15＋22）	
	24	减：弥补以前年度亏损（填附表四）	1100000
	25	应纳税所得额（23－24）	3369000
	26	税率（25%）	
	27	应纳所得税额（25×26）	
	28	减：减免所得税额（填附表五）	

续表

类别	行次	项　目	金　额
应纳税额计算	29	减：抵免所得税额（填附表五）	
	30	应纳税额（27－28－29）	842250
	31	加：境外所得应纳所得税额（填附表六）	
	32	减：境外所得抵免所得税额（填附表六）	
	33	实际应纳所得税额（30＋31－32）	842250
	34	减：本年累计实际已预缴的所得税额	140000
	35	其中：汇总纳税的总机构分摊预缴的税额	
	36	汇总纳税的总机构财政调库预缴的税额	
	37	汇总纳税的总机构所属分支机构分摊的预缴税额	
	38	合并纳税（母子体制）成员企业就地预缴比例	
	39	合并纳税企业就地预缴的所得税额	
	40	本年应补（退）的所得税额（33－34）	702250
附列资料	41	以前年度多缴的所得税额在本年抵减额	
	42	以前年度应缴未缴在本年入库所得税额	

纳税人公章：	代理申报中介机构公章：	主管税务机关受理专用章：
经办人：	经办人及执业证件号码：	受理人：
申报日期：　年　月　日	代理申报日期：　年　月　日	受理日期：　年　月　日

表 16－8　企业所得税年度纳税申报表附表一（1）
销售（营业）收入及其他收入明细表

填报时间：　　　年　月　日　　　　　　　金额单位：元（列至角分）

行次	项　目	金　额
1	一、销售（营业）收入合计（2＋13）	29200000
2	（一）营业收入合计（3＋8）	
3	1. 主营业务收入（4＋5＋6＋7）	24000000
4	（1）销售货物	24000000
5	（2）提供劳务	
6	（3）让渡资产使用权	
7	（4）建造合同	
8	2. 其他业务收入（9＋10＋11＋12）	4800000
9	（1）材料销售收入	4800000
10	（2）代购代销手续费收入	

续表

行次	项　目	金　额
11	（3）包装物出租收入	
12	（4）其他	
13	（二）视同销售收入（14＋15＋16）	400000
14	（1）非货币性交易视同销售收入	
15	（2）货物、财产、劳务视同销售收入	
16	（3）其他视同销售收入	
17	二、营业外收入（18＋19＋20＋21＋22＋23＋24＋25＋26）	350000
18	1.固定资产盘盈	
19	2.处置固定资产净收益	
20	3.非货币性资产交易收益	
21	4.出售无形资产收益	
22	5.罚款净收入	
23	6.债务重组收益	
24	7.政府补助收入	
25	8.捐赠收入	
26	9.其他	

经办人（签章）：　　　　　　　　　　　　　　　　　　法定代表人（签章）：

表16—9　企业所得税年度纳税申报表附表二（1）
成本费用明细表

填报时间：　　年　月　日　　　　　　金额单位：元（列至角分）

行次	项　目	金　额
1	一、销售（营业）成本合计（2＋7＋12）	21900000
2	（一）主营业务成本（3＋4＋5＋6）	18000000
3	（1）销售货物成本	19000000
4	（2）提供劳务成本	
5	（3）让渡资产使用权成本	
6	（4）建造合同成本	
7	（二）其他业务成本（8＋9＋10＋11）	3600000
8	（1）材料销售成本	
9	（2）代购代销费用	
10	（3）包装物出租成本	
11	（4）其他	
12	（三）视同销售成本（13＋14＋15）	300000
13	（1）非货币性交易视同销售成本	

续表

行次	项 目	金 额
14	（2）货物、财产、劳务视同销售成本	
15	（3）其他视同销售成本	
16	二、营业外支出（17+18+…+24）	1250000
17	1. 固定资产盘亏	
18	2. 处置固定资产净损失	
19	3. 出售无形资产损失	
20	4. 债务重组损失	
21	5. 罚款支出	
22	6. 非常损失	
23	7. 捐赠支出	
24	8. 其他	
25	三、期间费用（26+27+28）	
26	1. 销售（营业）费用	
27	2. 管理费用	
28	3. 财务费用	

经办人（签章）：　　　　　　　　　　　　　　　法定代表人（签章）：

表 16－10　企业所得税年度纳税申报表附表三
纳税调整项目明细表

填报时间：　年　月　日　　　　　　　金额单位：元（列至角分）

	行次	项 目	账载金额	税收金额	调增金额	调减金额
			1	2	3	4
	1	一、收入类调整项目	＊	＊	40	
	2	1. 视同销售收入（填写附表一）	＊	＊		＊
＃	3	2. 接受捐赠收入	＊			＊
	4	3. 不符合税收规定的销售折扣和折让				＊
＊	5	4. 未按权责发生制原则确认的收入				
＊	6	5. 按权益法核算长期股权投资对初始投资成本调整确认收益	＊	＊	＊	
	7	6. 按权益法核算的长期股权投资持有期间的投资损益	＊	＊		
＊	8	7. 特殊重组				
＊	9	8. 一般重组				
＊	10	9. 公允价值变动净收益（填写附表七）	＊	＊		
	11	10. 确认为递延收益的政府补助				
	12	11. 境外应税所得（填写附表六）	＊	＊	＊	

续表

行次	项　目	账载金额	税收金额	调增金额	调减金额
13	12. 不允许扣除的境外投资损失	＊	＊		＊
14	13. 不征税收入（填附表一［3］）	＊	＊	＊	110
15	14. 免税收入（填附表五）	＊	＊	＊	6
16	15. 减计收入（填附表五）	＊	＊	＊	
17	16. 减、免税项目所得（填附表五）	＊	＊	＊	
18	17. 抵扣应纳税所得额（填附表五）	＊	＊	＊	
19	18. 其他				
20	二、扣除类调整项目	＊	＊		
21	1. 视同销售成本（填写附表二）	＊	＊	＊	30
22	2. 工资薪金支出	100	100	—	—
23	3. 职工福利费支出	15	14	1	
24	4. 职工教育经费支出	3	2.5	0.5	
25	5. 工会经费支出	2	2		
26	6. 业务招待费支出	42	14.6	27.4	＊
27	7. 广告费和业务宣传费支出（填写附表八）	＊	＊		
28	8. 捐赠支出	60	42	18	＊
29	9. 利息支出				
30	10. 住房公积金				＊
31	11. 罚金、罚款和被没收财物的损失		＊		＊
32	12. 税收滞纳金		＊		＊
33	13. 赞助支出	5	＊	5	＊
34	14. 各类基本社会保障性缴款				
35	15. 补充养老保险、补充医疗保险				
36	16. 与未实现融资收益相关在当期确认的财务费用				
37	17. 与取得收入无关的支出	1	＊	1	＊
38	18. 不征税收入用于支出所形成的费用		＊		
39	19. 加计扣除（填附表五）	＊	＊		
40	20. 其他				
41	三、资产类调整项目	＊	＊		
42	1. 财产损失				
43	2. 固定资产折旧（填写附表九）	＊	＊		
44	3. 生产性生物资产折旧（填写附表九）	＊	＊		
45	4. 长期待摊费用的摊销（填写附表九）	＊	＊		
46	5. 无形资产摊销（填写附表九）	＊	＊		
47	6. 投资转让、处置所得（填写附表十一）	＊	＊		

续表

行次	项　目	账载金额	税收金额	调增金额	调减金额
48	7. 油气勘探投资（填写附表九）				
49	8. 油气开发投资（填写附表九）				
50	9. 其他				
51	四、准备金调整项目（填写附表十）	＊	＊	50	
52	五、房地产企业预售收入计算的预计利润	＊	＊		
53	六、特别纳税调整应税所得	＊	＊		＊
54	七、其他	＊	＊		
55	合　计	＊	＊	102.9	6

注：

1. 标有＊的行次为执行新会计准则的企业填列，标有♯的行次为除执行新会计准则以外的企业填列。

2. 没有标注的行次，无论执行何种会计核算办法，有差异就填报相应行次，标有＊号不可填列。

3. 有二级附表的项目只填调增、调减金额，账载金额、税收金额不再填写。

经办人（签章）：　　　　　　　　　　　　　　　　　　　　法定代表人（签章）：

表 16—11　企业所得税年度纳税申报表附表四
企业所得税弥补亏损明细表

填报时间：　年　月　日　　　　　　　　金额单位：元（列至角分）

行次	项目	年度	盈利额或亏损额	合并分立企业转入可弥补亏损额	当年可弥补的所得额	以前年度亏损弥补额					本年度实际弥补的以前年度亏损	可结转以后年度弥补的亏损额
						前四年度	前三年度	前二年度	前一年度	合计		
			1	2	3	4	5	6	7	8	9	10	11
1	第一年	2007	－110		110							＊
2	第二年	2008	446. 9			＊					110	
3	第三年					＊	＊					
4	第四年					＊	＊	＊				
5	第五年					＊	＊	＊	＊			
6	本年					＊	＊	＊	＊	＊		
7	可结转以后年度弥补的亏损额合计											

经办人（签章）：　　　　　　　　　　　　　　　　　　　　法定代表人（签章）：

表 16—12　企业所得税年度纳税申报表附表五
税收优惠明细表

填报时间：　年　月　日　　　　　　　　金额单位：元（列至角分）

行次	项　目	金额
1	一、免税收入（2＋3＋4＋5）	110
2	1. 国债利息收入	6

行次	项　目	金额
3	2. 符合条件的居民企业之间的股息、红利等权益性投资收益	104
4	3. 符合条件的非营利组织的收入	
5	4. 其他	
6	二、减计收入（7＋8）	
7	1. 企业综合利用资源，生产符合国家产业政策规定的产品所取得的收入	
8	2. 其他	
9	三、加计扣除额合计（10＋11＋12＋13）	
10	1. 开发新技术、新产品、新工艺发生的研究开发费用	
11	2. 安置残疾人员所支付的工资	
12	3. 国家鼓励安置的其他就业人员支付的工资	
13	4. 其他	
14	四、减免所得额合计（15＋25＋29＋30＋31＋32）	
15	（一）免税所得（16＋17＋…＋24）	
16	1. 蔬菜、谷物、薯类、油料、豆类、棉花、麻类、糖料、水果、坚果的种植	
17	2. 农作物新品种的选育	
18	3. 中药材的种植	
19	4. 林木的培育和种植	
20	5. 牲畜、家禽的饲养	
21	6. 林产品的采集	
22	7. 灌溉、农产品初加工、兽医、农技推广、农机作业和维修等农、林、牧、渔服务业项目	
23	8. 远洋捕捞	
24	9. 其他	
25	（二）减税所得（26＋27＋28）	
26	1. 花卉、茶以及其他饮料作物和香料作物的种植	
27	2. 海水养殖、内陆养殖	
28	3. 其他	
29	（三）从事国家重点扶持的公共基础设施项目投资经营的所得	
30	（四）从事符合条件的环境保护、节能节水项目的所得	
31	（五）符合条件的技术转让所得	
32	（六）其他	
33	五、减免税合计（34＋35＋36＋37＋38）	
34	（一）符合条件的小型微利企业	
35	（二）国家需要重点扶持的高新技术企业	

行次	项 目	金额
36	（三）民族自治地方的企业应缴纳的企业所得税中属于地方分享的部分	
37	（四）过渡期税收优惠	
38	（五）其他	
39	六、创业投资企业抵扣的应纳税所得额	
40	七、抵免所得税额合计（41+42+43+44）	
41	（一）企业购置用于环境保护专用设备的投资额抵免的税额	
42	（二）企业购置用于节能节水专用设备的投资额抵免的税额	
43	（三）企业购置用于安全生产专用设备的投资额抵免的税额	
44	（四）其他	
45	企业从业人数（全年平均人数）	
46	资产总额（全年平均数）	
47	所属行业（工业企业　其他企业）	

经办人（签章）：   法定代表人（签章）：

表 16—13　企业所得税年度纳税申报表附表八
广告费和业务宣传费跨年度纳税调整表

填报时间：　　年　　月　　日　　　　金额单位：元（列至角分）

行次	项 目	金额
1	本年度广告费和业务宣传费支出	120
2	其中：不允许扣除的广告费和业务宣传费支出	
3	本年度符合条件的广告费和业务宣传费支出（1-2）	120
4	本年计算广告费和业务宣传费扣除限额的销售（营业）收入	2920
5	税收规定的扣除率	15%
6	本年广告费和业务宣传费扣除限额（4×5）	438
7	本年广告费和业务宣传费支出纳税调整额（3≤6，本行=2行；3>6，本行=1-6）	
8	本年结转以后年度扣除额（3>6，本行=3-6；3≤6，本行=0）	
9	加：以前年度累计结转扣除额	
10	减：本年扣除的以前年度结转额	
11	累计结转以后年度扣除额（8+9-10）	

经办人（签章）：   法定代表人（签章）：

表 16－14 企业所得税年度纳税申报表附表九

资产折旧、摊销纳税调整明细表

填报日期： 年 月 日 金额单位：元（列至角分）

行次	资产类别	资产原值		折旧、摊销年限		本期折旧、摊销额		纳税调整额
		账载金额	计税基础	会计	税收	会计	税收	
		1	2	3	4	5	6	7
1	一、固定资产			*	*			
2	1.房屋、建筑物							
3	2.飞机、火车、轮船、机器、机械和其他生产设备							
4	3.与生产经营有关的器具、工具、家具							
5	4.飞机、火车、轮船以外的运输工具							
6	5.电子设备							
7	二、生产性生物资产			*	*			
8	1.林木类							
9	2.畜类							
10	三、长期待摊费用			*	*			
11	1.已足额提取折旧的固定资产的改建支出							
12	2.租入固定资产的改建支出							
13	3.固定资产大修理支出							
14	4.其他长期待摊费用							
15	四、无形资产							
16	五、油气勘探投资							
17	六、油气开发投资							
18	合计			*	*			

经办人（签章）： 法定代表人（签章）：

表 16－15 企业所得税年度纳税申报表附表十

资产减值准备项目调整明细表

填报日期： 年 月 日 金额单位：元（列至角分）

行次	准备金类别	期初余额	本期转回额	本期计提额	期末余额	纳税调整额
		1	2	3	4	5
1	坏（呆）账准备					
2	存货跌价准备			50	50	50
3	*其中：消耗性生物资产减值准备					
4	*持有至到期投资减值准备					
5	*可供出售金融资产减值		—			
6	♯短期投资跌价准备					

续表

行次	准备金类别	期初余额	本期转回额	本期计提额	期末余额	纳税调整额
		1	2	3	4	5
7	长期股权投资减值准备					
8	＊投资性房地产减值准备					
9	固定资产减值准备					
10	在建工程（工程物资）减值准备					
11	＊生产性生物资产减值准备					
12	无形资产减值准备					
13	商誉减值准备					
14	贷款损失准备					
15	矿区权益减值					
16	其他					
17	合计					

注：表中＊项目为执行新会计准则企业专用；表中加♯项目为执行企业会计制度、小企业会计制度的企业专用。

经办人（签章）：　　　　　　　　　　　　　　　法定代表人（签章）：

表 16－16　中华人民共和国
企业所得税月（季）度预缴纳税申报表（A 类）

税款所属期间：　　年　月　日至　　年　月　日

纳税人识别号：□□□□□□□□□□□□□□□

纳税人名称：　　　　　　　　　　　　　　　金额单位：人民币元（列至角分）

行次	项　目	本期金额	累计金额
1	一、据实预缴		
2	营业收入		
3	营业成本		
4	利润总额		
5	税率（25%）		
6	应纳所得税额（4行×5行）		
7	减免所得税额		
8	实际已缴所得税额	—	
9	应补（退）的所得税额（6行－7行－8行）	—	
10	二、按照上一纳税年度应纳税所得额的平均额预缴		
11	上一纳税年度应纳税所得额	—	
12	本月（季）应纳税所得额（11行÷12或11行÷4）		
13	税率（25%）	—	—
14	本月（季）应纳所得税额（12行×13行）		
15	三、按照税务机关确定的其他方法预缴		
16	本月（季）确定预缴的所得税额		

续表

行次	项 目		本期金额	累计金额
17	总分机构纳税人			
18	总机构	总机构应分摊的所得税额（9行或14行或16行×25%）		
19		中央财政集中分配的所得税额（9行或14行或16行×25%）		
20		分支机构分摊的所得税额（9行或14行或16行×50%）		
21	分支机构	分配比例		
22		分配的所得税额（20行×21行）		

谨声明：此纳税申报表是根据《中华人民共和国企业所得税法》、《中华人民共和国企业所得税法实施条例》和国家有关税收规定填报的，是真实的、可靠的、完整的。

法定代表人（签字）： 年 月 日

纳税人公章：	代理申报中介机构公章：	主管税务机关受理专用章：
会计主管：	经办人：	受理人：
	经办人执业证件号码：	
填表日期： 年 月 日	代理申报日期： 年 月 日	受理日期： 年 月 日

国家税务总局监制

表 16—17 中华人民共和国

企业所得税月（季）度预缴纳税申报表（B 类）

税款所属期间： 年 月 日至 年 月 日

纳税人识别号：□□□□□□□□□□□□□□□

纳税人名称： 　　　　　　　　　　　　　金额单位：人民币元（列至角分）

项 目			行次	累计金额
应纳税所得额的计算	按收入总额核定应纳税所得额	收入总额	1	
		税务机关核定的应税所得率（%）	2	
		应纳税所得额（1行×2行）	3	
	按成本费用核定应纳税所得额	成本费用总额	4	
		税务机关核定的应税所得率（%）	5	
		应纳税所得额［4行÷（1−5行）×5行］	6	
	按经费支出换算应纳税所得额	经费支出总额	7	
		税务机关核定的应税所得率（%）	8	
		换算的收入额［7行÷（1−8行）］	9	
		应纳税所得额（8行×9行）	10	
应纳所得税额的计算		税率（25%）	11	
		应纳所得税额（3行×11行或6行×11行或10行×11行）	12	
		减免所得税额	13	
应补（退）所得税额的计算		已预缴所得税额	14	
		应补（退）所得税额（12行−13行−14行）	15	

续表

谨声明：此纳税申报表是根据《中华人民共和国企业所得税法》、《中华人民共和国企业所得税法实施条例》和国家有关税收规定填报的，是真实的、可靠的、完整的。

法定代表人（签字）：　　　　　年　　月　　日

纳税人公章： 会计主管： 填表日期：　年　月　日	代理申报中介机构公章： 经办人： 经办人执业证件号码： 代理申报日期：　年　月　日	主管税务机关受理专用章： 受理人： 受理日期：　年　月　日

国家税务总局监制

表 16—18　企业所得税纳税申报表

（适用于核定征收企业）

税款所属期间：　　年　　月至　　年　　月

纳税人识别号：□□□□□□□□□□□□□□□

纳税人名称：　　　　　　　　　　　　　　　金额单位：元（列至角分）

纳税申报栏

项　目	行次	本期数	累计数
收入总额	1		
成本费用	2		
应税所得率	3		
应纳税所得额	4		
适用税率	5		
应缴所得税额（4×5）	6		
减：实际已预缴的所得税额	7		
应补（退）的所得税额（8＝6－7）	8		

纳税人公章： 经办人（签章）： 申报日期：　年　月　日	主管税务机关受理专用章： 受理人： 受理日期：　年　月　日

备注：本表一式三份，主管税务机关受理后退还纳税人保存一份，由主管税务机关留存两份。

五、所得税申报实务

【例题 25】南通百盛贸易公司（居民企业），2009 年实现主营业务收入 2400 万元，主营业务成本 1800 万元，营业税金及附加 70 万元，其他业务收入 480 万元，其他业务成本 360 万元，销售费用 200 万元（其中，本年度共支付广告费用 120 万元，共列支业务招待费 42 万元），管理费用 100 万元（其中年度计提存货跌价准备金 50 万元；为投资者及职工支付的商业保险费 1 万元），财务费用 20 万元，营业外收入 35 万元，营业外支出 125 万元（其中，通过市民政部门向贫困地区捐款 60 万元，向某院校校庆赞助支出 5 万元），投资收益 110 万元［其中本年度企业取得国库券利息收入 6 万元，对 F 公司（控股 60％）投资收益 104 万元］。

补充资料：

1. 用库存商品对 W 公司投资（控股 30％），双方协议该批商品价格 46.8 万元（含增值税），该批商品的账面价值 30 万元。

2. 全年实发工资总额 100 万元，在成本费用中列支的三项经费 20 万元（其中福利费 15 万元，教育费 3 万元，工会费 2 万元）。

3. 本年度预缴所得税 14 万元。

4. 经税务机关审定的上年度亏损额 110 万元。

要求：根据上述资料计算该企业 2009 年全年应纳税所得额。

【答案】

1. 该企业纳税调整前的利润总额＝（2400－1800－70）＋（480－360）－（200＋100＋20）＋（35－125）＋110＝350（万元）

2. 纳税调整：

①广告费税前允许扣除额＝（2400＋480＋40）×15％＝438（万元）

实际支付 120 万元，未超过标准不需调整。

②业务招待费税前允许扣除额＝（2400＋480＋40）×5‰＝14.6（万元）

60％的招待费＝42×60％＝25.2（万元）

调增应纳税所得额＝42－14.6＝27.4（万元）

③存货跌价准备金税前不允许扣除。

调增应纳税所得额＝50（万元）

④国库券利息收入调减应纳税所得额＝6（万元）

⑤捐赠支出税前允许扣除额＝350×12％＝42（万元）

调增应纳税所得额＝60－42＝18（万元）

⑥赞助支出 5 万元不得扣除。

⑦为投资者及职工支付的商业保险费 1 万元不得扣除。

⑧用库存商品对外投资，应调增应纳税所得额＝46.8÷1.17－30＝10（万元）

⑨三项经费超支＝20－100×（14％＋2％＋2.5％）＝1.5（万元）

企业本年度应纳税所得额＝350＋27.4＋50＋18＋5＋1＋1.5－6－110＝336.9（万元）

应交所得税＝336.9×25％－14＝70.225（万元）

复习思考题

1. 对关联企业转让定价如何进行税务调整？

2. 企业所得税的优惠政策主要有哪些规定？

3. 应税收入主要包括哪些项目？

4. 利息支出在税务上应如何处理？

5. 工资和福利费在税务上应如何处理？

6. 业务招待费支出在税务上如何处理？

7. 公益救济性捐赠支出在税务上应如何处理？

8. 不得税前扣除的项目有哪些？

9. 固定资产的折旧范围应如何处理？

10. 无形资产在税务上如何处理？

11. 如何确定企业的应纳税所得额？

12. 企业如何弥补亏损？

练习题

1. 某企业 2008 年全年取得收入总额为 3000 万元，取得租金收入 50 万元；销售成本、销售费用、管理费用共计 2800 万元；"营业外支出"中列支 35 万元，其中，通过希望工程基金委员会向某灾区捐款 10 万元，直接向某困难地区捐赠 5 万元，非广告性赞助 20 万元。

计算：该企业全年应缴纳的企业所得税。

2. 某中型工业企业执行现行财会制度和税收法规，2008 年企业会计报表利润为 20 万元，未作任何项目调整，已按 25% 的所得税税率计算缴纳所得税 5 万元。税务检查人员对该企业进行所得税纳税审查，经查阅有关账证资料，发现如下问题：

(1) 企业 2008 年度有正式职工 100 人，实际列支工资、津贴、补贴、奖金为 120 万元。

(2) 企业"长期借款"账户中记载：年初向中国银行借款 10 万元，年利率为 5%；向其他企业借周转金 20 万元，年利率 10%，上述借款均用于生产经营。

(3) 全年销售收入 6000 万元，企业列支业务招待费 25 万元。

(4) 该企业 2008 年在税前共计提取并发生职工福利费 168000 元，计提了工会经费 24000 元，计提了教育经费 38000 元。

(5) 2008 年 6 月 5 日"管理费用"科目列支厂部办公室使用的空调器一台，价款 6000 元（折旧年限按 6 年计算，不考虑残值）。

(6) 年末"应收账款"借方余额 150 万元，"坏账准备"科目贷方余额 6000 元（该企业坏账核算采用备抵法，按 3‰ 提取坏账准备金）。

(7) 其他经核实均无问题，符合现行会计制度及税法规定。

要求：

(1) 扼要指出存在的问题。

(2) 计算应补缴的企业所得税。

第十七章　个人所得税

第一节　个人所得税概述

一、概念

个人所得税是对纳税义务人取得的各项应税所得征收的一种税。它最早于1799年在英国创立，目前世界上已有140多个国家开征了这一税种。

1980年9月10日第五届全国人民代表大会第三次会议审议通过了《中华人民共和国个人所得税法》，并同时公布实施。同年12月14日，经国务院批准，财政部公布了个人所得税法施行细则，标志着我国个人所得税法的诞生。

1993年10月31日第八届全国人民代表大会常务委员会第四次会议通过了《关于修改〈中华人民共和国个人所得税法〉的决定》，同时公布了新的《个人所得税法》，并自1994年1月1日起施行。

1999年8月30日第九届全国人民代表大会常务委员会第十一次会议进行了第二次修订。

2005年10月27日第十届全国人大第十八次会议进行了第三次修订，工资、薪金所得的每月减除额由800元提高到了1600元，从2006年1月1日起执行。

2007年12月29日第十届全国人大常务委员会第三十一次会议进行了第五次修订，工资、薪金所得的每月减除额由1600元提高到了2000元，自2008年3月1日起施行。

二、特点

我国现行个人所得税主要具有以下特点：

（一）实行分类征收

世界各国的个人所得税制大体可分为三种类型：综合所得税制、分类所得税制和混合所得税制。我国现行个人所得税采用的是分类所得税制。将个人所得划分为11类，分别适用不同的费用减除规定、不同的税率和不同的计税方法。

（二）累进税率与比例税率并用

比例税率计算简便，便于实行源泉扣缴；累进税率可以合理调节收入和分配，体现公平。我国现行个人所得税根据各类个人所得的不同性质和特点，分别采用这两种形式的税率。对工资、薪金所得，个体工商户经营者的生产经营所得，对企事业单位的承包经营、租赁经营所得采用超额累进税率；对劳务报酬、稿酬、财产租赁等其他所得实行比例税率。

（三）费用扣除额较宽

我国个人所得税按照费用扣除从宽从简的原则，采用费用定额扣除和定率扣除两种方法。对工资、薪金所得，每月的减除费用 1600 元，并对外籍纳税义务人和在中国境内有住所而所得来源于境外工资、薪金所得的纳税人实行附加减除费用。对劳务报酬等所得，采取定额扣除方式（即每次收入不超过 4000 元的减除 800 元），还采用了定律扣除方式（即每次收入 4000 元以上的减除 20％费用）。

（四）计税方式多样化

个人所得税针对各项所得实现和核算的不同，实行的计税方法也不同。如对工资、薪金所得按月计征；生产经营所得和承包、租赁经营所得按年计征，分月预缴；其他各项所得均按次计征，便于实际操作和执行。

（五）自行申报纳税和代扣代缴相结合

为了有效控制税源，防止漏税和逃税，我国个人所得税法规定，负有扣缴税款义务的单位或个人，在向个人支付应纳税所得时，应计算应纳税额，并按规定扣除、上缴。同时还规定了特殊情况下，如年所得 12 万元以上的纳税人，在纳税年度终了的规定时间内进行自行申报纳税等。

（六）奖、限政策并用

为了提高税负的调节力度，个人所得税在政策制定上充分体现了奖励和限制政策，如为鼓励专家学者著书立说，弘扬中华民族文化，提高全民族的文化知识水平，对稿酬所得一律减征 30％的个人所得税，而对劳务报酬所得一次收入畸高的，则实行加成征收。

第二节　个人所得税基本法律内容

一、个人所得税纳税义务人

个人所得税以所有人为纳税义务人，以支付所得的单位或者个人为扣缴义务人，包括中国公民、个体工商户以及在中国有所得的外籍人员（包括无国籍人员）和中国香港、澳门、台湾同胞。

个人所得税的纳税人按照国际通常的做法，依据住所和居住时间两个标准，区分为居民和非居民，并分别承担不同的纳税义务。

（一）居民纳税人

居民纳税人负有无限纳税义务。其所取得的应纳税所得，无论是来源于中国境内还是中国境外任何地方，都要在中国境内缴纳个人所得税。根据《个人所得税法》的规定，居民纳税人是指在中国境内有住所，或者无住所而在中国境内居住满一年的个人。

"在中国境内有住所的个人"是指因户籍、家庭、经济利益关系，而在中国境内习惯性居住的个人。习惯性居住"是指个人因学习、工作、探亲等原因消除之后，没有理由在其他地方继续居留时，所要回到的地方，而不是指实际居住或在某一个特定时期内的居住地"。

"在中国境内居住满一年"是指在一个纳税年度（即公历1月1日起至12月31日止）内，在中国境内居住满365日。在计算居住天数时，对临时离境应视同在华居住，不扣减其在华居住的天数。"临时离境"是指在一个纳税年度内，一次不超过30日或者多次累计不超过90日的离境。

总之，个人所得税的居民纳税人具体指的是以下两类：

一类是在中国境内定居的中国公民和外国侨民。这里需要加以说明的是，在中国境内定居的中国公民和外国侨民不包括虽具有中国国籍，却并没有在中国大陆定居，而是侨居海外的华侨和居住在中国香港、澳门、台湾的同胞。

另一类是从公历1月1日起至12月31日止居住在中国境内的外国人、外国侨胞和中国香港、澳门、台湾同胞。这些人如果有一个纳税年度内，一次离境不超过30日，或者多次离境累计不超过90日的，仍应被视为全年在中国境内居住，从而判定为居民纳税义务人。

（二）非居民纳税人

非居民纳税人是指不符合居民纳税人判定标准（条件）的纳税人，非居民纳税人承担有限纳税义务，只就其来源于中国境内的所得，向中国缴纳个人所得税。

非居民纳税义务人是指在中国境内无住所又不居住或者无住所而在境内居住不满一年的个人。在现实生活中，非居民纳税义务人实际上只能是在一个纳税年度中，没有在中国境内居住，或者在中国境内居住不满一年的外籍人员、华侨或中国香港、澳门、台湾同胞。

注意：个人独资企业和合伙投资者也为个人所得税的纳税义务人。

《个人所得税法》规定，非居民纳税义务人是"在中国境内无住所又不居住或者无住所而在境内居住不满一年的个人"。自2010年7月1日起，对境内居住的天数和境内实际工作期间按以下规定为准：

①判定纳税义务及计算在中国境内居住的天数

对在中国境内无住所的个人，需要计算确定其在中国境内居住天数，以便依照税法和协定或安排的规定判定其在华负有何种纳税义务时，均应以该个人实际在华逗留天数计算。

②对个人入、离境当日及计算在中国境内实际工作期间

对在中国境内、境外机构同时担任职务或仅在境外机构任职的境内无住所个人，在按《国家税务总局关于在中国境内无住所的个人计算缴纳个人所得税若干具体问题的通知》第一条的规定计算其境内工作期间时，对其入境、离境、往返或多次往返境内外的当日，均按半天计算为在华实际工作天数。

（三）扣缴义务人

凡支付个人应纳税所得的企业（公司）、事业单位、机关、社会团体、军队、驻华机构、个体户等单位或者个人，为个人所得税的扣缴义务人。

纳税提示：

1. 扣缴义务人未按照规定的期限向税务机关报送《扣缴个人所得税报告表》及有关资料的，由税务机关责令限期改正，并可处以 2000 元以下的罚款；逾期不改正的，可处以 2000 元以上 10000 元以下的罚款。

2. 扣缴义务人未按照规定设置、保管代扣代缴税款账簿或者保管代扣代缴税款凭证及有关资料的，由税务机关责令限期改正；逾期不改正的，可处以 2000 元以下的罚款；情节严重的，处以 2000 元以上 5000 元以下的罚款。

3. 扣缴义务人未按规定的期限解缴税款的，税务机关除责令限期改正外，从滞纳之日起，按日加收滞纳税款 2‰的滞纳金，逾期仍未缴纳的，税务机关除依照《中华人民共和国税收征收管理法》第二十七条的规定采取强制执行措施追缴其不缴或少缴税款外，处以不缴或者少缴税款 5 倍以下的罚款。

4. 扣缴义务人采取偷税手段，不缴或者少缴税款已扣税款，偷税数额占应纳税额的 10%以上并且数额在 10000 元以上的，依照《全国人民代表大会常务委员会关于惩治偷税、抗税犯罪的补充规定》处罚；偷税数额不足 10000 元或者偷税数额占应纳税额不足 10%的，由税务机关追缴其不缴或者少缴税款，并处以不缴或者少缴税款 5 倍以下罚款。

（四）所得来源的确定

1. 所得来源地的具体判断方法

（1）工资、薪金所得，以纳税人任职、受雇的公司、企业、事业单位、机关、团体、部队、学校等单位的所在地，作为所得来源地。

（2）生产、经营所得，以生产、经营活动实现地作为所得来源地。

（3）劳务报酬所得，以纳税人实际提供劳务的地点作为所得来源地。

（4）不动产转让所得，以不动产坐落地为所得来源地；动产转让所得，以实现转让

的地点为所得来源地。

（5）财产租赁所得，以被租赁财产的使用地作为所得来源地。

（6）利息、股息、红利所得，以支付利息、股息、红利的企业、机构、组织的所在地作为所得来源地。

（7）特许权使用费所得，以特许权的使用地作为所得来源地。

2. 根据所得来源地的确定，来源于中国境内的所得有

（1）在中国境内的公司、企业、事业单位、机关、社会团体、部队、学校等单位或经济组织中任职、受雇，而取得的工资、薪金所得。

（2）在中国境内提供各种劳务，而取得的劳务报酬所得。

（3）在中国境内从事生产、经营活动，而取得的所得。

（4）个人出租的财产，被承租人在中国境内使用，而取得的财产租赁所得。

（5）转让中国境内的房屋、建筑物、土地使用权，以及在中国境内转让其他财产，而取得的财产转让所得。

（6）提供在中国境内使用的专利权、专有技术、商标权、著作权以及其他各种特许权利，而取得的特许权使用费所得。

（7）因持有中国的各种债券、股票、股权，而从中国境内的公司、企业或其他经济组织以及个人取得的利息、股息、红利所得。

（8）在中国境内参加各种竞赛活动取得名次的奖金所得；参加中国境内有关部门和单位组织的有奖活动而取得的中奖所得；购买中国境内有关部门和单位发行的彩票取得的中奖所得。

（9）在中国境内以图书、报刊方式出版、发表作品，取得的稿酬所得。

二、个人所得税征税范围

个人所得税的征税对象是个人取得的应税所得。《个人所得税法》列举征税的个人所得共 11 项，具体包括：

（一）工资、薪金所得

是指个人因任职或者受雇而取得的工资、薪金、奖金、年终加薪、劳动分红、津贴以及与任职或者受雇有关的其他所得。

一般来说，工资、薪金所得属于非独立个人劳动所得。所谓非独立个人劳动，是指个人所从事的是由他人指定、安排并接受管理的劳动，工作或服务于公司，工厂，行政、事业单位的人员（私营企业主除外）均为非独立劳动者。他们从上述单位取得的劳动报酬，是以工资、薪金的形式体现的。其中通常对从事营利性的生产、经营或服务的劳动者所取得的收入称为工资；而将从事社会公职或管理活动的劳动者所取得的收入称为薪金。

除工资、薪金以外，奖金、年终加薪、劳动分红、津贴、补贴也被确定为工资、薪金范畴。其中年终加薪、劳动分红不分种类和取得情况，一律按工资、薪金所得课税。

其中，奖金是指所有具有工作性质的奖金。

另外，对下列特殊所得，税法明确按工资、薪金所得计税：

（1）实行内部退养的个人在其办理内部退养手续后至法定离退休年龄之间从原任职单位取得的工资、薪金，不属于离退休工资，应按"工资、薪金所得"项目计征个人所得税。

个人在办理内部退养手续后从原任职单位取得的一次性收入，应按办理内部退养手续后至法定离退休年龄之间的所属月份进行平均，并与领取当月的"工资、薪金"所得合并后减除当月费用扣除标准，以余额为基数确定适用税率，再将当月工资、薪金加上取得的一次性收入，减去费用扣除标准，按适用税率计征个人所得税。

【例题1】王某 2010 年 8 月份办理内退，月工资 1500 元，提前 4 年退休，单位一次性付给其收入 48000 元。

【答案】①48000÷（4×12）＝1000（元/月）

②（1500＋1000）－2000＝500（元）

③8 月份应纳税额＝（1500＋48000－2000）×10％－0＝4750（元）

（2）公司职工取得的用于购买企业国有股权的劳动分红，按"工资、薪金所得"项目计征个人所得税。

（3）出租汽车经营单位对出租车驾驶员采取单车承包或承租方式运营，出租车驾驶员从事客货劳动取得的收入，按工资、薪金所得征税。

（4）对商品营销活动中，企业和单位对其营销业绩突出的雇员以培训班、研讨会、工作考察等名义组织旅游活动，通过免收差旅费、旅游费对个人实行的营销业绩奖励，应根据所发生费用的全额并入营销人员当期的工资、薪金所得，按照"工资、薪金所得"项目征收个人所得税，并由提供上述费用的企业和单位代扣代缴。

（二）个体工商户的生产、经营所得

个体工商户的生产、经营所得，是指：

（1）个体工商户从事工业、手工业、建筑业、交通运输业、商业、饮食业、服务业、修理业以及其他行业生产、经营取得的所得。

（2）个人经政府有关部门批准，取得执照，从事办学、医疗、咨询以及其他有偿服务活动取得的所得。

（3）其他个人从事个体工商业生产、经营取得的所得。

（4）上述个体工商户和个人取得的与生产、经营有关的各项应纳税所得。

从事个体出租车经营的出租车驾驶员取得的收入，按个体工商户的生产、经营所得项目缴纳个人所得税。出租车属个人所有，但挂靠出租汽车经营单位或企事业单位，驾驶员向挂靠单位缴纳管理费的，或出租汽车经营单位将出租车所有权转移给驾驶员的，出租车驾驶员从事客货运营取得的收入，比照"个体工商户的生产、经营所得"项目征税。

个人独资企业和合伙企业的生产经营所得，比照此税目。

纳税提示：

　　个体工商户和从事生产、经营的个人，取得与生产、经营活动无关的其他各项应税所得，应分别按照其他应税项目的有关规定，计算征收个人所得税。如取得银行存款的利息所得、对外投资取得的股息所得，应按"股息、利息、红利"税目的规定单独计征个人所得税。

　　个人独资企业、合伙企业的个人投资者以企业资金为本人、家庭成员及其相关人员支付与企业生产经营无关的消费性支出及购买汽车、住房等财产性支出，视为企业对个人投资者利润分配，并入投资者个人的生产经营所得，依照"个体工商户的生产经营所得"项目计征个人所得税。

（三）对企事业单位的承包经营、承租经营所得

　　对企事业单位的承包经营、承租经营所得是指个人承包经营、承租经营以及转包、转租取得的所得，包括个人按月或者按次取得的工资、薪金性质的所得。

　　个人对企事业单位的承包经营、承租经营情况大体上可以分为两类：

　　（1）个人对企事业单位的承包、承租经营后，工商登记变更为个体工商户的，应按个体工商户的生产、经营所得项目征收个人所得税，不再征收企业所得税。

　　（2）个人对企事业单位的承包、承租经营后，工商登记依旧为企业的，无论其分配方式如何，均先按企业所得税有关规定缴纳企业所得税，而后再对承包、租赁经营者取得的所得，依照个人所得税的相关规定缴纳个人所得税。在这种情况下，承包、承租人与企事业单位的分配方式有两种：

　　①承包、承租经营者个人对企事业单位的经营成果不拥有所有权，仅按合同或协议的规定取得所得，这类所得属于非独立劳动所得，应按工资、薪金项目征税。

　　②承包、承租经营者个人按合同或协议只向发包、出租企事业单位缴纳规定的承包、承租费用后，经营成果归承包、承租经营者个人所有，按照对企事业单位的承包、承租经营所得征税。

（四）劳务报酬所得

　　劳务报酬所得是指个人独立从事各种非雇佣劳务取得的所得，包括从事设计、装潢、安装、制图、化验、测试、医疗、法律、会计、咨询、讲学、新闻、广播、翻译、审稿、书画、雕刻、影视、演出、表演、广告、展览、技术服务、介绍服务、经纪服务、代办服务以及其他劳务取得的所得。

　　在实际操作过程中，有可能出现难以判断一项所得是属于工资、薪金所得，还是属于劳务报酬所得的情况。这两者的区别在于：工资、薪金所得是属于非独立个人劳务活动，即在机关、团体、学校、部队、企业、事业单位及其他组织中任职、受雇而得到的报酬；而劳务报酬所得，则是个人独立从事各种技艺、提供各项劳务取得的报酬。

（五）稿酬所得

稿酬所得是指个人因其作品以图书、报刊形式出版、发表而取得的所得。作品包括文字作品、书画作品、摄影作品、雕刻作品、手工作品等。稿酬所得按次计算纳税。

（六）特许权使用费所得

特许权使用费所得是指个人提供专利权、商标权、著作权、非专利技术以及其他特许权的使用权取得的所得；提供著作权的使用权取得的所得不包括稿酬所得。

特许权大体有四种：

（1）专利权，是由国家专利主管机关依法授予专利申请人或其权利继承人在一定期间内实施其发明创造的专有权。

（2）商标权，即商标注册申请人依法取得的对其注册商标在获得商品上使用的独占使用权。

（3）著作权，即版权，是作者依法对其创作的文学、艺术和科学作品享有的专有权。

（4）非专利技术，指专利技术以外的专有技术，大多尚处于保密状态，仅为特定人知晓和占有。

特许权使用费所得实际上包括特许权的转让（所有权转让）所得和特许权的提供（使用权让渡）所得。许多国家只将提供他人使用取得的所得，列入特许权使用费，而将特许权的转让所得列为资本利得税的征税对象。我国则不加区分。

（七）利息、股息、红利所得

利息、股息、红利所得，是指个人拥有债权、股权而取得的利息、股息、红利所得。在本项目中须注意：

（1）国债和国家发行的金融债券利息除外。

（2）个人在个人银行结算账户的存款自 2003 年 9 月 1 日起孳生的利息，应按"利息、股息、红利所得"项目计征个人所得税。

（3）除个人独资企业、合伙企业以外的其他企业的个人投资者，以企业资金为本人、家庭成员及其相关人员支付与企业生产经营无关的消费性支出及购买汽车、住房等财产性支出，视为企业对个人投资者的红利分配，依照"利息、股息、红利所得"项目计征个人所得税。

（4）个人投资者从其投资企业（个人独资企业、合伙企业除外）借款，在该纳税年度终了后既不归还又未用于企业生产经营的，其未归还的借款可视为企业对个人投资者的红利分配，依照"利息、股息、红利所得"项目计征个人所得税。

（八）财产租赁所得

财产租赁所得是指个人出租建筑物、土地使用权、机器设备、车船以及其他财产取得的所得。

个人取得的财产转租收入，属于"财产租赁所得"的征税范围，由财产转租人缴纳个人所得税。在确认纳税义务人时，应以产权凭证为依据；对无产权凭证的，由主管税务机关根据实际情况确定。产权所有人死亡，在未办理产权继承手续期间，该财产出租而有租金收入的，以领取租金的个人为纳税义务人。

（九）财产转让所得

财产转让所得，是指个人转让有价证券、股权、建筑物、土地使用权、机器设备、车船以及其他财产取得的所得。

具体规定如下：

（1）股票转让所得。根据税法规定，对股票所得征收个人所得税的办法，由财政部另行制定，报国务院批准施行。鉴于我国证券市场发育还不成熟，股份制还处于试点阶段，对股票转让所得的计算、征税办法和纳税期限的确认等都需要作深入的调查研究后，结合国际通行做法，作出符合我国实际的规定。因此，国务院决定目前对股票转让所得暂不征收个人所得税。

（2）量化资产股份转让。集体所有制企业在改制为股份合作制企业时，对职工个人以股份形式取得的拥有所有权的企业量化资产，暂缓征收个人所得税；待个人将股份转让时，就其转让收入额，减除个人取得该股份时实际支付的费用和合理转让费用后的余额，按"财产转让所得"项目计征个人所得税。

（3）个人出售自有住房。为促进我国居民住宅市场的健康发展，2006 年国家税务总局对个人住房转让所得征收个人所得税进一步规定如下：

①对住房转让所得征收个人所得税时，以实际成交价格为转让收入。纳税人申报的住房成交价格明显低于市场价格且无正当理由的，征收机关依法有权根据有关信息核定其转让收入，但必须保证各税种计税价格一致。

②对转让住房收入计算个人所得税应纳税所得额时，纳税人可凭原购房合同、发票等有效凭证，经税务机关审核后，允许从其转让收入中减除房屋原值、转让住房过程中缴纳的税金及有关合理费用。

③纳税人未提供完整、准确的房屋原值凭证，不能正确计算房屋原值和应纳税额的，税务机关可根据《中华人民共和国税收征收管理法》第三十五条的规定，对其实行核定征税，即按纳税人住房转让收入的一定比例核定应纳个人所得税额。具体比例由省级地方税务局或者省级地方税务局授权的地市级地方税务局根据纳税人出售住房的所处区域、地理位置、建造时间、房屋类型、住房平均价格水平等因素，在住房转让收入1%～3%的幅度内确定。

④对出售自有住房并拟在现住房出售 1 年内按市场价重新购房的纳税人，其出售现住房所缴纳的个人所得税，先以纳税保证金形式缴纳，再视其重新购房的金额与原住房销售额的关系，全部或部分退还纳税保证金；对个人转让自用 5 年以上，并且是家庭唯一生活用房取得的所得，免征个人所得税。

（十）偶然所得

偶然所得，是指个人得奖、中奖、中彩以及其他偶然性质的所得。偶然所得应缴纳的个人所得税款,一律由发奖单位或机构代扣代缴。

(十一) 经国务院财政部门确定征税的其他所得

除上述列举的各项个人所得外,其他今后确有必要征税的个人所得,由国务院财政部门确定。个人取得的所得,难以界定应纳税所得项目的,由主管税务机关确定。

三、个人所得税税率

目前我国个人所得税税率有两种形式,即超额累进税率和比例税率。由于我国个人所得税采用分类所得税制,对不同的所得项目又分别确定不同的适用税率和不同的税率形式。下面分别介绍其税率的适用情况。

个人所得税的税率是按照所得项目的不同分别确定的。

(1) 工资、薪金所得适用九级超额累进税率,税率为 5% ~ 45%。如表 17 - 1 所示。

表 17-1　工资、薪金所得适用

级数	全月应纳税所得额(含税级距)	税率(%)	速算扣除数(元)
1	不超过 500 元的	5	0
2	超过 500 元至 2000 元的部分	10	25
3	超过 2000 元至 5000 元的部分	15	125
4	超过 5000 元至 20000 元的部分	20	375
5	超过 20000 元至 40000 元的部分	25	1375
6	超过 40000 元至 60000 元的部分	30	3375
7	超过 60000 元至 80000 元的部分	35	6375
8	超过 80000 元至 100000 元的部分	40	10375
9	超过 100000 元的部分	45	15375

注:本表所称全月应纳税所得额是指依照《个人所得税法》第六条的规定,以每月收入额减除费用 2000 元后的余额或者减除附加减除费用后的余额。

(2) 个体工商业户的生产经营所得和对企事业单位的承包经营、承租经营所得,适用五级超额累进税率,税率为 5% ~ 35%。如表 17 - 2 所示。

表 17-2　个体工商户的生产、经营所得和对企事业单位的承包经营、承租经营所得适用

级数	全年应纳税所得额	税率(%)	速算扣除数(元)
1	不超过 5000 元的	5	0
2	超过 5000 元至 10000 元的部分	10	250

续表

级数	全年应纳税所得额	税率（%）	速算扣除数（元）
3	超过 10000 元至 30000 元的部分	20	1250
4	超过 30000 元至 50000 元的部分	30	4250
5	超过 50000 元的部分	35	6750

注：本表所称全年应纳税所得额对个体工商户的生产、经营所得来说，是指以每一纳税年度的收入总额，减除成本、费用以及损失后的余额；对企事业单位的承包经营、承租经营所得来说，是指以每一纳税年度的收入总额，减除必要费用后的余额。

这里需要说明的是个人独资企业和合伙企业的生产、经营所得也适用 5%～35% 的五级超额累进税率。

（3）稿酬所得按次计税，适用 20% 的比例税率，并按应纳税额减征 30%，故其实际适用税率为 14%（20%－20%×30%）。

（4）劳务报酬所得适用 20% 的比例税率。但是，对劳务报酬所得一次收入畸高的，可实行加成征收，具体办法是：个人一次取得劳务报酬，其应纳税所得额超过 20000 元的，为畸高收入；对应纳税所得额超过 20000 元至 50000 元的部分，依照税法规定计算应纳税额后再按照应纳税额加征五成；超过 50000 元的部分加征十成。因此，劳务报酬所得实际适用的税率为 20%、30%、40% 的三级超额累进税率。如表 17-3 所示。

表 17-3 劳务报酬所得个人所得税税率表

级数	每次应纳税所得额	税率（%）	速算扣除数（元）
1	不超过 20000 元的部分	20	0
2	超过 20000 元至 50000 元的部分	30	2000
3	超过 50000 元的部分	40	7000

注：本表所称的"每次应纳税所得额"是指每次收入额减除费用 800 元（每次收入额不超过 4000 元时）或者减除 20% 的费用（每次收入额超过 4000 元时）后的余额。

（5）特许权使用费所得，利息、股息、红利所得，财产租赁所得，财产转让所得，偶然所得和其他所得适用 20% 的比例税率。

四、个人所得税税收优惠

根据税法的规定，个人所得税的减免税优惠政策，主要有以下内容：

（一）免征个人所得税的项目

（1）省级人民政府、国务院部委和中国人民解放军军以上单位，以及外国组织颁发的科学、教育、技术、文化、卫生、体育、环境保护等方面的奖金。对乡、镇（含乡镇）以上人民政府或经县（含县）以上人民政府主管部门批准成立的有机构、有章程的见义勇为基金或者类似性质的组织，奖励见义勇为者的奖金或奖品，经主管税务机关核准，免征个人所得税。

（2）国债和国家发行的金融债券利息。这里所说的国债利息，是指个人持有中华人民共和国财政部发行的债券而取得的利息所得；所说的国家发行的金融债券利息，是指个人持有经国务院批准发行的金融债券而取得的利息所得。对个人取得的教育储蓄存款利息所得以及国务院财政部门确定的其他专项储蓄存款或者储蓄性专项基金存款的利息所得，免征个人所得税。

（3）按照国家统一规定发给的补贴、津贴。具体包括按照国务院规定发给的政府特殊津贴；资深院士津贴；独生子女补贴；执行公务员工资制度未纳入基本工资总额的补贴、津贴差额和家属成员的副食品补贴；托儿补助费；差旅费津贴、误餐补助。

误餐补助是指按照财政部规定，个人因公在城区、郊区工作，不能在工作单位或返回就餐的，根据实际误餐顿数，按规定的标准领取的误餐费。单位以误餐名义发给职工的补助、津贴不能包括在内。

（4）福利费、抚恤金、救济金。这是指根据国家有关规定，从企业、事业单位、国家机关、社会团体提留的福利费或者工会经费中支付给个人的生活补助费，以及国家民政部门支付给个人的生活困难补助费。

（5）保险赔款。指因遭受自然灾害或者其他意外事故，造成经济损失或者人身伤害后，按规定从保险公司取得的保险赔偿款项。

（6）军人的转业费、复员费。

（7）按照国家统一规定发给干部、职工的安家费、退职费、退休工资、离休工资、离休生活补助费。安家费包括干部、职工因工作关系调往异地或者按照国家有关规定，在离、退休后异地安排定居而领取的安家费、搬家费等款项。对离休、退休干部和职工再就业取得的工资、薪金所得，应区别于免税的退休工资、离休工资和离休生活补助费依法征收个人所得税。此外，离、退休人员取得除免税的退休工资、离休工资、离休生活补助费以外的其他各项所得，也应依法缴纳个人所得税。

（8）依照我国有关法律规定应予免税的各国驻华使馆、领事馆的外交代表、领事官员和其他有关人员的所得。该项所得是指依照《中华人民共和国外交特权与豁免条例》和《中华人民共和国领事特权与豁免条例》规定免税的所得。

（9）中国政府参加的国际公约以及签订的协议中规定免税的所得。

（10）企业和个人按照省级以上人民政府规定的比例提取并交付的住房公积金、医疗保险金、基本养老保险金、失业保险金，不计入个人当期的工资、薪金收入，免予征收个人所得税。超过规定的比例缴付的部分计征个人所得税。

个人领取原提存的住房公积金（包括企业提存部分和个人提存部分）、医疗保险金、基本养老保险金时，免予征收个人所得税。

（11）经国务院财政部门批准免征的所得。

（二）减征个人所得税的项目

有下列情形之一的，经批准可以减征个人所得税：

（1）残疾、孤老人员和烈属的所得。

（2）因严重自然灾害造成重大损失的。

（3）其他经国务院财政部门批准减税的。

（三）免征收个人所得税的项目

（1）外籍个人以非现金形式或实报实销形式取得的住房补贴、伙食补贴、搬迁费、洗衣费。

（2）外籍人员按合理标准取得的境内、外出差补贴。

（3）外籍人员取得的探亲费、语言训练费、子女教育费等，经当地税务机关审核批准为合理的部分。可以享受免征个人所得税优惠的探亲费，仅限于外籍个人在我国的受雇地与其家庭所在地（包括配偶或父母居住地）之间搭乘交通工具，且每年不超过两次的费用。

（4）个人举报、协查各种违法、犯罪行为而获得的奖金。

（5）个人办理代扣代缴税款手续，按规定取得的扣缴手续费。

（6）个人转让自用达5年以上并且是唯一的家庭居住用房取得的所得。

（7）对按《国务院关于高级专家离退休若干问题的暂行规定》和《国务院办公厅关于杰出高级专家暂缓离休审批问题的通知》精神，达到离休、退休年龄，但确因工作需要，适当延长离休、退休年龄的高级专家（指享受国家发放的政府特殊津贴的专家、学者），其在延长离休、退休期间的工资、薪金所得，视同退休工资、离休工资免征个人所得税。

（8）外籍个人从外商投资企业取得的股息、红利所得。

（9）凡符合下列条件之一的外籍专家取得的工资、薪金所得可免征个人所得税：

①根据世界银行专项贷款协议由世界银行直接派往我国工作的外国专家。

②联合国组织直接派往我国工作的专家。

③为联合国援助项目来华工作的专家。

④援助国派往我国专为该国无偿援助项目工作的专家。

⑤根据两国政府签订文化交流项目来华工作两年以内的文教专家，其工资、薪金所得由该国负担的。

⑥根据我国大专院校国际交流项目来华工作两年以内的文教专家，其工资、薪金所得由该国负担的。

⑦通过民间科研协定来华工作的专家，其工资、薪金所得由该国政府机构负担的。

（10）股权分置改革中非流通股股东通过对价方式向流通股股东支付的股份、现金等收入，暂免征收流通股股东应缴纳的个人所得税。

（11）对被拆迁人按照国家有关城镇房屋拆迁管理办法规定的标准取得的拆迁补偿款，免征个人所得税。

第三节　个人所得税的计算

一、个人所得税应纳税所得额的规定

由于个人所得税的应税项目不同，并且取得某项所得所需费用也不相同，因此，计算个人应纳税所得额时，需按不同应税项目分项计算。以某项应税项目减去税法规定的该项费用减除标准后的余额为应纳税所得额。

（一）费用减除标准

（1）工资、薪金所得，以每月收入额减除费用2000元（2008年3月1日起）后的余额为应纳税所得额。

纳税人若在境内、境外同时取得工资、薪金所得，应首先判断其境内、境外取得的所得是否来源于一国的所得。纳税人能够提供在境内、境外同时任职或者受雇及其工资、薪金标准的有效证明文件，可判定其所得是分别来自境内和境外的，应分别减除费用后计税。如果纳税人不能提供上述证明应视为来源于一国所得。若其任职或者受雇单位是在我国境内，应为来源于我国境内的所得；若其任职或者受雇单位在我国境外，应为来源于我国境外的所得。

（2）个体工商业户的生产、经营所得，以每一纳税年度的收入总额，减除成本、费用以及损失后的余额，为应纳税所得额。

这里所指的成本、费用，是纳税人从事生产、经营所发生的各项直接支出和分配计入成本的间接费用以及销售费用、管理费用、财务费用；损失是指纳税人在生产、经营过程中发生的各项营业外支出。从事生产、经营的纳税人未提供完整、准确的纳税资料，不能正确计算应纳税所得额的，由主管税务机关核定其应纳税所得额。

对确定个体工商户的成本费用扣除以及所得的详细规定还有：

①个体工商户业主的费用扣除标准和从业人员的工资扣除标准，由各省、自治区、直辖市地方税务机关确定。个体工商户在生产、经营期间借款的利息支出，凡有合法证明的，不高于按金融机构同类、同期贷款利率计算的数额的部分，准予扣除。

②个体工商户与企业联营而分得的利润，按利息、股息、红利所得项目计征个人所得税。

③个体工商户和从事生产、经营的个人，取得与生产经营活动无关的各项应税所得，应分别适用各应税项目的规定计算征收个人所得税。个人独资企业的投资者以全部生产经营所得为应纳税所得额；合伙企业的投资者按照合伙企业的全部生产经营所得和合伙协议约定的分配比例，确定应纳税所得额，合伙协议没有约定分配比例的，以全部生产经营所得和合伙人数量平均计算每个投资者的应纳税所得额。这里所称生产经营所

得，包括企业分配给投资者个人的所得和企业当年留存的所得（利润）。

（3）对企事业单位的承包经营、承租经营所得，以每一纳税年度的收入总额，减除必要费用后的余额，为应纳税所得额。每一纳税年度的收入总额，是指纳税人按照承包经营、承租经营合同规定分得的经营利润和工资、薪金性质的所得；必要费用的减除为每月 2000 元。

（4）劳务报酬所得、稿酬所得、特许权使用费所得、财产租赁所得，每次收入不超过 4000 元的，减除费用 800 元；4000 元以上的，减除 20% 的费用，其余额为应纳税所得额。

（5）财产转让所得，以转让财产的收入额减除财产原值和合理费用后的余额为应纳税所得额。

所谓财产原值，是指：

①有价证券，为买入价以及买入时按照规定缴纳的有关费用。

②建筑物，为建造费或者购进价格以及其他有关费用。

③土地使用权，为取得土地使用权所支付的金额，开发土地的费用以及其他有关费用。

④机器设备、车船，为购进价格、运输费、安装费以及其他有关费用。

⑤其他财产，参照以上方法确定。

纳税义务人未提供完整、准确的财产原值凭证，不能正确计算财产原值的，由主管税务机关核定其财产原值。

所谓"合理费用"是指卖出财产时按照规定支付的有关费用。

（6）利息、股息、红利所得，偶然所得和其他所得，以每次收入额为应纳税所得额。

这三项无费用扣除，以每次收入为应纳税所得额。

新增：对个人投资者从上市公司取得的股息红利所得，以及证券投资基金从上市公司分配取得的股息红利所得在代扣代缴个人所得税时，均减按 50% 计入个人应纳税所得额。

纳税提示：

　　纳税义务人从中国境外取得的所得，准予其在应纳税额中扣除已在境外缴纳的个人所得税税额，但扣除额不得超过该纳税义务人境外所得依照《个人所得税法》规定计算的应纳税额。

（二）附加减除费用的范围和标准

上述计算个人应纳税所得额的费用减除标准对所有纳税人都是普遍适用的，但对在中国境内无住所而在中国境内取得工资、薪金所得的纳税义务人和在中国境内有住所而在中国境外取得工资、薪金所得的纳税义务人，可以根据其平均收入水平、生活水平以及汇率变化情况确定附加减除费用。附加减除费用适用的范围和标准由国务院规定。

1. 附加减除费用的范围

（1）在中国境内的外商投资企业和外国企业中工作取得工资、薪金所得的外籍人员。

（2）应聘在中国境内的企业、事业单位、社会团体、国家机关中工作取得工资、薪金所得的外籍专家。

（3）在中国境内有住所而在中国境外任职或受雇取得工资、薪金所得的个人。

（4）财政部确定的取得工资、薪金所得的其他人员。

2. 附加减除费用的标准

以上范围内的人员每月工资、薪金所得是在减除 2000 元的基础上，再减除 3200 元。

华侨和香港、澳门、台湾同胞参照上述附加减除费用标准执行。

（三）每次收入的确定

个人所得税法对纳税人取得的劳务报酬所得，稿酬所得，特许权使用费所得，利息、股息、红利所得，财产租赁所得，偶然所得和其他所得等七项所得，明确规定按次计算征税。

（1）劳务报酬所得，根据不同劳务项目的特点，分别规定为：

①只有一次性收入的，以取得该项收入为一次。

②属于同一事项连续取得收入的，以一个月内取得的收入为一次，不能以每天取得的收入为一次。

（2）稿酬所得，以每次出版、发表取得的收入为一次，具体可分为：

①同一作品再版取得的所得，应视为另一次稿酬所得，计征个人所得税。

②同一作品先在报刊上连载，然后再出版，或者先出版，再在报刊上连载的，应视为两次稿酬所得征税，即连载作为一次，出版作为另一次。

③同一作品在报刊上连载取得收入的，以连载完成后取得的所有收入合并为一次，计征个人所得税。

④同一作品在出版和发表时，以预付稿酬或分次支付稿酬等形式取得的稿酬收入，应合并计算为一次，计征个人所得税。

⑤同一作品出版、发表后，因添加印数而追加稿酬的，应与以前出版、发表时取得的稿酬合并计算为一次，计征个人所得税。

（3）特许权使用费所得，以某项使用权的一次转让所取得的收入为一次。如果该次转让取得的收入是分笔支付的，则应将各笔收入相加为一次的收入，计征个人所得税。

（4）财产租赁所得以一个月内取得的收入为一次。

（5）利息、股息、红利所得以支付利息、股息、红利时取得的收入为一次。

（6）偶然所得以每次收入为一次。

（7）其他所得以每次收入为一次。

（四）应纳税所得额的其他规定

（1）个人将其所得通过中国境内的社会团体、国家机关向教育和其他公益事业以及遭受严重自然灾害地区、贫困地区捐赠，捐赠额未超过纳税人申报的应纳税所得额30％的部分，可从其应纳税所得额中扣除。

纳税人通过中国人口福利基金会，中华科技基金会的公益、救济性捐赠，可在应纳税所得额的30％内扣除。

个人通过非营利的社会团体和国家机关向农村义务教育的捐赠，准予在缴纳个人所得税前的所得额中全额扣除。

（2）个人的所得（不含偶然所得，经国务院财政部门确定征税的其他所得）用于资助的，可以全额在下月（工资、薪金所得）、下次（按次计征的所得）或当年（按年计征的所得）计征个人所得税时，从应纳税所得额中扣除，不足抵扣的，不得结转抵扣。

（3）个人取得的应纳税所得包括现金、实物和有价证券。所得为实物的，应当按照取得的凭证上所注明的价格计算应纳税所得额；无凭证的实物或者凭证上所注明的价格明显偏低的，由主管税务机关参照当地的市场价格核定应纳税所得额。所得为有价证券的，由主管税务机关根据票面价格和市场价格核定应纳税所得额。

（4）各项所得的计算以人民币为单位。所得为外国货币的，按照国家外汇管理机关规定的外汇牌价折合成人民币缴纳税款。

（5）对扣缴义务人按照所扣缴的税款，付给2％的手续费。

（6）对储蓄存款利息所得开征、减征、停征个人所得税及其具体办法由国务院规定。

二、个人所得税应纳税额的计算

个人所得税应纳税额的计算，应根据纳税人各种性质的应纳税所得额，分项乘以适用税率，求出应纳税额。各项目所得的应纳税额计算分别如下：

（一）工资、薪金所得

工资、薪金所得应纳税额的计算公式为：

全月应纳税所得额＝月工资、薪金收入总额－费用扣除标准－按照国家规定，单位为个人缴付和个人缴付的基本养老保险费、基本医疗保险费、失业保险费、住房公积金

全月应纳税额＝全月应纳税所得额×适用税率－速算扣除数

　　　　　＝（每月收入额－2000元或4800元）×适用税率－速算扣除数

【例题2】某中国公民2009年月薪4200元，计算该公民每月应纳个人所得税税额。

【答案】应纳税所得额＝4200－2000＝2200（元）

应纳税额＝2200×15％－125＝205（元）

（二）个体工商业户的生产、经营所得

个体工商业户的生产、经营所得应纳税额的计算公式为：

应纳税额＝应纳税所得额×适用税率－速算扣除数

　　　　＝（全年收入总额－成本、费用以及损失）×适用税率－速算扣除数

自 2008 年 3 月 1 日起个体工商户业户的费用扣除标准为 24000 元/年，即 2000 元/月。

对个人独资企业和合伙企业生产经营所得，个人所得税有两种计算方法。

1. 查账征税

（1）自 2006 年 1 月 1 日起，个人独资企业和合伙企业投资者的生产经营所得依法计征个人所得税，个人独资企业和合伙企业投资者本人的费用扣除标准统一确定为 24000 元/年，即 2000 元/月。投资者的工资不得在税前扣除。

（2）企业从业人员的工资支出按标准在税前扣除。

（3）投资者及其家庭发生的生活费用不允许在税前扣除。

（4）企业在生产经营投资者及其家庭生活共用的固定资产，难以划分的，由主管税务机关根据企业的生产经营类型、规模等具体情况，核定准予在税前扣除的折旧费用的数额或比例。

（5）企业实际发生的工会经费、职工福利费、职工教育经费分别在其计税工资总额的 2％、14％、2.5％的标准内据实扣除。

（6）企业每一纳税年度发生的广告和业务宣传费用不超过当年销售（营业）收入 15％的部分，可据实扣除。

（7）企业每一纳税年度发生的与其生产经营业务直接相关的业务招待费，按照发生额的 60％扣除，但最高不得超过当年销售（营业）收入的 5‰。

（8）企业计提的各种准备金不得扣除。

（9）投资者兴办两个或两个以上企业，并且企业性质全部是独资的，年度终了后，汇算清缴时，应纳税款的计算按以下方法进行：汇总其投资兴办的所有企业的经营所得作为应纳税所得额，以此确定适用税率，计算出全年经营所得的应纳税额，再根据每个企业的经营所得占所有企业经营所得的比例，分别计算出每个企业的应纳税额和应补缴税额。计算公式如下：

①应纳税所得额＝Σ各个企业的经营所得

②应纳税额＝应纳税所得额×税率－速算扣除数

③本企业应纳税额＝应纳税额×本企业的经营所得÷Σ各企业的经营所得

④本企业应纳税额＝本企业应纳税额－本企业预缴的税额

特别注意：投资者的工资不得在税前扣除，但投资者的个人生计费可参照工资、薪金所得"费用扣除标准确定"；企业从业人员工资支出参照企业所得税的计税工资标准确定。

2. 核定征收

应纳税额＝应纳税所得额×适用税率

应纳税所得额＝收入总额×应税所得率

　　　　　　＝成本费用支出额÷（1－应税所得率）×应税所得率

纳税提示：

1. 个体工商户生产经营过程中从业人员的工资扣除标准，由各省、自治区、直辖市地方税务机关根据当地实际情况确定，并报国家税务总局备案。

2. 个体工商户在生产、经营期间借款利息支出，凡有合法证明的，不高于按金融机构同类、同期贷款利率计算的数额的部分，准予扣除。

3. 个体工商户或个人专营种植业、养殖业、饲养业、捕捞业，应对其所得计征个人所得税。

4. 个体工商户和从事生产、经营的个人，取得与生产、经营活动无关的各项应税所得，应分别适用各应税项目的规定计算征收个人所得税。

【例题3】某个体户全年经营收入 200000 元，其中生产经营成本、费用为 180000 元，计算其应缴纳的个人所得税额。

【答案】应纳税所得额＝200000－180000＝20000（元）

应纳税额＝20000×20％－1250＝2750（元）

（三）对企事业单位的承包经营、承租经营所得

对企事业单位的承包经营、承租经营所得，应纳个人所得税的计算公式为：

应纳税额＝应纳税所得额×适用税率－速算扣除数

＝（纳税年度收入总额－必要费用）×适用税率－速算扣除数

纳税提示：

1. 对企事业单位的承包经营、承租经营所得，是以每一纳税年度的转让总额，减除必要费用后的余额为应税所得额。在一个纳税年度中，承包经营、承租经营的经营期不足1年的，以其实际经营期为纳税年度。

2. 对企事业单位的承包经营、承租经营所得适用的速算扣除数与个体工商户的生产、经营所得适用的速算扣除数相同。

【例题4】2007 年 5 月 1 日，张某承包某商店，承包期为 3 年。2008 年实现承包经营利润 95000 元，按合同规定，承包人每年应从承包经营利润中上缴承包费 20000 元。计算承包人 2008 年应纳个人所得税税额。

【答案】(1) 应纳税所得额＝95000－20000－（2000×12）＝51000（元）

(2) 应纳税额＝51000×35％－6750＝11100（元）

（四）劳务报酬所得

（1）对劳务报酬所得，其个人所得税应纳税额的计算公式是：

①每次收入不足 4000 元的：

应纳税额＝应纳税所得额×适用税率＝（每次收入额－800）×20％

②每次收入额 4000 元以上的：

应纳税额＝应纳税所得额×适用税率＝每次收入额×（1－20％）×20％

③每次收入的应税所得额超过 20000 元的：

应纳税额＝应纳税所得额×适用税率－速算扣除数

　　　　＝每次收入额×（1－20％）×适用税率－速算扣除数

劳务报酬所得适用的速算扣除数如表 17－4 所示。

表 17－4　劳务报酬所得适用的速算扣除数表

级数	每次应纳税所得额	税率（％）	速算扣除数（元）
1	不超过 20000 元的部分	20	0
2	超过 20000～50000 元的部分	30	2000
3	超过 50000 元的部分	40	7000

【例题 5】歌星刘某一次取得表演收入 40000 元，扣除 20％的费用后，应纳税所得额为 32000 元。请计算其应纳个人所得税税额。

【答案】应纳税额＝每次收入额×（1－20％）×适用税率－速算扣除数

　　　　　　＝40000×（1－20％）×30％－2000＝7600（元）

（2）为纳税人代付税款的计算方法：

如果单位或个人为纳税人代付税款的，应当将单位或个人支付给纳税人的不含税支付额（或称纳税人取得的不含税收入额）换算为应纳税所得额，然后按规定计算应代付的个人所得税款。如表 17－5 所示。具体为：

①不含税收入额不超过 3360 元的：

应纳税所得额＝（不含税收入额－800）÷（1－税率）

应纳税额＝应纳税所得额×适用的税率

②不含税收入额超过 3360 元的：

应纳税所得额＝［（不含税收入额－速算扣除数）×（1－20％）］

　　　　　　÷［1－税率×（1－20％）］

　　　　或＝［（不含税收入额－速算扣除数）×（1－20％）］÷当级换算系数

应纳税额＝应纳税所得额×适用的税率－速算扣除数

表 17-5　不含税劳务报酬收入适用税率表

级数	不含税劳务报酬收入额	税率（%）	速算扣除数（元）	换算系数（%）
1	未超过 3360 元的部分	20	0	无
2	超过 3360～21000 元的部分	20	0	84
3	超过 21000～49500 元的部分	30	2000	76
4	超过 49500 元的部分	40	7000	68

注：超过 21000 元的要减掉速算扣除数。

【例题 6】高级工程师为某公司进行一项工程设计，按照合同规定，公司应支付其劳务报酬 48000 元，与其报酬相关的个人所得税由公司代付。不考虑其他税收的情况下，计算公司应代付的个人所得税税额。

【答案】（1）代付个人所得税的应纳税所得额＝［（48000－2000）×（1－20%）］÷76%＝48421.05（元）

（2）应代付个人所得税＝48421.05×30%－2000＝12526.32（元）

纳税提示：

计算应纳税所得额和应纳税额时，如果单位和个人为纳税人负担税款的，应当将纳税人取得的不含税收入额换算为应纳税所得额，再计算应纳税款。其计算公式如下。

1. 不含税收入额不超过 3360 元的（即含税收入额为 4000 元及以下的）：

应纳税所得额＝（不含税收入额－800）÷（1－税率）

应纳税额＝应纳税所得额×适用税率

2. 不含税收入额超过 3360 元的（即含税收入额在 4000 元以上的）：

应纳税所得额＝［（不含税收入额－速算扣除数）×（1－20%）］÷［（1－税率）×（1－20%）］

应纳税额＝应纳税所得额×适用税率－速算扣除数

公式中的"税率"是指不含税所得按不含税级距对应的税率。

公式中的"适用税率"是指应纳税所得额按含税级距对应的税率。

（五）稿酬所得

稿酬所得应纳税额的计算公式为：

（1）每次收入不足 4000 元的：

应纳税额＝应纳税所得额×适用税率×（1－30%）

＝（每次收入额－800）×20%×（1－30%）

（2）每次收入额在 4000 元以上的：

应纳税额＝应纳税所得额×适用税率×（1－30％）

　　　　　＝每次收入额×（1－20％）×20％×（1－30％）

【例题 7】某作家从出版社取得稿酬 50000 元，试计算其应纳个人所得税额。

【答案】应纳税额＝50000×（1－20％）×20％×（1－30％）＝5600（元）

由于稿酬所得按次计税，对于"每次收入"国家税务总局做出具体规定如下。

（1）个人每次以图书、报刊方式出版，发表同一作品，不论出版单位是预付还是分笔支付稿酬，均应合并为一次征税。

（2）在两处或两处以上出版，发表或再版同一作品而取得的稿酬，则可以分别就各处取得的所得或再版所得分次征税。

（3）个人的同一作品在报刊上连载，应合并其因连载而取得的所得为一次。连载之后又出书取得稿酬的，或先出书后连载取得稿酬的，应视同再版分次征税。

（4）作者去世后，对取得其遗作稿酬的个人，按稿酬所得征税。

【例题 8】作家华某的小说在某报刊连载 18 期，每期稿酬 1500 元，计 27000 元。后经出版社出版，取得稿酬 40000 元，后加印数千册，给付稿酬 4000 元，经再版取得稿酬 20000 元。

【答案】作家华某的小说连载，出版、再版的稿酬收入应缴个人所得税的计算。

（1）连载小说稿酬应缴个人所得税

＝27000×（1－20％）×20％×（1－30％）＝3024（元）

（2）出版小说稿酬应缴个人所得税

＝40000×（1－20％）×20％×（1－30％）＝4480（元）

（3）加印小说的稿酬应缴个人所得税

＝（40000＋4000）×（1－20％）×20％×（1－30％）－4480

＝4928－4480＝448（元）

（4）再版小说的稿酬应缴个人所得税

＝20000×（1－20％）×20％×（1－30％）＝2240（元）

（六）特许权使用费所得

特许权使用费所得应纳税额的计算公式为：

（1）每次收入不足 4000 元的：

应纳税额＝应纳税所得额×适用税率＝（每次收入额－800）×20％

（2）每次收入额在 4000 元以上的：

应纳税额＝应纳税所得额×适用税率＝每次收入额×（1－20％）×20％

（七）利息、股息、红利所得

利息、股息、红利所得应纳税额的计算公式为：

应纳税额＝应纳税所得额×适用税率＝每次收入额×20％

【例题 9】某储户于 2004 年 5 月 2 日存入银行一笔定期存款 40000 元，存款年利率为 2.25%，于 2005 年 5 月 2 日到期时将存款全部取出并计收利息。

【答案】（1）该储户到期应计存款利息收入＝40000×2.25%＝900（元）

（2）该储户应缴个人所得税＝900×20%＝180（元）

（八）财产租赁所得

财产租赁所得按次计税，适用 20% 的比例税率，但对个人按市场价格出租的居民住房取得的所得，自 2001 年 1 月 1 日起暂按 10% 的税率征收个人所得税。

在确定财产租赁的应纳税所得额时，除按税法规定的费用扣除标准进行定额或定率减除外，纳税人在出租财产过程中缴纳的税金和教育费附加，可持完（缴款）凭证从其财产租赁收入中扣除。还准予扣除能够提供有效、准确凭证，证明由纳税人负担的该出租财产实际开支的修缮费用。允许扣除的修缮费用，以每次 800 元为限。一次扣除不完的，准予在下一次继续扣除，直到扣完为止。

财产租赁所得应纳税额的计算公式为：

（1）每次收入额不足 4000 元的：

应纳税额＝应纳税所得额×适用税率

　　　　＝［每次（月）收入额－准予扣除项目－修缮费用（800 元为限）－800］

　　　　　×适用税率

（2）每次收入额在 4000 元以上的：

应纳税额＝应纳税所得额×适用税率

　　　　＝［每次（月）收入额－准予扣除项目－修缮费用（800 元为限）

　　　　　×（1－20%）］×适用税率

【例题 10】张某将自有住房从 2007 年 1 月开始出租，月租金收入为 3000 元，每月缴纳有关税费 500 元，在 3 月份发生修缮费用 2000 元，由张某承担。计算张某 2007 年 3 月份应缴纳的个人所得税。

【答案】应纳税所得额＝3000－500－800－800＝900（元）

应纳税额＝900×10%＝90（元）

未扣除完的修缮费用可以在以后月份继续扣除，但每月最多扣除 800 元。

（九）财产转让所得

财产转让所得应纳税额的计算公式为：

应纳税额＝应纳税所得额×适用税率

　　　　＝（收入总额－财产原值－合理费用）×20%

【例题 11】某人拥有自建房一栋，原造价共 100000 元，后将该房屋转让，转让价为 150000 元，在转让过程中，按规定支付房屋交易费等 3000 元，计算其应纳个人所得税额。

【答案】应纳税所得额＝150000－100000－3000＝47000（元）

应纳税额＝47000×20%＝9400（元）

（十）偶然所得

偶然所得应纳税额的计算公式为：

应纳税额＝应纳税所得额×适用税率＝每次收入额×20％

【例题12】某公民在社会福利彩票抽奖中，中奖金额50000元。计算其应纳个人所得税额。

【答案】福利彩票中奖（偶然所得）应缴的个人所得税＝50000×20％＝10000（元）

（十一）其他所得

其他所得应纳税额的计算公式为：

应纳税额＝应纳税所得额×适用税率＝每次收入额×20％

（十二）应纳税额计算中的几个特殊问题

1. 个人取得的全年一次性奖金

全年一次性奖金是指行政机关、企事业单位等扣缴义务人根据其全年经济效益和对雇员全年工作业绩的综合考核情况，向雇员发放的一次性奖金。一次性奖金也包括年终加薪、实行年薪制和绩效工资办法的单位根据考核情况兑现的年薪和绩效工资。

从2005年1月1日起，纳税人取得全年一次性奖金，单独作为一个月工资、薪金所得计算纳税，按以下计税方法，由扣缴义务人代扣代缴。

（1）先将雇员当月内取得的全年一次性奖金除以12个月，按其商数确定适用税率和速算扣除数。

如果在发放年终一次性奖金的当月，雇员当月工资、薪金所得低于税法规定的费用扣除额，应将全年一次性奖金减除"雇员当月工资、薪金所得与费用扣除额的差额"后的余额，按上述办法确定全年一次性奖金的适用税率和速算扣除数。

（2）将雇员个人当月内取得的全年一次性奖金，按上述第（1）条确定适用税率和速算扣除数计算征税，计算公式如下。

雇员当月工资薪金所得高于（或等于）税法规定的费用扣除额的，适用公式为：

应纳税额＝雇员当月取得全年一次性奖金×适用税率－速算扣除数

雇员当月工资薪金所得低于税法规定的费用扣除额的，适用公式为：

应纳税额＝（雇员当月取得全年一次性奖金－雇员当月薪金所得与费用扣除额的差额）×适用税率－速算扣除数

（3）在一个纳税年度内，对每一个纳税人，该计税办法只允许采用一次，适用于除全年一次性资金以外的其他各种名目资金。如半年奖、季度奖、加班奖、先进奖、考勤奖等，一律与当月工资、薪金收入合并，按税法规定缴纳个人所得税。

（4）实行年薪制和绩效工资办法的单位，个人取得年终兑现的年薪和绩效工资按上述第（2）条、第（3）条规定执行。

【例题13】某中国公民每月工资收入3200元，12月底一次性取得全年12月的奖金12000元。计算该个人12月份应纳的个人所得税额。

【答案】工资收入应纳税额＝（3200－2000）×10％－25＝95（元）

全年奖金应纳税额＝12000×10％－25＝1175（元）

12月份应缴纳的个人所得税额＝95＋1175＝1270（元）

2. 纳税人从两处以上取得工资、薪金所得的应纳税额计算

对纳税人在中国境内两处或两处以上取得工资、薪金所得，根据《中华人民共和国个人所得税法实施条例》第三十七条规定，应将所得合并纳税。

【例题14】市属医院的李大夫被医院派到区属医院工作，2008年4月分别从市属医院取得工资3200元，从区属医院取得补助费1600元，其4月份应缴纳多少个人所得税。

【答案】李大夫的应纳税所得额＝（3200＋1600）－2000＝2800（元）

李大夫的应纳税额＝2800×15％－125＝295（元）

3. 公益救济性捐赠

税法规定，个人将其所得对教育事业和其他公益事业捐赠的部分，允许从应纳税所得额中扣除，扣除额以不超过纳税人申报应纳税所得额的30％为限。其计算公式为：

捐赠扣除限额＝应纳税所得额×30％

允许扣除的捐赠额＝实际捐赠额≤捐赠限额的部分。如果实际捐赠额大于捐赠限额，只能按捐赠限额扣除。

应纳税额＝（应纳税所得额－允许扣除的捐赠额）×适用税率－速算扣除数

从2000年1月1日起，对企事业单位、社会团体和个人等社会力量，通过非营利性的社会团体和国家机关向农村义务教育的捐赠，在缴纳个人所得税前准予全额扣除。

【例题15】某中国公民2007年10月份一次性取得某项劳务报酬所得30000元，从中拿出2000元通过民政局捐赠给受灾地区。计算该公民应缴纳的个人所得税。

【答案】允许扣除捐赠的限额＝30000×（1－20％）×30％＝7200（元）

应纳税额＝［30000×（1－20％）－2000］×30％－2000＝4600（元）

（1）对在中国境内有住所的个人一次取得数月奖金或年终加薪、劳动分红（以下简称奖金，不包括按月支付的奖金）的计算征税问题。

个人取得上述奖金，可单独作为一个月的工资、薪金所得计算纳税。由于对每月的工资、薪金所得计税时已按月扣除了费用，因此，该奖金原则上不再减除费用，全额作为应纳税所得额直接按适用税率计算应纳税额。

（2）对在中国境内无住所的个人一次取得数月奖金或年终加薪、劳动分红的计算征税问题。

个人取得上述奖金，可单独作为一个月的工资、薪金所得计算征税，由于对每月的工资、薪金所得计税时已按月扣除了费用，因此，对奖金不再减除费用，全额作为应纳税所得额计算应纳税额，并且不再按居住天数进行划分计算。

（3）特定行业职工取得的工资、薪金所得的计税问题。

根据税法规定，对采掘业、远洋运输业、远洋捕捞业的职工取得的工资、薪金所得，可按月预缴，年度终了后30日内，合计其全年工资、薪金所得，再按12个月平均并计算实际应纳的税款，多退少补。其公式为：

应纳所得税额＝［（全年工资、薪金收入÷12－费用扣除后标准）

×税率－速算扣除数〕×12

（4）在外商投资企业、外国企业和外国驻华机构工作的中方人员取得的工资、薪金所得的征税问题。

①在外商投资企业、外国企业和外国驻华机构工作的中方人员取得的工资、薪金收入，凡是由雇佣单位和派遣单位分别支付的，支付单位应按规定代扣代缴个人所得税，按税法规定，纳税人应以每月全部工资、薪金收入减除规定的费用后的余额为应纳税所得额。其征管方法是：对雇佣单位和派遣单位分别支付工资、薪金的，采取由支付者中的一方减除费用的方法，即只由雇佣单位在支付工资、薪金时按税法规定减除费用，计算扣缴个人所得税；派遣单位支付的工资、薪金不再减除费用，以支付金额直接确定适用税率，计算扣缴个人所得税。此后，纳税人应持两处支付单位提供的原始明细工资、薪金单（书）和完税凭证原件，选择并固定到一地税务机关申报每月工资、薪金收入，汇算清缴其工资、薪金收入的个人所得税，多退少补。

②对外商投资企业、外国企业和外国驻华机构发放给中方工作人员的工资、薪金所得，应全额征税，"全额"是指扣除 2000 元费用后的余额。但对可提供有效合同或有关凭证，能够证明其工资、薪金所得的一部分按照有关规定上交派遣（介绍）单位的，可扣除其实际上交的部分，按其余额计征个人所得税。

（5）在中国境内无住所的个人取得工资、薪金所得的征税问题。

①关于工资、薪金所得来源地的确定。根据税法规定，属于来源于中国境内的工资、薪金所得应为个人实际在中国境内工作期间取得的工资、薪金，即个人实际在中国境内工作期间取得的工资、薪金，无论是由中国境内还是境外企业或个人雇主支付的，均属于来源于中国境内的所得；个人实际在中国境外工作期间取得的工资、薪金，无论是由中国境内还是境外企业或个人雇主支付的，均属于来源于中国境外的所得。

②根据税法和税收协定的有关规定，在中国境内无住所而在一个纳税年度中在中国境内连续或累计工作不超过 90 日或在税收协定规定的期间中在中国境内连续或累计居住不超过 183 日的个人，由中国境外雇主支付并且不是由该雇主的中国境内机构负担的工资、薪金，免予缴纳个人所得税。仅就其实际在中国境内工作期间由中国境内企业或个人雇主支付或者由中国境内机构负担的工资、薪金所得申报纳税。

③在中国境内无住所而在一个纳税年度中在中国境内连续或累计工作超过 90 日或在税收协定规定的期间中在中国境内连续或累计居住超过 183 日但不满 1 年的个人，其实际在中国境内工作期间取得的由中国境内企业或个人雇主支付和由境外企业或个人雇主支付的工资、薪金所得，均应申报缴纳个人所得税；其在中国境外工作期间取得的工资、薪金所得，除属于下面第⑤条规定的情况外，不予征收个人所得税。

④在中国境内无住所但在境内居住满 1 年而不超过 5 年的个人，其在中国境内工作期间取得的由中国境内企业或个人雇主支付和由中国境外企业或个人雇主支付的工资、薪金，均应申报缴纳个人所得税；但临时离境工作期间的工资、薪金所得，仅就由中国境内企业或个人雇主支付的部分申报纳税。个人在一个月中既有在中国境内工作期间的工资、薪金所得，也有在临时离境期间由境内企业或个人雇主支付的工资、薪金所得的，应合并计算当月应纳税款。

⑤担任中国境内企业董事或高层管理职务的个人［指公司正、副（总）经理、各职能总师、总监及其他类似公司管理层的职务］，其取得的由该中国境内企业支付的董事费或工资、薪金，不适用上述的第②条、第③条的规定，而应自其担任该中国境内企业董事或高层管理职务起，至其解除上述职务止的期间，无论其是否在中国境外履行职务，均应申报缴纳个人所得税；其取得的由中国境外企业支付的工资薪金，应依照上述的第②、③、④条的规定确定纳税义务。

⑥不满一个月的工资薪金所得应纳税额的计算。

应纳税额＝（当月工资薪金应纳税所得额×适用税率－速算扣除数）
$$×（当月实际在中国的天数÷当月天数）$$

（6）两个或两个以上的纳税人共同取得同一项所得的计税问题。两个或两个以上的纳税人共同取得同一项所得的，可对每个人分得的收入分别减除费用，并计算各自应纳的税款。

对劳务报酬所得属于一次性收入的，以取得该项收入为一次；属于同一项目连续收入的，以一个月内取得的收入为一次。"同一项目"是指劳务报酬所得列举具体劳务项目中的某一单项。个人兼有不同的劳务报酬所得，应分别减除费用，计算缴纳个人所得税。

【例题16】从某市某医院退休的王大夫，2008年2月受某诊所聘请坐堂，取得收入2000元，同月又被两所医科学校请去讲课，分别取得讲课费收入1000元、800元；王大夫月退休工资为3500元，王大夫2008年2月份应缴纳多少个人所得税？

【答案】①退休工资按税法规定免税。

②坐堂收入应纳税额＝（2000－800）×20%＝240（元）

③讲课费收入应纳税额＝（1000＋800－800）×20%＝200（元）

④王大夫2月份应缴纳个人所得税＝240＋200＝440（元）

（7）关于个人取得退职费收入征免个人所得税问题。

①退职费是指个人符合规定的退职条例并按该办法规定的退职费标准所领取的退职费用。

②对退职人员一次取得较高退职费收入的，可视为其一次取得数月的工资、薪金收入，并以原每月工资、薪金收入总额为标准，划分为若干月份的工资、薪金收入后，计算个人所得税的应纳税所得额及税额。但对划分超过了6个月工资、薪金收入的，应按6个月平均划分计算。个人取得全部退职费收入的应纳税额，应由其原雇主在支付退职费时负责代扣并于次月7日内缴入国库。个人退职后6个月内又再次任职、受雇的，对个人已缴纳个人所得税的退职费收入，不再与再次任职、受雇取得的工资、薪金所得合并计算补缴个人所得税。

（8）关于企业经营者试行年薪制后征收个人所得税问题。

对试行年薪制的企业经营者取得的工资、薪金所得应纳税款，可以实行按年计算、分月预缴的方式计征，即企业经营者按月领取的基本收入，在减除800元费用后，按适用税率计算应纳税额并预缴，年终领取效益收入后，合计其全年基本收入和效益收入，再按12个月平均计算实际应纳的税款，其计算公式是：

应纳税额＝［（全年基本收入和效益收入÷12－费用扣除标准）

　　　　×税率－速算扣除数］×12

（9）关于单位或个人为纳税人负担税款的计征办法问题。

单位或个人为纳税人负担个人所得税款，应将纳税人取得的不含税收入换算为应纳税所得额，计算征收个人所得税，其计算公式是：

应纳税所得额＝（不含税收入额－费用扣除标准－速算扣除数）÷（1－税率）

上式中的税率，是指不含税所得按不含税级距对应的税率。

应纳税额＝应纳税所得额×适用税率－速算扣除数

上式中的税率，是指应纳税所得额按含税级距对应的税率。

（10）关于雇主为其雇员负担个人所得税税款计征问题。

对于雇主全额为其雇员负担税款的，直接按（9）中的办法处理。

雇主为其雇员定额负担部分税款的，应将雇员取得的工资、薪金所得换算成应纳税所得额后，计算征收个人所得税。其计算公式是：

应纳税所得额＝雇员取得的工资＋雇主代雇员负担的税款－费用扣除标准

雇主为其雇员负担一定比例的工资应纳税款或者负担一定比例的实际应纳税款的，其计算公式是：

应纳税所得额＝（未含雇主负担的税款的收入额－费用扣除标准－速算扣除数

　　　　×负担比例）÷（1－税率×负担比例）

雇主为其负担超过原居住国的税款的，将雇员取得的不含税工资（扣除了原居住国税额的工资），按（9）中的公式，换算成应纳税所得额，计算征收个人所得税；如果计算出的应纳税所得额小于按该雇员的实际工资收入（未扣除原居住国税额的工资）计算的应纳税所得额的，应按其雇员的实际工资收入所得征收个人所得税。

（11）关于单位或个人为纳税人的劳务报酬所得代付税款的计算公式问题。

①不含税收入额为 3360 元（即含税收入额 4000 元）以下的：

应纳税所得额＝（不含税收入额－800）÷（1－税率）

②不含税收入额为 3360 元（即含税收入额 4000 元）以上的：

应纳税所得额＝［（不含税收入额－速算扣除数）×（1－20％）］

　　　　÷［1－税率×（1－20％）］

③应纳税额＝应纳税所得额×适用税率－速算扣除数

（十三）境外所得的税额扣除

税法规定，纳税人从中国境外取得的所得，准予其在应纳税额中扣除已在境外缴纳的个人所得税税额。但是，扣除额不得超过该纳税人境外所得依照我国税法规定计算的应纳税额。

税法所说的"已在境外缴纳的个人所得税税额"是指纳税人从中国境外取得的所得，依照该所得来源国家或者地区的法律应当缴纳并且实际已经缴纳的税额。

税法所说的"依照本法规定计算的应纳税额"是指纳税人从中国境外取得的所得，区别不同国家或地区和不同应税项目，依照我国税法规定的费用减除标准和适用税率计算的应纳税额；同一国家或者地区内不同应税项目，依照我国税法计算的应纳税额之和，为该国家或地区的扣除限额。纳税人在中国境外一个国家或地区实际已经缴纳的个人所得税税额低于扣除限额的，应当在中国缴纳差额部分的税款；超过扣除限额的，其超过的部分不得在本纳税年度的应纳税额中扣除，但是可以在以后纳税年度的该国家或地区扣除限额的余额中补扣，补扣期限最长不得超过5年。

纳税人依照税法的规定申请扣除已在境外缴纳的个人所得税税额时，应当提供境外税务机关填发的完税凭证原件。

税法还要求，在中国境内有住所或者无住所而在境内居住满1年的个人，从中国境内和境外取得的所得，应当分别计算应纳税额。

第四节　个人所得税的账务处理

个人所得税的会计处理包括代扣代缴单位的会计处理和个体工商户的会计处理两个方面。

一、代扣代缴单位的会计处理

（一）工资、薪金所得代扣代缴个人所得税

按工资、薪金所得缴纳的所得税是国际上普遍采用的重要税种之一。它可以由纳税人直接缴纳，也可以由扣缴义务人扣缴。

扣缴的税款通过"应交税费"科目进行核算。扣缴义务人扣缴税款时，纳税人应付2%的手续费，作为扣缴义务人的营业外收入。企业为职工代扣代缴的个人所得税有两种情况：第一，职工自己承担个人所得税，企业只负有代扣代缴义务；第二，企业既承担税款，又负有代扣代缴义务。

【例题17】四湖商贸公司为业务员陈某、孙某每月各发工资4200元。但合同约定，孙某自己承担个人所得税，陈某个人所得税由该企业承担，即孙某收入4200元为税后所得。月末发工资时，企业会计处理如下：

【答案】（1）为陈某扣缴个人所得税时：

陈某应纳个人所得税＝（4200－2000）×15％－125＝205（元）

发放工资时作会计分录如下：

借：应付职工薪酬　　　　　　　　　　　　　　　　　　4200
　　贷：库存现金　　　　　　　　　　　　　　　　　　　　　　3995
　　　　应交税费——代扣代缴个人所得税　　　　　　　　　　　205

（2）为孙某承担税款时：

由于孙某工资为税后所得，则需要换算为税前所得，再计算个人所得税。其计算公

式如下：

应纳税所得额＝（不含税收入额－费用扣除标准－速算扣除额）÷（1－税率）

应纳个人所得税＝应纳税所得额×适用税率－速算扣除数

企业为孙某承担税款如下：

（4200－2000－125）÷（1－15％）×15％－125＝241.18（元）

计提个人所得税时作会计分录如下：

借：管理费用   241.18

    贷：应付职工薪酬   241.18

发放工资时作会计分录如下：

借：应付职工薪酬   4441.18

    贷：库存现金   4200.00

        应交税费——代扣代缴个人所得税   241.18

【例题 18】某企业发行的长期债券到期应付给债务人利息。该债券的面值 1000 元，年利率 15％，债券共 3000 张，支付利息时，企业作为扣缴义务人扣缴个人所得税。

【答案】应付利息＝1000×3000×15％＝450000（元）

应纳税款＝450000×20％＝90000（元）

应收手续费＝90000×2％＝1800（元）

借：应付债券——应计利息   450000

    贷：应交税费   90000

        营业外收入   1800

        银行存款   358200

（二）支付劳务报酬、特许权使用费、稿费、财产租赁费代扣代缴所得税

企业支付给个人的劳务报酬、特许权使用费、稿费、财产租赁费，一般由支付单位作为代缴义务人向纳税人扣留税款，并计入该企业的有关期间费用账户。即企业在支付上述费用时，借记"无形资产"、"管理费用"、"财务费用"、"销售费用"等科目，贷记"应交税费——代扣代缴个人所得税"、"库存现金"等科目；实际缴纳个人所得税时，借记"应交税费——代扣代缴个人所得税"科目，贷记"银行存款"科目。

【例题 19】甲公司向何工程师购入一项专利使用权，一次性支付款项 80000 元。代扣代缴何工程师应缴纳的个人所得税为：

应缴纳额＝80000×（1－20％）×20％＝12800（元）

该公司计提扣缴个人所得税时，会计分录如下：

借：无形资产   80000

    贷：应交税费——应交个人所得税   12800

        库存现金   67200

该公司实际上缴扣缴的个人所得税时，会计分录如下：

借：应交税费——应交个人所得税   12800

    贷：银行存款   12800

（三）向股东支付股票股利、现金股利时代扣代缴个人所得税

股份制企业向法人股东支付股票股利、现金股利时，因法人股东不缴个人所得税，无所得税代扣代缴问题。若以资本公积转增股本，不属股息、红利性质的分配，不征个人所得税，亦无代扣代缴个人所得税问题。

企业以盈余公积对股东个人转增资本或派发股票股利时，应代扣代缴个人所得税。

二、个体工商户生产经营所得税的会计处理

个体工商户生产经营所得缴纳的所得税，在我国是一种具有相对特征的纳税业务。

个体工商户同企业一样，要按照利润的构成要素计算会计收益，并在会计收益的基础上，加减纳税调整项目计算纳税所得。根据纳税所得和适用税率计算应纳税款。

第五节　个人所得税的申报与缴纳

一、个人所得税的征收办法

个人所得税的征收，采用源泉扣缴和纳税人自行申报相结合的办法。

（一）源泉扣缴法

源泉扣缴，是指按照税法规定负有扣缴税款义务的单位或者个人，在向个人支付应税所得时，从其应税所得中代扣税款，然后汇总缴纳，同时向税务机关报送《扣缴个人所得税报告表》。这种方法的优点在于：可以节约税务机关的人力、物力消耗，简化征收管理手续；可以有效控制税源，避免或减少漏税和逃税，及时组织税款入库。我国的个人所得税广泛运用源泉扣缴法进行个人所得税征收。国家税务总局专门制定下发了《个人所得税代扣代缴暂行办法》（以下简称《暂行办法》）。自1995年4月1日起执行的《暂行办法》，对扣缴义务人和代扣代缴的范围、扣缴义务人的义务及应承担的责任、代扣代缴期限等作了明确规定。

（1）扣缴义务人。凡支付个人应纳税所得的企业（公司）、事业单位、机关、社会团体、军队、驻华机构、个体户等单位或者个人，为个人所得税的扣缴义务人。

这里所说的驻华机构，不包括外国驻华使领馆和联合国及其他依法享有外交特权和豁免的国际组织驻华机构。

（2）代扣代缴的范围。扣缴义务人向个人支付税法规定的应纳税所得（包括现金、实物和有价证券）时，无论纳税人是否属于本单位人员，均应代扣代缴其应纳的个人所得税税款。这里所说的支付，包括现金支付、汇拨支付、转账支付和以有价证券、实物

以及其他形式的支付。

（3）扣缴义务人的义务及应承担的责任。

①扣缴义务人应指定支付应纳税所得的财务会计部门或其他有关部门的人员为办税人员，由办税人员具体办理个人所得税的代扣代缴工作。代扣代缴义务人的有关领导要对代扣代缴工作提供便利，支持办税人员履行义务；确定办税人员或办税人员发生变动时应将名单及时报告主管税务机关。

②扣缴义务人的法人代表（或单位主要负责人）、财会部门的负责人及具体办理代扣代缴税款的有关人员，共同对依法履行代扣代缴义务负法律责任。

③同一扣缴义务人的不同部门支付应纳税所得时，应报办税人员汇总。

④扣缴义务人在代扣代缴时，必须向纳税人开具税务机关统一印刷的代扣代收凭证，并详细注明纳税人姓名、工作单位、家庭住址和居民身份证或护照号码（无上述证件的，可用其他能有效证明身份的证件）等个人情况。对工资、奖金所得和利息、股息、红利所得等，因纳税人数众多、不便一一开具代扣代收税款凭证的，经主管税务机关同意，可不开具代扣代缴凭证，但应通过一定形式告知纳税人已扣缴税款。纳税人为持有完税依据而向扣缴义务人索取代扣代缴税款凭证的，扣缴义务人不得拒绝。

扣缴义务人应主动向税务机关申领代扣代收税款凭证，据以向纳税人扣税。非正式扣税凭证，纳税人可以拒收。

⑤扣缴义务人对纳税人的应扣未扣的税款，其应纳税款仍然由纳税人缴纳，扣缴义务人应承担应扣未扣税款50％以上至3倍的罚款。

⑥扣缴义务人应设立代扣代缴税款账簿，正确反映个人所得税的扣缴情况，并如实填写《扣缴个人所得税报告表》及其他有关资料。

应代扣代缴个人所得税：①工资、薪金所得。②对企事业单位的承包经营、承租经营所得。③劳务报酬所得。④稿酬所得。⑤特许权使用费所得。⑥利息、股息、红利所得。⑦财产租赁所得。⑧财产转让所得。⑨偶然所得。⑩经国务院财政部门确定征税的其他所得。

扣缴义务人违反上述规定不报送或者报送虚假纳税资料，一经查实，在计算扣缴义务人应纳税所得额时不得作为成本费用扣除，并且其扣缴义务人应承担应扣未扣税款50％以上至3倍的罚款，应纳税款仍然由纳税人缴纳。

（二）自行申报法

自行申报纳税，是由纳税人自行在税法规定的纳税期限内，向税务机关申报取得的应税所得项目和数额，如实填写个人所得税纳税申报表，并按照税法规定计算应纳税额，据此缴纳个人所得税的一种方法。

1. 自行申报纳税的纳税人

自2006年1月1日起，年所得12万元以上的纳税人自行申报。

（1）从两处或两处以上取得工资、薪金所得的。

（2）取得应纳税所得，没有扣缴义务人的。

（3）分笔取得属于一次劳务报酬所得、稿酬所得、特许权使用费所得、财产租赁所得的。

（4）取得应纳税所得，扣缴义务人未按规定扣缴税款的。

（5）税务主管部门规定必须自行申报纳税的。

纳税提示：

年所得 12 万元以上的纳税人，无论取得的各项所得是否已足额缴纳了个人所得税，均应于纳税年度终了后向主管税务机关办理纳税申报；其他情形的纳税人均应于取得所得后向主管税务机关办理纳税申报。

年所得 12 万元以上的纳税人不包括在中国境内无住所，且在一个纳税年度中在中国境内居住不满一年的个人；从中国境外取得所得的纳税人是指在中国境内有住所，或者无住所而在一个纳税年度中在中国境内居住满一年的个人。

2. 自行申报纳税的纳税期限

年所得 12 万元以上的纳税人，在纳税年度终了后 3 个月内向主管税务机关办理纳税申报。

除特殊规定外，纳税人应在取得应纳税所得的次月 7 日内向主管税务机关申报所得并缴纳税款。

账册不健全的个体工商业户的应纳税款，由各地税务机关依照征管法及其实施细则的有关规定，自行确定征收方式。

纳税人年终一次性取得承包经营、承租经营所得的，自取得收入之日起 30 日内申报纳税；在 1 年内分次取得承包经营、承租经营所得的，应在取得每次所得后的 7 日内申报预缴，年度终了后 3 个月内汇算清缴，多退少补。

从中国境外取得所得的纳税人，其来源于中国境外的应纳税所得，如在境外以纳税年度计算缴纳个人所得税的，应在所得来源国的纳税年度终了、结清税款后的 30 日内，向中国主管税务机关申报纳税；如在取得境外所得时结清税款的，或在境外按所得来源国税法规定免予缴纳个人所得税的，应在次年 1 月 1 日起 30 日内向主管税务机关申报纳税。

3. 自行申报纳税的申报方式

纳税人可由本人或委托他人或采用邮寄方式在规定的申报期限内申报纳税。邮寄申报纳税的，以寄出地的邮戳日期为实际申报日期。

4. 自行申报纳税的申报地点

申报地点一般应为收入来源地的主管税务机关。纳税人从两处或两处以上取得工资、薪金所得的，可选择并固定在其中一地税务机关申报纳税；从境外取得所得的，应向境内户籍所在地或经常居住地税务机关申报纳税。

二、个人所得税的纳税期限

无论是扣缴义务人还是自行申报的纳税人，都必须按税法规定的期限向税务机关缴纳税款。

（1）工资、薪金所得应纳的税款，按月计征，由扣缴义务人或纳税人在次月 7 日内缴入国库，并向主管税务机关报送《个人所得税纳税申报表》，如表 17－6 所示。

表 17－6　个人所得税纳税申报表

（适用于年所得 12 万元以上的纳税人申报）

所得年份：2009 年　　　　　填表日期：2010 年 1 月 18 日　　　　金额单位：人民币元（列至角分）

纳税人姓名	陈晓芸	国籍（地区）	中国	身份证照类型	身份证	身份证照号码	3 2 0 6 0 2 1 9 8 8 1 1 2 1 2 5 1 5		
任职、受雇单位		任职受雇单位税务代码	320602 190000 0002	任职受雇单位所属行业		职务	业务经理	职业	
在华天数		境内有效联系地址				境内有效联系地址邮编	226007	联系电话	85875123
此行由取得经营所得的纳税人填写	经营单位纳税人识别号					经营单位纳税人名称			

所得项目	年所得额			应纳税所得额	应纳税额	已缴（扣）税额	抵扣税额	减免税额	应补税额	应退税额	备注
	境内	境外	合计								
1. 工资、薪金所得	97200		97200	97200	9445	9145			300		
2. 个体工商户的生产、经营所得											
3. 对企事业单位的承包经营、承租经营所得											
4. 劳务报酬所得											
5. 稿酬所得											
6. 特许权使用费所得	40000		40000	32000	6400	6400					
7. 利息、股息、红利所得	36000		36000		6900	6100			800		
8. 财产租赁所得	42000		42000	30000	6000	6000					
9. 财产转让所得	157000		157000		23400	23400					
其中：股票转让所得				—	—	—	—	—	—	—	
个人房屋转让所得											
10. 偶然所得	20000		20000	20000	4000	4000			0		
11. 其他所得											
合　计	392200		392200	179200	56145	55045			1100		

续表

我声明，此纳税申报表是根据《中华人民共和国个人所得税法》及有关法律、法规的规定填报的，我保证它是真实的、可靠的、完整的。 　　　　　　　　　　　　　　　　　　　　　　　　　　　　　纳税人（签字）
代理人（签章）：　　　　　　　　　　　　　　　联系电话：
税务机关受理人（签字）：　　　税务机关受理时间：　　年　　月　　日　　受理申报税务机关名称（盖章）：

（2）账册健全的个体工商户的生产、经营所得应纳的税款，按年计算、分月预缴，由纳税人在次月7日内申报预缴，年度终了后3个月内汇算清缴，多退少补。账册不健全的个体工商户的生产、经营所得应纳的税款，由各地税务机关依据《中华人民共和国税收征收管理法》（以下简称《征管法》）及其实施细则的有关规定，自行确定征收方式。

（3）对企事业单位的承包经营、承租经营所得应纳的税款，按年计算，在年终一次性取得承包经营、承租经营所得的纳税人，自取得收入之日起30日内申报纳税；在1年内分次取得承包经营、承租经营所得的，应在取得每次所得后的7日内申报预缴，年度终了后3个月内汇算清缴，多退少补。

（4）个人独资企业和合伙企业投资者应纳的个人所得税税款，按年计算，分月或者分季预缴，由投资者在每月或者每季年度终了后7日内预缴，年度终了后3个月内汇算清缴，多退少补。

个人独资企业和合伙企业在年度中间合并、分立、终止时，投资者应当在停止生产经营之日60日内，向主管税务机关办理当期个人所得税汇算清缴。在纳税年度的中间开业，或者由于合并、关闭等原因，使该纳税年度的实际经营期不足12个月的，应当以其实际经营期为一个纳税年度。

（5）从中国境外取得所得的纳税人，其来源于中国境外的应纳税所得，如在境外以纳税年度计算缴纳个人所得税的，应在所得来源国的纳税年度终了、结清税款后的30日内，向中国主管税务机关申报纳税；如在取得境外所得时结清税款的，或者在境外按所得来源国税法规定免予缴纳个人所得税的，应在次年1月1日起30日内向中国主管税务机关申报纳税。

（6）纳税人需要出境的，应在未离开中国7日以前，向当地税务机关缴清税款，方可办理出境手续。

（7）扣缴义务人每月所扣的税款，应当在次月7日内缴入国库并向主管税务机关报送《扣缴个人所得税报告表》（见表17-7）、代扣代收税款凭证和包括每一纳税人姓名、单位、职务、收入、税款等内容的《支付个人收入明细表》（见表17-8）以及税务机关要求报送的其他有关资料。

扣缴义务人违反上述规定不报送或者报送虚假纳税资料的，一经查实，其未在支付个人收入明细表中反映的向个人支付的款项，在计算扣缴义务人应纳税所得额时不得作为成本费用扣除。

上述纳税期限的最后一日是法定休假日的，以休假日的次日为期限的最后一日。纳

表 17－7　扣缴个人所得税报告表

扣缴义务人编码：□□□□□□□□□□□□□□□□□□□　　　　　金额单位：元（列至角分）

扣缴义务人名称（公章）：　　　　　　　　　　　　　　　　　填表日期：　　年　　月　　日

序号	纳税人姓名	身份证照类型	身份证照号码	国籍	所得项目	所得期间	收入额	免税收入额	允许扣除的税费	费用扣除标准	准予扣除的捐赠额	应纳税所得额	税率%	速算扣除数	应扣税额	已扣税额	备注
1	2	3	4	5	6	7	8	9	10	11	12	13	14	15	16	17	18
合计												—	—	—	—	—	

扣缴义务人声明	我声明：此扣缴报告表是根据国家税收法律、法规的规定填报的，我确定它是真实的、可靠的、完整的。 声明人签字：

会计主管签字：　　　　　负责人签字：　　　　　扣缴单位（或法定代表人）（签章）：
受理人（签章）：　　　　受理日期：　　年　　月　　日　　受理税务机关（章）：

国家税务总局监制

本表一式两份，一份扣缴义务人留存，一份报主管税务机关。

表 17－8　支付个人收入明细表

扣缴义务人编码：□□□□□□□□□□□□□□□□□□□　　　　金额单位：元（列至角分）

扣缴义务人名称（公章）：

所属期：　　年　　月　　日至　　年　　月　　日　　填表日期：　　年　　月　　日

姓名	身份证照类型及号码	收入额						备注
		合计	工资、薪金所得	承包、承租所得	劳务报酬所得	利息、股息、红利所得	其他各项所得	
1	2	3	4	5	6	7	8	9
合计								

制表人：　　　　　　　　　　　　　　　　　　　　审核人：

税人或扣缴义务人确有困难，不能按期办理纳税申报的，经主管税务机关核准，可以延迟申报。

（8）除以上规定的情形外，纳税人取得其他各项所得须申报纳税的，在取得所得的次月 7 日内向主管税务机关办理纳税申报。

（9）纳税人不能按照规定的期限办理纳税申报，需要延期的，按照《税收征管法》第 27 条和《税收征管法实施细则》第 37 条的规定办理。

三、个人所得税的申报纳税地点

个人所得税实行就地征收原则，自行申报的纳税人，应向取得所得和当地税务机关申报纳税；扣缴义务人应向扣缴人所在地税务机关代缴税款。纳税人从两处或两处以上取得工资、薪金所得的，可选择并固定在其中一地的税务机关申报纳税；从境外取得所得的，应向境内户籍所在地或经常居住地税务机关申报纳税。纳税人要求变更申报纳税地点的，须经原主管税务机关批准。

个人独资企业和合伙企业投资者应向企业实际经营管理所在地主管税务机关申报缴纳个人所得税。投资者从合伙企业取得的生产经营所得，由合伙企业向企业实际经营管理所在地主管税务机关申报缴纳投资者应纳的个人所得税，并将个人所得税申报表抄送投资者。

投资者兴办两个或两个以上企业的，应分别向企业实际经营管理所在地主管税务机关预缴税款。年度终了后办理汇算清缴时，区别以下两种情况分别处理：

第一种情况：投资者兴办的企业全部是个人独资性质，分别向各企业的实际经营管理所在地主管税务机关办理年度纳税申报，并依所有企业的经营所得总额确定适用税率。

第二种情况：投资者兴办的企业中含有合伙性质的，投资者应向经常居住的主管税务机关申报纳税，办理汇算清缴，但经常居住地与其兴办企业的经营管理所在地不一致的，应选定其参与兴办的某一合伙企业的经营管理所在地为办理年度汇算清缴所在地，并在 5 年内不得变更。5 年后需要变更的，须经原主管税务机关批准。

投资者在预缴个人所得税时，应向主管税务机关报送《个人独资企业和合伙企业投资者个人所得税申报表》，并附送会计报表。

年度终了后 30 日内，投资者应向主管税务机关报送《个人独资企业和合伙企业投资者个人所得税申报表》，并附送年度会计决算报表和预缴个人所得税纳税凭证。

投资者兴办两个或两个以上企业的，向企业实际经营管理所在地主管税务机关办理年度纳税申报时，应附注从其他企业取得的年度应纳税所得额；其中含有合伙企业的，应报送汇总从所有企业取得的所得情况的《合伙企业投资者个人所得税汇总申报表》，同时附送所有企业的年度会计决算报表和当年度已缴个人所得税纳税凭证。

四、个人所得税申报实务

资料：陈晓芸是苏州市英润家纺公司的业务经理，并拥有公司的股份。公司的税务代码为：3206021900000002，为工业企业。陈晓芸的身份证号码为：320602198811212515；联系地址：苏州市长江路 148 号；邮编：226007；联系电话：85875123。2009 年陈晓芸的全部收入及税款缴纳情况如下：

（1）全年取得工薪收入 102000 元，每月收入及扣缴税款情况见表 17—9 所示。

表 17—9　陈晓芸的月收入及代扣缴税表　　　　单位：元

月份	应发工资	代扣社保费	代扣住房公积金	代扣个人所得税	实发工资
1	4000	200	100	145	3555
2	4000	200	100	145	3555
3	4000	200	100	145	3555
4	4000	200	100	145	3555
5	4000	200	100	145	3555
6	4000	200	100	145	3555
7	5000	300	200	250	4250
8	5000	300	200	250	4250
9	5000	300	200	250	4250
10	5000	300	200	250	4250
11	5000	300	200	250	4250
12	5000	300	200	250	4250
年终奖金	48000			6775	41225
合计	102000	3000	1800	9145	88055

（2）取得公司股份分红 30000 元，扣缴个人所得税 6000 元。

（3）银行储蓄存款账户利息收入 2000 元，扣缴个人所得税 100 元。

（4）购买国债，取得利息收入 2000 元。

（5）购买企业债券，取得利息收入 4000 元，没有扣缴个人所得税。

（6）出售家庭非唯一住房（原值 700000 元），取得转让收入 860000 元，按规定缴纳个人所得税 23400 元及其他税费 43000 元。

（7）出租自有商业街店铺给某公司，每月租金 3500 元，缴纳个人所得税 500 元，按国家规定缴纳的其他税费 200 元。

（8）在上海证券交易所转让 A 股股票盈利 40000 元。

（9）发明一项专利，让渡给某公司使用，取得收入 40000 元，扣缴个人所得税 6400 元。

（10）一次购买体育彩票，中奖 20000 元，由体彩中心代扣个人所得税额 4000 元。

要求：

（1）计算陈晓芸工资扣缴的个人所得税。

（2）陈晓芸取得的上述收入应如何办理纳税申报？

（3）计算陈晓芸 2009 年度的所得并判断是否需要自行申报，若需要，则填制自行申报的纳税申报表。

【答案】（1）陈晓芸 2009 年度已经缴纳的个人所得税税额的计算如下：

①已经缴纳的个人所得税税额为：

9145＋6000＋100＋23400＋43000＋500＋200＋6400＝88745（元）

②例中全年一次性奖金应纳税款的计算。

全年一次性奖金应纳个人所得税额

＝全年一次性奖金×税率－速算扣除数＝48000×15％－125＝7075（元）

［注：因为 48000÷12＝4000（元），所以适用于 15％ 的税率和 125 的速算扣除数］

而陈晓芸的单位仅扣缴个人所得税 6775 元，所以还应缴纳税款 7075－6775＝300（元）。

③国债利息免纳个人所得税。

④购买企业债券取得利息收入应缴个人所得税＝4000×20％＝800（元）

⑤转让境内上市公司 A 股股票取得的收入，暂免征收个人所得税。

⑥体育彩票中奖所得，属于"偶然所得"项目。根据有关规定，由体彩中心代扣个人所得税额＝20000×20％＝4000（元）

⑦应缴纳的个人所得税税额＝88745＋300＋800＋4000＝93845（元）

（2）陈晓芸 2009 年度应交个人所得税税额如下：

年所得＝年工资、薪金所得＋年利息、股息、红利所得＋年财产转让所得＋年财产租赁所得＋年特许权使用费所得＋年偶然所得－可剔除的所得

①年工资、薪金所得＝全年工资性收入（应发工资－个人缴付的"社保费＋住房公积金"）＋年终奖金合计

＝52000－3000－1800＋48000＝95200（元）

②年利息、股息、红利所得＝公司分红＋储蓄存款利息＋企业债券利息

＝30000＋2000＋4000＝36000（元）

③年财产转让所得＝房屋出售收入＋股票转让收入

＝（860000－700000－43000）＋40000

＝117000＋60000＝157000（元）

④年财产租赁所得＝3500×12＝42000（元）

⑤年特许权使用费所得＝40000（元）

⑥年偶然所得＝20000（元）

2009 年陈晓芸的年所得＝95200＋36000＋157000＋42000＋40000＋20000

＝390200（元）＞120000（元）

虽然陈晓芸的各项所得已由扣缴义务人代扣代缴了个人所得税，但年所得超过了 12 万元，她还应该进行年所得 12 万元以上的自行申报。

根据上述核算资料，填制陈晓芸的个人所得税纳税申报表（见附件 1）。

复习思考题

1. 个人所得税有哪些特点？
2. 个人所得税的征收范围主要包括哪些项目？
3. 个人所得税的扣缴义务人如何确定？
4. 个人所得税的纳税地点如何确定？

练习题

大学教授李某 2008 年 3 月取得如下收入：

（1）工资收入 2900 元。

（2）一次性稿费收入 5000 元。

（3）一次性讲学收入 500 元。

（4）一次性翻译资料收入 3000 元。

已知：稿酬所得、劳务报酬所得和利息所得适用税率均为 20％。

要求：计算李某当月应纳个人所得税税额。

第十八章 纳税检查与账务调整

第一节 纳税检查

纳税检查的主体通常是税务机关，但由于税收征收管理法强化了纳税人履行纳税义务的责任，企业税务会计的自查已经成为纳税人自觉的义务。同时，会计师事务所、税务师事务所等中介机构在纳税检查工作中正发挥越来越重要的作用。因此，纳税检查的主体已经呈现多样化的趋势。纳税检查的形式包括纳税人自查和税务检查两种形式。

一、纳税检查的概念

纳税检查是国家税务机关或企业税务会计根据国家税法和会计制度的规定，对纳税人履行纳税义务的情况进行调查和监督，以保证纳税人充分履行纳税义务的一种管理活动。

税务审查的对象，是纳税人所从事的经济活动和各种应税行为，以及履行纳税义务的情况，同时包括代扣代缴义务人、纳税担保人、代收代缴义务人等履行相关义务的情况。

纳税检查的依据是国家的各种税收法规、会计准则和制度。在纳税问题上，税收法规和其他财会制度发生冲突时，以税收法规为准。其中税务检查的目的是贯彻执行各项税收政策，加强税收征收管理，保证国家的财政收入。

二、税务检查

（一）税务检查的范围

（1）检查纳税人的账簿、记账凭证、报表和有关资料，检查扣缴义务人代扣代缴、代收代缴税款账簿、记账凭证和有关资料。

（2）到纳税人的生产、经营场所和货物存放地检查纳税人应纳税的商品、货物或者其他财产，检查扣缴义务人与代扣代缴、代收代缴税款有关的经营情况。

（3）责成纳税人、扣缴义务人提供与纳税或者代扣代缴、代收代缴有关的文件、证明材料和有关资料。

（4）询问纳税人、扣缴义务人与纳税或者代扣代缴、代收代缴税款有关的问题和情况。

（5）到车站、码头、机场、邮政企业及其分支机构检查纳税人托运、邮寄应纳税商品、货物或者其他财产的有关单据、凭证和资料。

（6）经县以上税务局（分局）局长批准，凭全国统一格式的检查存款账户许可证明，查询从事生产、经营的纳税人、扣缴义务人在银行或者其他金融机构的存款账户。税务机关在调查税收违法案件时，经设区的市、自治区以上税务局（分局）局长批准，可以查询案件涉嫌人员的储蓄存款。税务机关查询所获得的资料，不得用于税收以外的用途。

（二）税务审查的要求

（1）纳税人，扣缴义务人必须接受税务机关依法进行的税务检查，如实反映情况，提供有关资料，不得拒绝、隐瞒。

（2）税务机关依法进行税务检查时，有关部门和单位应当支持、协调，向纳税机关如实反映纳税人、扣缴义务人和其他当事人的与纳税或者代扣代缴、代收代缴税款有关的情况，提供有关资料及证明材料。

（3）税务机关调查税务违法案件时，对与案件有关的情况和资料，可以记录、录音、录像、照相和复制。

（4）税务机关派出的人员进行税务检查时，应当出示税务检查证件，并有责任为被检查人保守秘密。税务机关发现纳税人税务登记的内容与实际情况不符的，可以责令其纠正，并按照实际情况征收税款。

（三）税务检查的形式

税务检查的形式包括日常检查、专项检查、专案检查等几种不同的做法。日常检查也叫全面检查，是指对通过一定方法筛选出来的检查对象履行纳税义务情况进行的综合性检查。专项检查是指根据工作需要安排的单项检查，如单项税种的检查、发票的检查、出口退税的检查、关联企业转让定价检查等。专案检查是指对群众举报、上级交办、有关部门转办案件的检查。

（四）税务检查的基本方法

（1）按照检查范围详略的不同，分为详查法和抽查法。所谓详查，是对查期内的全部凭证、账册、报表和其他会计资料，进行全面、系统、细致的检查的一种方法。所谓抽查，是对被查期内的凭证、账册和报表抽出部分有目的地进行重点检查的一种方法。

（2）按照查账顺序的不同，分为顺查法和逆查法。所谓顺查法，是依照会计核算的顺序，从检查会计凭证开始，由凭证到账簿进而到报表的一种检查方法。逆查法与顺查法的检查顺序相反，是逆会计核算程序从检查报表开始到账册而后在凭证中落实检查内容的一种方法。

（3）按检查线索之间相互关系的不同，分为联系查法和侧面查法。联系查法，是对相关资料有联系的地方，如账证之间、账账之间、账表之间、工程成本和生产成本之间，进行相互对照检查的一种方法。侧面查法，是根据平时掌握的征管、信访资料和职工群众反映的情况，对有关账簿记录进行核查的一种检查方法。

（4）按发现问题的方法不同，分为比较分析法和控制计算法。比较分析法是根据企业的会计报表与账面的数据，同企业的有关计划指标、历史资料或同类企业的相关数据进行对比，观察其经济活动的增减变化是否合理，从不合理中发现疑点，为税务审查提供线索的一种方法。控制计算法是根据事物之间存在的相互制约、相辅相成的必然联系，用科学测定的数据，来验证账面记录或申报纳税资料是否正确的一种查账方式。

（五）税务检查的基本内容

1. 《资产负债表》的检查分析

《资产负债表》的审查，首先应从《资产负债表》所反映的资金总体情况，按资产类和负债类的分类指标及所有者权益分析资金的使用和分布是否合理，经营状况和偿还能力如何，观察企业的筹资能力和经营状况的发展趋势。同时，结合平时掌握的情况，着重检查分析与纳税有关的项目，通过对项目的纵向或横向比较分析，从数额升降变动的异常现象中发现问题。一般来说，应注意以下项目的检查：

（1）"应收账款"、"预付账款"、"应付账款"项目的审查。这些项目是根据期末余额填列的，它们都处于待结算的过程，关系到资金的使用效果和税收、利润的真实性。审查时，如果发现应收、应付等结算款项在结算期间发生突升突降的变化，一般应注意"应付账款"和"预付账款"中，有无隐匿已经实现的产品销售收入或其他业务收入。对坏账损失实行备抵的，应将"坏账准备"项目的金额同企业应收账款余额相比，看其是否超过了规定的坏账准备提取比例。

（2）各存货项目的审查。各存货项目反映企业期末结存、在途和在加工过程中的各种存货的实际成本，包括原材料、周转材料（低值易耗品、包装物）、自制各种存货的实际成本。存货项目的发生额与税收关系极为密切。例如，原材料、周转材料（低值易耗品、包装货）的实际成本，既关系到生产成本的核算，又关系到增值税进项税额的扣除；自制半成品、产成品、分期收款发出商品，既关系到销售收入和营业税金的计算，又关系到销售成本和销售利润的核算；而期末"生产成本"所反映的在产品成本上的高低，又关系到完工产品成本及销售成本的高低。正因如此，企业出于自身利益的需要，往往通过对这些项目的多转或少转，用来调节生产成本和销售利润。这样，就必然会在期末存货有些项目中出现增减变化的异常情况。审查时，对期末存货结存成本升降变化不正常的项目，应结合有关账户收、发、存核算内容的查核，进一步考核所编报报表的正确性。

（3）"应交税费"项目的审查。"应交税费"项目，反映企业应交未交的各种税金。通过本项目的审查，可以了解企业应交各项税费的解缴情况，分析欠缴原因，协同企业合理安排资金，督促企业按期缴纳入库。

（4）固定资产的审查。固定资产的审查内容包括"固定资产"、"在建工程"、"固定资产清理"等相关项目的审查。

"固定资产"项目。通过固定资产增减变化的分析，主要审查增加固定资产形成过程中成本费用的开支和固定资产的使用情况，减少固定资产的退出手续、结算清理和费用列支情况；还应审查企业有无擅自提高固定资产原价的情况。

"在建工程"项目。本项目反映企业期末各项未完成工程的实际支出，包括交付安装的设备价值，未完成建筑工程耗用的材料、工资和费用支出、工程用料结存、预付出包工程的价款、已经建筑安装完毕但尚未交付使用的建筑安装工程成本等。它的各项支出属于资产的原值的组成部分，不属于生产成本列支范围，必须严格分清费用列支渠道。审查时，可根据实际开工的工程项目和工程进度与"在建工程"明细账户的金额、工程项目成本核算资料的比较分析，来捕捉审查的重点项目，并可从这一侧面进而考核生产成本的正确性。

"固定资产清理"项目。本项目反映企业因毁损、报废等原因转入清理但尚未清理完毕的固定资产净值，以及固定资产清理过程中所发生的清理费用和变价收入等各项金额的差额。它是根据固定资产清理科目的期末借方余额填列的。审查时，应结合营业外收支的审查，审定固定资产清理的净收益或净损失。

2. 《利润表》的检查分析

通过对《利润表》的检查分析，可以全面了解企业生产经营状况，掌握企业收入、成本、费用及投入产出之间的比例关系，确定企业的盈亏和分析企业经营效益的好坏。通过对《利润表》所反映的营业利润、投资净收益和营业外收支等损益情况的分析，可以测定企业损益的发展变化趋势，预测企业未来收益能力。通过对《利润表》中指标的分析，可以了解企业现实利益的构成，影响利润增减变动的原因和企业盈利水平。

（1）营业收入的审查。影响营业收入额变化的因素是销售数量和销售价格。审查时，应分别对销售数量和销售单价进行审查。对销售数量的审查，应结合当时产销情况，看企业有无将销售产品收入不通过"主营业务收入"科目核算、漏报销售数量的情况。对销售价格的审查，查明有无隐匿销售收入的问题。

（2）营业成本的审查。审查销售成本的主要方法是审查期末库存产品是否正确，因为销售成本结转，必然导致库存产品和成本不实。审查时，可将核实后的期末结存数量按产品平均单位成本计算出期末应保留的库存产品成本，并与账目数相核对，若大于账面数，说明可能存在多转销成本的问题，则需要进一步审核。

（3）营业税金及附加审查。对营业税金的分析审查，一般应注意以下两点：①查核账面已实现销售收入计缴营业税金的正确性。②核查列支税金的组成内容。审查时，可根据"主营业务利润计算表"中的"平均单位税金"数额与上年数额进行比较，如果有差异且税率和产品结构没有变动，则说明税金计算有错误，应进一步查明原因。

（4）期间费用的审查。期间费用包括销售费用、管理费用和财务费用。对销售费用的审查，一般应注意以下几点：①必须是销售业务的有关费用。②必须是费用性质的，不属于购置固定资产或门市部的翻建装潢或奖金分配性质。③必须符合规定的开支范围和开支标准。"管理费用"和"财务费用"项目，一般应根据账户的发生额分析比较和分费用项目进行审查。特别应注意费用的具体项目是否有突增或突降的情况发生。

（5）"投资收益"的审查。"投资收益"项目，是指企业以各种方式对外投资所取得的收益，包括分得的投资利润、债券利息收入，以及购买股票应得的股利和回收投资时发生的收益等项目。审查时，应根据"投资收益"账户发生额分项进行调查。

（6）"营业外收入"和"营业外支出"的审查。审查时，应对其具体内容逐项进行严格审查，特别要注意营业外收支的合法性。如果营业外收入项目金额过大，就要注意是否有将应列入"主营业务收入"的收入直接转列为营业外收入，导致漏报营业税金。对企业外支出项目，则应重点审查是否按国家规定的项目、范围和标准列支，有无将不应列为营业外支出的费用列为营业外支出。

（7）"利润总额"的审查。"利润总额"是反映企业生产经营成果的一项综合性指标。对利润总额的审查，除分析其有无突增或突减的变化外，还可以根据需要运用资本金利率、销售利率和成本费用利率等来分析考察企业在一定时期内利润的变化情况，为进一步审查找出线索。

3.《现金流量表》的检查分析

通过审查分析《现金流量表》，可以了解一定时期内现金流入和流出的情况，可以了解企业的偿债能力。在某些情况下，虽然企业《利润表》上反映的经营利润很可观，但可能存在财务困难，不能偿还到期债务；还有些企业虽然《利润表》上反映的经营成果并不可观，却有足够的偿付能力。分析审查《现金流量表》可以判断是否可能发生欠税等行为提供依据。

4. 序时账的审查分析

（1）审查序时账的完整性和真实性。序时账簿一般是订本式的，应检查账簿有无缺页、造假、更改数字的现象，是否按照经济业务发生时间的先后顺序进行登记。对于与记账日期和会计凭证不符或顺序颠倒的账目，应当查明凭证是否合法。

（2）审查序时账内容的合理性和合法性。审阅摘要说明和对应账户，分析资金的来源和去向、经济业务内容及账务处理是否合法。对借方和贷方中数字较大的经济业务要认真审查，查明有无转移销售收入、转移利润或挪用公款等问题。审查库存现金与库存现金日记账是否一致，看有无以白条抵库的问题。

（3）审查银行库存账的发生额和余额是否与总账及银行对账单相符。将银行对账单的收入方与银行存款账户收入方核对，审查企业当期的收入是否全部入账。审查企业有几个存款户，查明账外存款的来源及用途，有无私设"小金库"的情况。

5. 总分类账的检查分析

（1）将各账户期初、期末余额分别与前期、本期会计报表进行核对，看数字是否相符，以验证报表有关金额和项目是否正确。特别是对涉及税收的有关账户，更应认真审查核对。

（2）将本期各账户发生额和余额与上期进行比较，看有无突增或突减变化和异常情况，从中发现疑点，为深入审查提供方向、重点。

（3）将总分类账本期额和期末余额所辖明细分类账金额相加之和逐一核对，看记账内容、方向和数额是否相符。

（4）分析各个账户之间的对应关系，发现问题，找出疑点。应注意在总分类账中，资产或费用、成本类账户是否有贷款方余额，负债、所有者权益或收入类账户是否有借方余额，如有这种情况，应认真查明原因。

6. 明细分类账的检查

（1）审查明细分类账记载的经济业务内容是否真实合法。一般可逐项查看"摘要"栏，注意可疑的事项和突出的数据，并记录下来，以便进一步审查会计凭证，核实问题。

（2）审查各账户年初余额与上年年末余额，每月月初余额与上月月末余额是否一致。注意企业可能利用年初立新账、月初转账的机会，采取合并或分设账户的办法，随意增减账户余额，弄虚作假进行偷税。审查时，对结算往来类、负债类及所有者权益类账户要特别注意。

（3）审查账户余额是否合理，有无异常现象。如果资产类账户的余额在借方，负债类和所有者权益类的账户应在贷方，如果出现反常余额，就应引起注意，查看是不是核算错误或弄虚作假造成的。

（4）审查以数量和金额核算的实物明细分类账，看有无红字余额，对原材料、库存商品、委托加工物资，在账页上分别设置收入、发出、结存的数量和金额进行明细核算。审查时，要查看"摘要"栏的记录，看"收入"栏和"发出"栏的单价是否接近，采用加权平均计价方法的，"发出"栏与"结存"栏的单价是否一致，如果出现相差悬殊的情况，应抽查复核，简述计算、验证。

7. 原始凭证的检查

（1）外来原始凭证的审查。外来原始凭证包括进货发票、进账单、汇款单、运费发票等。外来原始凭证审查时，一般注意以下几个方面：

①审查凭证的合法性。查看是否符合政策、法令和财务制度规定，有无违反规定和乱支乱用等违法现象。

②审查凭证的真实性。查看经济内容是否真实，数据、文字有无伪造、涂改、重复、大头小尾，各联次之间的数额是否相符等情况。

③审查凭证的完整性。查看各项指标是否完整，名称、商品规格、计量单位、数量、单价、大小写金额和日期的填写是否清晰，计算是否正确。

④审查凭证手续是否完备。查看有无经办人员、验收人员、批准人员和填制单位的签字盖章，审批手续是否健全。

⑤对多联式发票，要注意是否系报销联，防止用其他联作为报销发票。

（2）自制原始凭证的审查。自制原始凭证包括各种报销和支付款项的凭证。其中，对外自制原始凭证有现金收据、实物收据等；对内自制原始凭证有收料单、领料单、支出证明单、差旅费报销单、成本计算单等。审查时要注意以下几点：

①审查自制原始凭证的种类、格式、使用是否符合有关主管机关和财务制度的规定，审批手续是否齐全，有无利用白条代替凭证的现象。例如，对收款凭证，要注意其印刷、保管、审批手续是否严密，号码是否连续，如发现缺本、审批手续不全的，应进一步查明原因。

②审查自制原始凭证是否真实，处理是否符合规定，有无瞒报产量、扩大开支、虚报损耗、隐匿财产等现象。

③审查原始凭证是否完备，应备附件是否齐全，例如，差旅费报销单位与所付车船票、住宿单位核对，内容、金额、张数是否相符。

④审查自制支出凭证的报销金额是否遵守制度规定的开支标准和开支范围。

8. 记账凭证的检查

（1）记账凭证是否附有原始凭证，两者的内容是否一致。

（2）会计科目及其对应关系是否正确。

（3）会计记录反映的经济内容是否完整，处理是否及时。

9. 记账侧重点的检查

账户侧重点的审查，一是指与税收的征纳有着密切联系的重点账户；二是根据账户的性质，按其账户结构与纳税关系密切的方面来确定借、贷、余三方，以其中某一方或几方为审查的侧重点；三是因为纳税义务的发生，既反映在这一科目的这一方，又反映在那一科目的那一方，所以应从与纳税关系密切的重点科目的相关科目中确定审查的重点账户。

（1）侧重审查借方发生额的账户。

①"生产成本"、"制造费用"账户：审查时，主要查核有无将不符合成本开支范围和标准或违反财经纪律的支出计入成本费用，有无将应属下期产品成本负担的成本费用提前由本期产品负担等情况。

②"期间费用"、"其他业务成本"、"营业外支出"账户：审查时，应划清期间费用和产品费用的界限，有无不属期间费用的支出，有无扩大其他业务成本和营业外支出的情况。

③"待处理财产损溢"账户：审查时，注意有无不实的财产损溢，尤其注意有无涉及贪污、盗窃，因保管不善而人为造成的毁损、短缺、私占、私运财产物资，未经认真查处就记入"待处理财产损溢"账户。该账户贷方转出数是否严格按照规定履行了审批手续。

④"在建工程"账户：审查时，主要通过工程费用支出的审查，进一步考证生产成本的正确性，有无发生基本建设支出挤占生产成本的情况。

（2）侧重审查贷方发生额的账户。

这类账户主要是收入类的"主营业务收入"、"其他业务收入"、"营业外收入"等账户。这类账户的贷方发生额，既关系到企业是否正确计征商品劳务税，又关系到所得税的计税依据。审查时，既要查核这些账户的账面记录，看这类账户的贷方发生额与企业申报数是否相符，还要通过"库存商品"、"应付账款"、"其他应付款"等账户，查核应转未转、漏记的营业收入。

（3）侧重审查余额的账户。

①"原材料"、"库存商品"账户：审查时，应将账面结余数量与盘存数核对，看是否相符。如果发现账实不符或账面出现红字余额，必须进一步审查，这种情况往往意味着多转材料成本或产品销售成本。

②"分期收款发出商品"账户：采用分期收款结算方式销售产品，应根据合同规定

应收分期收款时作为销售实现，按产品全部销售成本与全部销售收入的比率，计算本期应结转的销售成本。

第二节　账务调整

一、纳税调整的概念

纳税调整是指由于现行企业财务会计制度、会计准则与税法存在差异，在进行纳税（申报）时按现行税法规定作出相应的调整。

由于财务会计与所得税会计核算的目的不同，两者之间存在一定的差异。现行企业财务会计制度规定：企业在确认收入、成本、费用、损失并进行损益核算和账务处理，以及进行资产、负债管理时，必须严格按照"两则"、"两制"和财政部统一制定的其他财务、会计制度执行。在纳税申报时，对于在确认应纳税所得额过程中，因计算口径和计算时期的不同而形成的税前会计利润与应纳税所得额的差额，不应改变原符合财务制度规定的处理和账簿记录，仅作纳税调整处理。《企业所得税暂行条例》规定，纳税人在计算应纳所得税额时，其财务、会计处理办法同国家有关税收的规定有抵触的，应当依照国家有关税收的规定计算纳税。

二、账务调整的基本方法

对于纳税检查中发现的错漏问题根据上述原则需要进行账务调整的，应于补交税款的同时，及时调整错误的账务处理。账务调整根据调账的内容不同，可以分别采用红字更正法、补充登记法和综合调整法。

1. 红字更正法

红字更正法，就是对错误的会计处理，先用红字编制一套内容相同的分录以冲销，然后再用蓝字编制一套正确的分录进行调整的方法。红字更正法符合会计核算程序，易于理解和掌握。所以红字更正法的适用范围比较广，尤其是错用会计科目或多记金额的错账。但如果错误的会计处理涉及的分录较多，则不宜采用这种方法。

【例题 1】某企业以银行存款缴纳营业税 30000 元，缴纳拖欠消费税的滞纳金 1000 元，企业已进行账务处理如下：

借：营业税金及附加　　　　　　　　　　　　　　　　　　　　　　　30000
　　财务费用　　　　　　　　　　　　　　　　　　　　　　　　　　　1000
　　贷：银行存款　　　　　　　　　　　　　　　　　　　　　　　　　31000
更正时，先用红字编制内容相同的分录予以冲销：

借：营业税金及附加　　　　　　　　　　　　　　　　　　　　　　　30000

财务费用	1000
贷：银行存款	31000

然后用蓝字编制如下正确的会计分录进行调整：

借：应交税费——应交营业税	30000
营业外支出	1000
贷：银行存款	31000

在实际应用时，当错账只是多记金额而会计科目运用正确时，也可以只就多记金额部分进行红字更正。

【例题2】某税务检查组在对某工业企业进行检查时，发现该企业将自制产品用作本企业办公用品，所用产品的成本为 2500 元，不含税售价 4000 元，增值税税率为17%，企业账务处理为：

借：管理费用	4680
贷：库存商品	4000
应交税费——应交增值税（销项税额）	680

企业将自制产品用于非应税项目，应视同销售按其对外售价计算销项税额，按会计制度规定在结转产品成本时应按成本价，此笔账会计科目运用正确，错误在于多记金额。账务调整分录如下：

借：管理费用	2500
贷：库存商品	2500

2. 补充登记法

补充登记法是对遗漏经济事项或少记金额按照会计核算程序用蓝字编制一套补充遗漏事项或少记金额的会计分录进行调整的方法。它适用于漏记或错账所涉及的会计科目没有错误，而实际记账金额小于应记金额的情况。采用这种方法，可按会计核算程序用蓝字编制补充遗漏事项或少记金额的分录进行调整。

【例题3】某税务检查组在对某企业进行日常检查时，发现该企业本月应预提财务费用 3000 元，实际预提 1000 元，少提 2000 元。企业的账务处理所涉及的会计科目的对应关系没有错误，但核算金额小于应记金额，用补充登记法作调账分录为：

借：财务费用	2000
贷：应付利息	2000

【例题4】耀华玻璃厂将一批自产玻璃用于本企业的基本建设工程，已知该批玻璃的生产成本为 20000 元，同类产品的销售价格为 30000 元。企业会计处理如下：

借：在建工程	20000
贷：库存商品	20000

企业将自产的货物用于非应税项目，应视同销售，于移送使用环节纳税。所以，在发现此问题后，应调整会计账目如下：

增值税销项税额＝30000×17%＝5100（元）

借：在建工程	5100

　　　　　贷：应交税费——应交增值税（销项税额）　　　　　　　　　5100

3. 综合调整法

　　综合调整法，是红字更正法和补充登记法的综合运用。企业会计处理发生错误，主要是错用了会计科目，一方面是应该使用的会计科目没有使用，另一方面是使用了不应该使用的会计科目。综合调整法就是对应该使用而未使用的会计科目采用补充登记，对不应该使用而使用了的会计科目采用反方向冲销进行调整的方法。这种方法主要适用于用错了会计科目并多记或少记金额的错账。

　　【例题5】某企业将职工福利领用原材料列入管理费用20000元。企业账务处理为：

　　　　借：管理费用　　　　　　　　　　　　　　　　　　　　　　20000
　　　　　　贷：原材料　　　　　　　　　　　　　　　　　　　　　　20000

　　上述会计分录借方错用会计科目，按会计准则规定职工福利领用原材料应记入"应付职工薪酬"账户。调整分录为：

　　　　借：应付职工薪酬　　　　　　　　　　　　　　　　　　　　23400
　　　　　　贷：管理费用　　　　　　　　　　　　　　　　　　　　　20000
　　　　　　　　应交税费——应交增值税（进项税额转出）　　　　　3400

三、账务调整方法的运用

1. 本年度错账的调账方法

　　在税务检查中，发现属于本年度的错误会计处理，可根据会计核算程序，采用红字更正法、补充登记法和综合调整法予以调整。由于本年度发生的错误会计处理，只影响本年度的税收，所以，只需调整本年度的会计账目。

　　【例题6】某公司于2010年3月份发现，当年1月份购入的一项管理用低值易耗品，价值2000元，误记为固定资产，并已提折旧100元。由于该项差错在当年发现，有关账务处理为（假定不考虑低值易耗品价值摊销）：

　　　　借：周转材料　　　　　　　　　　　　　　　　　　　　　　3000
　　　　　　贷：固定资产　　　　　　　　　　　　　　　　　　　　　3000
　　　　借：累计折旧　　　　　　　　　　　　　　　　　　　　　　100
　　　　　　贷：管理费用　　　　　　　　　　　　　　　　　　　　　100

　　【例题7】2010年4月审核发现某公司2009年12月将基本建设工程领用的材料5000元，错记入了生产成本。经确认后，企业予以调整。

　　若工程尚未竣工，应作调账分录为：

　　　　借：在建工程　　　　　　　　　　　　　　　　　　　　　　5000
　　　　　　贷：生产成本　　　　　　　　　　　　　　　　　　　　　5000

　　若工程已经完工，应作调账分录为：

　　　　借：固定资产　　　　　　　　　　　　　　　　　　　　　　5000
　　　　　　贷：生产成本　　　　　　　　　　　　　　　　　　　　　5000

　　增值税进项税额转出，应作调账分录为：

借：在建工程（或固定资产）　　　　　　　　　　　　　850

　　贷：应交税费——应交增值税（进项税额转出）　　　　　　　850

补缴所得税时（税率为 25%），应作调账分录为：

借：所得税费用　　　　　　　　　　　　　　　　　1250

　　贷：应交税费——应交所得税　　　　　　　　　　　　　1250

借：应交税费——应交所得税　　　　　　　　　　　1250

　　贷：银行存款　　　　　　　　　　　　　　　　　　　　1250

2. 上年度错账的调账方法

（1）属于上年度的错账，但不影响上年度的税收，只与本年度税收计算有关，则根据上年度错账影响本年度的情况，调整本年度有关账目。

【例题 8】某企业 2009 年 12 月份完工入库一批产品，实际成本为 80000 元，但尚未实现销售。2000 年在进行纳税审查时，发现误按 81000 元结转，多转成本 1000 元。则该企业调整账务如下：

借：库存商品　　　　　　　　　　　　　　　　　　1000

　　贷：生产成本　　　　　　　　　　　　　　　　　　　　1000

【例题 9】在对某企业 2009 年度纳税情况进行检查时，发现该企业 12 月份将由"在建工程"负担的人员工资 20000 元计入 A 产品成本中，A 产品已于当年完工入库，并于 2010 年全部售出。

这一错误虚增了 2009 年 12 月份的产品生产成本，由于在当年 A 产品尚未售出，不需结转产品销售成本，故未对 2009 年税收发生影响。但是由于在 2010 年售出，此时虚增的生产成本就会转化为虚增的销售成本，从而影响 2010 年度的税收。由于税务审查时上一年度账项已结平，这时可直接调整本年度的"主营业务成本"账户，调整会计分录如下：

借：在建工程　　　　　　　　　　　　　　　　　　20000

　　贷：主营业务成本　　　　　　　　　　　　　　　　　　20000

（2）属于上年度的错账，并且对上年度税收发生直接影响的，可以按如下情况分别处理：如果在上年度决算编报之前发现的，可以直接调整上年度有关账目；如果在上年度决算编报之后发现的，因为上年度有关损益类账户已轧账结平，不能直接进行调整，所以应通过"以前年度损益调整"账户进行调整。

【例题 10】某商业企业 2009 年 12 月份购进一批商品，增值税专用发票上标明的商品进价 5000 元，进项税额 750 元，已入账。当月销售时，收取现金销售额 10000 元，增值税销项税额 1700 元。误记为销售收入 1000 元，增值税销项税额 170 元。

由于上年度"主营业务收入"账户已轧平，故只能将未入账的主营业务收入计入"以前年度损益"调整账户，即

借：库存现金　　　　　　　　　　　　　　　　　　10530

　　贷：以前年度损益调整　　　　　　　　　　　　　　　　9000

　　　　应交税费——应交增值税（销项税额）　　　　　　　1530

计算应补缴上年所得税（暂不考虑城市维护建设税和教育费附加，企业所得税税率

为 25％时），会计分录为：

　　借：以前年度损益调整　　　　　　　　　　　　　　　　　　　　　2250
　　　　贷：应交税费——应交所得税　　　　　　　　　　　　　　　　　　2250
　　将"以前年度损益调整"账户余额转入未分配利润，会计分录为：
　　借：以前年度损益调整　　　　　　　　　　　　　　　　　　　　　6750
　　　　贷：利润分配——未分配利润　　　　　　　　　　　　　　　　　　6750

四、企业税务处理与会计处理的差异比较

　　企业日常经营过程中由于税法原则和会计原则规定不一致，需要进行纳税调整的事项有：

（一）企业对外捐赠资产的会计处理及纳税调整

1. 税法处理原则

　　按照税法规定，企业将自产、委托加工产成品和外购商品、原材料等用于捐赠，应分解为按公允价值销售和对外捐赠两项经济业务。即对外捐赠资产应视同销售计算缴纳增值税和所得税。捐赠行为发生的支出，除符合税法规定的公益救济捐赠或可按应纳税所得额的一定比例范围在税前扣除外，其他捐赠支出一律不得在税前扣除。

2. 会计处理原则

　　按照会计制度及相关准则规定，企业将自产、委托加工成品和外购商品，原材料等用于捐赠，应将捐赠资产的账面价值及应缴纳的流转税等相关税费，作为营业外支出处理。

3. 纳税调整

　　因税法与会计对捐赠处理原则不同而产生的差异为永久性差异。

　　因捐赠事项产生的纳税调整金额＝｛按税法规定认定的捐出资产的公允价值－［按税法规定的捐出资产的成本（或原价）－按税法规定已计提的累计折旧（或累计摊销额）］－捐赠过程中发生的清理费用及缴纳的可以从应纳税所得额中扣除的除所得税外的相关税费｝＋因捐赠事项按会计规定计入当期营业外支出的金额－税法规定允许税前扣除的公益救济性捐赠金额

（二）企业接受捐赠资产的会计处理及纳税调整

1. 税法处理原则

　　（1）接受的货币性捐赠直接计入应纳税所得额。

　　（2）接受的非货币性捐赠，按公允价值计入应纳税所得额（包括捐赠过程中发生的税费，但不包括可以抵扣的增值税进项税额）。

2. 会计处理原则

　　借：库存现金或银行存款或资产
　　　　贷：营业外收入——捐赠所得

　　　　递延所得税负债

3. 纳税调整

（1）接受捐赠资产的公允价值加上相关税费计入应纳税所得额。

（2）会计分录：

借：所得税费用

　　贷：应交税费——应交所得税

（三）企业发生的销售退回及涉及所得税的会计处理及纳税调整

1. 会计原则

一般来说，销售商品发生退回，其相关的收入、成本冲回退回当期的销售收入和销售成本；但如果是资产负债表日后事项涉及的报告年度所属期间的销售退回，应当作为资产负债表日后调整事项，调整报告年度相关的收入、成本等。

2. 税法原则

一般来说，销售商品发生退回，其相关的收入、成本冲回退回当期的销售收入和销售成本；企业年终申报纳税回算清缴前发生的属于资产负债表日后事项的销售退回，所涉及的应纳税所得额的调整，应作为报告年度的纳税调整。企业年终申报纳税汇算清缴后发生的属于资产负债表日后事项的销售退回，相应产生会计与税法对销售退回相关收入、成本等确认时间不同。

3. 纳税调整

（1）资产负债表日后事项中涉及报告年度所属期间的销售退回发生于报告年度所得税汇算清缴之前的处理：有关损益类科目可通过"以前年度损益调整"科目进行调整，最后将此科目余额转入"利润分配——未分配利润"科目。

【例题11】某股份有限公司，2009年3月10日收到上年度销货退回100万元（款项尚未收到），该批货物成本为80万元，该公司董事会批准对外公布2009年财务报告日为2010年3月18日，年终汇算清缴日为3月28日（假定增值税税率为17%，所得税税率为25%，不考虑其他税费影响）。

3月10日收到退回货物时账务处理：

借：以前年度损益调整　　　　　　　　　　　　　　　　　　　　1000000

　　应交税费——应交增值税（销项税额）　　　　　　　　　　　170000

　　贷：应收账款　　　　　　　　　　　　　　　　　　　　　　　　1170000

同时冲减成本

借：库存商品　　　　　　　　　　　　　　　　　　　　　　　　800000

　　贷：以前年度损益调整　　　　　　　　　　　　　　　　　　　　800000

对所得税影响处理：

借：应交税费——应交所得税　　　　　　　　　　　　　　　　　50000

　　贷：以前年度损益调整　　　　　　　　　　　　　　　　　　　　50000

最后结转入"利润分配——未分配利润"科目：

借：利润分配——未分配利润　　　　　　　　　　　　　　　　　150000

　　　　贷：以前年度损益调整　　　　　　　　　　　　　　　　　　　　150000

　　（2）资产负债表日后事项中涉及报告年度所属期间的销售退回发生于报告年度所得税汇算清缴之后的处理。按照税法规定，在此期间的销货退回所涉及的应缴纳所得税的调整应作为本年度的纳税事项。按会计制度及相关准则规定，调整报告年度会计表相关的收入、成本、费用。

　　【例题12】某股份有限公司2009年度财务报告于2010年4月20日对外公布，2010年4月12日退回2009年销售的商品100万元，销售成本65万元。2009年的所得税汇算清缴于2010年3月15日完成。按税法规定，该部分销售退回应减少的应纳税所得额在2010年度纳税所得额中反映。但按财务会计有关规定，由于为资产负债表日后事项，该部分销售退回应调整2009年度会计报表相关的收入、成本、利润等。

　　（四）企业提取和转回的各项资产减值准备的会计处理及纳税调整

1. 税法原则

　　根据权责发生制计提的各项资产减值准备（除满足条件的坏账准备以外）不得在税前扣除。

2. 会计处理原则

　　根据权责发生制计提资产减值准备，并冲减当期会计利润总额。

3. 纳税调整

　　（1）计提减值准备调整后应缴纳所得额＝会计利润总额＋减值准备。

　　（2）计提减值准备后资产的折扣或摊销额差异的处理：会计利润总额＋已提折旧－税法允许计提的折旧。

　　（3）计提减值准备的资产价值的处理：如果在纳税申报时已调增应纳税所得额的，价值恢复时，增加当期利润总额的金额，不计入恢复当期的应纳税所得额。

　　（4）处置已计提减值准备的资产金额：处置已计提减值准备的各项资产产生的纳税调整金额＝处置资产计入应纳税所得额的金额－处置资产计入利润总额的金额。

　　（五）对于发生永久性或实质性损害的资产的会计处理及纳税调整

1. 税法原则

　　只有资产出售时才能确认相应的资产转让收益或转让损失。

2. 会计处理原则

　　按照权责发生制核算损失。

3. 纳税调整

　　纳税调整额＝利润总额＋估计的永久性损失。

　　（六）企业为减资等目的回收本公司股票的会计处理及纳税调整

1. 税法原则

　　回购股票不得影响应纳税所得额。

2. 会计处理原则

冲减或增加资本公积。

3. 纳税调整

会计处理与税法规定一致，无须调整。

（七）企业对按照权益法核算的长期股权投资所产生的股权投资差额及处置长期股权投资损失的会计处理及纳税调整

1. 税法原则

（1）权责发生制下确定的联营企业（被投资企业）利润不计入应纳税所得额；联营企业损失不得在税前扣除。

（2）只有实际转让该投资时发生的收益和损失才应该计入纳税所得额。

2. 会计处理原则

按权责发生制确认投资收益与损失，计入利润总额。

3. 纳税调整

应纳税所得额＝利润总额－投资收益（权益法）＋投资损失（权益法）

复习思考题

1. 简述税务检查的概念、范围和形式。
2. 税务检查的方法有哪些？税务检查的基本内容有哪些？
3. 什么是账务调整？账务调整的原则有哪些？
4. 账务调整的方法、范围有哪些？
5. 如何审查会计报表？如何审查会计账簿？如何审查会计凭证？

练习题

1. 2010 年企业利润资料如下表所示：

企业利润表（简表）

编制单位：江苏金太阳家纺大世界有限公司　　2010 年度　　　　　　　　　单位：万元

项　　目	本期金额
一、营业收入	1000
减：营业成本	7000

续表

项　　目	本期金额
营业税金及附加	20
销售费用	150
管理费用	80
财务费用	10
加：投资收益	300
二、营业利润	340
加：营业外收入	30
减：营业外支出	70
三、利润总额	300
减：所得税费用	50
四、净利润	250

说明：其中财务费用全部为利息支出。

2. 利润表补充资料。

①2010 年 7 月 8 日，领用本企业产品用于新建工程，产品成本 50 万元，计税价 60 万元（不考虑城建税、教育费附加的影响）。

②本年的营业收入全部为销售商品收入，营业成本全部为销售商品成本。

③营业外收入 30 万元，其中，出售无形资产收益 20 万元，罚款净收入 10 万元。

④营业外支出 70 万元，其中，4 万元为因环境污染被环保局处以的罚款，6 万元为直接向贫困学生拨付的捐款，固定资产盘亏 20 万元，非常损失 40 万元。

⑤公司业务招待费 8 万元〔税法规定，在计算应纳税所得额时，业务招待费按照发生额的 60% 扣除，且不超过全年销售（营业）收入净额的 5‰〕。

⑥公司广告费支出 80 万元〔税法规定，纳税人每年度发生的广告费支出不超过销售额（营业）收入的 15%，可据实扣除〕。

⑦该企业投资收益为居民企业投资收益。

⑧该企业当年不存在暂时性差异。

⑨该企业全年已经预提和缴纳企业所得税 50 万元。

要求：

根据《中华人民共和国企业所得税暂行条例》的规定，计算纳税调整增加项目明细并编制会计分录。

第十九章　税收管理

第一节　税收征收管理法概述

一、税收征收管理

税收征收管理简称税收征管，是税务机关依法对税款征收过程进行监督管理活动的总称。税收征收管理制度则是征纳双方必须共同遵守的法律规范，是保证征纳双方义务权利履行与实现的措施和办法。

2001 年 4 月 28 日，第九届全国人民代表大会常务委员会第二十一次会议通过了修正后的《中华人民共和国税收征收管理法》（以下简称《税收征管法》），并于 2001 年 5 月 1 日起施行。该法是我国税收征收管理制度的集中体现和基本依据，根据该法，国务院制定颁布了《中华人民共和国税收征收管理法实施细则》，还批准颁布了《中华人民共和国发票管理办法》。为了贯彻税收征收管理法和国务院的行政法规，财政部、国家税务总局先后制定了一系列具体的税收征管制度。

在我国税收征收管理的法律体系中，新修订的《税收征管法》是税收征收管理的基本法律，凡依法由税务机关征收的各种税收的征收管理均适用本法。而由财政机关负责征收的耕地占用税、契税的征收管理办法，由国务院另行规定。由海关征收的关税及代征的增值税、消费税，适用其他法律、法规的规定。我国同外国缔结的有关税收的条约、协定同税收征管法有不同规定的，依照条约、协定的规定办理。新修订的《税收征管法》施行前颁布的税收法律与其有不同规定的，适用新《税收征管法》的规定。

二、税收征收管理权利和义务的设定

1. 税务机关和税务人员的权利

（1）负责税收征管工作。

（2）依法执行职务，任何单位和个人不得阻挠。

2. 税务机关和税务人员的义务

（1）税务机关应当加强队伍建设，提高税务人员的政治业务素质。

（2）税务机关、税务人员必须秉公执法、忠于职守、清正廉洁、礼貌待人、文明服务，尊重和保护纳税人、扣缴义务人的权利，依法接受监督。

（3）税务人员不得索贿受贿、徇私舞弊、玩忽职守、不征或者少征应征税款；不得滥用职权多征税款或者故意刁难纳税人和扣缴义务人。

（4）各级税务机关应当建立、健全内部制约和监督管理制度。

上级税务机关应当对下级税务机关的执法活动依法进行监督。各级税务机关应当对其工作人员执行法律、行政法规和廉洁自律准则的情况进行监督检查。税务机关负责征收、管理、稽查、行政复议的人员的职责应当明确，并相互分离、相互制约。

（5）收到检举的机关和负责查处的机关应当为检举人保密。税务机关应当按照规定给予奖励。

（6）税务人员在核定应纳税额、调整税收定额、进行税务检查、实施税务行政处罚、办理税务行政复议时，与纳税人、扣缴义务人或者其法定代表人、直接责任人有下列关系之一的，应当回避：①夫妻关系。②直系血亲关系。③三代以内旁系血亲关系。④近姻亲关系。⑤可能影响公正执法的其他利害关系。

（7）任何单位和个人都有权检举违反税收法律、行政法规的行为。收到检举的机关和负责查处的机关应当为检举人保密。税务机关应当按照规定给予奖励。

3. 纳税人、扣缴义务人的权利

（1）纳税人、扣缴义务人有权向税务机关了解国家税收法律、行政法规的规定以及与纳税程序有关的情况。

（2）纳税人、扣缴义务人有权要求税务机关为纳税人、扣缴义务人的情况保密。税务机关应当依法为纳税人、扣缴义务人的情况保密。

（3）纳税人依法享有申请减税、免税、退税的权利。

（4）纳税人、扣缴义务人对税务机关所作出的决定，享有陈述权、申辩权；依法享有申请行政复议、提起行政诉讼、请求国家赔偿等权利。

（5）纳税人、扣缴义务人有权控告和检举税务机关、税务人员的违法违纪行为。

4. 纳税人、扣缴义务人的义务

（1）纳税人、扣缴义务人必须依照法律、行政法规的规定缴纳税款、代扣代缴、代收代缴税款。

（2）纳税人、扣缴义务人和其他有关单位应当按照国家有关规定如实向税务机关提供与纳税和代扣代缴、代收代缴税款有关的信息。接受税务机关依法进行的税务检查。

5. 地方各级政府、有关部门和单位的权利

地方各级人民政府应当依法加强对本行政区域内税收征收管理工作的领导或者协调，支持税务机关依法执行职务，依照法定税率计算税额，依法征收税款。各有关部门和单位应当支持、协助税务机关依法执行职务，任何单位和个人不得阻挠。

6. 地方各级政府、有关部门和单位的义务

（1）不得违法作出税收开征、停征、减、免、退、补和其他与税法相抵触的决定。

（2）收到违反税法检举的机关和负责查处的机关应当为检举人保密。

第二节 税务管理

一、税务登记制度

税务登记也称纳税登记，是整个征收管理的首要环节，是税务机关对纳税人的开业、变更、歇业以及生产经营范围实行法定登记的一项管理制度，其内容包括开业登记、变更登记、停复业处理、注销登记、税务登记证验审和更换、非正常户处理等。通过税务登记，可以使税收法律关系即征纳双方权利与义务关系得到确认，有利于税务机关掌握税源，有利于增强纳税人依法纳税的观念，促进应纳税款及时足额地缴入国库。

1. 开业税务登记

开业登记是指从事生产经营或其他业务的单位或个人，在获得工商行政管理机关核准或其他主管机关核准后的一定期间内，向税务机关办理注册登记的活动。从事生产、经营的单位和个人办理开业税务登记的先决条件是取得工商行政管理机关核发的营业执照；非从事生产、经营的单位和个人依法须纳税的，要取得有关部门的批准文件；无须行政管理机关或有关部门批准的，可直接向主管税务机关申报办理税务登记。

（1）开业税务登记的对象。包括企业、企业在外地设立的分支机构和从事生产经营的场所，个体工商户，从事生产、经营的事业单位以及非从事生产经营但依照法律、行政法规的规定负有纳税义务的单位或个人，均需办理税务登记。

（2）开业税务登记的时限要求。从事生产经营的纳税人，应当自领取营业执照之日起30日内，持有关证件，向生产、经营地或者纳税义务发生地的主管税务机关申报办理税务登记。由税务机关审核后发给税务登记证件。非从事生产、经营的纳税人，除临时取得应税收入或发生应税行为以及只缴纳个人所得税、车船使用税外，都应当自有关部门批准之日起30日内或依照法律、行政法规的规定自发生纳税义务之日起30日内，向税务机关申报办理税务登记，税务机关审核后发给税务登记证件。

对纳税人填报的税务登记表、提供的证件和资料，税务机关应当自收到之日起30日内审核完毕，符合规定的予以登记，并发给税务登记证件；对不符合规定的不予登记，但应给予答复。

从事生产、经营的纳税人应当按照国家的有关规定，持税务登记证件，在银行或者其他金融机构开立基本存款账户和其他存款账户，自开立账户之日起15日内向主管税务机关书面报告其全部账号；发生变更的应自变更之日起15日内向主管税务机关书面报告。

（3）开业税务登记的内容。主要包括：纳税人名称与地址；登记注册类型及所属主管单位；核算方式；行业、经营范围、经营方式；注册资金（资本）、投资总额、开户银行及账号；经营期限；从业人数；营业执照号码；财务负责人、办税人员等其他有关事项。

2. 变更税务登记

变更税务登记是指纳税人税务登记内容发生重要变化向税务机关申报办理的税务登记手续。

（1）变更税务登记的适用范围。纳税人办理税务登记后，如发生下列情形之一的，应当办理税务变更登记：改变纳税人名称、法定代表人；改变住所、经营地点；改变经济性质或企业类型；改变经营范围或经营方式；改变隶属关系；增减注册资金（资本）；改变生产经营期限以及改变其他税务登记内容。

（2）变更税务登记的时限要求。纳税人税务登记内容发生变化，按规定需要在工商行政管理机关或者其他机关办理变更登记的，应当自工商行政管理机关或者其他机关办理变更登记之日起 30 日内，持有关证件向原税务登记机关申报办理变更税务登记。

纳税人税务登记内容发生变化，按规定不需要在工商行政管理机关或者其他机关办理变更登记的，应当自发生变更之日起 30 日内，持有关证件向原税务登记机关申报办理变更税务登记。

3. 注销税务登记

注销税务登记是指纳税人税务登记内容发生了根本性变化，需终止履行纳税义务时向税务机关申报办理的税务登记手续。

（1）注销税务登记的适用范围。主要包括：纳税人因经营期限届满而自动解散；企业由于改组、分立、合并等原因而被撤销；企业资不抵债而破产；纳税人被工商行政管理机关吊销营业执照；纳税人因住所、经营地点或产权关系变更而涉及改变主管税务机关；以及纳税人依法终止履行纳税义务的其他情况。

（2）注销税务登记的时限要求。纳税人发生解散、破产、撤销以及其他情形，应当在向工商行政管理机关办理注销登记前，持有关证件向主管税务机关申报办理注销税务登记。纳税人按规定不需要在工商行政管理机关办理注销登记的，应当自有关机关批准或者宣告终止之日起 15 日内，持有关证件向主管税务机关申报办理注销税务登记。纳税人被工商行政管理机关吊销营业执照的，应当自营业执照被吊销之日起 15 日内，向主管税务机关申报办理注销税务登记。

纳税人在办理注销登记前，应当向税务机关结清应纳税款、滞纳金、罚款、缴销发票、税务登记证件和其他税务证件。

4. 停业、复业登记

实行定期定额征收方式的纳税人，在营业执照核准的经营期限内需要停业的，应当向税务机关提出停业登记，说明停业的理由、时间、停业前的纳税情况和发票的领、用、存情况，并如实填写申请停业登记表。税务机关经过审核，应当责成申请纳税人结清税款并收回税务登记证件、发票领购簿和发票，办理停业登记。纳税人停业期间发生纳税义务，应当及时向主管税务机关申报，依法补缴应纳税款。

纳税人应当于恢复生产、经营之前，向税务机关提出复业登记申请，经确认后，办理复业登记，领回或启用税务登记证件和发票领购簿及其领购的发票，纳入正常管理。

纳税人停业期满不能及时恢复生产、经营的，应当在停业期满前向税务机关提出延长停业登记。纳税人停业期满未按期复业又不申请延长停业的，税务机关应当视为已恢复营业，实施正常的税收征收管理。

5. 税务登记证的管理

（1）税务登记证使用范围。除按照规定不需要发给税务机关登记证件的外，纳税人办理下列事项时，必须持税务登记证件：①开立银行账户。②申请减税、免税、退税。③申请办理延期申报、延期缴纳税款。④领购发票。⑤申请开具外出经营活动税收管理证明。⑥办理停业、歇业。⑦其他有关税务事项。

（2）税务登记证的审验。税务机关对税务登记证件实行定期验证和换证制度。纳税人应当在规定的期限内持有关证件到主管税务机关办理验证或者换证手续。纳税人应当将税务登记证件正本在其生产、经营场所或者办公场所公开悬挂，接受税务机关检查。

纳税人遗失税务登记证件的，应当在 15 日内书面报告主管税务机关，并登报声明作废。

从事生产、经营的纳税人到外县（市）临时从事生产、经营活动的，应当持税务登记证副本和所在地税务机关填开的外出经营活动税收管理证明，向营业地税务机关报验登记，接受税务管理。从事生产、经营的纳税人外出经营，在同一地累计超过 180 天的，应当在营业地办理税务登记手续。

6. 非正常户处理

（1）已办理税务登记的纳税人未按照规定的期限申报纳税，在税务机关责令其限期改正后，逾期不改正的，税务机关应当派员实地检查，查无下落并且无法强制其履行纳税义务的，由检查人员制作非正常户认定书，存入纳税人档案，税务机关暂停其税务登记证件、发票领购簿和发票的使用。

（2）纳税人被列入非正常户超过 3 个月的，税务机关可以宣布其税务登记证件失效，其应纳税款的追征仍按《税收征管法》及其《实施细则》的规定执行。

二、账簿、凭证管理制度

纳税义务的成立是基于生产、经营、服务等经济活动，而履行纳税义务的计算依据准确与否，则取决于记载和反映生产、经营、服务等经济活动成果的账簿、凭证是否完整、准确。账簿、凭证是记录和反映纳税人经营活动的基本材料，也是税务机关对纳税人、扣缴义务人计征税款以及确认其是否正确履行纳税义务的重要凭据。对账簿、凭证管理实际上就是对企业的经营行为进行全面、系统的管理。

1. 对账簿、凭证设置的管理

（1）设置账簿的范围。所有的纳税人和扣缴义务人都必须按照有关法律、行政法规和国务院财政、税务主管部门的规定设置账簿。所称账簿是指总账、明细账、日记账以及其他辅助性账簿。总账、日记账应当采用订本式。

从事生产、经营的纳税人自领取工商执照之日起 15 日内设置账簿。扣缴义务人应当自税收法律、行政法规规定的扣缴义务发生之日起 10 日内，按照所代扣、代收的税种，分别设置代扣代缴、代收代缴税款账簿。

生产经营规模小又确无建账能力的纳税人，可以聘请经批准从事会计代理记账业务的专业机构或者经税务机关认可的财会人员代为建账和办理账务，聘请上述机构或者人员有实际困难的，经县以上税务机关批准，可以按照税务机关的规定，建立收支凭证粘贴簿、进货销货登记簿或者使用税控装置。

（2）对会计核算的要求。所有纳税人、扣缴义务人都必须根据合法、有效的凭证进行账务处理。

纳税人、扣缴义务人会计制度健全，能够通过计算机正确、完整计算其收入和所得或者代扣代缴、代收代缴税款情况的，其计算机输出的完整的书面会计记录，可视同会计账簿。纳税人、扣缴义务人会计制度不健全，不能通过计算机正确、完整计算其收入和所得或者代扣代缴、代收代缴税款情况的，应当建立总账及与纳税或者代扣代缴、代收代缴税款有关的其他账簿。

2. 对财务会计制度的管理

凡从事生产、经营的纳税人应当自领取税务登记证件之日起 15 日内，将其财务、会计制度或者财务、会计处理办法和会计核算软件报送税务机关备案。纳税人使用计算机记账的，应当在使用前将会计电算化系统的会计核算软件、使用说明书及有关资料报送主管税务机关备案。纳税人建立的会计电算化系统应当符合国家有关规定，并能正确、完整核算其收入或者所得。

当从事生产、经营的纳税人、扣缴义务人的财务、会计制度或者财务、会计处理办法与国务院和财政部、国家税务总局有关税收方面的规定相抵触时，应依照国务院制定的税收法规或者财政部、国家税务总局制定的有关税收的规定计算缴纳税款、代扣代缴和代收代缴税款。

3. 账簿、凭证的保管

从事生产、经营的纳税人、扣缴义务人必须按照国务院财政、税务主管部门规定的保管期限保管账簿、记账凭证、完税凭证及其他有关资料。除法律、行政法规另有规定外，账簿、会计凭证、报表、完税凭证、发票、出口凭证以及其他有关涉税资料应当保存 10 年。账簿、记账凭证、报表、完税凭证、发票、出口凭证以及其他有关涉税资料应当合法、真实、完整，不得伪造、变造或者擅自损毁。

三、发票管理制度

发票是一切生产、经营单位和个人出售商品、提供劳务服务取得收入时，开给付款方的一种商事凭证。它是财务收支的法定凭证，是会计核算的原始凭证，也是据以计算缴纳税款的原始依据和重要资料。

按照不同的管理要求，可以对发票进行科学分类。

按用票者所属行业，可分为工业类、商业类、服务业类、运输业类、建筑安装业类发票等。

按发票填开额度，可分为定额发票、非定额发票及限额发票。定额发票指票面金额不固定，由用票人自行填开的发票；限额发票指为了控制税收，减少发票漏洞，票面金额有所限制的发票。

按发票的特定使用范围，可分为增值税专用发票、普通发票和专业发票。增值税专用发票只限于增值税一般纳税人领购使用。普通发票主要由营业税纳税人和增值税小规模纳税人使用，增值税一般纳税人在不能开具增值税专用发票的情况下也可使用普通发票。普通发票有行业发票和专用发票两类，前者适用于某个行业的经营业务，后者仅适用于某一经营项目。专业发票是指国有金融、保险企业的存贷、汇兑、转账凭证、保险凭证；国有邮政、电信企业的邮票、邮单、话务、电报收据；国有铁路、民用航空企业和交通部门、国有公路、水上运输企业的客票、货票等。专业发票经国家税务总局或省、市、自治区机关批准，可由政府主管部门自行管理，不套印税务机关的统一发票监制章，也可以根据税收征管的需要纳入统一发票管理。

发票管理是税务机关依法对发票印制、领购、开具、取得、保管、缴销的全过程进行组织、协调、监督等活动的总称，是税收征收管理的重要组成部分。税务机关通过发票管理，可以掌握纳税人的经营行为、商品流转和财务收支状况，有利于控制税源，强化财务监督，保护合法经营，抑制非法经营，防止偷税漏税，保证财政收入。发票管理的主要内容是：

（1）发票印制管理。增值税专用发票由国家税务总局指定的企业统一印制；其他发票，分别由省、自治区、直辖市的国家税务局、地方税务局指定的企业印制。发票套印全国统一发票监制章。国家对发票实行不定期的换版制度，禁止私印、伪造、变造发票。

（2）发票领购管理。依法办理税务登记的单位或个人，在领取税务登记证后，可向主管税务机关申请领购发票，经主管税务机关审核后发给发票领购簿。领购发票的单位和个人凭发票领购簿核准的种类、数量以及购票方式，向主管税务机关领购发票。需要临时使用发票的单位或个人，可以直接向税务机关申请办理。由于发票只限于本地使用，因此，临时到外地从事经营活动的单位或个人，凭所在地税务机关证明，向经营地税务机关申请领购经营地发票。

（3）发票开具管理。销售商品、提供服务以及从事其他经营活动的单位或个人，对外发生经营业务收取款项，收款方应当如实向付款方开具发票。收购单位和扣缴义务人支付个人收款时，也可按规定由付款方向收款个人开具发票。开具发票必须真实、全面、准确，应当按照规定的时限、顺序，逐栏、全部联次一次性复写或打印，并加盖单位财务印章或者发票专用章。对填写错误的发票，应当全份保留，加盖"作废"戳记，不得涂改、撕毁、挖补。使用电子计算机开具发票，开具后的存根联应当按顺序装订成册。

（4）发票使用和取得管理。发票只限于本单位使用，任何单位和个人不得转借、转让、代开发票。未经税务机关批准，不得拆本使用发票。不得自行扩大专用发票使用范围。禁止倒买倒卖发票。发票限于领购单位和个人在本省、自治区、直辖市内开具。

只有购买商品或接受劳务服务的单位和个人索取发票，才能使出售商品或提供劳务服务的一方及时开具发票，并能在购销、提供和接受劳务服务的双方之间形成一种钩稽关系，从而使税务机关的监督成为可能。所以，法规规定"所有从事生产、经营活动的单位和个人在购买商品、接受服务以及从事其他经营活动支付款项时，应当向收款方取得发票"，同时规定，取得发票时，不得要求变更品名和金额，不符合规定的发票，不得作为财务报销凭证，任何单位和个人有权拒收。这不仅有利于企业加强管理和财务核算，而且有利于保证计税依据的真实可靠。

（5）发票保管管理。根据发票管理的要求，发票保管分为税务机关保管和用票单位、个人保管两个层次，都必须建立严格的发票保管制度。包括：专人保管制度；专库保管制度；专账登记制度；保管交接制度；定期盘点制度。开具发票的单位和个人应按税务机关规定存放和保管发票，不得擅自损毁，发票存根联和登记簿应保存 5 年。

四、税控管理

税控管理是税收征收管理的一个重要组成部分，也是近期提出来的一个新的概念。它是指税务机关利用税控装置对纳税义务人的生产经营情况进行监督和管理，防止税款流失，提高税收征管工作效率，降低征收成本的各项活动的总称。不能按规定安装、使用税控装置，损毁或擅自改动税控装置的，由税务机关责令限期改正，可以处以 2000 元以下的罚款；情节严重的，处 2000 元以上 1 万元以下的罚款。

五、纳税申报制度

纳税申报是指纳税人按照税法规定的期限和内容，就计算缴纳税款的有关事项向税务机关定期提交书面报告的行为。纳税申报是纳税人履行纳税义务，界定纳税人法律责任的主要依据，也是税务机关办理征收业务、核定应征税款、填开税票的主要依据，是税收征收管理的一项重要制度。

1. 纳税申报的对象

纳税申报的对象为纳税人和扣缴义务人。纳税人在纳税期内没有应纳税款的，也应当按照规定办理纳税申报。纳税人享受减税、免税待遇的，在减税、免税期间也应当按照规定办理纳税申报。

2. 纳税申报的内容

纳税申报的内容，主要是在各税种的纳税申报表和代扣代缴、代收代缴税款报告表中体现，还有的是在随纳税申报表附报的财务报表和有关纳税资料中体现。主要内容包括：税种、税目，应纳税项目或者应代扣代缴、代收代缴税款项目，计税依据，扣除项目及标准，适用税率或者单位税额，应退税项目及税额，应减免项目及税额，应纳税额或者应代扣代缴、代收代缴税额，税款所属期限，延期缴纳税款、欠税、滞纳金等。

3. 纳税申报的期限

纳税人、扣缴义务人必须按照规定的期限办理纳税申报或者报送代扣代缴、代收代缴税款报告表。确有困难需要延期的，应当在规定的期限内向税务机关提出书面延期申请，经税务机关核准，在核准的期限内办理。

依照《税收征收管理法》的规定，纳税申报的期限可以分为两类：一类是税收实体法（即各个税种的单项法律、行政法规）对纳税申报期限有明确规定的；另一类是税务机关按照法律、行政法规的原则规定，结合纳税人生产经营的实际情况及其所应缴纳的税种等相关问题予以确定的。两种期限具有同等的法律效力。

纳税申报期限在两种情况下可以延期。一种是法定延期，即纳税申报期限的最后一天是星期天或者其他法定休假日，或者星期天、其他法定休假日有变通的，可以顺延到实际休假日的次日。另一种是核准延期，即纳税人、扣缴义务人不能按期办理纳税申报或者报送代扣代缴、代收代缴税款报告表的，经税务机关核准，可以延期申报。这其中又可分两种情形：一是因自然灾害等不可抗力的原因，不能按期办理纳税申报或扣缴税款报告的，经税务机关核准，可延期到障碍消除后 10 日内办理申报；二是纳税申报期限或扣缴税款报告期限届满，但因账务未处理完毕等原因办理纳税申报有困难的，应当在原定的申报期限内按税务机关核定的税额申报，并在税务机关规定的期限内办理结算。

4. 纳税申报的要求

纳税人办理纳税申报时，应当如实填写纳税申报表，并根据不同的情况相应报送其他纳税资料。具体包括：

（1）财务会计报表及其说明材料。

（2）与纳税有关的合同、协议书及凭证。

（3）税控装置的电子报税资料。

（4）外出经营活动税收管理证明和异地完税凭证。

（5）境内或者境外公证机构出具的有关证明文件。

（6）税务机关规定应当报送的其他有关证件、资料。

扣缴义务人必须依照法律、行政法规规定或者税务机关依照法律、行政法规的规定确定的申报期限、申报内容如实报送代扣代缴、代收代缴税款报告表以及税务机关根据实际需要要求扣缴义务人报送的其他有关证件、资料。

5. 纳税申报的方式

经税务机关批准，纳税人、扣缴义务人可以直接到税务机关办理纳税申报或者报送代扣代缴、代收代缴税款报告表，也可以按照规定采取邮寄、数据电文或者其他方式办理上述申报、报送事项。

（1）自行申报。是指纳税人、扣缴义务人按照规定的期限自行到主管税务机关办理纳税申报手续。

（2）邮寄申报。是指经税务机关批准，纳税人、扣缴义务人可以采取邮寄申报的方式，将纳税申报表及有关的纳税资料通过邮局寄送主管税务机关。

（3）数据电文。是指经税务机关确定的电话语音、电子数据交换和网络传输等电子方式。纳税人采取电子方式办理纳税申报的，应当按照税务机关规定的期限和要求保存有关资料，并定期书面报送主管税务机关。

（4）代理申报。纳税人、扣缴义务人可以委托税务代理人办理纳税申报。

（5）实行定期定额方式缴纳税款的纳税人，可以实行简易申报、简并征期等申报纳税方式。

第三节　税款征收

税款征收，是指税务机关依照法律、行政法规的规定，将纳税人应纳的税款组织入库的一系列活动的总称，它是税收征收管理工作的中心环节，在整个税收征收管理工作中占有极其重要的地位。税款征收，也是税务机关代表国家行使征税权，实现税收职能，纳税人履行纳税义务的体现。

一、税款征收的原则

（1）法定原则。依照法律预定的标准征税是税收区别于其他收入的关键。税务机关是征税的唯一行政主体，必须依照法律、行政法规的规定征收税款。必须依法征税、依率计征，将应征的税款及时、足额地征收入库。税务机关不得违反规定开征、停征、多征、少征税款，提前征收、延缓征收或者摊派税款。

（2）简便原则。税款的征纳手续应尽量简便，在时间上，尽量在纳税人收入丰裕的时候征税，不使纳税人感到纳税困难；在方法上，给纳税人以方便，允许多种方式纳税。

（3）强制原则。税收是国家向纳税人的强制征收，凭借的是政治权力。因此，在纳税人不依法履行纳税义务时，税务机关应有足够的权力和手段确保税款及时入库。

（4）优先原则。在纳税人支付各种款项和偿还债务时，税款征收有一定的优先权。这种优先权具体体现在以下方面：

①除法律另有规定外，税收优先于无担保债权。

②纳税人发生欠税在前的，税收优先于抵押权、质权和留置权的执行。

③纳税人欠缴税款，同时要被税务机关或其他行政部门处以罚款、没收非法所得的，税收优先于罚款、没收非法所得。

二、税款征收的方式

（1）查账征收。是指税务机关对账务健全的纳税人，依据其报送的纳税申报表、财务会计报表和其他有关纳税资料，按适用税率计算应纳税款，填写缴款书或完税证，并直接在纳税人银行账户上划解税款的征收方式。

（2）查定征收。是指对账册不全，但能控制其材料、产量或进销货物的纳税单位或个人，由税务机关依据正常条件下的生产经营能力对其生产经营的应税产品查定产量、销售额并据以征收税款的征收方式。

（3）查验征收。是指税务机关对纳税人的应税商品、产品，通过查验数量，按市场一般销售单价计算其销售收入，并据以计算应纳税额的一种征收方式。

（4）定期定额征收。是指对小型个体工商户，税务机关采取典型调查，逐户确定营业额、利润额并据以核定应纳税额的一种征收方式。

（5）代扣代缴。是指按照税法规定，负有扣缴税款义务的单位或个人，负责对纳税人应纳的税款进行代扣代缴的一种方式。即由支付人在向纳税人支付款项时，从所支付的款项中依法直接征收税款并代为缴纳。

（6）代收代缴。是指按照税法规定，负有收缴税款义务的单位和个人，负责对纳税人应纳的税款进行代收代缴的一种方式。即由与纳税人有经济业务往来的单位和个人在向纳税人收取款项时依法收取税款。

（7）委托代征。是指受委托的有关单位按照税务机关核发的代征证书的要求，以税务机关的名义向纳税人征收零散税款的一种征收方式。

纳税人因有特殊困难，不能按期缴纳税款的，经省、自治区、直辖市的国家税务局、地方税务局批准，可以延期缴纳税款，但是最长不得超过三个月。

纳税人未按照规定期限缴纳税款的，扣缴义务人未按照规定期限解缴税款的，税务机关除责令限期缴纳外，从滞纳税款之日起，按日加收滞纳税款万分之五的滞纳金。

三、税款征收的特定措施

为保证税款的有效征收并足额解缴入库，针对纳税人的特殊情况，可以采取特定的税款征收措施。

（1）税额核定措施。如果纳税人有下列情形之一的，税务机关有权核定其应纳税额：依照法律、行政法规的规定可以不设置账簿的；按规定应当设置但未设置账簿的；擅自销毁账簿或者拒不提供纳税资料的；虽设置账簿，但账目混乱或者成本资料、收入凭证、费用凭证残缺不全，难以查账的；发生纳税义务，未按照规定的期限办理纳税申报，经税务机关责令限期申报，逾期仍不申报的；纳税人申报的计税依据明显偏低，又无正当理由的。

税务机关核定税额的方法主要有以下几种：

①参照当地同类行业或者类似行业中经营规模和收入水平相近的纳税人的税负水平核定。

②按照成本加合理费用和利润的方法核定。

③按照耗用的原材料、燃料、动力等推算或者测算核定。

④按照其他合理方法核定。

如果其中一种方法不足以正确核定应纳税额时，可以同时采用两种以上的方法核定。纳税人对税务机关采取规定的方法核定的应纳税额有异议的，应当提供相关证据，经税务机关认定后，调整应纳税额。

（2）关联企业税收调整措施。我国企业或者外国企业在我国境内设立的从事生产、经营的机构、场所与其关联企业之间的业务往来，应当按照独立企业之间的业务往来收取或者支付价款、费用；不按照独立企业之间的业务往来收取或者支付价款、费用，而减少其应纳税的收入或者所得额的，税务机关有权进行合理调整。

关联企业是指有下列关系之一的公司、企业和其他经济组织：

①在资金、经营、购销等方面，存在直接或者间接的拥有或者控制关系。

②直接或者间接地同为第三者所拥有或者控制。

③在利益上具有相关联的其他关系。

纳税人有义务就其与关联企业之间的业务往来，向当地税务机关提供有关的价格、费用标准等资料。

纳税人与其关联企业之间的业务往来有下列情形之一的，税务机关可以调整其应纳税额：

①购销业务未按照独立企业之间的业务往来作价。

②融通资金所支付或者收取的利息超过或者低于没有关联关系的企业之间所能同意的数额，或者利率超过或者低于同类业务的正常利率。

③提供劳务，未按照独立企业之间业务往来收取或者支付劳务费用。

④转让财产、提供财产使用权等业务往来，未按照独立企业之间业务往来作价或者收取、支付费用。

⑤未按照独立企业之间业务往来作价的其他情形。

纳税人有上述情形之一的，税务机关可以按照下列方法调整计税收入额或者所得额：

①按照独立企业之间进行的相同或者类似业务活动的价格。

②按照销售给无关联关系的第三者应该取得的收入和利润水平。

③按照成本加合理费用和利润。

④按照其他合理的方法。

纳税人与其关联企业未按照独立企业之间的业务往来支付价款、费用的，税务机关自该业务往来发生的纳税年度起 3 年内进行调整；有特殊情况的，可以自该业务往来发生的纳税年度起 10 年内进行调整。

（3）责令缴纳措施。对未按照规定办理税务登记的从事生产、经营的纳税人以及临时从事生产、经营的纳税人，由税务机关核定其应纳税额，责令缴纳；不缴纳的，税务机关可以扣押其价值相当于应纳税款的商品、货物。扣押后缴纳应纳税款的，税务机关必须立即解除扣押，并归还所扣押的商品、货物；扣押后仍不缴纳应纳税款的，经县以上税务局（分局）局长批准，依法拍卖或者变卖所扣押的商品、货物，以拍卖或者变卖所得抵缴税款。

四、税收保障制度

税收保障制度是税务机关依据《税收征管法》，在组织征税过程中，为保障国家税收及时、足额入库，对纳税人逃避纳税义务或逾期仍不履行纳税义务的行为采取的限制性措施。主要有纳税担保、税收保全、强制执行和出境清税等保障措施。

1. 纳税担保措施

税务机关有根据地认为从事生产、经营的纳税人有逃避纳税义务行为的，可以在规定的纳税期之前，责令纳税人限期缴纳应纳税额。在限期内发现纳税人有明显转移、隐匿其应纳税的商品、货物以及其他财产或者应纳税收入迹象的，税务机关可责成纳税人或欠税人提供纳税担保。

2. 税收保全措施

税务机关责令纳税人提供纳税担保而纳税人拒绝提供或无力提供纳税担保的，经县以上税务局（分局）局长批准，税务机关可以采取下列税收保全措施：

（1）书面通知纳税人开户银行或者其他金融机构冻结纳税人的相当于应纳税款金额的存款。

（2）扣押、查封纳税人的价值相当于应纳税款的商品、货物或者其他财产。

纳税人在规定的限期内缴纳税款的，税务机关必须立即解除税收保全措施；限期期满仍未缴纳税款的，经县以上税务局（分局）局长批准，税务机关可以书面通知纳税人开户银行或者其他金融机构从其冻结的存款中扣缴税款，或者依法拍卖、变卖所扣押、查封的商品、货物或者其他财产，以拍卖或变卖所得抵缴税款。个人及其所扶养家属维持生活必需的住房和用品，不在税收保全措施范围之内。税务机关对单价 5000 元以下的其他生活用品，不采取税收保全措施和强制执行措施。

采取税收保全措施不当，或者纳税人在期限内已缴纳税款，税务机关未立即解除税收保全措施，使纳税人的合法权益遭受损失的，税务机关应当承担赔偿责任。

3. 强制执行措施

从事生产、经营的纳税人、扣缴义务人未按照规定的期限缴纳或者解缴税款，纳税担保人未按照规定的期限缴纳所担保的税款，由税务机关责令限期缴纳，逾期仍未缴纳的，经县以上税务局（分局）局长批准，税务机关可以采取下列强制执行措施：

（1）书面通知其开户银行或者其他金融机构从其存款中扣缴税款。

（2）扣押、查封、依法拍卖或者变卖其价值相当于应纳税款的商品、货物或者其他财产，以拍卖或者变卖所得抵缴税款。税务机关采取强制执行措施时，对纳税人、扣缴义务人、纳税担保人未缴纳的滞纳金同时强制执行。个人及其所扶养家属维持生活必需的住房和用品，不在强制执行措施的范围之内。

税务机关将扣押、查封的商品、货物或者其他财产变价抵缴税款时，应当交由依法成立的拍卖机构拍卖；无法委托拍卖或者不适于拍卖的，可以交由当地商业企业代为销售，也可以责令纳税人限期处理；无法委托商业企业销售，纳税人也无法处理的，可以由税务机关变价处理，具体办法由国家税务总局制定。国家禁止自由买卖的商品，应当交由有关单位按照国家规定的价格收购。拍卖或者变卖所得抵缴税款、滞纳金、罚款以及扣押、查封、保管、拍卖、变卖等费用后，剩余部分应当在 3 日内退还被执行人。

需要指出的是，强制执行措施与税收保全措施之间是有区别的：

一是适用对象不同。强制执行措施既适用于纳税人，也适用于扣缴义务人，而且还适用于税务担保人，而税收保全措施则仅适用于纳税人。

二是适用条件不同。强制执行措施是针对那些事实清楚的，在规定期限届满时应缴而未缴或者未解缴应纳税款，经催缴无效之后所采用的；而税收保全措施则是针对纳税人出于故意，发生有企图逃避纳税的行为，但事实尚未完全查清，为预防税收流失，在纳税期之前所采用的。

三是程序不同。从以上所述不难看出，强制执行措施的实施程序是比较简单的，只要在规定期满未缴应纳税款，税务机关经过催缴，逾期仍未缴纳就可强制执行，实施程序只有两道；而税收保全措施如前所述有五道程序之多。

4. 出境清税措施

这一制度是世界上不少发达国家和发展中国家的通行做法，实际上是税收保全和强制执行措施在特定条件下的特殊方式。它的适用对象是需要离开中国但欠有税款未结清的纳税人，主要包括在我国依法应当纳税的中国公民、外国人、无国籍人、私营企业主、个人承包、租赁经营者等。凡是欠缴税款的纳税人需要出境的，应当在出境前向税务机关结清应纳税款或提供担保；未按照规定结清应纳税款、滞纳金，又不提供纳税担保的，税务机关可以通知出入境管理机关阻止其出境。在这里，强制的对象由财产转为人身。

5. 错税追溯措施

错税追溯分两种情况：一种是超缴退还，另一种是少缴追征。

超缴退还，是指纳税人超缴税款，自结算缴纳税款之日起 3 年内发现的，可以向税务机关要求退还。

少缴追征，就是把那些由于纳税人、扣缴义务人的故意或过失以及由于税务机关的责任造成的应缴未缴或少缴的税款追回来。根据不同情况可分为三类：

一是因税务机关的责任，致使纳税人、扣缴义务人未缴或者少缴税款的，税务机关在 3 年内可以要求纳税人、扣缴义务人补缴税款，但是不得加收滞纳金。

二是因纳税人、扣缴义务人计算错误等失误，未缴或者少缴税款的，税务机关在 3 年内可以追征；有特殊情况的（如漏税数额较大等），追征期可以延长到 10 年，同时还加收滞纳金。

三是因纳税人故意偷税、逃税，扣缴义务人明知应当扣缴而故意不扣缴或者少扣缴甚至将已扣缴税款不解缴，税务机关可以无限期追征。

第四节　税务检查

税务检查是税务机关依照税收法律、行政法规的规定，对纳税人、扣缴义务人履行纳税义务或者扣缴义务以及其他有关税务事项进行审查、核实、监督活动的总称。如果说税收登记和账簿、凭证管理是征收管理的前期基础，纳税申报和税款征收是征收管理的关键，那么，税务检查则是征收管理的后期监督，是对纳税申报和税款及时足额征收入库的保障，是税收管理不可或缺的重要一环。

1. 税务检查的范围

（1）检查纳税人的账簿、记账凭证、报表和有关资料；检查扣缴义务人代扣代缴、代收代缴税款账簿、记账凭证和有关资料。

（2）到纳税人的生产、经营场所和货物存放地检查纳税人应纳税的商品、货物或者其他财产；检查扣缴义务人与代扣代缴、代收代缴税款有关的经营情况。

（3）责成纳税人、扣缴义务人提供与纳税或者代扣代缴、代收代缴税款有关的文件、证明材料和有关资料。

（4）询问纳税人、扣缴义务人与纳税或者代扣代缴、代收代缴税款有关的问题和情况。

（5）到车站、码头、机场、邮政企业及其分支机构检查纳税人托运、邮寄应纳税商品、货物或者其他财产的有关单据、凭证和有关资料。

（6）经县以上税务局（分局）局长批准，凭全国统一格式的检查存款账户许可证，查核从事生产、经营的纳税人、扣缴义务人在银行或其他金融机构的存款账户。

2. 税务检查的形式

税务检查可以采用重点检查、分类计划检查、集中性检查、临时性检查、专项检查等多种形式。

3. 税务检查的要求

税务机关派出的人员进行税务检查时，应当出示税务检查证件；无税务检查证件，纳税人、扣缴义务人及其他当事人有权拒绝检查。同时，被检查的纳税人、扣缴义务人及其他当事人应如实反映情况，提供资料，不得拒绝、隐瞒。

第五节 法律责任

一、纳税义务人违反税务管理的法律责任

1. 纳税义务人违反税务管理行为的法律责任

（1）纳税人有下列行为之一的，由税务机关责令限期改正，可以处 2000 元以下的罚款；情节严重的，处 2000 元以上 1 万元以下的罚款：

①未按照规定的期限申报办理税务登记、变更或者注销登记的。

②未按照规定设置、保管账簿或者保管记账凭证和有关资料的。

③未按照规定将财务、会计制度或者财务、会计处理办法和会计核算软件报送税务机关备查的。

④未按照规定将其全部银行账号向税务机关报告的。

⑤未按照规定安装、使用税控装置，或者损毁或者擅自改动税控装置的。

（2）纳税人不办理税务登记的，由税务机关责令限期改正；逾期不改正的，经税务

机关提请，由工商行政管理机关吊销其营业执照。

（3）纳税人未按照规定使用税务登记证件，或者转借、涂改、损毁、买卖、伪造税务登记证件的，处 2000 元以上 1 万元以下的罚款；情节严重的，处 1 万元以上 5 万元以下的罚款。

（4）违反《征管法》的规定，非法印制发票的，由税务机关销毁非法印制的发票，没收违法所得和作案工具，并处 1 万元以上 5 万元以下的罚款；构成犯罪的，依法追究刑事责任。

（5）从事生产、经营的纳税义务人有违反《征管法》规定的违法行为，拒不接受税务机关处理的，税务机关可以收缴其发票或者停止向其发售发票。

2. 纳税义务人违反纳税申报规定行为的法律责任

（1）纳税义务人未按照规定的期限办理纳税申报和报送纳税资料的，由税务机关责令限期改正，可以处 2000 元以下的罚款；情节严重的，可以处 2000 元以上 1 万元以下的罚款。

（2）纳税义务人、扣缴义务人编造虚假计税依据的，由税务机关责令限期改正，并处 5 万元以下的罚款。

（3）纳税义务人不进行纳税申报，不缴或者少缴应纳税款的，由税务机关追缴其不缴或者少缴的税款、滞纳金，并处不缴或者少缴的税款 50％ 以上 5 倍以下的罚款。

3. 纳税义务人偷税行为的法律责任

偷税行为是指纳税义务人伪造、变造、隐匿、擅自销毁账簿、记账凭证，在账簿上多列支出或者不列、少列收入，经税务机关通知申报而拒不申报或者进行虚假的纳税申报，不缴或者少缴应纳税款的行为。对于纳税义务人的偷税行为，由税务机关追缴其不缴或者少缴的税款、滞纳金，并处不缴或者少缴的税款 50％ 以上 5 倍以下的罚款；构成犯罪的，依法追究刑事责任。

4. 纳税义务人逃避税务机关追缴欠税行为的法律责任

纳税义务人欠缴应纳税款，采取转移或者隐匿财产的手段，妨碍税务机关追缴欠缴的税款的，由税务机关追缴欠缴的税款、滞纳金，并处欠缴税款 50％ 以上 5 倍以下的罚款；构成犯罪的，依法追究刑事责任。

5. 纳税义务人骗取出口退税行为的法律责任

以假报出口或者其他欺骗手段，骗取国家出口退税款的，由税务机关追缴其骗取的退税款，并处骗取税款 1 倍以上 5 倍以下的罚款；构成犯罪的，依法追究刑事责任。对骗取国家出口退税款的，税务机关可以在规定期间内停止为其办理出口退税。

6. 纳税义务人抗税行为的法律责任

抗税行为是指以暴力、威胁方法拒不缴纳税款的行为。对于抗税行为，除由税务机关追缴其拒缴的税款、滞纳金外，还要依法追究其刑事责任。情节轻微，未构成犯罪的，税务机关追缴其拒缴的税款、滞纳金，并处拒缴税款 1 倍以上 5 倍以下的罚款。

7. 纳税义务人拖欠税款行为的法律责任

纳税义务人在规定期限内不缴或者少缴应纳或者应解缴的税款，经税务机关责令限期缴纳，逾期仍未缴纳的，税务机关除依法采取强制执行措施追缴其不缴或者少缴的税款外，可处不缴或者少缴的税款 50％以上 5 倍以下的罚款。

二、扣缴义务人违反税法行为的法律责任

（1）扣缴义务人未按照规定设置、保管代扣代缴、代收代缴税款账簿或者保管代扣代缴、代收代缴税款记账凭证及有关资料的，由税务机关责令限期改正，可以处 2000 元以下的罚款；情节严重的，处 2000 元以上 5000 元以下的罚款。

（2）扣缴义务人未按照规定的期限向税务机关报送代扣代缴、代收代缴税款报告表和有关资料的，由税务机关责令限期改正，可以处 2000 元以下的罚款；情节严重的，可以处 2000 元以上 1 万元以下的罚款。

（3）扣缴义务人采取伪造、变造、隐匿、擅自销毁账簿、记账凭证，在账簿上多列支出或者不列、少列收入，经税务机关通知申报而拒不申报或者进行虚假的纳税申报，不缴或者少缴应纳税款的手段，不缴或者少缴已扣、已收税款，由税务机关追缴其不缴或者少缴的税款、滞纳金，并处不缴或者少缴的税款 50％以上 5 倍以下的罚款；构成犯罪的，依法追究刑事责任。扣缴义务人编造虚假计税依据的，由税务机关责令限期改正，并处 5 万元以下的罚款。

（4）扣缴义务人在规定期限内不缴或者少缴应纳或者应解缴的税款，经税务机关责令限期缴纳，逾期仍未缴纳的，税务机关除依法采取强制执行措施追缴其不缴或者少缴的税款外，可以处不缴或者少缴的税款 50％以上 5 倍以下的罚款。

（5）扣缴义务人应扣未扣、应收未收税款的，由税务机关向纳税义务人追缴税款，对扣缴义务人处应扣未扣、应收未收的税款 50％以上 3 倍以下的罚款。

（6）扣缴义务人逃避、拒绝或者以其他方式阻挠税务机关检查的，由税务机关责令改正，可以处 1 万元以下的罚款；情节严重的，处 1 万元以上 5 万元以下的罚款。

（7）扣缴义务人有本法规定的税收违法行为，拒不接受税务机关处理的，税务机关可以收缴其发票或者停止向其发售发票。

三、开户银行及金融机构违反税法行为的法律责任

纳税义务人、扣缴义务人的开户银行或者其他金融机构拒绝接受税务机关依法检查纳税义务人、扣缴义务人的存款账户，拒绝执行税务机关作出的冻结存款或者扣缴税款的决定，或者在接到税务机关的书面通知后帮助纳税义务人、扣缴义务人转移存款，造成税款流失的，由税务机关处 10 万元以上 50 万元以下的罚款，对直接负责的主管人员和其他直接责任人员处 1000 元以上 1 万元以下的罚款。

四、税务机关及其税务人员违反税法行为的法律责任

（1）税务机关违反规定擅自改变税收征收管理范围和税款入库预算级次的，责令限期改正，对直接负责的主管人员和其他直接责任人员依法给予降级或者撤职的行政

处分。

（2）税务机关、税务人员查封、扣押纳税义务人个人及其所扶养家属维持生活必需的住房和用品的，责令退还，并依法给予行政处分；构成犯罪的，依法追究刑事责任。

（3）税务机关违反法律、行政法规的规定提前征收、延缓征收或者摊派税款的，由其上级机关或者行政监察机关责令改正，对直接负责的主管人员和其他直接责任人员依法给予行政处分。

（4）违反法律、行政法规的规定，擅自作出税收的开征、停征或者减税、免税、退税、补税以及其他同税收法律、行政法规相抵触的决定的，除依照《征管法》的规定撤销其擅自作出的决定外，还应补征应征未征的税款，退还不应征收而征收的税款，并由上级机关追究直接负责的主管人员和其他直接责任人员的行政责任；构成犯罪的，依法追究刑事责任。

（5）未按照规定为纳税义务人、扣缴义务人、检举人保密的，对直接负责的主管人员和其他直接责任人员，由所在单位或者有关单位依法给予行政处分。

（6）税务人员利用职务上的便利，收受或者索取纳税义务人、扣缴义务人财物或者谋取其他不正当利益，构成犯罪的，依法追究刑事责任；尚不构成犯罪的，依法给予行政处分。

（7）税务人员徇私舞弊或者玩忽职守，不征或者少征应征税款，致使国家税收遭受重大损失构成犯罪的，依法追究刑事责任，处5年以下有期徒刑或者拘役；造成特别重大损失的，处5年以上有期徒刑；尚不构成犯罪的，依法给予行政处分。

（8）税务人员滥用职权，故意刁难纳税义务人、扣缴义务人的，调离税收工作岗位，并依法给予行政处分。

（9）税务人员对控告、检举税收违法违纪行为的纳税义务人、扣缴义务人以及其他检举人进行打击报复的，依法给予行政处分；构成犯罪的，依法追究刑事责任。

（10）税务人员违反法律、行政法规的规定，故意高估或者低估农业税计税产量，致使多征或者少征税款，侵犯农民合法权益或者损害国家利益，构成犯罪的，依法追究刑事责任；尚不构成犯罪的，依法给予行政处分。

（11）税务人员在征收税款或者查处税收违法案件时，未按照规定进行回避的，对直接负责的主管人员和其他直接责任人员，依法给予行政处分。

五、违反税务代理的法律责任

税务代理人违反税收法律、行政法规，造成纳税义务人未缴或少缴税款的，除由纳税义务人缴纳或者补缴应纳税款、滞纳金外，对税务代理人处纳税义务人未缴或少缴税款的50％以上3倍以下罚款。

复习思考题

1. 税务登记的种类有哪些？纳税人如何办理税务登记？
2. 税款征收方式有哪些？其适用范围是什么？
3. 哪些单位和个人应办理纳税申报？
4. 纳税申报的内容是什么？
5. 账簿、凭证的保管要求是什么？
6. 税收保全和强制执行的主要区别是什么？
7. 税款征收方式有哪几种形式？
8. 违章行为的法律责任有哪些规定？
9. 国家对纳税人偷税和欠税如何进行处理？

练习题

1. 某企业为增值税的一般纳税人（税率17%），企业所得税税率为25%，2009年自行申报应纳税所得额20万元，经税务机关检查，企业在2009年某月分销给某使用单位货物一批，开具普通发票，取得收入58500元，企业的会计处理为：

借：银行存款   58500
    贷：其他应付款   58500

根据上述资料将答案填在（   ）内（单项选择）。

(1) 企业上述会计处理属于（   ）行为。
    A. 抗税   B. 欠税   C. 漏税   D. 偷税

(2) 企业应补交增值税（   ）元。
    A. 9945   B. 8500   C. 8800   D. 8300

(3) 企业应补交的城建税与教育附加为（   ）元。
    A. 850   B. 830   C. 880   D. 995

(4) 2009年度企业应纳税所得额为（   ）元。
    A. 258500   B. 250000   C. 249150   D. 249005

(5) 2009年度企业应纳所得税（   ）元。
    A. 85305   B. 82500   C. 82171.65   D. 62287.5

2. 税务机关在税务检查中发现某企业采取多列支出、少列收入的手段进行虚假纳税申报，少缴税款9000元，占其应纳税额的8%。

要求：

根据《税收征收管理法》及相关法律制度的规定，简要回答下列问题：

(1) 该企业的行为属于什么行为？是否构成犯罪？

(2) 该企业应承担什么法律责任？

下 篇
税收筹划

第二十章 税收筹划

第一节 税收筹划的内涵及特征

一、税收筹划的内涵

税收筹划是指纳税人为达到节税目的而制定的科学的节税计划，也就是在税法规定的范围内，在符合立法精神的前提下，通过对经营、投资、理财活动的筹划，而获得的节税收益。

从这个定义中，我们可以看出：第一，税收筹划的主体是具有纳税义务的单位和个人，即纳税人；第二，税收筹划的过程或措施必须是科学的，必须在税法规定的范围内符合立法精神前提下通过对经营、投资、理财活动的精心安排，才能达到的；第三，税收筹划的结果是获得节税收益。只有满足这三个条件，才能说是税收筹划。

二、税收筹划、偷税、避税三者之间的比较

1. 税收筹划与偷税

税收筹划是合法的，而偷税是违法的。对纳税人偷税的，由税务机关追缴其不缴或者少缴的税款、滞纳金，并处不缴或者少缴的税款 50％以上 5 倍以下的罚款；构成犯罪的，依法追究刑事责任。

2. 避税与逃税

避税是指纳税人利用税法的漏洞、特例和缺陷，规避或减轻其纳税义务的行为。税法漏洞指税法中由于各种原因遗漏的规定等不完善之处；税法特例指在规范的税法中因政策等需要对特殊情况所做出的某种不规范规定；税法缺陷指税法规定的失误。也就是说，避税是不违背法律的，而逃税显然是违法的。

3. 税收筹划与避税

税收筹划与避税都以减轻税负为目的，但税收筹划的过程与税法的内在要求是一致的，它不影响税收的地位，也不削弱税收各种功能的发挥。而避税是本着"法无明文规

定不为罪"的原则，千方百计钻税法的空子，利用税法的缺陷与漏洞规避国家税收，它是与税收立法精神背道而驰的。在现实生活中有人对税收筹划存有误解，将其与避税混为一谈，这是对税收筹划的不了解，混淆了税收筹划与避税的本质区别。必须承认，在实际工作中税收筹划与避税有时难以区别，一旦税收导向不明确，税收制度不完善，税收筹划就有可能转化为避税行为。

总之，税收筹划、偷税、避税三者之间的区别主要表现在以下几个方面：

（1）法律性质不同。税收筹划是符合法律的行为，它符合法律的文字规定和立法精神；避税是合法行为，符合法律的文字规定，但却违反了税法的立法精神；逃税则是违反法律的条文规定，是违法行为。

（2）行为的时点不同。税收筹划是纳税人在应税行为发生前，通过对经济管理活动进行有意识的安排，以轻税代替重税，具有事前性；避税是在应税行为发生过程中，对其实现形式进行有意识的安排，使之变为非税行为或低税行为，具有事前性；而逃税行为是对已发生的应税行为全部或部分的否定，具有事后性，且属非法行为。

（3）产生的后果不同。税收筹划符合国家政策导向，有利于国家采用税收杠杆来调节国家宏观经济的发展。而避税和逃税行为由于和税法的立法精神相违背，因而使税收杠杆失灵，并造成社会经济不公，容易滋生腐败现象。

（4）各国的态度不同。税收筹划由于符合国家的立法精神，各国一般持鼓励和支持态度；而避税在法律形式上是合法的，各国做法也不尽相同，有的国家通过修订税法条款，完善税法，以堵塞税收漏洞，有的国家以判例为标准对避税直接予以法律上的制裁；至于逃税，各国从法律上予以禁止和制裁，并给予严厉打击。

三、税收筹划的特征

1. 合法性

税收筹划的合法性表现在其活动只能在法律允许的范围内。税法是国家制定的用以调整国家和纳税人之间在征纳税方面的权利与义务关系的法律规范的总称，它是国家依法征税及纳税人依法纳税的行为准则。根据税收法规原则，国家征税必须有法定的依据，纳税人也只需根据税法的规定缴纳税款。当纳税人依据税法作出多种纳税方案时，根据资本市场中人的自利行为原则，选择税负较低的方案来实施是无可指责的，因为法定最低限度的纳税权也是纳税人的一种权利，纳税人无须超过法律的规定来承担国家税赋。

2. 筹划性

由于纳税人的纳税义务是在实际生产经营过程中产生的，如实现或分配净收益后才缴纳企业所得税、销售不动产后才缴纳营业税，其滞后性使得税收筹划成为可能。税收是国家宏观调控的重要手段，政府有权通过对纳税义务人、纳税对象、税基、税率作出不同的规定，引导纳税人采取符合政府导向的行为。纳税人则可以在其作出决策之前，明确国家的立法意图，设计多种纳税方案，并比较各种纳税方案的不同税负，挑选出能使企业整体效益达到最大的方案来实施。

3. 目的性

税收筹划的目的是降低税收支出。企业要降低税收支出，一是可以选择低税负，二是可以延迟纳税时间。不管使用哪种方法，其结果都是节约税收成本，以降低企业的经营成本，这就有助于企业取得成本优势，使企业在激烈的市场竞争中得到生存与发展，从而实现长期盈利的目标。

4. 系统性

税收筹划的最根本目的是税后财务利益最大化，即使个人税后财务利益最大化，使企业价值最大化或股东财富最大化，而不是仅仅少纳税金，使个别税种税负或纳税人整体税负的降低。因此，税收筹划不但要考虑纳税人现在的财务利益，还要考虑纳税人未来的财务利益；不仅要考虑短期利益，还要考虑长期利益；不仅要考虑所得增加，还要考虑资本增值；不仅要考虑税后财务利益最大化，而且还要尽量降低各种风险，如税制变化风险、市场风险、利率风险、信贷风险、汇率风险、通货膨胀风险等。

5. 专业性

专业性主要不是指纳税人的税收筹划需要其财务、会计专业人员进行，而是指面临社会大生产、全球经济日趋一体化。国际经贸业务的日益频繁，规模也越来越大，而各国税制也越来越复杂，仅靠纳税人自身进行税收筹划已经显得力不从心，作为第三产业的税务代理、税务咨询便应运而生。现在世界各国，尤其是发达国家的会计师事务所、律师事务所纷纷开辟和发展有关税收筹划的咨询业务，说明税收筹划向专业化发展的特点。

第二节 税收筹划的目标

实践中，纳税人的税收筹划都应该在遵循一定原则的基础上，去实现既定目标。以企业为例，从根本上讲，税收筹划属于企业财务管理的范畴。它的核心目标是由企业财务管理的目标——企业价值最大化所决定的。

一、纳税成本最小化目标

这是纳税人最核心、最本质的目标。这一目标的产生动因和基本原理是纳税人纳税本身是有成本的，通过合理的筹划降低这些成本，实际上就创造了筹划效益。就企业而言，其在生产经营过程中发生的各项费用，如外购原材料、外购燃料、外购动力、支付工人的工资、津贴、固定资产投资支出、销售费用、管理费用、财务费用等构成企业的内在成本，减少内在成本可以提高总体经济效益。另外，国家凭借其权力，按照税法规定强制、无偿征收的税收，可认为是企业的外在成本，也构成企业生产经营成本的一部分，其数额的减少照样可以增加企业的实际经济效益。因此，作为市场经济主体的纳税人，在产权界定清晰的前提下，为实现自身经济利益的最大化，进行税收筹划可以减轻税收负担，是市场竞争机制健全程度的外在表现，具有一定的合理性。

但是，该目标不应该简单追求缴税额最低，而是应追求相对缴税额的降低。在保证其他经济目标不受影响的前提下，如果因为筹划后将原本应该缴纳的税减免或延期，以及将原本应该缴纳的金额较大的税负减少，都是成功的筹划，而如果因为筹划虽然降低税负，却影响了其他经营活动或者经济指标，那么纳税筹划就可能是得不偿失的。

二、降低涉税风险目标

涉税风险是指纳税人在对纳税而采取各种应对行为时，所可能涉及的风险，包括因为纳税人在与纳税有关的各项工作的疏漏而致使产生损失或者增加纳税成本的风险。具体是指政策风险、管理风险、权利风险等。其中政策风险是指纳税人因为对税法缺乏足够了解或理解、对自身权利缺乏足够了解产生的风险。管理风险是指税务管理部门的原因致使企业自身负担了超过实际应该负担的税负的风险。权利风险是指纳税人通过寻租权力以求减轻税负，造成纳税成本加大而且可能引致行政或刑事处罚的风险。

纳税人进行税收筹划，努力降低涉税风险，不仅可以减少不必要的经济和名誉上的损失，而且还可以使企业账目更加清楚，使得管理更加有条不紊，更利于企业的健康发展，更利于企业的生产经营活动。账目不清不利于企业进行各项成本的核算，当然也不利于企业进行各项成本费用的控制，从而造成不必要的浪费及管理上的混乱。因此，从企业管理的角度出发，涉税风险降低不应排除在税收筹划的目标体系之外。如果纳税人账目不清，纳税不正确，即使不被税务机关查处，不遭受任何经济上、名誉上的损失，也会使纳税人承受精神上的成本。每到税务稽查时，这种纳税人便会提心吊胆，担惊受怕，这种精神上的折磨，称之为精神成本。如果进行税收筹划，使账目清楚，纳税正确，则纳税人会心境坦然，这其实也是一种收益。

三、获取资金时间价值目标

在信用经济高速发展的今天，企业要进行生产经营活动，尤其是在扩大生产经营规模时，经常会举借贷款，因为仅靠自身积累发展生产的速度毕竟太慢，不能满足生产经营的需要，这时，资金就显得极其宝贵。这样，如果企业能尽量延缓税款的缴纳，就会使企业的营运资金相对宽裕，更利于企业的发展，对那些资金比较紧张的企业来说更是如此。更深一层讲，延迟税款的缴纳，无偿地使用财政资金为自己的企业的生产经营服务，不存在财务风险，当然这要求企业在税法允许的范围之内进行税收筹划。只要具备可行性，企业可以尽可能多地使用这种无偿资金，而不用担心其规模超过限度。除此之外，由于税收筹划使得企业当期的总资金增加，有利于企业扩大举债规模，即企业承担财务风险的能力相对增强了，这也有利于企业扩大生产经营规模，有利于企业的长期可持续发展。

四、维护主体合法权益目标

作为市场经济的主体，纳税人一方面承担依法纳税的义务，另一方面也拥有税收筹划的权利。

如果纳税人在进行纳收筹划时不注重维护自身的合法权益，而任由税务机关根据自身需要征收税款，那么，无论该纳税人进行如何周密的筹划，都无济于事。因而注意维护自身的合法权益是纳税人进行税收筹划必不可少的一个环节。

需要说明的是，并不是每个纳税筹划方案都包含上述全部目标。一般来说，一个方案中会包含其中的一个或者几个目标，但通常情况下是实现其中的一个或几个目标但却严重背离其他目标。如果一个方案能实现其中的一个或几个目标但却严重背离其他目标的话，就要分析背离的损失与实现的收益对比情况，如果综合之后仍有利于实现纳税人的总目标，那么，该方案仍有实施的价值。

第三节　税收筹划的原则

税收筹划采用不同的手段和方法，既可以减少纳税人的纳税义务又可以贯彻国家政策的税收筹划应该遵循一定原则的精神，这些原则可以归纳为以下几方面：

一、合法性原则

税收筹划的合法性原则表现在其活动只能在法律允许的范围内，要在税收法规、税收政策、税收征收程序上来选择实施的途径，在国家法律法规及政策许可的范围内降低税负、获取利润。一定要正确认识并划清合法筹划与违法筹划的界限，坚决避免违法筹划行为的发生。具体表现在两个方面：一是符合现有的法律规范，即所做的税收筹划活动要有明确的法律依据。根据税收法规原则，国家征税必须有法定的依据，纳税人也只需根据税法的规定缴纳其应缴纳的税款。二是要注意税法的新变化。

进行税收筹划要时时注意税法的变化。税收筹划的性质和发展过程决定了税收筹划必须走规范化、法律化的道路。首先，需要建立起税收筹划合法性的认定，可以先形成行业惯例再逐步法律化，以明确界定合法筹划与避税、逃税的性质及其构成要件；其次，应明确当事人的权利、义务与责任，纳税人作为筹划方案的提供者则要受行业执业标准的约束，严重违规或违法时要受到法律的制裁；最后，对税务代理这个行业要加强规范化和法律化建设，建立规范的执业标准和监督机制。

二、综合性原则

　　税收筹划的综合性原则是指纳税人在进行税收筹划时，必须站在实现纳税人整体财务管理目标的高度，综合考虑规划纳税人整体税负水平的降低。这是因为税收筹划是纳税人财务管理的一个重要组成部分，它与纳税人的其他财务管理活动相互影响、相互制约，一般情况下，税收负担的减轻，就意味着纳税人股东权益的增加。但是在一些特殊情况下，税负的降低并不会带来纳税人股东权益的增加。比如，由于税法规定纳税人的借款利息可以在所得税前扣除，因此，纳税人利用财务杠杆原理为追求节税效应，就要进行负债经营，当负债资金成本率低于息税前的资金利润率时，利用负债资金就可以提高所有者权益利润率；如果息税前的全部资金利润率高于借入资金利息率时，借入资金越多，所有者权益利润就越高。但是利用财务杠杆是有风险的，随着负债比率的提高，纳税人的财务风险及融资成本也必然随之增加，当负债资金的利息率超过了息税前的全部资金利润率时，负债经营就会出现负的杠杆效应，这时候，所有者权益利润率会随着负债比例的升高而下降，所以，纳税人进行税收筹划不能只以税负轻重作为选择纳税方案的唯一标准，而应该着眼于实现纳税人的综合财务管理目标。

三、经济性原则

　　经济性原则是指企业进行税收筹划要获得"税收经济收益"，而不是"其一环节税收利益"。因此，企业在税收筹划时要进行"成本效益分析"，以判断在经济上是否可行、必要。

　　税收筹划的效益是指它给企业带来的纯经济利益，即"纯经济利益＝筹划后的经济利益－筹划前的经济利益"。这种税收利益的大小，常常与税法、经济环境有很大关系。当企业税收负担重、课税税率高（特别是超额累进税率具有高边际税率）、税收优惠条款复杂时，企业是否采取税收筹划，效果大不一样。税收筹划的成本则包括为进行筹划所花费的时间、精力和财力。由于税收筹划涉及面广，有时需要税务方面的专业人才进行方可成功，因此很多企业聘请税务专家为其筹划，这就有支付税务专家费用的问题。在企业规模越大、经营范围越广、业务越复杂时，所花费的成本也就越高。选择的标准是：税收筹划收益大于筹划成本时，应当开展税收筹划；税收筹划成本高于收益时，应当放弃税收筹划。

四、前瞻性原则

　　前瞻性表示事先规划、设计、安排的意思。在经济活动中，纳税义务通常具有滞后性。企业交易行为发生后才缴纳流转税（增值税、营业税、消费税及附加）；收益实现或分配之后，才缴纳所得税；财产取得之后，才缴纳财产税。这在客观上提供了对纳税事先作出筹划的可能性。另外，经营、投资和理财活动是多方面的，税收规定也是有针对性的。纳税人和征税对象的性质不同，税收待遇也往往不同，这在另一个方面为纳税人提供了可选择较低税负决策的机会。如果经营活动已经发生，应纳税收已经确定，仅是因为法律、法规的不明确而产生征纳双方的争议，并通过征纳双方的工作使问题得以明确，这不能被认为是税收筹划。

五、社会责任原则

纳税人无论是个人还是企业，都是社会成员，都应承担一定的社会责任。私人的经营行为要产生外部效应，这种外部效应有时是外部效益，如增加社会就业机会、为社会提供更多的消费品、向社会提供更多的税收等，这时私人的社会责任与其财务利益总的来说是一致的；但私人经营行为的外部效应有时是外部成本，如污染环境、浪费自然资源等，此时私人的社会责任与其财务利益存在着矛盾。承担过多的社会责任要影响纳税人的财务利益，但是，在税收筹划时必须考虑作为一个社会成员的纳税人所应该承担的社会责任。

第四节　税收筹划的基本方法

一、纳税筹划的分类

1. 按地域范围分类

纳税筹划可分为国内纳税筹划和国际纳税筹划。国内纳税筹划指纳税人在本国税收法规下对其在国内经营活动的纳税筹划；国际纳税筹划指跨国纳税人从事跨国活动时的纳税筹划。

2. 按税收分类

纳税筹划可分为流转税筹划、所得税筹划、财产税筹划、行为目的税筹划等。

3. 按纳税人分类

纳税筹划可分为个人或家庭纳税筹划和企业纳税筹划。

二、纳税筹划的范围

在我国主要是针对企业税收进行筹划。为使企业整体经济效益最大化，具体筹划时企业结合自己的实际状况，综合权衡，可交叉选择使用多种方法。这里仅概列了国内企业税收筹划和跨国企业税收筹划常用的基本方法。

（一）企业设立的纳税筹划

税收筹划作为企业理财的一个重要领域，应围绕资金运动贯穿于企业生产经营的全过程，并成为联结企业与市场、企业与政府的纽带。节税就是为了实现资金、成本、利润的最优效果，那么我们按企业经营活动进行税收筹划，从企业一开始设立就想着税收筹划。

1. 组建形式的税收筹划

纳税筹划的目的在于通过减少税金支出，以降低现金流出量，应特别注意两个重要环节：第一，股份公司和合伙企业的选择。目前许多国家对公司和合伙企业实行不同的纳税规定，公司的营业利润在企业环节课征企业所得税，税后利润作为股息分配给投资者，投资者还要缴纳一次个人所得税。而合伙企业营业利润不缴企业所得税，只课征各个合伙人分得收益的个人所得税。然而，公司有着便于筹集资金和分散风险的优势，纳税人应根据自身特点和需要慎重选择。第二，子公司和分公司的选择。当一个企业进行外地或国外投资时，它可以在建立常设机构、分公司或子公司之间进行选择。由于一些低税地区、低税国可能对具有独立法人地位的投资者的利润不征税或只征收较低的税收，并与其他地区或国家广泛签订了税收协定，对分配的税后利润不征或少征预提税。而分公司不是独立的法人，税收待遇不同于子公司，但其只负有限纳税义务，且经营初期，境外企业往往出现亏损，作为分公司的亏损可以冲抵总公司的利润，减轻税负。那么，纳税人可在分支机构设立前期采用分公司的形式，后期采用子公司的形式。

2. 投资方向的税收筹划

税收作为最重要的经济杠杆，体现着国家的经济政策和税收政策，我国现行税法对投资方向不同的纳税人制定了不同的税收政策，国外也有很多相似规定。如对国家鼓励发展和限制发展的项目投资实行差别比例税率，对国家急需发展的或者薄弱环节的部门进行的项目投资，如对农业、能源、治理环境、节能项目等给予扶持等。因此，在设立企业时要充分利用好这些政策。

3. 注册地点的税收筹划

为实现我国对外开放由沿海向内地推进的战略布局、高新技术产业开发的生产力布局以及扶植贫困地区发展，我国制定了一系列的不同地区税负差别的税收优惠政策，这就提供了一个极好的纳税筹划的空间和机会。因此，投资者通过选择企业的注册地点，可以充分利用国家对高新技术产业开发区、扶贫区、保税区、经济特区的税收优惠政策，从而可以节省大量的税金支出。

（二）企业筹资与投资的税收筹划

纳税筹划的目的是企业整体利益最大化，故筹资环节不可忽视。分析企业筹资中的税收筹划应着重考察两个方面：资本结构的变动对企业业绩和税负产生的影响是怎样的；企业应当如何组织资本结构的配置，才能在节税的同时实现所有者税后收益最大化目标。一般来说，从税收筹划角度看，为获得较低的融资成本和发挥利息费用抵税效果，企业内部集资和企业之间拆借资金方式筹资最好，金融机构贷款次之，自我积累方法效果最差。因为通过企业内部融资和企业之间拆借资金，这两种融资行为涉及的人员和机构较多，容易寻求较低的融资成本和发挥利息费用抵税效果。企业仍可利用与金融机构特殊的业务联系实现一定规模的筹资，从而达到减轻税负的目的。另外，企业应缩短筹建期和资产构建期，尽可能加大筹资利息支出计入财务费用的份额，以便直接冲抵当前损益，实现税收筹划，从而达到节税目的。

企业在进行投资预测和决策时，最重要的是要考虑投资获得的收益。对于投资者来说，税收是投资收益的减项，应缴税金的多少，直接影响投资的最终收益。首先，投资者可以通过在投资总额中压缩注册资本比例，实现税收筹划。因为借款的利息可以列入投资企业的期间费用，而节省所得税开支，同时可以减少投资风险，享受财务杠杆利益。其次，通过出资方式，争取分期投资等，原因在于设备的折旧、无形资产的摊销费都在税前扣除，缩小所得税税基，节约现金流出。同时，设备投资计价及实物资产和无形资产于产权变动时，需进行资产评估增值，既可节省投资成本，又可缩小税基而节税。

（三）企业内部核算的税收筹划

利用企业内部核算进行税收筹划，即依据国家规定所允许的成本核算方法、计算程序、费用分摊、利润分配等一系列合法要求，进行内部核算活动，使成本、费用和利润达到最佳值，实现少纳税或不纳税。如在购销活动中利用地区性税负差别在低税区设立分支机构，将货物调到分支机构销售，通过转移定价减轻税负等。在财务成果及分配中推迟开始获利年度，保留在低税区的投资利润不分配，利用再投资退税等进行税款递延。

（四）设立国际控股公司进行国际税收筹划

国际控股公司是跨国公司进行股权参与和控制走向专业化的一种组织结构。各国预提税差异很大，课征的范围的不同，税率高低不一，高到 35%，低至 0；对协定国使用低税率，降幅不一。这样跨国公司一般可以在税收协定网络较发达且限定税率较低的国家或地区，如荷兰、瑞士等设立专门的国家控股公司，在税收筹划上就可以实现少缴预提税、递延缴纳股息收入的所得税、增加税收抵免限额或递延缴纳资本利得的所得税。例如，一子公司将税后利润不汇回母公司（就已递延了税款），而汇到控股公司，恰控股公司又设立在低税管辖权的国家，大量的税后所得应负担的税收将滞留下来，成为纳税人一笔可观的无利息资金，控股公司还可以替跨国公司将这笔资金再投于税负轻的项目上，又将增大收益。

（五）设立公司的财务中心进行国际税收筹划

跨国公司的财务活动常常实行集中化管理，对公司整体而言，财务中心扮演银行的角色，向跨国公司内部的经营单位放款、借款，其职能在于集中管理公司的财务风险。这些财务中心除了可以因财务功能集中而节约费用外，还可以为跨国公司带来可观的税收利益。如公司财务中心设在税收协定网络较发达的国家或地区，可获得享受借贷款免征或少征预提税的好处；如果财务中心的所在国对利息不征税或只征轻税，利息收入就可以通过财务中心得到累积，可以取得延缓纳税的效果。

（六）设立受控保险公司进行国际税收筹划

由企业集团组建保险公司，承保企业集团内部全部或部分的风险事务，除了可为企业集团带来"肥水不流外人田"的效应，跨国公司可以涉足国际保险市场等经济利益外，还有很大税收利益。受控保险公司往往设立在国际避税港，多数不征企业所得税或税率很低。这样，一方面保险费用可以在集团的投保公司所得税前列支；另一方面受控保险公司的这笔保费收入又不用纳税，就可以获得双重税收利益。而避税港内企业的税后利润作为股息分配时，通常也不征收预提税。

（七）通过避税港进行国际税收筹划

"避税港（tax heaven）"对国际税收筹划者来说是个"税收天堂"。避税港指对所得、资本利得等课征低税率或无直接税的国家或地区。避税港国家或地区通常要求纳税人缴纳各种首次性或年度性注册费，这些注册费构成了避税港国家或地区的主要财政来源。它们有的完全免征直接税，如百慕大、巴哈马；有的实行单一来源地税收管辖权，对境外收入不征税，如中国香港、巴拿马；有的低税负，包括税法的低税率或有通过双边税收协定的低税率，如列支敦士登、阿曼；还有的是对离岸公司和控股公司实行低税率政策，如荷兰、卢森堡。尽管现在一些发达国家对避税港采取警惕甚至敌视或限制态度，但避税港的出现是市场经济在世界范围发展的必然结果，因为有作用必有反作用，世界上只要存在高税国，就必然出现避税港，这正像既有出口倾销，必有进口限额；既然有关税壁垒，必然有关税同盟。我们要承认避税港，并在国际税收筹划中充分利用它，以受其惠。

三、纳税筹划的基本方法

从理论上讲，只要是能够影响到企业应纳税额的税制要素，应该都有可筹划的空间，因此，也就有不同的方法来进行筹划。但从纳税筹划的实践看，常用的方法主要包括选择合适的纳税人身份、选择恰当的切入点、利用应纳税额的影响因素、充分利用税收优惠政策、利用各税种的某些特殊规定、税负转嫁等。

（一）选择合适的纳税人身份

在我国现行的税制中，对不同的纳税人有不同的规定，适用不同的税率和不同的征税办法。一个明显的例子就是增值税。增值税对小规模纳税人和一般纳税人实行有差别的税收政策：对小规模纳税人实行简易征收的办法，对管理水平的要求也不高，但由于其不能使用增值税专用发票进行抵扣，容易增加产品购买方的负担，产品销售也可能受到影响；对一般纳税人则可以凭增值税专用发票抵扣进项税额，但对会计核算水平要求较高。纳税人可以根据现行税法的规定，结合自己的实际情况选择能够获取较大的税收收益的纳税人身份。再比如，组织形式不同的企业，其纳税人身份也是不一样的：对公司制企业，是企业所得税的纳税人，要按照企业所得税的有关规定缴纳企业所得税，而对个体工商户、个人独资企业、合伙企业则按照个人所得税法规定缴纳个人所得税，由此纳税人可以综合权衡不同的组织形式对企业的影响，通过选择，变更纳税人的身份来获取税收收益。

（二）选择恰当的切入点

我国现行的税制包含了十几个税种，这些不同的税种，在纳税人、征税对象以及纳税方法等方面都有不同的规定，而且出于鼓励或者限制性，或者照顾性的目的，对于具体的税种又有不同的具体规定，这就给了纳税人自由选择的空间，实际上也为纳税筹划留下了空间。

从成本—收益的角度考虑，一般应该选择能够为纳税人带来较大税收收益的税种作为切入点。虽然现行税制包含了十几个税种，但对于特定的企业来说，其生产和经营活动并不一定涉及所有税种。有的税种课征的数额很小，对企业的税后利润影响非常小，因此，其可以筹划的空间也小，对这样的税种进行筹划没有多大意义。所以，企业在进行纳税筹划时应该选择能够给企业带来较大税收收益的税种作为纳税筹划的主要对象。不管是自己进行筹划，还是请别人来筹划，在投入相同的情况下，当然应该选择可能使企业收益最大的税种来进行筹划。

在选择税种时，主要考虑三个方面的因素：一是与纳税人经济活动关系的密切程度，即纳税人有重大影响的税种是纳税筹划的重点；二是税种的税负弹性，即税基越宽，税率越高，优惠政策越多，税负弹性越大，进行纳税筹划的空间也就越大；三是选择企业最容易出现疏漏，或者说被处罚最多的税种作为切入点。

（三）利用应纳税额的影响因素

应纳税额的通用计算公式可以表示为：

应纳税额＝计税依据×税率

影响应纳税额的税收制度的主要因素就是计税依据和税率，计税依据越小，税率越低，应纳税额也就越少。因此，进行纳税筹划就需要从这两个因素入手，尽可能地找到合理、合法又符合税法的立法意图的途径来减少税收负担。

（四）充分利用税收优惠政策

税收优惠是税收制度的基本政策之一，它的主要目的是国家为了调节经济，利用税收政策来影响纳税人的行为，从而达到宏观调控的目标。我国现行的税法中有很多优惠政策，这些优惠政策有的是针对企业经营范围的、有的是针对企业行为的、有的是针对企业从业人员的，所有这些优惠政策实际上也是为了给企业留下相对较多的利润用于企业的发展，因此，一定要充分利用这些条款，或者说尽可能地使自己的经营行为或项目符合优惠政策的要求，并用好、用足这些优惠条款，以获得税收收益。

（五）利用各税种的某些特殊规定

纳税筹划是基于特定的税法规定进行的，而税法规定内容繁多、复杂，因此，必须认真梳理税法规定，确定策划的对象和内容。就目前我国比较流行的税法筹划方法来说，主要包括：

①收入筹划，即通过对取得收入的方式和时间、计算方法等的选择和控制，以达到节税目的。

②成本费用纳税筹划，即基于税法对成本、费用的确认和计算的不同规定，根据企业的具体情况选择有利的方式进行筹划。

③盈亏抵补纳税筹划，即在符合税法规定的前提下，准许企业在一定时期内以某一年度的亏损去抵以后年度的盈余，以减少以后年度的应纳税额。

④租赁纳税筹划，即通过选择不同的租赁方案以减轻企业税收负担。

⑤筹资纳税筹划，即利用一定的筹资方式使企业达到利润最大和税负最小的筹划。

⑥投资纳税筹划，即纳税人在进行新的投资时，基于投资净收益最大化的目标，根据不同的投资税收政策所进行的投资方案的选择。

（六）税负转嫁

所谓税负转嫁就是纳税人在缴纳税款以后，通过种种途径将税收负担转嫁给他人负担的过程。税负转嫁的基本条件是价格的自由波动。

按照交易过程中税负转嫁的不同途径，大致可以把税负转嫁归纳为如下五种形式：

①前转，也称"顺转"，是指纳税人将其所纳税款通过提高其所提供的商品价格或劳务价格的方法，向前转移给商品或劳务的购买者或最终消费者负担的一种形式。这是税负转嫁的最典型和最普遍的形式，多发生在商品和劳务课税上。

②后转，也称"逆转"，是指纳税人通过压低购入商品和劳务进价的方式，将其缴纳的税收转给商品或劳务供给者的一种税负转嫁方式。

③混转，是指纳税人在转嫁税负过程中，既进行前转，又进行后转。

④消转是指纳税人通过改善经营管理、提高劳动生产率等措施降低成本、增加利润从而使税负从新增的利润中得到抵补。消转实质上是用生产者应得的超额利润抵补税负，实际上不转嫁，而是由纳税人自己负担。

⑤税收资本化是税负转嫁的一种特殊形式。即应税物品（主要是土地和收益来源较具永久性的政府债券等资本）交易时，买主将应税物品可预见的未来应纳税款从所购物品价格中作一次性扣除，此后虽由买主按期缴税，实际上税款由买主负担。

四、筹划策略与实务

1. 个人所得税

【例题1】张教授对企业管理颇有研究，2009年4月，他与江苏一家外资企业签约，双方约定由张教授给该外资企业的经理层人士讲课。讲课时间为10天，关于讲课报酬，双方在合同书上约定：企业给张教授支付劳务费50000元，往返交通费、住宿费、伙食费等其他费用均由张教授自负。

4月10日，张教授按期到江苏授课。4月20日，该企业财务人员支付张教授讲课费，并代扣代缴个人所得税 10000 元，实际支付张教授 40000 元。其个人所得税计算如下：

应纳个人所得税额＝50000×（1－20％）×30％－2000＝10000（元）

张教授 10 天以来的开支为：往返机票 3000 元，住宿费 5000 元，伙食费 1000 元，其他费用 1000 元。张教授本次讲课净收入为 30000 元。

返京后，好友王先生来访。王先生系一税务专家，经常为企业和个人进行税收筹划。他们在闲聊中，张教授提到了讲课一事。在审阅了张教授的讲课合同后，王先生指出，如果对合同进行修改，便可以获得更大收益。他建议将合同中的报酬条款修改为"企业向张教授支付讲课费 35000 元，往返机票、住宿费、伙食费及应纳个人所得税税款均由企业负担"。

【分析】本案例涉及劳务报酬合同的设计技巧。根据《中华人民共和国个人所得税法》有关规定，劳务报酬所得应缴纳个人所得税，但却没有明确的条文规定一定要由获得收入的个人缴纳。因而设计劳务报酬合同时，既可规定由支付报酬者缴纳，也可规定由获得报酬者缴纳。王先生的建议便很好地利用了这一点。

很多人在签订劳务报酬合同时只注意法律含义，却往往忽略其税收含义，因而自己多缴了税款也不知道。从合同字面上看，好像可以获得很大收益，但扣除应缴税款及各项费用后，实际所得却远远下降。张教授讲课就属于这种情况。

从企业来说，企业的实际支出并没有变多，甚至还有可能有所减少。原因在于：

（1）对企业来说，提供住宿比较方便，伙食问题一般也较容易解决，因而这方面的开支对企业来说可以比个人自理时省去不少。

（2）合同上规定讲课费少了，相应来说，计算应该缴纳的个人所得税也就变少了。因而虽然修改后的合同规定由企业缴纳税款，但实际上可以由企业少付的讲课费进行弥补。

（3）费用的分散及减少使企业列支更加方便，也使得企业乐于接受。

从张教授这一方来说，收入可以增多是最好的结果，而且由于他在外讲课的机会非常多，如果每次都能多收入一笔，一年下来的总收益增加额是非常可观的。

【结论】在日常经济生活中，个人会经常遇到提供劳务服务的机会，这时签订合同方式的不同可能会带来不同的效果，对个人的经济收入有一定的影响，因而对合同的订立方式进行必要的设计安排就具有相当的现实意义。

一般而言，订立合同时可以从以下几个角度进行考虑：

（1）合同上最好将费用开支的责任归于企业一方。因为这样可以减少个人劳务报酬应纳税所得额，同时又不会增加企业的额外负担。

（2）如果可能的话，可以将一次劳务活动分为几次去做，这样就可以使每次的应纳税所得额相对较少。根据《个人所得税法》及其《实施条例》的有关规定，劳务报酬所得适用三级超额累进税率。在这种情况下，相对较少的应纳税所得额所适用的税率就会相对较低，这样税款加总后，比合并缴纳时的税款要少得多。

（3）一定要注意在合同上用明确条款说明税款由谁支付，税款支付方的不同，对个人最终得到的实际收益有很大影响。

【例题 2】 陈某为某高校软件开发员，利用业余时间为某电脑公司开发软件并提供一年的维护服务，按约定可得劳务报酬 24000 元，陈某可要求对方事先一次性支付该报酬，亦可要求对方按软件维护期 12 个月支付，每月支付 2000 元。尽管后一种付款方式会有一定的违约风险，但考虑个人所得税因素后，两种付款方案利弊会有新变化。若对方一次支付，则陈某应纳个人所得税为 24000×（1−20%）×20%＝3840（元）。若对方分次支付，则陈某每月应纳个人所得税（2000−800）×20%＝240（元）。12 个月共计缴税 2880 元，比一次支付报酬少缴纳个人所得税税款 960 元。该例中陈某可以要求对方按月支付劳务报酬，因为是多次劳务报酬所得，每次可扣除 20% 的费用。经过多次分摊，多次扣除来实现降低税负。

2. 印花税

印花税的筹划重点是计税依据。纳税人可以根据税法对计税的特殊规定，规划应税行为。

例如，税法规定，合同签订时无法确定计税金额的，可在签订时先按定额 5 元贴花，以后结算时再按实际金额计税，补贴印花。这就为按比例取得收入或按期取得收入的应税行为，提供了推迟缴纳印花税的机会。

再如，税法规定，对已履行并已贴花的合同，所载金额与合同履行后实际结算金额不一致的，只要双方未修改合同，一般不再办理完税手续。纳税人可以在签订合同时，合理降低合同金额，通过补充条款解决实际结算金额与合同金额不一致的问题，这样也可以达到少缴印花税的目的。

（1）适当降低合同金额。

印花税以应纳税凭证所载的金额、费用、收入额或凭证的件数为计税依据，按照适用税率或者税额计算缴纳。这样就可以通过控制凭证上所载的金额来减少印花税，例如，合同金额。由于印花税的纳税人是合同的所有当事人，因此为了共同利益，双方或多方当事人可以经过共同协商、合理筹划，通过合法途径使合同所载金额适当降低，从而压缩合同的名义金额，达到少缴税款的目的。

【例题 3】 A 企业欲委托 B 企业为其加工一批石质材料，双方签订了加工承揽合同，合同金额较大。由于加工承揽合同的计税依据是加工或承揽收入，而且所谓的加工或承揽收入额是指合同中规定的受托方的加工费收入和提供的辅助材料金额之和，因此，如果 A、B 双方当事人能想办法将辅助材料金额压缩，便可以起到节税的效果。

这可分为两种情况，具体做法如下：

（1）由委托方自己提供辅助材料，这样合同便只包括加工费的金额。

（2）如果委托方 A 企业无法提供辅助材料，而 B 企业可以提供辅助材料，则 A 企业可以先与 B 企业签订购销合同，由于销售合同适用的税率为 3‰，比加工承揽合同适用的税率 5‰要低，所以比包括在加工承揽合同中合算；然后再与 B 企业签订加工承揽合同。只要双方将辅助材料的所有权先行转移，加工承揽合同和购销合同要缴纳印花税之和就会比签一个加工承揽合同低。

这种压缩金额的筹划方法可以在印花税的筹划中广泛地应用。例如，购销合同、以物易物合同等。只要各方当事人尽量互相给予优惠价格，使得合同金额下降到合理的程度，就能起到节税的效果。

需要注意的是，要控制合同额的缩减幅度，因为如果合同价格明显不正常、不合理，又不能作出合理的解释，税务机关则有权重新调整价格，不仅要重新补税，可能还会受到处罚，就会得不偿失。

（2）模糊合同金额。

在实际工作中，有很多经济合同在签订时是无法确定最终的合同额的。而印花税却要求按照合同所记载的金额作为计税依据和具体适用的税率来计算，合同金额不能确定，就无法确定计税依据，纳税人应纳的印花税税额也不能相应地准确计算。针对这种情况，税法采取了变通的方法。

税法规定，有些合同在签订时无法确定计税金额，如技术转让合同中的转让收入，有的是按照销售收入的一定比例收取或者按其实现利润多少进行分成的；财产租赁合同，有的只是规定了年、月或日等的租金标准却没有规定租赁期限的；对于这类合同，可在签订时先按定额 5 元贴花，以后结算时再按照实际的金额计税，补贴印花。这便给纳税人进行纳税筹划提供了机会。根据税法中的此类规定，纳税人尽可以使合同金额模糊化，就是当合同当事人在签订数额较大的合同时，有意地使合同上的所载金额，在能够明确的条件下，不予以明确，从而达到少缴纳印花税的目的。

【例题 4】A 设备出租公司拟与 B 企业签订一设备租赁合同，每年租金 100 万元。如果在签订合同时明确规定租金为 100 万元，则两企业印花税应纳税额＝1000000×1‰＝1000（元）

如果 A、B 两企业在签订合同时，仅规定每天的租金数，而不确定租赁合同的执行时限，则两企业只需各自缴纳 5 元的印花税，余下部分可等到结算时才缴纳。尽管这笔钱在以后是要缴上去的，但却推迟了缴纳的时间。

从操作角度来说，这是一种很简单的方法；从纳税角度来说，此种方法对合同当事人各方都有利，一般来说，合同各方比较容易接受和配合。但是，如果从合同利益来说，却使收款方承担了一定的风险，因为在模糊合同金额的同时，也模糊了付款人的付款义务，从而使收款方承担了收款的风险。

复习思考题

1. 税收筹划产生的主要原因有哪些？结合我国税收筹划的产生予以阐述。

2. 税收筹划的概念、特征是什么？

3. 税收筹划与偷税、避税之间的区别和联系有哪些？

4. 税收筹划呈现哪些主要特征？

5. 税收筹划的主要目标有哪些？

6. 税收筹划应遵循哪些原则？

7. 纳税筹划的分类及范围是什么？

练习题

1. 某专业展览公司组织筹划各种展览会。2009 年 4 月拟定在当地展览馆举办一场为期 10 天的秋季产品展销会，招商准备参展的企业有 120 家，对每家参展企业收取参展费 2 万元，共计营业额 240 万元，其中包括每个参展商场地租金 1 万元。由于展览公司业务收入属于营业税中"文化体育业"税目，其计税营业额税法没有规定扣除项目，则：展览公司应纳营业税＝240×3％＝7.2（万元），展览公司将场地租金 120 万元付给展览馆，展览馆收取场租应纳营业税＝120×5％＝6（万元），试帮专业展览公司纳税筹划分析。

2. 马先生在一段时间为天业科技公司提供劳务服务，该单位或一季、或半年、或一年一次付给李先生劳务报酬。现该单位年底一次性付给李先生 1 年的咨询服务费 72000 元，试帮马先生进行纳税筹划分析。

习题答案

第一章　概述

一、单项选择题

1. B　2. B　3. C　4. C

二、多项选择题

1. ABCD　2. ABC

第二章　增值税

一、单项选择题

1. D　2. D　3. C　4. D　5. A　6. D

二、多项选择题

1. ABC　2. ABC

三、计算题

1. 当月进项税额＝20×17％＋0.8×7％＝3.456（万元）

　当月销项税额＝120÷（1＋17％）×17％＋4×17％＝18.116（万元）

　当月应缴纳的增值税＝18.116－3.456＝14.66（万元）

2. （1）进项税额＝100000×17％＋3500×7％＝17245（元）

　（2）销项税额＝30000×17％＝5100（元）

　（3）销项税额＝23400÷（1＋17％）×17％＋11700÷（1＋17％）×17％＋60000×17％

　　　　＝15300（元）

　（4）进项税额转出＝8000×17％＝1360（元）

　（5）销项税额＝50000×17％＝8500（元）

　应缴纳的增值税＝5100＋15300＋1360＋8500－17245＝13015（元）

3. （1）出口退税适用"免、抵、退"办法。因为该企业为有出口经营权的生产企业。

　（2）外销货物出口环节应纳增值税为零。因为出口免税。

　（3）当期不予抵扣或退税的数额＝1000×8.3×（17％－15％）＝166（万元）

　（4）当期应纳税额＝3000×17％－（5000×17％－166）－5＝－179（万元）

　（5）出口售物占全部销售货物的比重＝1000×8.3÷（1000×8.3＋3000）＝73.5％

（当期应予退税）

∵1000×8.3×15％＝1245（万元）＞179万元

∴实际退税额＝179（万元）

第三章　消费税

1. 代扣代缴的消费税＝（76000＋12000＋4500）÷（1＋30％）×30％＝21346.15（元）
2. 组成计税价格＝（7000＋2000）÷（1－10％）＝10000（元）

    乙企业应代扣代缴的消费税＝10000×10％＝1000（元）

第四章　营业税

1. 应缴纳的营业税＝[（20－12）＋（50－30）]×5％＝1.4（万元）
2. （1）该公司1月份增值税销项税额＝2457÷（1＋17％）×17％＋11.7÷（1＋17％）×17％

    ＝358.7（万元）

    该公司1月份可抵扣的增值税进项税额＝6.3＋30＋10×7％＝37（万元）

    （2）该公司1月份应缴纳的增值税＝358.7－37＝321.7（万元）

    （3）该公司1月份应缴纳的消费税＝（2457＋11.7）÷（1＋17％）×30％

    ＝633（万元）

    （4）该公司1月份应缴纳的营业税＝1×5％＝0.05（万元）

第五章　关税

1. （1）完税价格＝720×500×8.3÷（1＋30％）＝2298462（元）

    （2）应缴纳的出口关税＝2298462×30％＝689539（元）
2. 应缴纳的关税＝8×200×100％＝1600（万元）

第六章　城市维护建设税及教育费附加

1. 应缴纳的城市维护建设税＝（250000＋400000＋80000）×7％＝730000×7％

    ＝51100（元）
2. 应缴纳的教育费附加＝（500000＋30000）×3％＝530000×3％＝15900（元）

第七章　资源税

1. 应缴纳的资源税＝（70＋5）×15＝1125（万元）
2. 应缴纳的资源税＝4000×14×（1－60％）＝22400（元）

第八章　城镇土地使用税

应纳城镇土地使用税＝10000×5＋3000×1＝53000（元）

第九章　耕地占用税

该学校应缴纳的耕地占用税＝5×5000＝25000（元）

借：在建工程　　　　　　　　　　　　　　　　　　　25000

　　贷：银行存款　　　　　　　　　　　　　　　　　　　25000

第十章　车辆购置税

购进国产卡车应缴纳的车辆购置税＝45×2×10％＝9（万元）

卡车的入账价值＝450000＋76500＋90000＝616500（元）

会计分录如下：

借：固定资产——车辆　　　　　　　　　　　　　　　616500

　　贷：银行存款　　　　　　　　　　　　　　　　　　526500

　　　　应交税费——应交车辆购置税　　　　　　　　　90000

实际上缴车辆购置税时：

借：应交税费——应交车辆购置税　　　　　　　　　　90000

　　贷：银行存款　　　　　　　　　　　　　　　　　　90000

第十一章　车船税

应缴纳的车船税＝40×10×40＋10×180＝17800（元）

第十二章　印花税

（1）记载资金账簿应缴纳的印花税＝（1000＋500）×0.05％×10000＝7500（元）

　　　其他账簿应缴纳的印花税＝10×5＝50（元）

（2）租赁合同应缴纳的印花税＝300×0.1‰×10000＝3000（元）

（3）购销合同应缴纳的印花税＝800×0.03‰×10000＝2400（元）

（4）货运合同应缴纳的印花税＝7.5×0.05‰×10000＝37.5（元）

（5）仓储保管合同应缴纳的印花税＝20×1‰×10000＝200（元）

第十三章　契税

乙为纳税人，应纳税额＝（12－10）×5％＝0.1（万元）

第十四章　房产税

全年应缴纳的房产税＝1200×（1－30％）×1.2％＋150×12％＝28.08（万元）

第十五章　土地增值税

（1）允许扣除项目的金额＝200＋700＋120＋140＋（200＋700）×5％＋（200＋700）×20％

　　　　　　＝1385（万元）

（2）增值额＝2400－1385＝1015（万元）

（3）增值率＝1015÷1385×100％＝73.29％

（4）应缴纳的土地增值税＝1015×40％－1385×5％＝336.75（万元）

第十六章　企业所得税

1.（1）会计利润＝3000＋50－2800－35＝215（万元）

（2）公益性捐赠扣除限额＝215×12％＝25.8（万元）大于10万元，公益性捐赠的部分可以据实扣除。

（3）直接捐赠不得扣除，调增应纳税所得额5万元。

（4）非广告性赞助支出20万元需要调增应纳税所得额。

（5）应纳税所得额＝215＋5＋20＝240（万元）

（6）应纳所得税额＝240×25％＝60（万元）

2.（1）存在的问题

①向其他企业借款的利息支出超过按中国银行（金融企业）同期同类贷款利率计算的利息支出部分在税前扣除。

②业务招待费扣除超规定标准。

③计提工会经费未拨缴不得税前扣除；计提教育经费未发生支出不得税前扣除。

④固定资产直接列入管理费用，未通过计提折旧摊销，税前多列支费用。

⑤提取坏账准备金按3％计提，超过税法规定5‰的扣除标准。

（2）①不得税前扣除的利息支出＝200000×（10％－5％）＝10000（元）

②不得税前扣除的业务招待费＝250000－150000＝100000（元）

　业务招待费扣除限额＝150000（元）［60000000×5‰＝300000＞250000×60％＝150000（元）］

③不得税前扣除的工会经费和教育经费＝24000＋38000＝62000（元）

④不得税前扣除的管理费用中固定资产部分＝6000－6000/（6×12）×6
＝5500（元）

⑤不得扣除的坏账准备金＝（1500000×3‰－6000）－（1500000×5‰－6000）
＝37500（元）

⑥应补缴的企业所得税额＝（10000＋100000＋62000＋5500＋37500）×25％
＝53750（元）

第十七章　个人所得税

（1）工资收入应缴纳的个人所得税＝（2900－2000）×10％－25＝65（元）

（2）稿费收入应缴纳的个人所得税＝5000×（1－20％）×20％×（1－30％）
＝560（元）

（3）讲学收入500元低于扣除额800元，不纳税。

（4）翻译收入应缴纳的个人所得税＝（3000－800）×20％＝440（元）

（5）李某当月应缴纳的个人所得税＝65＋560＋440＝1065（元）

第十八章　纳税检查与账务调整

1.（略）

2.（1）根据税法规定，纳税人领用本企业产品用于新建工程为视同销售，应增加纳税
年度收入60万元，成本50万元。

（2）根据税法规定，环保罚款4万元不得税前扣除，直接向贫困学生发生的捐款6
万元，不得税前扣除，应调增应纳税所得额。

（3）根据税法规定，公司业务招待费税法规定内可税前扣除，超过税法规定标准部
分不得税前扣除。

实际列支业务招待费＝8（万元）

业务招待费的5‰＝（1000＋60）×5‰＝5.3（万元）

允许列支的业务招待费＝8×60％＝4.8（万元）

超标列支＝8－4.8＝3.2（万元）

应调增应纳税所得额3.2万元。

（4）根据税法规定，公司广告费支出不超过规定的可据实扣除。

实际列广告费支出＝80（万元）

允许列支广告费＝（1000＋60）×15％＝159（万元）

由于实际发生额未超过全年收入的15％，因此，不用做调整。

调整后应纳税所得额＝300＋（60－50）＋4＋6＋3.2＝323.2（万元）

全年应缴纳所得税＝323.2×25％＝80.8（万元）

应补缴所得税＝80.8－50＝30.8（万元）

实际缴纳时，会计分录为

税收实务

借：以前年度损益调整   308000

  贷：应交税费——应交所得税   308000

借：应交税费——应交所得税   308000

  贷：银行存款   308000

第十九章　税收管理

1. (1) D　　(2) B　　(3) A　　(4) C　　(5) D

2. (1) 该企业的行为属于偷税行为。该企业的行为不构成犯罪。

(2) 该企业应承担的法律责任是：由税务机关追缴其不缴或者少缴的税款（或：应补缴不缴或少缴的税款、滞纳金，并处不缴或者少缴的税款 50% 以上 5 倍以下的罚款。或：处以 4500 元以上 45000 元以下的罚款）。

第二十章　税收筹划

1. 纳税筹划：如果展览公司采取减少流转环节、分解营业额的方法，展览公司举办展览时，让客户分别缴费，其中场租费直接付给出租场地的展览馆，由展览馆向参展商开出发票（实际操作中，为方便参展商，可以与展览馆联合办公，直接由展览馆收费开票，也可由展览公司代理收款，发票由展览馆出具）；而展览公司只收取参展费，并向客户开出发票。营业额分解后，展览馆为取得的场租费缴纳营业税数额不变，而展览公司应纳营业税为：

$120 \times 3\% = 3.6$（万元）

结果分析：在不影响其他业务单位收支的前提下，展览公司减少纳税 3.6 万元（7.2 - 3.6），利润也相应增加了 3.6 万元。

2. 纳税筹划前：马先生按一次申报纳税，其应纳税额为：

$72000 \times (1 - 20\%) \times 40\% - 7000 = 16040$（元）

纳税筹划：该单位每月平均支付报酬 6000 元，并按月申报纳税。

纳税筹划后：每月应纳税额 $= 6000 \times (1 - 20\%) \times 20\% = 960$（元）

全年应纳税额 $= 960 \times 12 = 11520$（元）

纳税筹划效果：按月支付收入纳税可少缴 4520 元（16040 - 11520），节税比例为 28%。效果较好。

参考文献

1. 谭恒编著：《税务会计与纳税筹划》，武汉理工大学出版社，2008 年 8 月。

2. 宁健主编：《税务会计》，东北财经大学出版社，2004 年 8 月。

3. 李志、刘秀荣主编：《纳税会计实务》，立信会计出版社，2008 年 8 月。

4. 盖地主编：《税务会计》（第六版），立信会计出版社，2008 年 6 月。

5. 盖地主编：《〈税务会计〉习题与解答》（第二版），立信会计出版社，2008 年 4 月。

6. 盖地编著：《税务会计与纳税筹划》（第四版），东北财经大学出版社，2008 年 9 月。

7. 财政部会计司编写组：《企业会计准则讲解》，人民出版社，2007 年 4 月。

8. 明光兰主编：《税务会计》，北京交通大学出版社，2008 年 8 月。

9. 唐晓、何利俐主编：《税务会计》，机械工业出版社，2009 年 1 月。

10. 王红云主编：《纳税会计》，西南财经大学出版社，2008 年 5 月。

11. 裴淑红主编：《纳税申报实务操作》，中国市场出版社，2006 年 5 月。

12. 陈丽、李林华主编：《税务会计》，立信会计出版社，2008 年 7 月。

13. 郭敬轩主编：《税法及纳税实务》，中国农业大学出版社、首都经济贸易大学出版社，2008 年 8 月。

14. 张玉甫、张雅杰主编：《税务会计》，经济科学出版社、中国铁道出版社，2008 年 8 月。

15. 黎云凤主编：《税务会计》，电子工业出版社，2008 年 5 月。

16. 王晓玮主编：《企业出口退（免）税实务操作与纳税筹划》，人民邮电出版社，2008 年 5 月。

17. 张孝光编著：《〈税务会计与纳税筹划〉学习指导书》（第四版），中国人民大学出版社，2008 年 11 月。

18. 刘玉龙主编：《纳税筹划与税务会计》，山东人民出版社，2009 年 1 月。

19. 奚卫华主编：《新增值税纳税操作手册》，机械工业出版社，2009 年 2 月。

20. 刘兆华主编：《纳税筹划实务与案例》，东北财经大学出版社，2008 年 1 月。

21. 王树锋主编：《纳税筹划》，立信会计出版社，2007 年 8 月。

22. 徐信艳主编：《纳税筹划与税收实务》，上海交通大学出版社，2008 年 12 月。

23. 李克桥主编：《税务会计实训》，冶金工业出版社，2009 年 6 月。

24. 吕孝侠、胡际莲主编：《税法与税务会计》，北京大学出版社、中国农业大学出版社，2008 年 8 月。

　　25. 曹利主编:《企业纳税实务》，机械工业出版社，2009 年 2 月。

　　26. 杨责文编:《税收实务》，机械工业出版社，2009 年 4 月。

　　27. 王碧红、张轶璐:《税务会计》，湖南大学出版社，2008 年 7 月。

财政部网站，http：//www. mof. gov. cn/index. htm。

国家税务总局网站，http：//www. china. gov. cn/n480462/index. html。